U0629224

国家社科基金
GUOJIA SHEKE JIJIN HOUQI ZIZHU XIANGMU
后期资助项目

# 金代封爵制度研究

## Study on the Noble Titles System of Jin Dynasty

孙红梅 著

中华书局
ZHONGHUA BOOK COMPANY

**图书在版编目（CIP）数据**

金代封爵制度研究/孙红梅著. —北京:中华书局,2024.1
（国家社科基金后期资助项目）
ISBN 978-7-101-16446-6

Ⅰ.金…　Ⅱ.孙…　Ⅲ.官制–研究–中国–金代
Ⅳ.D691.42

中国国家版本馆 CIP 数据核字（2023）第 228480 号

| | |
|---|---|
| 书　　　名 | 金代封爵制度研究 |
| 著　　　者 | 孙红梅 |
| 丛 书 名 | 国家社科基金后期资助项目 |
| 责任编辑 | 王传龙 |
| 责任印制 | 陈丽娜 |
| 出版发行 | 中华书局 |
| | （北京市丰台区太平桥西里 38 号　100073） |
| | http://www.zhbc.com.cn |
| | E-mail:zhbc@zhbc.com.cn |
| 印　　　刷 | 天津善印科技有限公司 |
| 版　　　次 | 2024 年 1 月第 1 版 |
| | 2024 年 1 月第 1 次印刷 |
| 规　　　格 | 开本/710×1000 毫米　1/16 |
| | 印张 20½　插页 2　字数 300 千字 |
| 国际书号 | ISBN 978-7-101-16446-6 |
| 定　　　价 | 98.00 元 |

# 国家社科基金后期资助项目出版说明

后期资助项目是国家社科基金设立的一类重要项目,旨在鼓励广大社科研究者潜心治学,支持基础研究多出优秀成果。它是经过严格评审,从接近完成的科研成果中遴选立项的。为扩大后期资助项目的影响,更好地推动学术发展,促进成果转化,全国哲学社会科学工作办公室按照"统一设计、统一标识、统一版式、形成系列"的总体要求,组织出版国家社科基金后期资助项目成果。

全国哲学社会科学工作办公室

# 目　录

序………………………………………………………… 赵永春 /1

绪　论……………………………………………………………… 1

一、选题意义 ………………………………………………… 1

二、研究范围 ………………………………………………… 2

三、研究综述 ………………………………………………… 4

四、研究思路与研究方法 …………………………………… 13

五、创新点 …………………………………………………… 16

第一章　金代封爵制度的确立与演变 …………………………… 18

第一节　金代以前封爵制度的发展演变 ………………… 18

一、隋唐以前爵称爵序的变革 …………………………… 19

二、隋、唐、宋各朝爵制 ………………………………… 23

三、辽朝爵制 ……………………………………………… 26

第二节　金代封爵制度的确立 …………………………… 28

一、太祖、太宗时期的爵位封授 ………………………… 28

二、熙宗时期封爵制度的确立 …………………………… 33

第三节　海陵时期封爵制度的变革 ……………………… 38

一、天德、贞元年间"加恩大臣以收人望"的封爵政策 … 38

二、正隆二年对封爵制度的改革 ………………………… 41

第四节　世宗、章宗时期封爵制度的调整与完善 ……… 50

一、世宗朝封爵制度的承继与调整 ……………………… 50

二、章宗朝封爵制度的进一步完善 ……………………… 62

第五节　金代封爵制度的浮滥与崩溃 …………………… 68

一、宣宗"九公封建"与爵制渐滥 ……………………… 69

二、哀宗时期封爵制度的崩溃 …………………………… 72

第二章　金代王爵的爵称与爵序 ………………………………… 75

　第一节　封国之号与国号王爵类型 …………………………… 75

　　一、封国之号 ………………………………………………… 76

　　二、国号王爵之类型 ………………………………………… 84

　　三、国号王爵的等级 ………………………………………… 88

　　四、《金史》封王史料的辨误与补遗 ……………………… 93

　第二节　郡王封号与位次等第 ………………………………… 96

　　一、《金史·百官志》封王之郡号补遗 …………………… 96

　　二、郡王封号的位次等级 ………………………………… 103

　　三、郡王封号与封爵的特点 ……………………………… 107

第三章　金代五等爵的爵称与爵序 …………………………… 110

　第一节　国公爵位 …………………………………………… 111

　　一、国公封号与等级 ……………………………………… 112

　　二、国公封爵的正误与考补 ……………………………… 115

　第二节　国公以下的五等爵 ………………………………… 120

　　一、国公以下五等爵称 …………………………………… 120

　　二、国公以下五等爵位等级 ……………………………… 124

　　三、郡伯"旧曰县伯，承安二年更"之说辨析 ………… 128

　　四、五等爵前有无"开国"的不同含义 ………………… 129

第四章　金代爵位的封授 ……………………………………… 152

　第一节　宗室爵位的封授 …………………………………… 152

　　一、因亲封爵 ……………………………………………… 153

　　二、宗室功封 ……………………………………………… 164

　第二节　异姓爵位的封授 …………………………………… 169

　　一、功封 …………………………………………………… 169

　　二、推恩封赠爵位 ………………………………………… 176

　　三、投诚归附封爵 ………………………………………… 183

　第三节　郡望与封爵 ………………………………………… 187

第五章　金代封爵的管理 ……………………………………… 196

　第一节　封爵的管理机构 …………………………………… 196

　第二节　封爵食邑与俸给 …………………………………… 199

　　一、食邑与食实封 ………………………………………… 199

　　二、俸给 ……………………………………………………… 205

　第三节　爵位进升、降削与追复 …………………………… 207

　　一、爵位的进升 …………………………………………… 208

　　二、爵位的降削 …………………………………………… 211

　　三、追复爵位 ……………………………………………… 215

　第四节　亲王的管理和控制 ………………………………… 217

　　一、《金史·百官志》所载亲王府属官补遗 ……………… 218

　　二、王府属官对亲王的辅佐和监控 ……………………… 221

第六章　金代封爵制度与其他政治制度的关系 …………… 226

　第一节　封爵与官制 ………………………………………… 226

　第二节　封爵与礼制 ………………………………………… 235

　　一、印绶等级 ……………………………………………… 235

　　二、舆服之制 ……………………………………………… 237

　　三、朝参班序 ……………………………………………… 239

　第三节　封爵与封赠制度 …………………………………… 242

　　一、封爵与品官命妇封赠制度 …………………………… 242

　　二、封爵与品官父祖封赠制度 …………………………… 248

第七章　金代封爵制度的特点、作用及影响 ……………… 250

　第一节　金代封爵制度的特点 ……………………………… 250

　　一、具有多元文化杂糅的制度特点 ……………………… 251

　　二、金朝前期封王的范围广、数量众、爵位高 ………… 253

　　三、宗室封爵"亲亲亦功" ……………………………… 254

　　四、金代封爵无袭封之制 ………………………………… 255

　第二节　金代封爵制度的作用与局限性 …………………… 257

　　一、金代封爵制度的作用 ………………………………… 257

　　二、金朝封爵制度作用的局限性 ………………………… 265

　第三节　金代封爵制度对后世的影响 ……………………… 271

结　语 ……………………………………………………………… 275

参考文献 ………………………………………………………… 280

附　表……………………………………………………………… 295

后　记……………………………………………………………… 311

# 表格目录

表 1.1　金太宗时期使者官衔信息表 ······················· 30

表 1.2　海陵正隆二年国号王、郡王与国公爵位变化表········· 42

表 1.3　正隆二年之后国号王与国公封爵表 ················· 48

表 1.4　世宗时期复、升爵位表 ·························· 51

表 1.5　世宗时期新授国号王、郡王、国公爵位表 ············ 56

表 1.6　章宗时期国号王、郡王与国公封爵表 ··············· 62

表 2.1　《大金集礼》和《金史·百官志》所载封国之号对比表 ··· 76

表 2.2　金代不同时期三等封国之号变化表 ················· 83

表 2.3　金代一字国王封爵表 ·························· 85

表 2.4　辽代两字国王封爵表 ·························· 87

表 2.5　金代两字国王封爵表 ·························· 88

表 2.6　《金史·百官志》所载郡号封王表 ················· 97

表 2.7　《金史·百官志》未载郡号封王表 ················· 100

表 2.8　海陵天德年间封爵河内郡王与广平郡王任职情况对照表 ··· 105

表 3.1　金代国公爵位封号统计表 ······················ 112

表 3.2　金代无"开国"五等爵封表 ····················· 130

表 3.3　金代"开国"五等爵封表 ······················ 134

表 4.1　金代宗室封爵人员统计表 ······················ 153

表 4.2　金代后妃父祖推恩封赠官爵表 ··················· 177

表 4.3　金太祖、太宗时期投诚归降者封爵表 ··············· 184

表 5.1　辽代封爵食邑举例 ···························· 201

表 5.2　世宗时期降削爵位表 ·························· 212

表 5.3　金代任职王傅人员表 ·························· 223

表 6.1　金代郡王封爵与任职情况一览表 ················· 227

附表 1　熙宗朝国号王、郡王及国公封爵表 ··············· 295

附表 2　海陵天德至正隆元年国号王、郡王、国公封爵表 ……………… 302

附表 3　卫绍王时期国号王与国公封爵表 ……………………………… 307

附表 4　宣宗时期国号王、郡王与国公封爵表 ………………………… 308

附表 5　哀宗时期国号王、郡王与国公封爵表 ………………………… 309

# 序

  《金代封爵制度研究》一书即将由中华书局付梓出版，是一件可喜可贺之事。孙红梅教授希望我为其书写篇序言，其实，我对金代封爵没有研究，要为这样一部厚重的著作写序言，实难胜任，但又却之不恭，只好勉力为之，写上几句。

  2010 年，已在渤海大学工作的孙红梅再次回到吉林大学，攻读博士学位，在我们商量博士学位论文选题时，我曾说有一个难度较大且较少有人涉足的"金代封爵制度"的选题，不知你敢不敢进行挑战。孙红梅只问了一句，这个题目能不能作出博士学位论文来？我说，只要努力，一定能作出来。孙红梅听后，当即表示不怕困难，愿意挑战这一选题。金代封爵研究确实是一个难度比较大的选题，既存在史料比较少、比较散的问题，又存在封爵理性认识欠缺的问题，还存在研究成果稀少不知从何抓起的问题。但孙红梅勇于攻坚，在论文选题方向大致确定之后，即夜以继日地搜集国内外相关资料，不仅搜集《金史》、文集、笔记、方志、石刻等有关金代封爵的资料，还要搜集历代有关封爵的研究动态，并在梳理资料的基础上，逐步形成自己的观点和认识。后在研究的过程中，孙红梅感觉四年时间有限，无暇深入探讨金代女真民族所特有的猛安谋克世爵等方面的内容，遂将研究内容限制在金代汉制封爵范围之内。经过四年的艰辛努力，在发表《〈金史·完颜晏传〉封爵史料勘误一则》(《中国史研究》2013 年第 2 期)、《金代郡王封号研究》(《社会科学辑刊》2014 年第 2 期)、《金代五等封爵的爵称与爵序》(《渤海大学学报》2014年第 2 期)、《〈金史〉封爵史料勘误补遗四则》(《北方文物》2014 年第 2 期)等多篇论文的同时，数易其稿，到了 2014 年 5 月，《金代汉制封爵研究》博士学位论文终于摆到了博士学位答辩委员会老师面前，获得了老师和同学们一致好评，被评为吉林大学优秀博士学位论文。

  博士毕业以后，孙红梅回到渤海大学，继续对金代封爵问题进行研究,先后发表《金代封国之号与国号王爵类型》(《史学月刊》2015 年第 5 期)、《金代汉制封爵的爵称与爵序——〈金史·百官志〉"封爵"条的勘误与补遗》(《北方文物》2016 年第 1 期)、《金代汉制封爵研究综述》(《辽宁工程技术大学学报》2016 年第 3 期)等论文,其相关成果并于 2017 年成功获批国家社科基金后期资助项目。在国家社科基金项目激励下,孙红梅又连续发表了《金代亲王府属官研究》(《史学集刊》2017 年第 6 期)、《金代金源郡王封爵研究》(《内蒙古社会科学》2020 年第 2 期)、《金代品官父祖封赠制度探析》(《史学月刊》2020 年第 10 期)等一系列论文,并在其基础上,对《金代汉制封爵研究》博士学位论文重新进行了修订和补充,经过几年的打磨,最终完成了《金代封爵制度研究》一书。

综观该书,感觉其学术价值主要表现在以下几个方面:

其一,对金代封爵制度进行了全面系统深入的探讨和研究。金朝是以北方女真民族为统治者建立的王朝,所确立的封爵制度不仅具有对中原王朝传统爵制的继承和学习,也有对具有少数民族封爵特点的辽朝爵制的部分因袭,尤其是增加了女真民族自己所特有爵制的东西,致使金代封爵制度呈现出极为细密繁杂的特点。金代封爵制度比较繁杂,研究起来难度较大,致使前人学者对这一领域的涉足较少,使金代封爵制度成为一个比较"冷"的问题,不但没有专著问世,相关文章也非常少见。《金代封爵制度研究》一书在广泛搜集国内外相关文献资料的基础上,大量利用笔记、文集、地方志和考古碑刻文献等,对金代封爵制度作了系统、全面、深入的考察。分析了金代封爵制度的发展阶段、爵位等级、爵制运作、管理措施、封爵与其他政治制度的关系,解析了金代封爵制度的特点与作用,从而呈现出金代封爵制度的整体面貌。

其二,解决了金代封爵制度中的诸多疑难问题,诸如封国之号、国号王爵、郡王爵、五等爵等制度的具体内容和演变情况等。通过动态考察金代爵称的使用情况,书中对学界有不同观点的国号王爵问题进行详细考证与辨析,认为金代前期国号王爵类型可分为"一字王"、"一字国王"和"两字国王"三种类型,三者之间有高下之别。海陵正隆二年"例降封爵等第"后,国号王爵只见"一字王"称谓。国号王爵类型的前后变化与金代政治制度的发展密切相关。对金代郡王封号的使用情况也进行了系统考辨,补充了《金史·百官志》记载之外的封王郡号。同时系统梳理了五等封爵的爵称与爵序。上述研究,使金代封爵的制度体系得以完整清晰呈现。

其三,校证、考补了《金史》《大金集礼》等文献记载的诸多错误和纰漏。考证工作是历史研究最基本的方法,书中对金代不同时期封国之号的考证尤为详实,以《大金集礼》补充了《金史·百官志》未能体现的天眷格和大定格封国之号,又通过《金史》校证了《大金集礼》国号记载之误。同时,对《金史》中多条封爵史料进行了校证和考补。这些考证工作,对金史研究具有重要的意义。

以上仅是本书突出的"亮点",其实,金代封爵制度是一个全新的课题,相信这部著作的出版,对金代政治制度及金史其他相关问题的深入研究,能起到重要的推动作用。

《金代封爵制度研究》一书的出版,是孙红梅教授史学研究取得的重要成果,希望她再接再厉,在学术上取得更大成绩!

赵永春

2023 年 6 月于长春

# 绪　论

## 一、选题意义

封爵制度是中国古代王朝政治制度的重要内容,在古代社会的统治秩序中发挥着重要作用,为历朝所重视。先秦时期的典籍中即有对爵位重要性的阐述,如《周礼·天官冢宰》有"以八柄诏王驭群臣。一曰爵,以驭其贵"①,《礼记·中庸》也有"序爵,所以辨贵贱也"②之说。这些都说明了爵位既是驾驭臣下的重要手段,亦是明确等级身份的重要方式之一。

秦汉以后,历朝根据统治的需要对封爵制度进行了不同程度的改革与调整,到魏晋隋唐之际"封爵逐步官僚化,最终发展为官品、官职的衍生物"③,但其作为官僚政治的组成部分,始终是维护王朝统治、巩固皇权、明确等级的重要措施。关于封爵制度的研究,学界主要聚焦于先秦、秦汉、魏晋、隋唐、元明清等不同历史时期进行讨论,有数量不等的研究论著④。相比较而言,对金代封爵制度则关注较少,不仅未有专著问世,相

---

① (汉)郑玄注,(唐)贾公彦疏,彭林整理:《周礼注疏》卷2《天官冢宰一》,上海:上海古籍出版社,2010年,第43页。

② (汉)郑玄注,(唐)孔颖达疏,吕友仁整理:《礼记正义》卷60《中庸》,上海:上海古籍出版社,2008年,第2010页。

③ 顾江龙:《汉唐间的爵位、勋官与散官——品位结构与等级特权视角的研究》,北京大学博士学位论文,2007年,"摘要"。

④ 各时段的封爵研究成果较多,专著和博士学位论文就有葛志毅:《周代分封制度研究》,哈尔滨:黑龙江人民出版社,1992年;〔日〕西嶋定生著,武尚清译:《中国古代帝国的形成与结构——二十等爵制研究》,北京:中华书局,2004年;朱绍侯:《军功爵制研究》,上海:上海人民出版社,1990年;柳春藩:《秦汉封国食邑赐爵制》,沈阳:辽宁人民出版社,1984年;杨光辉:《汉唐封爵制度》第3版,北京:学苑出版社,2004年;王安泰:《开建五等:西晋五等爵制成立的历史考察》,台湾政治大学历史学系研究所硕士学位论文,2004年;王安泰:《再造封建:魏晋南北朝的爵制与政治秩序》,台北:台湾大学出版中心,2013年;李治安:《元代分封制度研究》(增订本),北京:中华书局,2007年;梁曼容:《明代藩王研究》,东北师范大学博士学位论文,2016年;雷炳炎:《清代八旗世爵世职研究》,长沙:中南大学出版社,2006年;等等。

关论文也十分有限。

金朝是北方女真族建立的政权,其封爵制度既学习和继承了唐宋王朝制度的相关内容,也有对辽朝爵制的因袭,同时也有所改革和发展,并对后世产生了一定影响。目前,金代封爵制度的有关内容散见于通史、制度史的相关论著当中,并未做深入研究,因此,有必要对金代封爵制度进行系统研究和深入探讨,进而明晰其制度的内涵和特点,分析其在中国古代封爵体系中的地位。同时,封爵制度作为政治制度的重要内容,其发展演变与王朝统治举措密切联系在一起,对金代爵制发展演变过程的考察,有助于更好地理解和把握金代不同时期的统治政策与政治制度的内容。此外,金代封爵制度作为中国古代爵制发展过程中不可或缺的组成部分,具有上承唐宋辽下启元朝的时代特征,其制度本身体现了中国古代不同时期、不同民族制度文化上的继承与发展、碰撞与交融。因此,对金代封爵制度的剖析和解读,可以从中国古代政治制度发展史的角度,加深对中华民族"多元一体"历史的体认。

## 二、研究范围

金代的爵位分为两类,一类是汉制封爵,即所谓王爵和五等爵;另一类是女真民族所特有的猛安谋克世爵。传统意义上的封爵指的是前一类,也是本书的研究对象。为了明确本书的研究范围,下面对金代王爵和五等爵做一简要说明。

本书中的封爵是以"明亲亲"和褒功奖能为目的封授给宗室、贵族、臣僚的爵位,是金朝官僚政治的组成部分。金朝对与其并存,并具有臣属关系的高丽、西夏册封的爵位,则不属于本书研究内容。如金熙宗天眷三年(1140)五月"己卯,诏册李仁孝为夏国王"[①];金世宗大定十二年(1172)三月"丁丑,诏遣宿直将军乌古论思列,册封王皓为高丽国王"[②]。这里"夏国王"、"高丽国王"是金朝对其统辖区域之外的政权的册封,与金朝封授给宗室和臣僚的爵位有别,不属于王朝内部封爵内容,因此不是本书的研究范围。

---

① (元)脱脱等:《金史》卷4《熙宗纪》,北京:中华书局,2020年,第84页。
②《金史》卷7《世宗纪中》,第174页。

　　金代的王爵包括国号王与郡王两类。王、嗣王和郡王是中国历史上诸多王朝所行用的王爵爵称，其中作为"亲王之子，承嫡者为嗣王"的爵称是隋、唐、宋时期王爵类型，金代的王爵中没有嗣王之封，只有以国号封授的王爵和以"某某郡"为号封授的郡王爵位。

　　五等爵，即传统所谓的公、侯、伯、子、男爵。五等爵最早见于先秦时期，《通典》载："唐虞夏，建国凡五等，曰公、侯、伯、子、男。"[①] 西周列土分封，公、侯、伯、子、男五等爵称见于金文和史籍当中，后世在追述先秦制度时也称："王者之制爵禄，公侯伯子男凡五等。"[②] 目前学界对西周是否有五等爵制有不同观点（详见第一章第一节），但不可否认的是，西周时期与宗法和分封制度结合在一起的理想化的五等爵的爵称为后世提供了范本和参照。源于先秦时期的五等爵在秦汉时期被军功爵所替代。曹魏元帝咸熙元年（264）三月，"始建五等爵"[③]，五等爵成为此后历代王朝封爵体系的重要内容。但需要说明的是，五等爵并非仅是五种爵称，而是指凡以公、侯、伯、子、男封爵者均属于五等爵范畴。如隋开皇中"制国王、郡王、国公、郡公、县公、侯、伯、子、男，凡九等"[④]；唐朝封爵，凡有九等，有王、郡王、国公、郡公、县公、县侯、县伯、县子、县男[⑤]。隋朝"国公、郡公、县公、侯、伯、子、男"和唐朝的"国公、郡公、县公、县侯、县伯、县子、县男"均属于五等爵。再如，《宋史·职官志》载宋代的五等爵包括"国公、郡公、开国公、开国郡公、开国县公、开国侯、开国伯、开国子、开国男"[⑥]九个爵称。因此，五等爵是对以公、侯、伯、子、男所封授爵位的泛称，凡是以公、侯、伯、子、男所封爵位均属于本书五等爵研究内容。

---

① （唐）杜佑撰，王文锦等点校：《通典》卷19《职官一》，北京：中华书局，1988年，第486页。

② （唐）房玄龄等：《晋书》卷14《地理志上》，北京：中华书局，1974年，第409页。

③ 《晋书》卷2《文帝纪》，第44页。

④ （唐）魏征等：《隋书》卷28《百官志下》，北京：中华书局，1973年，第781页。

⑤ （唐）李林甫等撰，陈仲夫点校：《唐六典》卷2《尚书吏部》，北京：中华书局，1992年，第37
　页；（后晋）刘昫等：《旧唐书》卷43《职官志二》，北京：中华书局，1975年，第1821页。

⑥ （元）脱脱等：《宋史》卷169《职官志九》，北京：中华书局，1977年，第4061页。学界对宋代
　爵制讨论较多，对此，将在第一章第一节"金代以前封爵制度的发展演变"中阐述。

### 三、研究综述

对金代封爵制度的最早记载当是金人所撰《大金集礼》①。《大金集礼》卷九《亲王公主》记载了熙宗天眷元年、皇统五年和世宗大定时期的大、次、小三个等级封国之号的名称，卷三十《舆服下》和卷三十一《班位表奏》，对亲王、郡王、国公高等级爵位的相关礼仪制度有所记载。《大金吊伐录》②主要记载太祖、太宗时期与宋用兵作战之事，其中有对金朝所派遣入宋使者官衔中带有某某县开国公、某某县开国侯的记载。县公、县侯爵位的封授不仅《金史》无载，亦不见于石刻资料，《大金吊伐录》关于金初爵位的记载，对研究金朝封爵制度的形成发展过程具有重要意义。刘祁《归潜志》主要记载金末文人和金朝遗事，具有较高的史料价值，其中对人物的记述涉及爵位封授，基本与《金史》吻合③。元好问《元好问全集》④中有大量的碑刻墓志，记录了墓主的仕宦生涯，对其官爵任职情况记载较为详细，涉及不同等级的封爵，尤其是《金史》较少记载的侯、伯、子、男爵封在墓志中均有保留，为研究金代五等爵的爵称、爵序等问题提供了重要的史料依据。南宋使者出使金朝后所写语录也保留了金代封爵的相关信息，如范成大《揽辔录》中记载了金世宗大定二年（1162）官制，其中就有金代封爵制度中的王府属官、食邑与实食封、封国之号分大、次、小三个等级问题的关注⑤。楼钥《北行日录》⑥、倪思《重明节馆伴语录》⑦、程卓《使金录》⑧等对金朝的接待使和使宋的金朝使者的官衔记载较为详尽，包括职、阶、勋、爵、食邑等信息，爵位则多为五等爵封。《大金国志》⑨是第一部较为完整地记录金代历史始末的史书，虽被认为是托伪之作，书中亦有舛误，但与《金史》等史书参酌比对，亦有

---

① （金）佚名：《大金集礼》，丛书集成初编本，上海：商务印书馆，1936 年。

② （金）佚名编，金少英校补，李庆善整理：《大金吊伐录校补》，北京：中华书局，2017 年。

③ （金）刘祁撰，崔文印点校：《归潜志》，北京：中华书局，1983 年。

④ （金）元好问著，姚奠中主编，李正民增订：《元好问全集》，太原：三晋出版社，2015 年。

⑤ （南宋）范成大：《揽辔录》，赵永春：《奉使辽金行程录》（增订本），北京：商务印书馆，2017 年，第 398—399 页。

⑥ （南宋）楼钥：《北行日录》，赵永春：《奉使辽金行程录》（增订本），第 366、373、374、378 页。

⑦ （宋）倪思：《重明节馆伴语录》，赵永春：《奉使辽金行程录》（增订本），第 433 页。

⑧ （南宋）程卓：《使金录》，赵永春：《奉使辽金行程录》（增订本），第 441、447、453—454 页。

⑨ （宋）宇文懋昭撰，崔文印校证：《大金国志校证》，北京：中华书局，1986 年。

可供参考的封爵史料。

　　元人脱脱等修撰的《金史》①是研究金代封爵的基本资料。《金史·百官志》明确记载了金代的爵位等级以及封王之国号、郡号的名称，是对金代封爵制度展开系统研究的最主要的依据和参考。《金史》的《本纪》、《表》、《列传》中对王、郡王和五等爵位的封授均有详略不等的记载，尤其是王、郡王、国公爵位封授的记载较为丰富，是研究金代封爵制度的重要史料。

　　明人王圻《续文献通考》将金代封爵分为同姓、异姓、外戚三类②，其内容虽主要取材于《金史》，但对王、郡王、国公等爵位封授的记载，仍有诸多可参考之处。清人编撰和辑录的石刻文献资料较为丰富，其中的诏令、册文，尤其是墓志中留下了大量关于金代五等封爵者的信息，如《金文最》③、《山右石刻丛编》④、《八琼室金石补正》⑤、《金石萃编》⑥、《山左金石志》⑦、《常山贞石志》⑧等，对墓志的篆刻者、书写者和墓主的官衔等信息多有较为详细的记录，其中最为多见的是公（主要是郡公）、侯、伯、子、男爵位。这对系统研究金代五等爵位的爵称、爵序提供了宝贵的资料。

　　清人对金朝后期的封爵政策有较多的关注，如顾炎武《日知录》论及金章宗对宗室的防范与打击政策。金章宗即位后加强了对亲王的管理和控制，并产生了一定消极影响，顾炎武针对于此，认为章宗"防制刻削兄弟，而其祸卒至于此，岂非后王之永鉴哉"⑨。赵翼《廿二史札记》对金末宣宗、哀宗时期封授的"九公"、"十郡王"有所记载和评述。其中

①（元）脱脱等：《金史》，北京：中华书局，2020年。
②（明）王圻：《续文献通考》卷193《封建考》，北京：现代出版社，1991年，第2895—2905页。
③（清）张金吾：《金文最》，北京：中华书局，1990年。
④（清）胡聘之：《山右石刻丛编》，光绪二十七年（1901）刻本，国家图书馆善本金石组编：《辽金元石刻文献全编》（第一册），北京：北京图书馆出版社，2003年。
⑤（清）陆增祥：《八琼室金石补正》，民国十四年（1925）希古楼刻本，国家图书馆善本金石组编：《辽金元石刻文献全编》（第一册），北京：北京图书馆出版社，2003年。
⑥（清）王昶：《金石萃编》，嘉庆十年（1805）经训堂刻本，国家图书馆善本金石组编：《辽金元石刻文献全编》（第二册），北京：北京图书馆出版社，2003年。
⑦（清）毕沅、阮元：《山左金石志》，嘉庆二年（1797）小琅嬛仙馆刻本，国家图书馆善本金石组编：《辽金元石刻文献全编》（第一册），北京：北京图书馆出版社，2003年。
⑧（清）沈涛：《常山贞石志》，道光二十二年（1842）刻本，国家图书馆善本金石组编：《辽金元石刻文献全编》（第三册），北京：北京图书馆出版社，2003年。
⑨（清）顾炎武著，（清）黄汝成集释：《日知录集释》卷9《宗室》，上海：上海古籍出版社，1985年，第738页。

"十郡王"的个别人名与《金史》有出入,如张左,《金史》记载为张友,但不影响对这一时期封爵政策的认识和分析。赵翼指出:"盖此十郡王本哀宗发空名宣敕,听用安于同盟中有功者赐之,是又用安部曲,非朝命所封,无大功绩可纪,故无传也。"①李有棠《金史纪事本末》对金代历史有叙述亦有考订,王、郡王等封爵散见于各卷之中,卷四十三《封建九公》记述金末所封"九公"事迹,与《金史》记载无异,但有相应的考异说明②。

　　上述古籍文献是研究金代封爵制度的基础,但多是对史料的编纂整理或零散记述。《金史·百官志》对金代爵位的称谓序列虽有明确记载,但结合史料可知,其并非是金代封爵体系的全部内容。后世文献对金代封爵的记述均过于简略,缺乏考证与研究。因此,在利用上述文献时,需要多加甄别和考证,力求能够准确无误地将史料运用于封爵问题的研究之中。

　　在上述文献的基础上,目前学界对金代封爵问题有不同程度的关注,现整理分述如下。

### (一)金代封爵制度发展阶段研究

　　金代封爵制度经历了逐步发展完善的历史过程,其中海陵正隆二年(1157)是金代封爵制度重要节点。宋中楠《金代前期汉官封爵制度研究》一文,对熙宗、海陵、世宗三朝封爵制度进行了梳理,指出金代前期的封爵制度以正隆二年为分水岭,以前为大规模封爵时期,以后为严格限制高等爵位封授时期,体现了金代封爵制度逐渐封建化、制度化的演变过程和皇权逐渐加强的过程③。孙建权、兰世林《论金前期国王爵的兴废与女真世爵的演变》则认为国王爵仅是乱世的"权宜"之制,熙宗大封国王爵位,造成了王爵泛滥,海陵统治稳固后,为使皇权至上,遏制爵位增加,进行了大规模降爵运动④。其实,熙宗、海陵朝国王大规模封授之

---

① (清)赵翼著,王树民校证:《廿二史札记校证》卷28《九公十郡王》,北京:中华书局,2013年,第665页。
② (清)李有棠撰,崔文印点校:《金史纪事本末》,北京:中华书局,2018年,第853—863页。
③ 宋中楠:《金代前期汉官封爵制度研究》,吉林大学硕士学位论文,2007年,"内容提要"。
④ 孙建权、兰世林:《论金前期国王爵的兴废与女真世爵的演变》,《辽宁师范大学学报》2022年第6期。

时，并非乱世，国王爵位的封与降，主要根源于制度发展和巩固皇权的需要。程妮娜《金代政治制度研究》一书中指出，《金史·百官志》记载的应是章宗时期的封爵制度，熙宗初年的封爵制度中一品封爵中还有国王或王，海陵正隆二年"改定亲王以下封爵等第"，取消王号，世宗以后又逐步恢复国王或王①。周峰《完颜亮评传》亦指出海陵王正隆二年"改定亲王以下封爵等第"是为了削夺宗室、贵族的权力，这项政策涉及面相当广，在世和已故的封王之人都在其列②。

金代后期封爵制度变化的研究主要集中在金末滥封爵赏的"九公封建"与"十郡王"问题。王曾瑜在《金朝后期的军事机构与军区设置》和《金朝军制》中指出金朝封爵有王、郡王、国公、郡公等，金宣宗封爵九公之名称，实为破例，他们实为金季之军阀。金末之"封建"并不以九公为限，金哀宗正大年间有封爵汉人武装首领为王、郡王之举，天兴年间又有"十郡王"之封③。张博泉《金史简编》一书中也指出，兴定四年（1220）二月，宣宗封建九公，各有疆域，这标志着金政权中央集权的崩溃和瓦解，封建的地方割据的形成④。宋德金《中国历史·金史》叙述了宣宗所封"九公"的名号、封地，指出九公之后，又有十郡王，但十郡王不过是哀宗"发空名宣敕"，实际是国用安部曲，而非朝命所封⑤。李锡厚、白滨《辽金西夏史》中对"九公封建"亦有论及⑥。九公皆兼宣抚使，姚朔民在论述金代宣抚使时，指出"此次封爵，从九公的爵位看，都属于郡公"，实际上大多已成为割据一方的军阀⑦。金末的诸公诸王封建从封号和封爵对象，均有违于金朝封爵制度规定，体现了封爵制度的渐趋瓦解。

**（二）金代封爵的爵称与爵序研究**

在金史有关的论著中，对金代封爵的爵称多有关注。张博泉在《中

① 程妮娜：《金代政治制度研究》，长春：吉林大学出版社，1999年，第240页。
② 周峰：《完颜亮评传》，北京：民族出版社，2002年，第131—133页。
③ 王曾瑜：《金朝后期的军事机构和军区设置》，《河北学刊》1993年第5期；王曾瑜：《金朝军制》，保定：河北大学出版社，2004年，第65—68页。
④ 张博泉：《金史简编》，沈阳：辽宁人民出版社，1984年，第321页。
⑤ 宋德金：《中国历史·金史》，北京：人民出版社，2006年，第80—81页。
⑥ 李锡厚、白滨：《辽金西夏史》，上海：上海人民出版社，2003年，第278—281页。
⑦ 姚朔民：《宋金的宣抚使》，韩世明主编：《辽金史论集》第十辑，北京：中国社会科学出版社，2007年，第180—181页。

国通史》第七卷《五代辽宋夏金时期》一书中对金代"封爵制"进行了阐述,指出《金史·百官志》记载的阙漏,实际在郡王之上有王爵等级,在郡伯之下还有郡子、郡男,承安二年不是县伯更为郡伯,而是取消了县伯,保留了郡伯爵位[①]。程妮娜《金代政治制度研究》一书中指出金代汉官职的封爵可分为两种:一是女真族世爵,即猛安谋克;二是汉族爵位,即王、公、侯、伯、子、男。前一种封爵在女真奴隶制国家时期就已经出现,在全面采用汉族封建官制之后仍然存在,直至金末。同时也指出国王或王也在一品封爵之列,《金史·百官志》记载的郡伯之下还应该有郡子、郡男[②]。日本学者松浦茂在《金代女真氏族的构成》一文也关注到金代封爵等级中应有"王",指出《金史·百官志》"只载郡王等七个等级(郡王、国公、郡公、郡侯、郡伯、县子、县男),实际上加上王是八个等级"[③]。储考山等《中国政治制度史》和左言东《中国古代官本位体制解析》两部著作中,均指出金宗室封爵有国王、郡王、公三等[④]。后者还认为金代封爵、勋官、官品、阶官都略如唐制[⑤]。李锡厚、白滨的《中国政治制度通史》中指出金朝的封爵制度与唐制不完全相同,金朝末等爵位虽然与唐相同也称县男,并且也相当于从五品,但总共只分为五等,取消了唐朝的第一等爵位,不再封王[⑥]。这种说法显然与史实不符,只要翻开《金史》就会发现金代以国号封王者屡见不鲜。李治安《元代分封制度研究》在论述元代诸王王爵等级时,提及辽金的"一字王"、"两字王"问题。作者认为"一字王"、"二字王",实乃辽金两朝诸王王爵俗称,辽金诸王王爵分为两大等级,第一等级是王号中的国邑全为一字,故称为"一字王";而国号中的国邑全为二字,"国邑后又缀郡王",故称"两字王"[⑦]。上述对

---

① 白寿彝总主编,陈振主编:《中国通史》(修订本)第七卷《中古时代·五代辽宋夏金时期》(上册),上海:上海人民出版社,2004年,第871页。
② 程妮娜:《金代政治制度研究》,第236、240页。
③ 〔日〕松浦茂著,邢玉林译,邢复礼校:《金代女真氏族的构成》,中国社会科学院民族研究所历史研究室资料组编译:《民族史译文集》第10集,中国社会科学院民族研究所,1981年,第70页。
④ 储考山等:《中国政治制度史》,上海:上海三联书店,1993年,第193页;左言东:《中国古代官本位体制解析》,北京:知识产权出版社,2013年,第166页。
⑤ 左言东:《中国古代官本位体制解析》,第90页。
⑥ 白钢主编,李锡厚、白滨著:《中国政治制度通史》第七卷《辽金西夏》,第333页。
⑦ 李治安:《元代分封制度研究》(增订本),第229页。

辽金王爵等级以国邑的一字、二字来定义王爵并以此来划定等级的观点值得商榷。因为辽金王爵中爵号是"二字"的不仅有郡王还有"两字国王"，而"两字国王"又是封爵的最高等级。臧云浦等著《中国历代官制、兵制、科举制表释》一书遵循《金史·百官志》封爵等级的记载，指出金朝的封爵有郡王、国公、郡公、郡侯、郡伯、县子、县男[①]，忽略了郡王之上的"王"爵等级。

　　金代封爵的爵称与爵序涉及一个重要内容，即关于封国之号与国号王爵类型问题。王可宾《女真公主述要》一文对《大金集礼》与《金史·百官志》记载的大、次、小三等国号不同之处做了考证，肯定了《金史·百官志》的记载[②]。宋中楠《金代前期汉官封爵制度研究》对金代封爵中的"王"与"国王"爵位的关系进行探讨，认为"'某王'与'某国王'只是对'王'这一等级爵位的不同称谓方式，二者均为'一字王'"[③]。俞鹿年《历代官制概略》一书在"历代封爵表"部分，列出金代封爵为"国王—郡王—国公—郡公—郡侯—郡伯—县子—县男"；其对"一字王"的解释是"仅用一字为称的爵号。辽有一字王，如赵王、魏王之类，位最专，至于郡王，则用二字，位次于一字王。金元则唯亲王得封一字王"[④]。其实，"一字王"并非辽金最专之爵位，金代"一字王"不仅包括作为皇子、皇兄弟等亲王，其他宗室、异姓封爵一字王的情况也大有人在，这种情况在金代前期更为常见。

### （三）金代爵位封授研究

　　金代爵位的封授主要是如何封授爵位和依据什么来封授爵位的问题。金宝丽《论"金源郡王"群体的构成及其影响》一文列举了17位金源郡王的参政时间、出身和主要功绩，认为"金源郡王"这一群体是以完颜阿骨打家族和完颜部族为主体构成的，除了哀宗时期的汉人夏全外，他们大多是以"突出的军事或行政管理贡献"而受封的[⑤]。其另一篇文章《从金源郡王看女真族的民族精神》基于上一篇文章的内容，强调金源郡

① 臧云浦等：《中国历代官制、兵制、科举制表释》，南京：江苏古籍出版社，1987年，第50页。
② 王可宾：《女真公主述要》，《北方文物》1990年第3期。
③ 宋中楠：《金代前期汉官封爵制度研究》，吉林大学硕士学位论文，2007年，第19—21页。
④ 俞鹿年：《历代官制概略》，哈尔滨：黑龙江人民出版社，1978年，第299、311页。
⑤ 金宝丽：《论"金源郡王"群体的构成及其影响》，《哈尔滨学院学报》2007年第5期。

王群体对女真立国的重要贡献①。李玉君在《金代宗室研究》一书中认为金朝以虚封爵位的方式,在很大程度上是为了换取宗室出生入死、效忠国家,而海陵时期普遍抑削宗室封爵等级是为了防范宗室成员②。彭赞超《金代女真后族研究》对金代后族封爵问题有所阐述③。高云霄在《金朝赠官制度述略——以官民自身卒殁赠官为中心》一文中论及官员卒后赠爵的问题④。封爵不仅针对生者,臣僚死后依据功绩也可获赠爵位,但在制度具体运作过程中"生"与"死"往往区别对待,这是封爵制度的重要内容。

依据郡望来封爵是金代爵位封授的重要内容。金代继承了唐代将封爵与郡望相结合的制度,将郡望观念贯穿于郡王和五等爵的封授当中。女真人封授郡号有金源、广平、陇西、彭城。《金史·百官志》载:白号之姓,完颜等二十六姓皆封金源郡;裴满等三十姓皆封广平郡;乌古论等二十六姓皆封陇西郡。黑号之姓,唐括、蒲察、术甲等十六姓,皆封彭城郡⑤。姚燧《牧庵集》对此的记载则是"凡百姓,金源郡三十有六,广平郡三十,皆白书;陇西郡二十有八,彭城郡十有六,皆黑书"⑥。除金源和陇西封授女真姓氏数量不同,姚燧将陇西郡归入白书,即白号之姓,白姓和黑姓各二。陈述认为"姚氏所记各郡数字,或有讹误,《百官志》所据,亦非熙、世时期材料而是章宗敕定姓氏"⑦。王可宾《女真国俗》一书在阐述女真氏族部落组织结构与发展过程中,分析了郡望与金源郡、广平郡、陇西郡、彭城郡四大支系和部姓的关系,认为"金人使用郡望作为封号,应是从熙宗时开始向封建化演变的过程中,效法唐制的产物",并指出金源、广平较陇西、彭城的等级高⑧。日本学者松浦茂认为把女真姓分为黑、白两号起源于金建国前女真族氏族组织的分类。关于汉人封号

---

① 金宝丽:《从金源郡王看女真族的民族精神》,《黑龙江史志》2005年第6期。
② 李玉君:《金代宗室研究》,北京:科学出版社,2016年,第151页。
③ 彭赞超:《金代女真后族研究》,长春师范大学博士学位论文,2021年,第134—140页。
④ 高云霄:《金朝赠官制度述略——以官民自身卒殁赠官为中心》,《辽东学院学报》2020年第5期。
⑤ 《金史》卷55《百官志一》,第1312—1313页。
⑥ (元)姚燧:《牧庵集》卷17《南京兵马使赠正议大夫上轻车都尉陈留郡侯布色君神道碑》,丛书集成初编本,上海:商务印书馆,1936年,第223页。
⑦ 陈述:《金史拾补五种》,北京:科学出版社,1960年,第4页。
⑧ 王可宾:《女真国俗》,长春:吉林大学出版社,1988年,第97—100页。

与姓的关系,作者指出唐代开始试图使封号和郡望一致起来,金朝的封爵便在此基础上延续下来,"依据金封爵制,贯汉姓者,封号用郡望而与民族无关。这是个原则。但对特殊的耶律氏和大氏,则分别授与漆水和神麓特别的封号"[1]。张博泉对此也有所论述,认为"金代封爵同样是按照位次等级国郡县名称表示,但不是金当时行政区域的名称",金代依据本人的姓与历代郡望著姓结合加以封赐,"同样仿此精神封契丹、渤海及本族人";同时指出"白姓之号与黑姓之号各分为两个集团,盖源于原始社会的婚制发展变化而来。金朝把女真白姓、黑姓与封爵制结合,与女真族接受中原影响和封建化是分不开的,形成金朝一体的官制"[2]。程妮娜在《金代政治制度研究》一书中也指出金朝"金效唐制将女真各姓分别附于各郡号。然而,若考察各姓地望,仅完颜氏与'金源'地望相关,广平、陇西、彭城是中原地名,与女真各姓旧居地无任何关系,显然是封建汉官制改革后,女真人效法汉人官制的一种比附"。女真四郡号之间存在等级差别,金源居首,广平次之,其他两个不属于封号,"这与金朝在各方面给宗室以优遇的原则是一致的"[3]。陈述《金史拾补五种》利用辽、金、元三朝的碑志、诗文等有关金代姓氏记载的史实,将金代封金源郡者、广平郡者、陇西郡者、彭城郡者的人名逐一列出并加以考证[4]。

### (四)金代封爵管理研究

封爵的管理关乎制度的运行和王朝的统治,金代封爵制度的管理包括封爵食邑、降削爵位、对亲王的管理与防范等几方面内容。张博泉认为"《金史》记载的封爵,属于章宗明昌、承安年间的官制体系,它已失去最初的实封意义,但只要封建制还存在,它就与封建官制结合着";金代的实封并非就国,只是享有相应的食邑,虚封则仅是名义而已[5]。松浦茂则认为金朝所封的爵位已丧失了作为封爵制度的实际意义,"而应取

---

① 〔日〕松浦茂著,邢玉林译,邢复礼校:《金代女真氏族的构成》,中国社会科学院民族研究所历史研究室资料组编译:《民族史译文集》第10集,第70—71页。

② 白寿彝总主编,陈振主编:《中国通史》(修订本)第七卷《中古时代·五代辽宋夏金时期》(上册),第871—873页。

③ 程妮娜:《金代政治制度研究》,第241—242页。

④ 陈述:《金史拾补五种》,第46—137页。

⑤ 白寿彝总主编,陈振主编:《中国通史》(修订本)第七卷《中古时代·五代辽宋夏金时期》(上册),第871页。

而代之的食封制或食实封制也同样如此"①。李锡厚、白滨《中国政治制度通史》中指出金代关于食邑的规定,是根据唐制演变而来的②。宋德金《中国历史·金史》③指出熙宗改制的内容之一即颁行新官制,定封国制度,所授国王封号,形同勋爵,并非就治其地。爵位的大规模降封主要是在海陵正隆二年,这在上述相关研究成果中均有不同程度的提及。周峰在《完颜亮评传》一书中指出海陵正隆二年"改定亲王以下封爵等第"的政策之下王爵降封可分为两类,一是虽降封,但仍保留王爵,另一类则由王爵降封为国公爵位,其他等级的封爵也在降封之列④。金代对亲王的控制和防范的加强是在章宗即位后,都兴智《金章宗时期的宗室之祸》指出金章宗以皇太孙身份即位,世宗诸子对此心怀不满,故章宗与诸皇伯、皇叔之间的矛盾日益激化,于是发生了郑王永蹈和镐王永中谋反案,两人先后被诛,而章宗也相继制定了一些新的规定,加强对诸王的限制和防范⑤。金代王府属官的设置与封爵政策的具体执行具有密切的联动关系,而封爵政策的变化亦牵动着对王爵的封授,这一系列的问题均有待于深入挖掘与剖析。

**(五)金代封爵与其他政治制度的关系研究**

封爵与官制、礼制、封赠制度等政治制度密切相关。任万平《金代官印制度述论》对金代亲王、一字王、郡王印绶的材质、尺寸、纽式等级进行了阐述⑥。王姝《金代品官命妇封赠制度考》及其博士学位论文《金代女性研究》中指出,爵位是封赠品官命妇的重要参考⑦,体现了封爵与封赠制度之间的密切关系。封爵制度作为典章制度的重要组成部分,与官制、礼制等政治制度的关系有待进一步分析。

综上所述,金朝及后世文献对金代封爵制度的爵位等级、封授等问

① 〔日〕松浦茂著,邢玉林译,邢复礼校:《金代女真氏族的构成》,中国社会科学院民族研究所历史研究室资料组编译:《民族史译文集》第10集,第70页。
② 白钢主编,李锡厚、白滨:《中国政治制度通史》第七卷《辽金西夏》,第334页。
③ 宋德金:《中国历史·金史》,北京:人民出版社,2006年。
④ 周峰:《完颜亮评传》,第131—133页。
⑤ 都兴智:《金章宗时期的宗室之祸》,徐振清主编:《辽金史论集》第九辑,郑州:中州古籍出版社,1996年,第367—374页。
⑥ 任万平:《金代官印制度述论》,《故宫博物院院刊》1998年第2期。
⑦ 王姝:《金代品官命妇封赠制度考》,《首都师范大学学报》2016年第1期;王姝:《金代女性研究》,吉林大学博士学位论文,2014年,第43—45页。

题有不同程度的记述、整理与研究。目前学界对金代封爵的相关问题亦有了不同程度的关注,但多只是在通史、制度史或其他方面的论著中有所提及,缺乏系统深入的论述。就目前的研究成果而言,对封爵的形式与等级关注相对较多,但具体的爵称、爵序还需要进一步考证,其中有些问题仍存在模糊的认识,有进一步探讨的空间。而金代爵位的封授、管理与政治体制演变的关系以及对金朝政治的影响等问题均有待深入探讨。因此,对金代封爵制度进行整体研究,深入探究其制度内涵和具体的运作、解析其制度特点和作用十分必要。

### 四、研究思路与研究方法

本书除绪论和结语部分外,共分七章。

绪论部分主要阐明选题意义和研究范围,对目前学界的研究状况进行梳理,说明研究思路和研究方法,明确论文的创新之处。

第一章,金代封爵制度的确立与演变。金代封爵制度的发展分为四个时期。金太祖、太宗时期虽有爵位封授,但只是简单地照搬辽宋爵位授予降金的汉人、渤海人和契丹人。天眷元年"定封国制"标志着金代封爵制度的确立。海陵正隆二年"例降封爵等第"政策的出台,是金代封爵制度的转折点。世宗即位后,针对海陵正隆二年"例降"封爵的政策进行了调整,但却多有继承。章宗在继承前朝封爵制度的基础上,调整封国之号,并加强对亲王的管理和控制。金末内外交困,以爵赏来拉拢人心成为统治者挽救危亡的手段,因此爵制渐滥,走向衰微。

第二章,金代王爵的爵称与爵序。《金史·百官志》与《大金集礼》对金代大、次、小三等封国之号均有明确记载,但二者对封国之号的记载均有讹误或阙失,结合金代相关封爵史料,对两书中的封国名号进行对比分析,由此可厘清金代不同时期不同等级封国之号的准确名称。金代以国号封王有"一字王"、"一字国王"、"两字国王"三种类型。三种不同称谓的国号王爵具有不同的含义,是区分王爵等级的重要标准。海陵正隆二年"例降封爵等第"后,国号王爵只见"一字王"称谓。国号王爵类型的前后变化与金代政治体制发展演变密切相关。《金史·百官志》对金代封王之郡号有明确记载,但并不完整。金代除《金史·百官志》所载的十个郡王封号，另有八个郡名在不同时期作为封王之郡号而使用。金代郡王封号以大定七年为分界，《金史·百官志》中的十个郡王封号是大定七年的制度规定，此前郡王封号名称与其并不完全相同；金代郡王封号亦有位次高下之别；金代"郡"已不是当时的行政区划，而郡王爵位却均以"某某郡"为号，是金朝统治者效仿中原王朝将封爵与郡望相结合的产物。

　　第三章，金代五等爵的爵称与爵序。在系统阅读文献资料的基础上，大量利用笔记、文集和考古碑刻文献等，对金代五等爵封的爵称爵序进行全面梳理，得出金代五等封爵共有十一个爵称。金代国公以下的五等爵之前有带"开国"和不带"开国"之分，认为带"开国"和不带"开国"的五等爵封意义不同，其区别的核心在于"封"与"赠"。

　　第四章，金代爵位的封授。亲和功是金代封爵的两项重要标准。宗室①封爵以"亲"、"功"为依据，金初功臣多是宗室子弟，所以金初的封爵

① 关于金代宗室的定义和范围，《金史·宗室表》曰："金人初起完颜十二部，其后皆以部为氏，史臣记录有称'宗室'者，有称完颜者。称完颜者亦有二焉，有同姓完颜，盖疏族，若石土门、迪古乃是也；有异姓完颜，盖部人，若欢都是也。"同姓完颜指疏族，为始祖兄弟阿古乃和保活里之后；异姓完颜则为部人。《金史·宗室表》将始祖兄弟后裔列入其中，将其视为宗室。后世学者对金代"宗室"的范围也有诸多讨论。日本学者松浦茂认为"同姓和异姓并不一定是按照姓氏相同或相异这种情况区分的。运用这种表现方法，可能意在表示有无亲族关系。由于两者的区别基于根本不同的特点，所以从完颜部这样的集团名称产生完颜姓后，同姓和异姓这种表现方法便延续下来了"，而异姓完颜可解释为部人，"部人是指在完颜集团中金室不认为是同族的那些人"，与疏族有别。即认为始祖兄弟的子孙也为宗室（参见松浦茂：《金代女真氏族的构成》，中国社会科学院民族研究所历史研究室资料组编译：《民族史译文集》第 10 集，第 75 页）。张博泉认为金代"宗室家族主要是指出自始祖同一系的完颜各家族，也包括与始祖同宗属兄弟的完颜家族"（参见张博泉：《金代黑龙江"宰执"探赜》，《学习与探索》1991 年第 1 期）。程妮娜指出"所谓完颜氏宗室大家族，在金建国前，是指完颜氏部落大联盟长的历代先祖的后人，建国后，则是专指历代皇帝的家族"（参见程妮娜：《金代政治制度研究》，第 25 页）。韩世明根据《金史·宗室表序》和《金史·始祖以下诸子传赞》的记载认为以宗室完颜为中心，划分出三种不同的世系即"宗室：金皇室直系血亲，即安出虎水完颜部始祖函普的后裔。疏族：金皇室旁系血亲，即始祖兄阿古乃和弟保活里后裔。部人：异姓，即同姓完颜（宗室和疏族）以外的完颜支系人"（韩世明：《女真姓氏及姓氏集团研究》，干志耿、王可宾主编：《辽金史论集》第八辑，长春：吉林文史出版社，1994 年，第 281 页）。李玉君《金代宗室研究》遵循《金史》及张博泉的观点，将始祖及其两兄弟的后裔纳入宗室范围（李玉君：《金代宗室研究》，第 26 页）。陈晓伟从史源出发，认为"元朝史官纂修《金史》，在既定历史认知的前提下，增损《祖宗实录》和《太祖实录》相关内容，今本《世纪》最终将函普传说和祖先三兄弟传说两种内容杂糅到一起，致使上述各种文本叠加，造成'阿古乃''保活里'属于金朝宗室，据此编入《宗室表》"（陈晓伟：《〈金史·宗室表〉再探》，《民族研究》2021 年第 1 期）。上述观点的主要区别在于始祖兄弟后裔是否为宗室。始（转下页）

中亲和功往往联系在一起,即亲亲亦功;异姓,即异姓完颜、普通女真人和其他民族的成员,他们主要凭借功绩获得封爵。另外,推恩封赠、投诚归附封爵也是异姓封爵的重要内容。金代封爵制度在具体运作过程中,继承了唐代郡望与封爵相结合的做法,依据受封者的民族和姓氏,结合中原王朝的郡望观念,在封授的爵位之前冠以相应的郡、县封号。[①]

第五章,金代封爵的管理。包括管理封爵的机构设置、食邑与俸给、升降爵制度以及王府属官的设置等内容。金代的封爵食邑与食实封严格按照十比一的标准执行,自伯爵之下无实封。依爵位而享有俸禄的只有正从一品的高爵;金代有因事、因功的爵位升进,有因罪或过失削爵或降封的情况,同时也有夺爵之后的复爵情况,对爵位的升、降、削、复是巩固皇权,加强对封爵管理的重要内容。金代诸王的管理主要体现在王府官署的设置上。王府属官的设置体现了皇权对诸王优抚与控制并用的措施。

第六章,金代封爵制度与其他政治制度的关系。封爵制度是政治等级制的重要组成部分,爵称是名位和等级的标志之一,封爵具有相应的政治属性。因此,对封爵与其他政治制度的关系的论述是深化制度研究的重要内容。金代封爵与官制、礼制、封赠制度都有密切的关系。金代爵位与职官并不发生必然联系,但也不是毫无关联,官职的升迁也往往伴随着爵位的进封。爵位与勋级、散官关系则更加密切。在舆服、印绶、朝参班序等礼仪制度上,爵位高下有别,以此来明确等级。金代封爵与具有光耀门楣功能的封赠制度密切联系在一起,爵品成为封赠品官命妇和父祖先辈的重要参考。

第七章,金代封爵制度的特点、作用及影响。金代封爵在外在表现形式上与辽制相类,在具体的运作过程中多以中原王朝制度为参照,同时又根据自身统治需要作出相应改革与调整,具有不同于前朝的内容和

---

（接上页）祖兄弟后裔史籍记载较少,有封爵记载的只有始祖弟保活里五世孙石土门、迪古乃以及石土门子思敬,从封爵等级和获得封爵的途径来看,他们与景祖兄弟子孙的封爵标准大体相同,即主要考量的是功绩,从这个角度看,他们也可视为宗室成员,即宗室疏族。而金朝宗室疏族的范围也不仅指始祖弟后裔,主要看与皇帝本人世系的远近,如海陵与唐括辩谋废立时,讨论"谁当立者",唐括辩曾推宗杰孙、邓王完颜奭之子阿楞,海陵则言"阿楞属疏"。阿楞为太祖曾孙,毫无疑问是宗室,但海陵将其视为疏族。书中在涉及具体人物出身时,能确定世系的一律标出。

特点,形成了金代爵制。金代封爵具有明确等级关系、稳定社会秩序以及巩固皇权、维护国家政权稳定的作用,并对元代的封爵制度产生了一定影响。

结语,总结金代封爵制度的内涵,在此基础上,就封爵与金朝政局、皇权强弱之间的关系做进一步阐释。

按照以上的研究思路,运用以下研究方法,对金代封爵制度展开研究:

其一,历史主义与唯物辩证法相结合,从客观的历史实际出发,将历史问题放到一定的历史范围之内,在占有充分史料的基础上,具体问题具体分析,对金代封爵制度进行辩证的、宏观的把握。

其二,文献研究与考古研究相结合,充分运用"二重证据法",通过文献与考古资料彼此印证,厘清封爵制度的真实面貌,揭示封爵制度的运作过程,总结金代封爵制度的特点。

其三,将微观考证和宏观分析相结合,不仅详细考证金代封爵制度的基本史实,具体考证封爵体系中不同等级爵位的爵称与爵序,还总结制度的演变趋势及阶段性特征,分析对金代统治的影响。

其四,将静态梳理和动态分析相结合,不但考论封爵相关的静态制度规定,亦深入探讨制度实际执行情况,揭示封爵制度的实际运作状态及影响。

其五,借鉴运用比较史学、统计学、政治学等多学科的理论和方法。在采用传统史学和考古学研究方法的基础上,运用统计学研究方法,耙梳史料,广列表格,深入分析封爵制度的实际执行情况;通过横向和纵向对比,深入剖析金代封爵制度自身的特点,并分析其在金朝政治制度中的地位和作用。

**五、创新点**

本书在前人研究的基础上对金代封爵制度进行深入剖析,创新点主要有以下几个方面的内容:

1.对金代封爵制度进行宏观的动态考察,全面分析了金代封爵的体系、等级结构、爵制运作、管理措施、爵制与其他政治制度的关系,解析金代封爵制度的特点与作用,从而展现金代封爵制度的整体面貌。

　　2. 对学界有不同观点的国号王爵问题进行详细考证与辨析,认为金代前期国号王爵类型可分为"一字王"、"一字国王"和"两字国王"三种类型,三者之间有高下之别。海陵正隆二年"例降封爵等第"后,国号王爵只见"一字王"称谓。国号王爵类型的前后变化与金代政治制度的发展密切相关。

　　3. 对《金史·百官志》所记载的"封王之郡号十"作了考补工作,认为金世宗大定七年是金代郡王封号变更的时间点,金代始终以郡号名位的先后来表示郡王爵位之间的高下等第。

　　4. 在广泛阅读文献基础上,全面梳理了金代五等爵的爵称爵序,认为有金一代五等爵共有国公、郡公、县公、郡侯、县侯、郡伯、县伯、郡子、县子、郡男、县男共十一个爵称。金代国公以下五等爵前有带"开国"和不带"开国"的情况,两者意义不同,其区别主要体现在"封"与"赠"。

　　5. 不仅详细考论制度的静态规定及其变化,更是在广泛阅读文献的基础上,利用大量笔记、文集、考古碑刻资料,广列表格,对制度的运行程序和运作状态进行了动态分析,客观评价了封爵制度对金朝统治的作用与影响。

　　6. 通过对金代封爵史料的深入挖掘、对比和分析,校正《金史》关于封爵记载的诸多讹误或阙失,有助于全面认识金代封爵制度。

# 第一章　金代封爵制度的确立与演变

爵位既是身份、地位的标志,更是君主借以确立统治阶级内部等级关系,以此来巩固统治的重要手段。封爵制度的内容历朝有所不同,爵级爵称的组合与名称也处于不断变化之中。大体而言,自魏晋南北朝时期确立了王与五等爵的封爵体系后,后世在爵位的称谓和等级上虽屡有变更,但以"王爵"和"五等爵"作为封爵制度的基本范式一直沿用。金代继承了此前历朝的封爵制度,爵位分为王爵和五等爵两大体系。《金史·百官志》载封爵:"正从一品曰郡王,曰国公。正从二品曰郡公。正从三品曰郡侯。正从四品曰郡伯(旧曰县伯,承安二年更)。正五品曰县子,从五品曰县男。"[①]金代封爵制度在熙宗朝确立,海陵王时期对封爵制度多加变革;世宗和章宗时期的封爵制度在继承中有所调整;宣宗以后金代封爵制度打破常规,爵制渐滥,最后与金王朝一起亡于蒙古的铁骑之下。

## 第一节　金代以前封爵制度的发展演变

先秦时期后世所谓的五等爵名称已明确见于文献记载。西周时期的五等爵制与世袭的宗法制度互为表里,具有明显的分封性质,与秦汉之后的爵制有别。秦汉至隋唐再到宋代的爵称爵序,在一千多年的发展过程中屡有变化,可以说"秦汉之制,是封爵制度的基石;魏晋南北朝封爵制度,则构成连接汉唐爵制的桥梁"[②]。魏晋南朝时期政权更迭频繁,爵称、爵序、爵位的封授标准等都呈现出不同的内容,最终形成王、五等爵、列侯三个等级的封爵制度,迨至北朝则取消列侯,形成以王和五等爵为

---

① 《金史》卷55《百官志一》,第1305页。
② 杨光辉:《汉唐封爵制度》第3版,第13页。

主体的封爵制度,并为隋唐所继承,成为此后中国古代王朝封爵制度的模本。

## 一、隋唐以前爵称爵序的变革

封爵之爵称最早出现于先秦时期,《通典》载:"唐虞夏,建国凡五等,曰公、侯、伯、子、男。"①商代侯、伯、男等爵称确已见于卜辞,商代立爵"公、侯、伯三等(公百里,侯七十里,伯五十里)"②。实际上,商代并不一定存在这种整齐划一的三等爵制。从传说时期的尧唐到商代的爵称只是用来别贵贱远近的标准,并非真正意义上的分封立爵。

西周时期裂土分封,《孟子·万章上》中所记周代有两种爵制:"天子一位,公一位,侯一位,伯一位,子、男同一位,凡五等也。君一位,卿一位,大夫一位,上士一位,中士一位,下士一位,凡六等",朱熹注曰:"此颁爵之制也。五等通于天下,六等施于国中。"③《礼记·王制》载五等爵则为公、侯、伯、子、男。此后史书对西周的五等爵也多有追忆,如《晋书》:"王者之制爵禄,公侯伯子男凡五等。"④目前学界对西周是否有五等爵制有不同观点,如傅斯年、郭沫若、杨树达等先生根据金文中"爵无定称"否定了周代的五等爵⑤。而陈恩林、王世民等先生深入分析了金文与文献材料记载混乱的现象,肯定了五等爵制度⑥。无论如何,西周时期与宗法和分封制度结合在一起的理想化的五等爵制的爵称为后世提供了形式上的范本和参照。

春秋战国时期,社会剧烈变动,变革迭起,各诸侯国开始将爵与功、德相联系,实行因功赐爵制。即以军功赐给爵位、田宅、食邑、封国的爵

---

① (唐)杜佑撰,王文锦等点校:《通典》卷19《职官一》,第486页。
② (唐)杜佑撰,王文锦等点校:《通典》卷19《职官一》,第487页。
③ (宋)朱熹集注:《孟子》卷10《万章下》,上海:上海古籍出版社,2013年,第138—139页。
④ 《晋书》卷14《地理志上》,第409页。
⑤ 傅斯年:《论所谓五等爵》,氏著《民族与古代中国史》,上海:上海人民出版社,2014年,第71—89页;郭沫若:《中国古代社会研究》第四篇《周代彝铭中的社会史观》一文的第五部分有"周代彝铭中无五服五等之制",北京:商务印书馆,2011年,第281—285页;杨树达:《古爵名无定称说》,氏著《积微居小学述林全编》卷6《故书古史杂考之属》,上海:上海古籍出版社,2007年,第386—396页。
⑥ 陈恩林:《先秦两汉文献中所见周代诸侯五等爵》,《历史研究》1994年第6期;王世民:《西周春秋金文中的诸侯爵称》,《历史研究》1983年第3期。

禄制度<sup>①</sup>，因此称为军功爵制。其中秦国实行的赐爵制度最为完备，商鞅变法即明确规定了"有军功者，各以率受上爵"，"明尊卑爵秩等级，各以差次名田宅，臣妾衣服以家次"<sup>②</sup>的赐爵制度。战国时期，军功爵制取代了此前以公侯伯子男为爵名的五等爵制，成为各诸侯国爵禄制度的主体形式。

秦统一全国后，继续实行商鞅变法以来的赐爵制度，并在此基础上形成了二十等军功爵制<sup>③</sup>。"一级曰公士，二上造，三簪袅，四不更，五大夫，六官大夫，七公大夫，八公乘，九五大夫，十左庶长，十一右庶长，十二左更，十三中更，十四右更，十五少上造，十六大上造，十七驷车庶长，十八大庶长，十九关内侯，二十彻侯。皆秦制，以赏功劳"<sup>④</sup>。汉继秦而立，沿用秦二十等军功爵制和普遍的赐爵制度<sup>⑤</sup>，同时因"海内新定，同姓寡少，惩戒亡秦孤立之败，于是剖裂疆土，立二等之爵"<sup>⑥</sup>，即"曰王，曰侯"<sup>⑦</sup>。汉初，王爵封授的对象主要是皇子，亦有一部分功高卓著的异姓，即所谓的异姓王<sup>⑧</sup>。《汉书》载："诸侯王，高帝初置，金玺盭绶，掌治其国。有太傅辅王，内史治国民，中尉掌武职，丞相统众官，群卿大夫都官如汉朝。"<sup>⑨</sup>西汉初期各王国得自置官吏，自征赋税，设官统民，实际上是授民

---

① 朱绍侯：《军功爵制研究》，第 3 页。

② （汉）司马迁：《史记》卷 68《商君列传》，北京：中华书局，1959 年，第 2230 页。

③ 关于秦汉二十等爵制度的研究较为深入，成果颇丰，如漆侠：《二十等爵与封建制度——战国秦汉社会阶级构成初探之一》，《历史教学》1961 年第 12 期；朱绍侯：《军功爵制研究》，上海：上海人民出版社，1990 年；〔日〕西嶋定生著，武尚清译：《中国古代帝国的形成与结构——二十等爵制研究》，北京：中华书局，2004 年；李均明：《张家山汉简所反映的二十等爵制》，《中国史研究》2002 年第 2 期；〔日〕楯身智志：《汉代二十等爵制の研究》，东京：早稻田大学出版部，2014 年；孙闻博：《二十等爵确立与秦汉爵制分层的发展》，《中国人民大学学报》2016 年第 1 期；等等。

④ （汉）班固撰，（唐）颜师古注：《汉书》卷 19 上《百官公卿表上》，北京：中华书局，1962 年，第 739—740 页。

⑤ 刘敏：《承袭与变异：秦汉封爵的原则和作用》，《南开学报》2002 年第 3 期。

⑥ 《汉书》卷 14《诸侯王表》，第 393 页。

⑦ （唐）杜佑撰，王文锦等点校：《通典》卷 31《职官十三》，第 855 页。

⑧ 西汉王朝是在诸异姓王的协助下建立的，但"西汉政权建立之后，刘邦为了维护刘氏的家天下，铲除异姓王，分封同姓王，将秦末汉初因功封王的原则改为因亲封王，'白马之盟'最终确立了'非刘氏不王'的分封原则"。即异姓王封爵实行不久，在汉高祖时已基本被废除。参见董平均：《西汉分封制度研究——西汉诸侯王的隆替兴衰考略》，首都师范大学博士学位论文，2002 年，"内容摘要"。

⑨ 《汉书》卷 19 上《百官公卿表上》，第 741 页。

授土,权势较大。"群臣异姓以功封者,谓之彻侯"①,彻侯处于二十等爵制最高一级,地位也很高。《汉书》载:"彻侯金印紫绶,避武帝讳,曰通侯,或曰列侯,改所食国令长名相,又有家丞、门大夫、庶子。"② 可见,西汉列侯和诸侯王一样,可以立国,有封地和官署机构。西汉初年的分封,使诸侯王权势过重、据地自大,有尾大不掉之势,在文帝、景帝"削藩"政策之下,爆发了"七国之乱"。平定叛乱后,"景帝中五年令诸侯王不得复治国,天子为置吏,改丞相曰相,省御史大夫、廷尉、少府、宗正、博士官,大夫、谒者、郎诸官长丞皆损其员"③。取消了诸侯国"治民权",官属设置由中央负责,并减省属官机构,诸王只衣食租税而已。汉武帝时,在前代"众建诸侯而少其力"和"削藩"基础上,实行"推恩令",进一步削弱诸王国的封地和权力,所谓分封制下的诸王只剩下享有爵禄食邑的权力。

王莽新朝时期,废汉朝爵制,实行五等爵,规定"诸公一同,有众万户,土方百里;侯伯一国,众户五千,土方七十里;子男一则,众户二千有五百,土方五十里"④。其爵名虽五等,其实只有公、侯伯、子男三等,但由于"图簿未定,未授国邑",所谓五等爵制并未真正实施。东汉则多承西汉之制,爵制方面"汉置王侯二等,其二十等爵亦存……后汉又有乡、亭侯之号"⑤,"功大者食县,小者食乡、亭"⑥,即增加了乡侯、亭侯的爵称。

魏晋王朝更迭,加剧了社会制度的变革更新。这一时期的封爵制度既沿袭秦汉爵制的发展流变,又大刀阔斧地改造汉以来的封爵体系,对后世封爵制度具有深远影响。据《通典》载曹魏爵制为"王、公、侯、伯、子、男,次县侯,次乡侯,次亭侯,次关内侯,凡九等",又置名号侯、关中侯、关外侯、五大夫爵称等,但自关内侯以下皆不食租,为虚封爵位⑦。日本学者守屋美都雄指出"曹魏封爵在多方吸收汉爵系列和特质的同时,大量改易了汉爵之制","魏爵体系的特点,是上配基于周代理念的五等爵制,下配继承秦汉爵制的列侯和关内侯。建安十二年以后曹操完

---

① (唐)杜佑撰,王文锦等点校:《通典》卷31《职官十三》,第855页。

② 《汉书》卷19上《百官公卿表上》,第740页。

③ 《汉书》卷19上《百官公卿表上》,第741页。

④ 《汉书》卷99中《王莽传》,第4128页。

⑤ (唐)李林甫等撰,陈仲夫点校:《唐六典》卷2《尚书吏部》,第37页

⑥ (南朝宋)范晔撰,(唐)李贤等注:《后汉书·百官志五》,北京:中华书局,1965年,第3630页。

⑦ (唐)杜佑撰,王文锦等点校:《通典》卷19《职官一》,第487页。

全按照自己的尺度论功行赏,因此列侯、关内侯发生了实质性调整。名号侯至五大夫的爵级全部出于魏代的创制"[1]。有学者认为曹魏咸熙元年(264)之前,五等爵并未以系统的形式设置,故其爵称仍处于量变过程[2]。但毫无疑问,曹魏时期封爵制度的等级层级更加细化,而王爵和五等爵地位在列侯(县侯、乡侯、亭侯)之上,对后世封爵制度产生深远影响。

西晋代魏,其爵制"亦有王、公、侯、伯、子、男,又有开国郡公、县公、郡侯、县侯、伯、子、男及乡亭、关内等侯"[3]。"西晋代魏前夕设立五等爵,是爵制出现质变的标志","西晋爵制既是中国封建社会前期封爵制度化的转折点,又为以后的爵制提供了模式和样板,具有承上启下、创始奠基的特殊地位"[4]。据杨光辉先生研究,两晋南北朝时期的封爵制度大致具有如下特点。其一,五等爵成为封爵系统中的重要组成部分,并为后世所沿用。两晋南朝的封爵体系为王、五等爵、列侯三大类;北朝则取消了列侯,封爵系统由王和五等爵构成,并成为此后历代王朝封爵制度的基本模式。其二,每个等级内部的爵称爵序划分更加细化。如西晋、西魏、北周三朝王爵有国王、郡王、县王之分,其他则或为郡王、县王两级或只有郡王之封。同时在郡王级别中又有大次小之分。五等爵则多冠以国、郡、县、乡之名,名称较多、分级繁密。其三,北朝时期出现了不享有食邑的散爵,如散郡公、散县侯、散县伯等,其虚封之制与此后历朝虚封食邑之制度相类。其四,魏晋南北朝各朝的封爵均有相对应的官品,爵位最低一级相应的官品是五品,可见有爵者的地位较高,是古代王朝统治秩序中不容忽视的阶层[5]。总之,中国古代爵制在魏晋南北朝时期为了适应统治的客观需要,在继承前朝封爵制度的基础上,经过各朝的不断改造,出现了新的内容,尤其是北朝爵制,为隋唐王朝所继承。

---

[1] 〔日〕守屋美都雄著,钱杭译:《关于曹魏爵制若干问题的考察》,上海社会科学院《传统中国研究集刊》编委会编:《传统中国研究辑刊》第五辑,上海:上海人民出版社,2008年,第111页。
[2] 杨光辉:《汉唐封爵制度》第3版,第9页。
[3] (唐)杜佑撰,王文锦等点校:《通典》卷19《职官一》,第487页。
[4] 杨光辉:《汉唐封爵制度》第3版,第9页。
[5] 杨光辉:《汉唐封爵制度》第3版,第4—11页。

### 二、隋、唐、宋各朝爵制

"隋唐的封爵制度基本上一脉相承"①。隋开皇中"制国王、郡王、国公、郡公、县公、侯、伯、子、男，凡九等"②。又有散郡公、散县公、散县侯、散县伯、散县子、散县男等虚封爵位③。隋炀帝即位后，封爵制度又有变革，"唯留王、公、侯三等。余并废之"④。隋短命而亡，继之而起的唐王朝封爵制度则更加完备。

唐朝封爵"凡有九等。一曰王，正一品，食邑一万户。二曰郡王，从一品，食邑五千户。三曰国公，从一品，食邑三千户。四曰郡公，正二品，食邑二千户。五曰县公，从二品，食邑一千五百户。六曰县侯，从三品，食邑一千户。七曰县伯，正四品，食邑七百户。八曰县子，正五品，食邑五百户。九曰县男，从五品，食邑三百户"⑤。《旧唐书·职官志一》官品表"开国郡公"下注："爵，《武德令》唯有公侯伯子男，贞观十一年加开国之称。"⑥《新唐书·百官志》所列郡公以下封爵便加"开国"字样⑦。

唐朝后期又出现冠以"某某郡"封号的侯、伯、子、男爵称。如：

郡侯：唐懿宗即位封夏侯孜"谯郡侯"⑧；唐僖宗朝王徽封"琅邪郡侯，食邑千户"⑨；唐昭宗龙纪元年（889）十月"制以特进、太子少师、博陵郡开国侯、食邑一千户崔安潜检校太傅、兼侍中、青州刺史、平卢军节度观察、押新罗渤海两蕃等使"⑩；昭宗乾宁二年（895）六月"以太子宾客张濬复光禄大夫、行兵部尚书、上柱国、河间郡开国侯、食邑二千户"⑪。此外，还有冯翊郡开国侯、河南郡开国侯、兰陵郡开国侯，等等。

郡伯：唐文宗开成三年（838）正月"以诸道盐铁转运使、正议大夫、

---

① 徐连达：《隋唐的封爵制度》，《合肥教育学院学报》1984年第1期。
② 《隋书》卷28《百官志下》，第781页。
③ 《隋书》卷27《百官志中》，第765—767页。
④ 《隋书》卷28《百官志下》，第801—802页。
⑤ （唐）李林甫撰，陈仲夫点校：《唐六典》卷2《尚书吏部》，第37页；《旧唐书》卷43《职官志二》，第1821页。
⑥ 《旧唐书》卷42《职官志一》，第1791页。
⑦ （宋）欧阳修、宋祁撰：《新唐书》卷46《百官志一》，北京：中华书局，1975年，第1188页。
⑧ 《旧唐书》卷177《夏侯孜传》，第4604页。
⑨ 《旧唐书》卷178《王徽传》，第4643页。
⑩ 《旧唐书》卷20上《昭宗纪》，第738页。
⑪ 《旧唐书》卷20上《昭宗纪》，第753页

守户部尚书、上柱国、宏农郡开国伯、食邑七百户、赐紫金鱼袋杨嗣复可本官同中书门下平章事"①；唐武宗会昌三年（843），李石"加检校司空、平章事、陇西郡开国伯、食邑七百户、太原尹、北都留守、河东节度观察等使"②。另有太原郡开国伯、河间郡开国伯等。

郡子：《新唐书·韦凑传》载虚心"累封南皮郡子"③。

郡男：唐宣宗大中十一年（857）二月，"以荆南节度使、银青光禄大夫、检校兵部尚书兼江陵尹、御史大夫、上柱国、武功郡开国男、食邑三百户苏涤为太常卿"④。

另外，隋唐爵制中还有"嗣王"爵称，"亲王之子承嫡者"⑤为嗣王，即亲王之子有一人承嗣其王爵，封爵为嗣王，这在《隋书》、两《唐书》中较为多见。"嗣王"爵级为此后的宋代所继承。

总之，唐代确立了以王和五等爵为内容的封爵体系，唐代五等爵中的侯、伯、子、男又增加了冠以"郡"命名的爵称，影响后世。

宋代的爵制，史籍记载多有不同。《宋史·职官志九》记载宋代爵制为："爵一十二：王、嗣王、郡王、国公、郡公、开国公、开国郡公、开国县公、开国侯、开国伯、开国子、开国男。"⑥

《宋史·职官志三》又载："列爵九等：曰王，曰郡王，曰国公，曰郡公，曰县公，曰侯，曰伯，曰子，曰男。分国三等：大国二十七，次国二十，小国二百二十。"⑦

哲宗朝《元祐官品令》又有："王，正一品；嗣王、郡王、国公、郡公，从一品；开国县公，从二品；开国侯，正三品；开国伯，正四品；开国子，正五品；开国男，从五品"⑧，爵封十等。

《宋史·职官志八》载南宋封爵十等：王为正一品，嗣王、郡王、国公为从一品，开国郡公为正二品，开国县公为从二品，开国侯为从三品，开

① 《旧唐书》卷17下《文宗纪下》，第572页。
② 《旧唐书》卷172《李石传》，第4486页。
③ 《新唐书》118《韦凑传》，第4271页。
④ 《旧唐书》卷18下《宣宗纪下》，第636页。
⑤ （唐）李林甫撰，陈仲夫点校：《唐六典》卷2《尚书吏部》，第37页。
⑥ 《宋史》卷169《职官志九》，第4061页。
⑦ 《宋史》卷163《职官志三》，第3837页。
⑧ （宋）孙逢吉：《职官分纪》卷50引《元祐官品令》，北京：中华书局，1988年，第876页。

国伯为正四品,开国子为正五品,开国男为从五品①。

　　文献记载的差异,也使学者不断对其进行探究,力图厘清制度的内涵。龚延明先生在其《宋代官制辞典》"宋代官制总论·爵制"中指出"宋代爵名沿唐五代之制,其等级屡有变化"。上述文献中的"爵一十二"是北宋前期的封爵等级;《宋史》卷一六三《职官三》"列爵九等"则是神宗时期封爵,《宋会要辑稿》亦有神宗朝"列爵有九:曰王、曰郡王、曰国公、曰郡公、曰县公、曰侯、曰伯、曰子、曰男"②的记载。哲宗朝则爵分十等;南宋爵亦为十等③。然而对于这种以北宋前期、神宗朝、哲宗朝和南宋四个时期的编排架构,学界认为仍有疏误。李昌宪认为:"《宋史·职官九》,列爵十二等,有嗣王、国公、郡公、开国公、开国郡公,但郡公、开国公、开国郡公,应是同一爵位,而嗣王北宋元丰前未曾授人,故而从略,则所谓十二等爵位,为修史者不谙宋制而误甚明。宋爵实为九等。"④郭桂坤指出《宋史·职官志》"'爵一十二'当解作'十二爵称'",其中郡公与开国公是开国郡公的简称,而开国县公和开国(县)侯两爵,在两宋时期也一直没有封授,取代这两个爵位的是开国郡侯⑤。陈希丰《再谈宋代爵的等级》一文则通过宋代制告文书、碑刻墓志等资料的研究,认为"制度条文所载爵的等级与实际行用的爵等并非全然一致,宋代爵等很难说存在时间上的变化。以往学者在处理宋代爵等问题时,未充分考虑到封爵授予对象上的区别,即宋代一般官员与宗室既使用同一套爵等体系,其中又存在一些差异。而唐宋时期有关爵等的省称(省写)现象也在一定程度上增加了现代学者辨析宋代爵等的难度"⑥。该文指出"若我们将'郡公'与'开国公'理解为'开国郡公'的省称,则《官品令》或《国史职官志》所载爵等序列恐怕不会在已经列出'开国郡公'的同时,又将作为其省称的'开国公'、'郡公'列于其中;若我们将这里的'郡公'理解为

---

① 《宋史》卷168《职官志八》,第4014—4015页。
② (清)徐松辑,刘琳等校点:《宋会要辑稿》职官9之17,上海:上海古籍出版社,2014年,第3279页。
③ 龚延明:《宋代官制辞典》(增订本),北京:中华书局,2017年,第38页。
④ 李昌宪:《宋朝官品令与合班之制复原研究》,上海:上海古籍出版社,2013年,第15—16页。
⑤ 郭桂坤:《〈宋史·职官志〉"爵一十二"试解——兼析宋代〈官品令〉中的爵位序列》,《中国史研究》2016年第3期。
⑥ 陈希丰:《再谈宋代爵的等级》,《文史》2016年第3辑,第235页。

专门用作宗室追封的爵级,则又无法解释同样用作宗室追封的'侯'爵却未被列入其中的事实。'开国公'与其后的'开国郡公'、'开国县公'显然不是并级而应为包含的关系"。因此,作者"怀疑《宋史·职官志九》中的十二等爵可能不是宋代品令原貌,而是后人(如南宋中后期所流行的诸家类书)根据自己的理解将'郡公'与'开国公'两个爵称植入其中拼凑而成,最后被元代史臣引入到《宋史·职官志》中的"①。此文从爵位封授对象的不同来分析宋代爵位名称和等级,最后通过表格的方式指出宋代宗室追封、宗室生封和一般官员封爵的异同。

关于宋代爵制的不同认识,龚延明先生在《宋代爵制的名与实》一文中再次阐发对宋代爵制的认识,指出:"宋代爵制与宋王朝命运共始终,行用三百年而不废,但呈现前后不一致的阶段性变化",认为《宋史·职官九》所载十二等爵,在北宋前期确实存在于令文中,"不过在执行过程中,'嗣王、开国郡公、开国县公'三等爵并未行封,徒具于令文中。元丰改制,九等爵与南宋令文中十等爵,在实际实行中仍有令文之外的封爵或徒具令文中之爵等"。文中最后又指出"面对名与实不完全相符、复杂的宋代爵制,需要将法定、固定的制度,与在执行令文中实际行用变化相结合,即将令文中之名与实际执行情况之实两者结合起来进行考察,以求得相对接近于宋代爵制的全面认识"②。这种从"活"的制度史视角,关注制度的名与实,对辽金爵制的研究具有十分重要的借鉴意义。

### 三、辽朝爵制

辽金同以北方民族立国,其封爵制度既有对中原王朝传统爵制的继承,也具有本民族自己的特点。辽朝早于金朝立国,其封爵制度对金朝前期的爵制产生了一定的影响。

《辽史·百官志》对其封爵只字未提,但《辽史》及碑刻墓志中却有大量封爵的资料,为后人研究辽代的封爵制度提供了可能。唐统天和

---

① 陈希丰:《再谈宋代爵的等级》,《文史》2016年第3辑,第254页。
② 龚延明:《宋代爵制的名与实——与李昌宪、郭桂坤等学者商榷宋代十二等爵制》,《中国史研究》2019年第2期。

王曾瑜两位先生是较早关注辽代封爵制度的学者,通过他们的研究,大体呈现了辽代封爵的基本面貌。唐统天《辽代勋级、封爵和食邑制度研究——补〈辽史·百官志〉》一文系统梳理了辽代封爵制度,认为从总体看与唐制大体一样,只是在开国郡公之下又有开国郡侯、开国郡伯、开国郡子、开国郡男,但从食邑的数量可知,这并不意味着辽代的封爵之制又多出几个等级①。王曾瑜《辽朝官员的实职与虚衔初探》一文关注到了辽代爵制中"以两字国王为最高",指出辽爵位共计十四阶,即两字国王、一字国王、郡王、国公、开国郡公、开国县公、开国郡侯、开国县侯、开国郡伯、开国县伯、开国郡子、开国县子、开国郡男、开国县男②。不过,辽代封爵制度中还有一个值得关注的是国号王封爵,有带"国"字与不带"国"字的区别,他们之间也有高下之别,这种情况学者已多有关注③。辽代的王爵的分类直接影响金代,不过金朝国号王爵封授的时间、对象又与辽朝有别,体现了两个王朝政治制度各自发展的特点。近年,李忠芝的博士学位论文《辽代封爵制度研究》在前人研究成果的基础上,对辽代封爵做了系统考察,对全面了解辽代封爵制度具有重要意义。

　　总之,封爵制度作为中国古代社会典章制度的重要组成部分,五等爵称在先秦时期即已见于文献记载,后世在继承中不断发展并加以变革。至魏晋隋唐时期最终确立了以王和五等爵为主体的封爵体系。在这一过程中封爵制度自身在官僚体制中的地位和作用也发生了重要变化,封爵逐步虚散化、官僚化。隋唐以后,"设爵无土"④,"虽有启封之称,曾无胙土之实"⑤,但其在明确社会等级关系、保证政治体制运转方面仍发挥着重要作用,始终是官僚制度不可或缺的组成部分。

---

① 唐统天:《辽代勋级、封爵和食邑制度研究——补〈辽史·百官志〉》,《东北地方史研究》1990年第2期。
② 王曾瑜:《辽朝官员的实职和虚衔初探》,《文史》第34辑,北京:中华书局,1992年,第159—186页。
③ 都兴智:《辽代封爵制度试探》,程妮娜、傅百臣主编:《辽金史论丛——纪念张博泉教授逝世三周年论文集》,长春:吉林人民出版社,2003年,第163—173页;唐抒阳:《辽代王号等级研究》,吉林大学硕士学位论文,2013年;唐抒阳:《对〈辽史〉中关于王爵封授情况记载的辨析七则》,《内蒙古农业大学学报》2012年第2期;唐抒阳:《辽代封王情况梳理——太宗朝至穆宗朝》,《牡丹江大学学报》2012年第4期;李忠芝:《辽代封爵制度研究》,吉林大学博士学位论文,2016年。
④《新唐书》卷78《宗室》,第3537页。
⑤《宋史》卷168《职官志八》,第4007页。

## 第二节　金代封爵制度的确立

金朝在太祖时期就以国公爵位加封降金的辽官,王爵与五等爵位在太宗时期也见于史料记载。但此时作为官僚政治的封爵制度在金朝尚未确立,其封爵的爵称只是学习和模仿辽制,封爵对象也是降金的契丹人、渤海人和汉人,未有女真人封爵。熙宗即位后,对政治制度进行了大刀阔斧的改革,其中封爵制度作为政治制度的重要内容得以确立下来。

### 一、太祖、太宗时期的爵位封授

金太祖时期,只有国公爵位见于文献记载,封授对象是降金的辽官。金太祖天辅六年(1122)初,金军攻克中京,天祚帝自鸳鸯泺亡保阴山,耶律大石、左企弓、虞仲文等于燕地拥立辽秦晋国王耶律淳为帝,"左企弓守司徒,封燕国公。虞仲文参知政事,领西京留守、同中书门下平章事、内外诸军都统。曹勇义中书侍郎平章事、枢密使、燕国公。康公弼参知政事、签枢密院事"[1]。同年,太祖伐燕京,十二月庚寅"次于城南。辽知枢密院左企弓、虞仲文,枢密使曹勇义,副使张彦忠,参知政事康公弼,金书刘彦宗奉表降"[2]。左企弓、虞仲文、曹勇义、康公弼四人在辽朝位居宰相、枢密之职,其中左企弓和曹勇义在辽朝的封爵均为燕国公。四人入金后,"太祖俾复旧职,皆受金牌。企弓守太傅、中书令,仲文枢密使、侍中、秦国公,勇义以旧官守司空,公弼同中书门下平章事、枢密副使权知院事、签中书省,封陈国公"[3]。从这条史料看,四人在辽朝没有封爵的虞仲文和康公弼都有了爵封,在辽朝有封爵的左企弓和曹勇义,却不见有爵位封授。明人王圻《续文献通考》在记述金朝封爵制度时,却明确说左企弓,"天辅中,以燕京降,仍封燕国公"[4]。也就是说,金太祖仍给予了左企弓仕辽时封授的"燕国公"爵位。如此看来,这些降金的辽朝高

① 《金史》卷75《左企弓传》,第1831页。
② 《金史》卷2《太祖纪》,第41页。
③ 《金史》卷75《左企弓传》,第1832页。
④ (明)王圻:《续文献通考》卷193《封建考》,第2901页。

官,在入金后仍保有其在辽朝时的官职和爵位,曹勇义入金后的爵位也应沿用在辽朝时的爵位,仍封燕国公。从太祖时期授予的爵名和封爵对象看,所谓封爵是直接沿用和照搬了辽朝固有的制度模式。

王和公、侯、伯、子、男不同等级的爵位在金太宗时期均有记载。金代最早封王的是上文已提到的汉人刘彦宗。刘彦宗也是辽朝汉官,其先祖"六世侍辽,相继为宰相",金军攻克燕京,彦宗与左企弓等人一同降金,当时其在辽的官职为签书枢密院事[①],太祖"俾复旧,迁左仆射,佩金牌"[②],未获得封爵。入仕金朝后,刘彦宗助金灭辽伐宋,天辅七年(1123),张觉平州叛金,金军攻取,彦宗"同中书门下平章事、知枢密院事、加侍中,佐宗望军。宗望奏,方图攻取,凡州县之事委彦宗裁决之"[③],得到金朝重用。太宗天会二年(1124),金军大举伐宋,"彦宗画十策",并兼领汉军都统。天会六年(1128)"薨,年五十三,追封郓王"[④]。刘彦宗为死后追封,也是金代王爵的最早记载。

太宗时期国公封爵有三人,其一是时立爱,天会三年(1125),"及宗望再取燕山,立爱诣幕府上谒,拜同中书门下平章事",其"从宗望军数年,谋画居多,封陈国公"[⑤];其二是韩企先,其"九世祖知古,仕辽为中书令"[⑥]。韩企先入金后,于天会七年(1129)迁尚书左仆射兼侍中,封楚国公[⑦]。还有一位封爵国公者是金朝所立刘齐政权的统治者刘豫之子。天会八年(1130),"齐国建,以济南为兴平军",刘豫子麟为"节度使、开府仪同三司、梁国公"[⑧]。

这一时期,国公以下的五等封爵,主要见于金朝使者官衔,现将太宗时期金朝所遣使者的民族、官衔等信息列表进行分析。

---

①《金史》卷78《刘彦宗传》,第1881页。
②《金史》卷78《刘彦宗传》,第1881页。
③《金史》卷78《刘彦宗传》,第1882页。
④《金史》卷78《刘彦宗传》,第1882页。
⑤《金史》卷78《时立爱》,第1888页。
⑥《金史》卷78《韩企先传》,第1889页。
⑦《金史》卷78《韩企先传》,第1889页。
⑧《金史》卷77《刘豫传》,第1874页。

### 表1.1　金太宗时期使者官衔信息表

| 天会三年（1125）报宋获契丹主使者 [1] | | | | | |
| --- | --- | --- | --- | --- | --- |
| 人名 | 民族 | 身份 | 官职 | 勋 | 爵位与食邑 |
| 王永福 | 汉 | 告庆国信使副 | 朝散大夫、守鸿胪寺卿、知太常礼院 | 骑都尉 | 太原县开国伯食邑七百户 |

| 天会四年（1126）金朝回谢宋朝使者 [2] | | | | | |
| --- | --- | --- | --- | --- | --- |
| 人名 | 民族 | 身份 | 官职 | 勋 | 爵位与食邑 |
| 萧仲恭 | 契丹 | 正使 | 银青荣禄大夫、利州管内观察使、检校工部尚书兼侍御史 | 上骑都尉 | 兰陵县开国伯 [3] 食邑七百户 |
| 赵伦 | 汉 | 副使 | 朝议大夫、守太仆少卿 | 骁骑尉 | 天水县开国男 [4] 食邑三百户 |

| 天会五年（1127）金朝遣使册封张邦昌为大楚皇帝使者 [5] | | | | | |
| --- | --- | --- | --- | --- | --- |
| 人名 | 民族 | 身份 | 官职 | 勋 | 爵位与食邑 |
| 韩资政 | 汉 | 正使 | 特进、尚书左仆射、同知枢密院事、监修国史 | 上柱国 | 南阳郡开国公食邑三千户食实封二百户 |
| 曹说 | 汉 | 副使 | 荣禄大夫、行尚书礼部侍郎提点大理寺 | 护军 | 谯县开国侯食邑一千户食实封一百户 |
| 刘恩 | 汉 | 押册 | 金紫光禄大夫、左散骑常侍、知御史中丞 | 上护军 | 彭城县开国公食邑一千户食实封一百户 |
| 张愿恭 | 汉 | 读册 | 枢密院吏房承旨、中散大夫、卫尉寺卿 | 上轻车都尉 | 清河县开国伯食邑七百户 |
| 王企中 | 汉 | 押宝 | 中大夫、行中书舍人 | 上轻车都尉 | 太原县开国伯食邑七百户 |

---

[1] 《大金吊伐录校补》之28《报南宋获契丹昏主书》，第92页。

[2] 参见《大金吊伐录校补》之72《回宋主书》，第217页。

[3] 据《大金吊伐录校补》"校文"，考证萧仲恭"兰陵县开国男"应为"兰陵县开国伯"，据吴本改，吴本即墨海金壶本（参见《大金吊伐录校补》第217页）。

[4] 据《大金吊伐录校补》"校文"："天水县开国男食邑三百户，'天水县'，原作'天水郡'，砚、吴、钱三本作'天水郡县'。案：县男食邑三百户，应作'天水县'，各本皆误，兹以意改。"（第217页）此校文不确，因男爵有冠以郡和县两种封号者，这种封爵在宋、辽、金三朝较为常见，"某某县开国男"和"某某郡开国男"，均为男爵，食邑均为三百户。所以，原文"天水郡"未必误。此处，不论是天水郡开国男，还是天水县开国男，并不影响对这一时期金朝封爵制度的分析，因此文中按"校文"录为天水县开国男。

[5] 参见《大金吊伐录校补》之163《册大楚皇帝文》，第435—436页。

续表

| 人名 | 民族 | 身份 | 官职 | 勋 | 爵位与食邑 |
|---|---|---|---|---|---|
| 李忠翊 | 汉 | 奉宝 | 枢密院户房主事、银青荣禄大夫、检校工部尚书、行太常少卿、兼侍御史 | 轻车都尉 | 陇西县开国子食邑五百户 |

**天会五年（1127）金朝遣使贺南楚使者①**

| 人名 | 民族 | 身份 | 官职 | 勋 | 爵位与食邑 |
|---|---|---|---|---|---|
| 高庆裔 | 渤海 | 庆贺使 | 荣禄大夫、兵部尚书 | 护军 | 广陵县开国公 |
| 李士迁 | 汉 | 庆贺使副 | 金紫荣禄大夫、检校太保、兼侍御史 | 上骑都尉 | 陇西县开国侯 |

**天会五年（1127）金元帅右监军遣使大楚使者②**

| 人名 | 民族 | 身份 | 官职 | 勋 | 爵位与食邑 |
|---|---|---|---|---|---|
| 牛庆昌 | 汉 | 使者 | 朝散大夫、少府少监 | 飞骑尉 | □□县开国男食邑三百户 |

**天会八年（1130）金朝册立刘豫为大齐皇帝使者③**

| 人名 | 民族 | 身份 | 官职 | 勋 | 爵位与食邑 |
|---|---|---|---|---|---|
| 高庆裔 | 渤海 | 正使 | 留守西京、特进、检校太保、尚书右仆射、大同尹兼山西兵马都部署 | 上柱国 | 广陵郡开国公食邑二千户食实封二百户 |
| 韩昉 | 汉 | 副使 | 金紫光禄大夫、尚书礼部侍郎、知制诰 | 护军 | 南阳县开国侯食邑一千户食实封一百户 |

此外，天会十年（1132）《智度寺邑人供塔碑铭》中也有金初官员官衔的记载："彰信军节度使、金紫崇禄大夫、检校太保、知涿州军州事、清河县开国子、食邑五百户张元征。中散大夫、起居郎、同知涿州军州事、都骑尉、东阳县开国男、食邑三百户，赐紫金鱼袋宁獬。"④

太宗时期使者官衔中的职、官、勋、爵俱全，而"这些官衔全部照搬

---

① 参见《大金吊伐录校补》之165《贺南楚书》，第444页。
② 参见《大金吊伐录校补》之182《元帅右监军与楚书》，第484—485页。
③ 参见（宋）宇文懋昭撰，崔文印校证：《大金国志校证》卷32《立齐国刘豫册文》，第454页。
④ （清）武亿：《授堂金石文字续跋》卷12《智度寺邑人供塔碑铭》，清道光二十三年（1843）重刊本，第4a页。

辽制"①。金朝初年官制未备,多承袭辽制,辽代的封爵制度《辽史·百官志》虽阙载,但亦有较为完备的封爵制度,王与五等爵是其基本的爵位体系,对此,近年来学界已多有考证和研究,前文已有所述②。上述使者官衔中所见的开国郡公、开国县公、开国县侯、开国县伯、开国县子、开国郡男、开国县男等爵位,在辽代封爵中较为常见,是直接沿袭了辽制。而且从这些使者的出身看,有汉人、渤海人、契丹人,不见女真人。目前也没有找到这一时期封爵女真人的实例,说明此时金代并未有本朝的封爵制度,爵位仍是模仿和照搬辽朝封爵之名。

此外,太宗时期辽朝和宋朝的亡国之君也有相应封爵。金太宗灭辽亡宋,辽天祚帝和宋徽宗、宋钦宗都成为金朝的阶下囚。天会三年(1125)六月,金军俘获天祚帝,八月"辽主延禧入见,降封海滨王";天会五年(1127),金灭北宋,次年,徽、钦二帝被押赴上京。同年八月"以宋二庶人素服见太祖庙,遂入见于乾元殿。封其父昏德公、子重昏侯"③。金朝以"海滨"为号封爵辽主为王,又以公、侯封徽钦二帝,但封号既非国号又非郡名,尤其是徽钦二帝的"昏德"和"重昏"封号具有明显的侮辱性,非历代王朝常规封爵制度,可视为金朝对亡国之君的特殊爵封。

总之,金代在太祖、太宗时期不同等级的爵位名称虽已见于文献记载,但是借鉴和照搬辽朝的爵位名称,并非本朝官僚制度体系中的爵位之封。太祖建国伊始,其着力于灭辽攻宋,以此巩固新建国家的生存和发展,无暇顾及国家政治制度的建设,正如《金国闻见录》所言"太祖皇帝圣武经启,文物度数,曾不遑暇"④。太祖朝的辽朝汉官的国公封爵,既有其仕辽时的爵位的保留,也有用辽爵的封授。1125年,金灭辽后,原辽朝的统治区全部纳入金朝版图,统治区域的扩大使其面临的民族、人口和经济文化都发生了变化,因此需要及时调整统治政策,逐步建立和

---

① 王曾瑜:《金熙宗"颁行官制"考辨》,姜锡东、李华瑞主编:《宋史研究论丛》第六辑,保定:河北大学出版社,2005年,第293页。辽朝的官职阶衔,参见王曾瑜:《辽朝官员的实职和虚衔初探》,《文史》第34辑,第159—186页。
② 见本章第一节"辽朝爵制"部分。
③ 《金史》卷3《太宗纪》,第65页。
④ (宋)洪浩:《松漠纪闻》,赵永春辑注:《奉使辽金行程录》(增订本),第328页。

健全相应的政治制度进行统治。太宗天会十二年（1134）"初改定官制，诏中外"①，"始下明诏，建官正名，欲垂范于将来，以为民极"②。金代汉官制改革在太宗时期开始逐步实行，三省六部制的雏形这一时期已经出现，但终太宗之世，金代官制体系并未完备，官制的很多内容仍是袭用辽制。王曾瑜先生指出"《金史·百官志》提及天眷的'换官格，除拜内外官，始定勋、封、食邑入衔'，应理解为按照新的换官格，重'定勋、封、食邑入衔'，并非是在此前不设勋、封、食邑"③。不过，此前的封爵、食邑则更多地是对辽制的模仿和沿袭，并未切实地在金代官制中全面实施，封爵对象无女真人，就说明了这一点。金代官制的确立推行是在熙宗即位之后，封爵制度亦随之建立。

## 二、熙宗时期封爵制度的确立

金熙宗完颜亶"自童稚时，金人已寇中原，得燕人韩昉及中国儒士教之"，其学"虽不能明经博古，而稍解赋诗、翰墨，雅歌儒服，分茶焚香，弈棋战象，徒失女真之本态耳"④。熙宗自幼受到汉文化的熏染和影响，使其在思想上与女真贵族有着根本的不同，"君臣之道殊不相合"。熙宗视女真旧功大臣为"无知夷狄"。旧功大臣视其则曰："宛然一汉家少年子也。"⑤熙宗即位前后，金朝的所面临的外部环境也发生了变化。金朝经太祖、太宗两朝数十年的对外开拓，取得了灭辽攻宋诸多战争的胜利。金政权在战争中不断巩固与壮大，其统辖地域不断扩大，众多民族纳入其统治区域，人口不断增多。因此，女真旧制已不能适应金朝社会发展的实际需要，改革势在必行。熙宗即位后"左右诸儒日进谄谀，教以宫室之壮、服御之美、妃嫔之盛、燕乐之侈、乘舆之贵、禁卫之严、礼义之尊、府库之限，以尽中国为君之道"⑥。而"中国为君之道"更重要的是官僚政治

---

① 《金史》卷3《太宗纪》，第72页。
② （宋）洪浩：《松漠纪闻》，赵永春辑注：《奉使辽金行程录》（增订本），第328—329页。
③ 王曾瑜：《金熙宗"颁行官制"考辨》，姜锡东、李华瑞主编：《宋史研究论丛》第六辑，第293—294页。
④ （宋）徐梦莘：《三朝北盟会编》卷166引《金虏节要》，上海：上海古籍出版社，1987年，第1197页。
⑤ 《三朝北盟会编》卷166引《金虏节要》，第1197页。
⑥ 《三朝北盟会编》卷166引《金虏节要》，第1197页。

制度的改革和完备。于是,天眷元年(1138)八月,金朝在太宗时期官制基础上,正式"颁行官制"①,史称"天眷新制"。同年十月"定封国制"②,封爵制度的相关令文正式出台,标志着金代封爵制度正式确立。

### (一)熙宗天会年间的爵位封授

天会十三年(1135),金太宗吴乞买去世,熙宗即位。熙宗作为太祖之孙,之所以能够继承帝位,是金朝内部女真贵族之间互相斗争权衡的结果。因此,熙宗即位之初,便面临女真贵族之间的权力之争,为拉拢稳定女真权贵、巩固皇权,熙宗即位伊始即对女真贵族加以高官显爵。

金初实行嫡系兄弟相及的皇位继承制度,太祖在位时,吴乞买(太宗)为谙版勃极烈(储贰),太宗即位后,作为储君之位的谙版勃极烈之位又由其弟杲(女真名斜也)担任。天会八年(1130),杲薨,"太宗意久未决",谙版勃极烈之位久虚。当时女真贵族中的宗磐、宗干、宗翰均是实力派人物,是皇位的有力竞争者。"吴乞买病,其子宗磐称是金主之元子,合为储嗣;阿孛宗干称系是太祖武元长孙③,合依元约作储君;粘罕宗维称于兄弟最年长、功高,合当其位"④。最后,各方为求利益均衡,太祖嫡孙完颜亶,在宗翰、宗干等人的支持下,被立为谙版勃极烈,成为皇位的合法继承人。熙宗即位后,开始着手废除女真旧制,实行汉官制,这势必遭到女真大贵族的激烈反对。为了稳固统治、减少改革的阻力,熙宗即位便首先加封元老旧臣以高官显爵。天会十三年(1135)三月"甲午,以国论右勃极烈、都元帅宗翰为太保,领三省事,封晋国王"⑤。宗翰为国相撒改长子,一直驻守中原,统帅军队对宋作战,其不仅战功卓著,更是总揽军政大权,因此,熙宗以"领三省"的宰相之位和国号王爵,来易其手中兵权。宗磐作为太宗的嫡长子,也手握重兵,更是觊觎皇位,熙宗则以宗磐"为尚书令,封宋国王。未几,拜太师,与宗干、宗翰并领三省事"⑥。熙宗对宗翰和宗磐两人的加官进爵,表面上看是赋予了他们一人

---

① 《金史》卷 4《熙宗纪》,第 81 页。
② 《金史》卷 4《熙宗纪》,第 81 页。
③ 宗干为太祖庶长子,这里为"长孙"为"长子"之误。
④ 《三朝北盟会编》卷 166 引《神麓记》,第 1196 页。
⑤ 《金史》卷 4《熙宗纪》,第 78 页。
⑥ 《金史》卷 76《太宗诸子传》,第 1839—1840 页。

之下万人之上的至高荣誉和权威,实际上是"以相位易兵柄",是用相权和王爵来削夺他们的兵权,以此来稳固皇权。

天会十五年(1137),熙宗大封爵赏①,获得封爵的包括宗室和汉人,其中宗室居多。非宗室的汉人一位是由辽入金的时立爱,在"天会十五年,致仕,加开府仪同三司、郑国公"②;另一位是金初拥立的伪齐皇帝刘豫,这一年金朝废伪齐政权,降封刘豫为蜀王。

熙宗初年,开封赠外戚之例。天会十三年(1135),追赠太祖、太宗皇后父祖三代国公爵位。太祖圣穆皇后父唐括留速荣国公、祖唐括迭胡本英国公、曾祖唐括劾乃温国公;追赠太宗钦仁皇后父阿鲁束宋国公、曾祖唐括阿鲁琐温国公③。推恩封赠皇后父祖爵位的制度,成为此后金代封爵制度的内容之一。

### (二)熙宗"天眷改制"与封爵制度确立

金代的官制改革在金太宗时期就已经着手实施,太宗天会十二年(1134)"改定官制,诏中外"④,但"改正官名而未毕"⑤。熙宗即位后,金朝中央机构和官僚制度才得以完备,"至是置三省六部,略仿中国之制"⑥,封爵制度即作为国家政治制度的内容之一随之确立。熙宗即位之初便开始了对景祖子孙的王爵之封。熙宗天眷元年(1138)八月"颁行官制"⑦,"新官制及换官格,除拜内外官,始定勋封食邑入衔,而后其

---

① 《金史》卷65《劾孙传》载:"天会十四年大封宗室",这里的"大封"是否指封爵呢?《金史》中关于天会十四年的封爵只有两例,他们是景祖孙劾孙和撒改子宗翰,且是死后追封。"天会十四年大封宗室,劾孙追封王爵"(《金史》卷65《始祖以下诸子传上》,第1643页),这一年宗翰薨,追封为周宋国王(《金史》卷74《宗翰传》,第1805页)。可见,这一年并没有大规模封爵的举措。其实,《劾孙传》中的"大封宗室"应指的是"追谥诸帝"。《金史》卷32《礼志五》记载天会十四年八月请上皇九代祖以下庙号、谥号,"请上第九代祖尊谥曰景元皇帝,庙号始祖,妣曰明懿皇后,……"(第828—829页)。《大金集礼》卷3也载"天会十四年,奉上祖宗谥号"。所以,《金史·劾孙传》中所说"天会十四年大封宗室"应该指的是对金朝先祖的追谥,并非爵位的封授。

② 《金史》卷78《时立爱传》,第1889页。

③ 《金史》卷63《后妃传上》,第1596页。

④ 《金史》卷3《太宗纪》,第72页。

⑤ (宋)李心传撰,辛更儒点校:《建炎以来系年要录》卷84,绍兴五年正月,上海:上海古籍出版社,2018年,第1426页。

⑥ (宋)李心传撰,辛更儒点校:《建炎以来系年要录》卷84,绍兴五年正月,第1426页。

⑦ 《金史》卷4《熙宗纪》,第81页。

制定。然大率皆循辽、宋之旧"①。同年十月"己巳,始禁亲王以下佩刀入宫。辛未,定封国制"②。《大金集礼》对天眷元年所定封国之号有详细记载:"天眷元年,定到国封等第,大国二十:辽、燕、梁、宋、秦、晋、汉、齐、魏、赵、越、许、楚、鲁、冀、豫、(御名)③、兖、陈、曹。次国三十:蜀、隋、郑、卫、吴、韩、潞、幽、沈、岐、代、虞、徐、滕、薛、杞、原、邢、翼、丰、毕、邓、郓、霍、蔡、瀛、沂、荣、英、温;小国三十:濮、济、道、定、景、申、崇、宿、息、莒、邶、邰、舒、淄、郧、宋、郧、谭、应、向、郁、密、胙、任、戴、巩、葛、萧、莘、芮。"④ 皇统五年(1145),大国号又"从上添唐、殷、商、周为二十四,余仍旧",大国之号为二十四个。金代大、次、小三等封国之号的制定,标志着封爵制度正式确立。

在"定封国制"的当月,熙宗即已经对太祖、太宗子孙大规模封爵,"丙寅,封叔宗强为纪王,宗敏邢王,太宗子斜鲁补等十三人为王"⑤。这里"太宗子斜鲁补等十三人为王",人数有误,天眷元年太宗诸子封王者应是十一人⑥。太宗诸子中宗磐最早封王,熙宗即位就被封为宋国王⑦,宗固封王在天会十五年⑧,宗顺卒于天会二年,在皇统五年才追封为徐王⑨。

熙宗时期国号王爵有一字王、一字国王、两字国王三种类型⑩,其

① 《金史》卷55《百官志一》,第1298页。
② 《金史》卷4《熙宗纪》,第81页。
③ 金世宗名"雍",此御名即为"雍"字。
④ 《大金集礼》卷9《亲王》,第125页。《大金集礼》对天眷格和大定格个别国号的记载有失准确,详见拙文:《金代封国之号与国号王爵类型》,《史学月刊》2015年第5期。后任文彪点校《大金集礼》对其中国号也有校勘(任文彪点校:《大金集礼》,杭州:浙江大学出版社,2019年,第151—152页)。本书《大金集礼》仍用丛书集成初编本(广雅书局刻本封国之号的记载与丛书集成本完全相同),以体现其对封国之号记载的原貌及本书对国号考证的具体内容。
⑤ 《金史》卷4《熙宗纪》,第81页。
⑥ 点校本二十四史修订本《金史》卷4《熙宗纪》"校勘记八",认为此处应为"十二人"(第97页),其忽略了宗固在此前已经封爵的史实。宗固封爵时间是天会十五年七月"封皇叔宗隽、宗固,叔祖晕皆为王"(第80页),《金史·宗固传》也有"宗固本名胡鲁。天会十五年为燕京留守,封豳王"的明确记载,《宗固传》"皆天眷元年受封"的人数也为十一人(第1840—1841页)。
⑦ 《金史》卷76《宗磐传》,第1839页。
⑧ 《金史》卷4《熙宗纪》,第80页。
⑨ 《金史》卷76《宗固传》,第1841页。
⑩ 参见拙文:《金代封国之号与国号王爵类型》,《史学月刊》2015年第5期。

中两字国王是爵位的最高等级,熙宗即位之初即以两字国王封爵宗室勋贵,如天会十四年(1136),熙宗追封宗翰为周宋国王<sup>①</sup>;天眷二年(1139),进宗干太师,封梁宋国王<sup>②</sup>。熙宗依仿中原王朝皇子、皇兄弟封爵为亲王的制度,规定"皇兄弟及子封一字王者为亲王"<sup>③</sup>,成为金朝定制。

这一时期,除王、郡王、国公爵位外,郡公、郡侯、县伯、县男也见于《金史》及碑刻文献当中。如宇文虚中在天眷间"累官翰林学士知制诰兼太常卿,封河内郡开国公"<sup>④</sup>;皇统元年(1141)二月"改封海滨王耶律延禧为豫王,昏德公赵佶为天水郡王,重昏侯赵桓为天水郡公"<sup>⑤</sup>;皇统二年(1142)的《独担灵显王庙碑》中有"骠骑正将军、护郡县、食邑一千户、赐一百户、知忻州军州事、开国侯完颜京"<sup>⑥</sup>;皇统九年(1149)《长清灵严寺宝公开堂疏》和《重立温公神道碑记》中记载韩为股和王庭直的结衔分别为"安远大将军、同知济南尹事、商阳县开国伯、食邑七百户"<sup>⑦</sup>,"朝散大夫、行解州夏县令、骑都尉、太原县开国男、食邑三百户、太原县开国男、赐紫金鱼袋"<sup>⑧</sup>。从不同等级爵位封授情况看,熙宗时期的封爵制度体系已较为完善,不同等级的爵位均有封授,尤其是国号王、郡王、国公爵位的封授规模和范围较大。

---

① 《金史》卷74《宗翰传》,第1805页。
② 《金史》卷76《宗干传》,第1853页。
③ 《金史》卷58《百官志四》,第1428页。
④ 《金史》卷79《宇文虚中传》,第1906页。
⑤ 《金史》卷4《熙宗纪》,第85页。
⑥ 《山右石刻丛编》卷19《独担灵显王庙碑》,《辽金元石刻文献全编》第一册,第126页。此碑文中的完颜京的官衔中的"骠骑正将军"和"护郡县"均有误。胡聘之在此碑文后指出"《百官志》武散官阶正三品下曰骠骑卫上将军,勋级从三品曰护军,封爵正从三品曰郡侯。又诸刺史州一员正五品,兼治州事,碑书知忻州军州事,与志不同。盖金源初入中夏,时用宋官名,后乃更制。志有骠骑卫上将军,碑为正将军,'正'字疑为'上'字之讹。'护郡县'语亦不可通,当作上护军或护军方合"。以上所言不误。
⑦ 《金石萃编》卷154《长清灵严寺宝公开堂疏》,《辽金元石刻文献全编》第二册,第513页。
⑧ 《山右石刻丛编》卷19《重立温公神道碑记》,《辽金元石刻文献全编》第一册,第134页。

## 第三节　海陵时期封爵制度的变革

　　熙宗后期,疏于理政,酗酒纵怒,滥杀宗室,人怀危惧。皇统九年(1149),长期觊觎皇位的完颜亮与其密谋集团联合对熙宗怀有私愤的亲信大臣发动了宫廷政变,弑杀熙宗,完颜亮登上帝位,是为海陵王。海陵即位后,疏忌宗室,剪除异己,屠杀太宗、太祖以及宗翰子孙,而远支宗室、普通女真人和外族则成为海陵王积极拉拢的对象,不断加封他们高官显爵,两字国王、一字国王、一字王、郡王等高爵普遍封授。正隆元年(1156),统治趋于稳定,海陵王为进一步加强皇权,改革官制,次年,对封爵制度作出了重大调整,出台了"例降亲王以下封爵等第"、"亲王止封一字王"等令文,取消了"一字国王"、"两字国王"爵封。普遍夺爵、降爵成为这一时期封爵政策的主要内容。海陵正隆二年对封爵制度的变革对金代封爵政策产生了重要影响。

### 一、天德、贞元年间"加恩大臣以收人望"的封爵政策

　　皇统九年十二月九日,海陵王完颜亮联合秉德"与唐括辩、乌带、忽土、阿里出虎、大兴国、李老僧、海陵妹夫特厮,弑熙宗于寝殿"①,夺取了皇位。海陵即位之后,首先对与其联手弑杀熙宗的密谋集团进行封爵,"以秉德为左丞相,兼侍中、左副元帅,封萧王"②;唐括辩为"尚书右丞相兼中书令,封王"③;乌带"为平章政事,封许国王"④;阿里出虎在天德二年"以忧去职,起复为太原尹,封王"⑤;忽土(仆散师恭)"迁会宁牧,拜太子少师、工部尚书,封王"⑥;特思(徒单贞)"转都点检,兼太子少保,封王"⑦。参与海陵政变的人员都封授了王爵,这是对他们拥立之功的奖赏。

　　海陵对拥立者封王的同时,着手铲除对其皇权构成威胁的宗室诸

---

① 《金史》卷 132《秉德传》,第 2976 页。
② 《金史》卷 132《秉德传》,第 2976 页。
③ 《金史》卷 132《唐括辩传》,第 2978 页。
④ 《金史》卷 132《乌带传》,第 2979 页。
⑤ 《金史》卷 132《徒单阿里出虎传》,第 2982 页。
⑥ 《金史》卷 132《仆散师恭传》,第 2983 页。
⑦ 《金史》卷 132《徒单贞传》,第 2984 页。

王。海陵将目标首先对准了熙宗时的宗室重臣太祖子宗敏。宗敏"天眷元年,封邢王。皇统三年,为东京留守,拜左副元帅,兼会宁牧。进拜都元帅,兼判大宗正事。再进太保,领三省事,兼左副元帅,领行台尚书省事,封曹国王"①。他是熙宗最为倚重的大臣之一,也成为海陵谋夺皇位的最大障碍。此前,"海陵谋弑立,畏宗敏属尊且材勇,欲构诬以除之",但未能如愿以偿。于是在弑杀熙宗后即"诈以熙宗欲议立后,召大臣,遂杀曹国王宗敏,左丞相宗贤"②。海陵又"常患太宗诸子方强",将矛头指向了太宗子孙。太宗有子十四人,如上文所述天眷元年封宗雅等十一人王爵。次年,先有宗磐被诛,又有鹘懒与挞懒谋反伏诛,熙宗因"降封太宗诸子"③,但"熙宗厚于宗室,礼遇不衰"④。海陵谋位之前就意识到太宗诸子势力强大,其篡立后,使韩王亨摄右卫将军以监视太宗诸子,并与秘书监萧裕密谋除掉宗本兄弟。天德二年(1150)四月,海陵以谋反罪屠杀太宗、宗翰子孙,"戊午,杀太傅、领三省事宗本,尚书左丞相唐括辩,判大宗正府事宗美。遣使杀领行台尚书省事秉德,东京留守宗懿,北京留守卞及太宗子孙七十余人,周宋国王宗翰子孙三十余人,诸宗室五十余人"⑤。在此次镇压屠杀行动中,还包括与海陵谋弑熙宗的同伙秉德、唐括辩等人。海陵以"秉德首谋废立,及弑熙宗不即劝进,衔之"⑥,又认为唐括辩"忮忍,畏忌之"⑦,因此,均被处死。海陵诛杀太宗诸子后,对太祖同母弟、太宗时曾任谙版勃极烈的斜也(杲)诸子也大开杀戮,海陵"尤忌斜也诸子盛强,欲尽除宗室勋旧大臣",于是罗织罪状,"杀斜也子孙百余人,谋里野子孙二十余人"⑧。谋里野为景祖孙,谩都诃次子。

　　海陵对宗室的猜忌、剪灭,其目的无非是巩固皇权,但拉拢宗室也是巩固皇权的必要举措,于是,海陵加大了对穆宗、康宗子孙的封爵以示恩宠。如穆宗第五子完颜勖,熙宗皇统九年(1149)被封为汉国王,海陵篡

---

① 《金史》卷69《宗敏传》,第1709页。
② 《金史》卷5《海陵纪》,第105页。
③ 《金史》卷4《熙宗纪》,第83页。
④ 《金史》卷76《宗固传》,第1841页。
⑤ 《金史》卷5《海陵纪》,第107页。
⑥ 《金史》卷132《秉德传》,第2976页。
⑦ 《金史》卷132《唐括辩传》,第2978页。
⑧ 《金史》卷76《宗义传》,第1851页。

立后,为"加恩大臣以收人望",加封其为秦汉国王①。景祖孙完颜晏的王号也屡次进封,进封次数之多、爵位之高,令人瞩目,"天德初,封葛王,入拜同判大宗正事,进封宋王,授世袭猛安。海陵迁都,晏留守上京,授金牌一、银牌二,累封豫王、许王,又改越王。贞元初,进封齐"②。再如,康宗孙按答海,熙宗时封金源郡王,又进封谭王,海陵迁都后,留居上京,"久之,进封郓王,改封魏王"③。另外,天德二年(1150)海陵还对已故康宗子齐国王宗雄和太祖子晋国王宗望,分别加封了"秦汉国王"和"辽燕国王"两字国王爵位④,不过两人均为追封,与存世者的封爵相比实际作用大大降低。

　　大封契丹、汉、渤海等异族以及异姓完颜是这一时期封爵政策的一项重要内容。海陵通过宫廷政变夺取了帝位,"弑君夺位"的手段并不能服众,也易遭致太祖、太宗子孙等宗室的不满。因此海陵即位之初,便着手铲除认为对其皇权有潜在威胁的宗室子孙,另一方面则以高官显爵加封外族和异姓完颜,以此来收买人心,稳固统治。这一时期异族封爵,具有人数众、爵位高的特点。异姓封王在历代均有之,但多至郡王,封爵国号王的情况并不多见,金朝前期异姓封爵国号王的情况则比较普遍,尤以海陵天德、贞元年间居多。异族中汉人和渤海人进爵次数之多、爵封之高尤为突出,如汉人张中孚,在贞元元年(1153)封南阳郡王,后又进封为宿王、崇王、邓王⑤;渤海人大㚟,在天德二年(1150)封为神麓郡王,贞元年间又累封汉国王、晋国王⑥。汉人刘彦宗次子筈天德元年(1149),"封滕王。二年,拜尚书右丞相兼中书令,进封郑王。未几,以疾求解政务,授燕京留守,进封曹王"⑦。契丹人和普通女真人的爵封亦多至王爵或国公。契丹人萧仲恭,熙宗朝先后被封为兰陵郡王、济王、曹王,天德二年(1150)再进封为越国王⑧;耶律安礼,贞元年间封谭国公,又进

① 《金史》卷66《勖传》,第1660页。
② 《金史》卷73《晏传》,第1777页。
③ 《金史》卷73《按答海传》,第1787页。
④ 《金史》卷73《宗雄传》,第1785页,卷74《宗望传》,第1813页。
⑤ 《金史》卷79《张中孚传》,第1902页。
⑥ 《金史》卷80《大㚟传》,第1923页。
⑦ 《金史》卷78《刘筈传》,第1884页。
⑧ 《金史》卷82《萧仲恭传》,第1966页。

封郕国公①；女真人耨盌温敦思忠，天德二年，先后封郜国公、沂国公，次年又进封齐国王②；赤盏晖在天德二年（1150）封为河内郡王，后进封戴王③。这一时期国号王爵之封惠及契丹人、汉人、渤海人、女真人等不同民族，其获封方式有的是新授，有的是进封。海陵初期加大对异姓和外族臣僚的封爵政策，除了忧惧近支宗室威胁其皇位的心理，也是海陵改革国家制度，加强中央集权的统治措施。海陵在用人政策上"改变了祖宗以来依靠女真宗室贵族治国的用人政策，逐步大量启用普通女真人和外族封建士大夫"④，封爵政策亦是这种政策的体现。

这一时期县子、县男爵封也见于石刻文献。如天德四年（1152）《传戒大师遗行碑》的书丹广陵县开国男渤海人高衎，篆额为清源县开国子王竞⑤。贞元元年（1153）的《定林通法禅师塔铭》的撰书者王瑄的封爵为太原县开国男，题额者为蒙亨，其封爵为上古县开国子⑥。这一时期的五等爵封，除了国公外，其他爵位较少见载于史籍，但未必没有封授。其原因可能由于这一时期主要是以王、郡王以及国公等高爵的封授为主；亦或是传统的文献偏重于高爵的记载，国公之外的五等封爵只能从碑刻文献中寻找其蛛丝马迹。

## 二、正隆二年对封爵制度的改革

天德、贞元年间海陵王为巩固统治、加强皇权，不断对中央和地方机构进行调整，至正隆元年（1156）五月，正式"颁行正隆官制"⑦。中央官制的重大改革是撤销中书、门下两省，不置领三省事，尚书省成为唯一的最高政务机构，置尚书令一员，正一品，位宰相之上。首位被任命为尚书令的是女真人耨盌温敦思忠，也是海陵改革封爵制度的重要参与者。"海陵欲定封爵制度，风思忠建白之。封王者皆降封，异姓或封公或一

---

①《金史》卷 83《耶律安礼传》，第 1990 页。

②《金史》卷 84《耨盌温敦思忠传》，第 2002 页。

③《金史》卷 80《赤盏晖传》，第 1921 页。

④ 程妮娜：《金代政治制度研究》，第 115 页。

⑤ 梅宁华主编：《北京辽金史迹图志》（下），北京：北京燕山出版社，2004 年，第 30 页。

⑥《常山贞石志》卷 13《定林通法禅师塔铭》，道光二十二年（1842）刻本，第 13 页。此碑《辽金元石刻文献全编》未录。

⑦《金史》卷 5《海陵纪》，第 119 页。

品、二品阶"①。次年二月,海陵正式颁布改革封爵制度的令文,"癸卯,改
定亲王以下封爵等第。命置局追取存亡告身,存者二品以上,死者一品,
参酌削降。公私文书,但有王爵字者,皆立限毁抹,虽坟墓碑志并发而毁
之"②。这项政策的主要内容是削降王爵,二品在任和一品已故者的爵位,
都要"参酌削降"。也就是说,海陵这项封爵政策主要针对的是高爵,即
国号王、郡王、国公爵位。从上述令文的内容可以看出,海陵削降封爵并
非"一视同仁",对死者和生者区别对待,已故者较生者政策要相对宽松。
而且在具体的操作过程中宗室和异姓爵位降削的幅度也有别。为了使
这项政策得到很好的执行,海陵"命置局"专门办理。按照这项令文,正
隆二年(1157)完成了爵位的改革与调整。现将正隆二年前后爵位变动
情况统计列表,以便进行分析。

表1.2　海陵正隆二年国号王、郡王与国公爵位变化表③

| 爵位变化 | 人物 | 出身 | 正隆二年之前最高爵封 | 正隆二年爵位变化 | 存世 | 出处 |
|---|---|---|---|---|---|---|
| 削夺爵 | 晏 | 景祖孙○ | 齐王 | 例削王爵 | 是 | 《金史》卷73《晏传》 |
| | 按答海 | 宗雄子○ | 魏王 | 例夺王爵 | 是 | 《金史》卷73《按答海传》 |
| | 隈可 | 康宗子○ | 广平郡王 | 例夺王爵 | 是 | 《金史》卷66《隈可传》 |
| | 宗宪 | 撒改子○ | 钜鹿郡王 | 例夺王爵 | 是 | 《金史》卷70《宗宪传》 |
| | 宗贤 | 宗室○ | 广平郡王 | 例夺王爵,加金紫光禄大夫 | 是 | 《金史》卷66《宗贤传》 |
| | 思敬 | 石土门子○ | 钜鹿郡王 | 例夺王爵 | 是 | 《金史》卷70《思敬传》 |

①《金史》卷84《耨盌温敦思忠传》,第2002页
②《金史》卷5《海陵纪》,第119—120页。
③表格中的内容有几点说明:第一,此表统计的是王、郡王与国公爵位,这是海陵正隆二年爵制
改革的主要对象;第二,"○"表示宗室成员;第三,"前爵"即海陵正隆二年例降封爵之前的
最后爵封;第四,此表不是正隆二年(1157)所有爵位的变化表,如太宗诸子在天德年间已被
诛杀,正隆二年其爵封的变化《金史》中并未明确记载,但从大定二年(1162)太宗诸子皆追
封爵位的情况判断,此时也应被削夺爵位。

续表

| 爵位变化 | 人物 | 出身 | 正隆二年之前最高爵封 | 正隆二年爵位变化 | 存世 | 出处 |
|---|---|---|---|---|---|---|
| | 宗秀 | 穆宗孙,勖子○ | 广平郡王 | 例降封爵,改赠金紫光禄大夫 | 否 | 《金史》卷66《勖传》 |
| | 刘彦宗 | 六世仕辽显贵,降金有功 | 郓王 | 例降封开府仪同三司 | 否 | 《金史》卷78《刘彦宗传》 |
| | 孔彦舟 | 宋降臣 | 广平郡王 | 例降封爵,授金紫光禄大夫 | 是 | 《金史》卷79《孔彦舟传》 |
| | 耶律恕 | 辽降臣 | 广平郡王 | 授银青光禄大夫 | 是 | 《金史》卷82《耶律恕传》 |
| | 高彪 | 辽降臣 | 鄅国公 | 例授金紫光禄大夫 | 是 | 《金史》卷81《高彪传》 |
| 两字国王降封 | 宗雄 | 康宗长子○ | 秦汉国王 | 金源郡王 | 否 | 《金史》卷73《宗雄传》 |
| | 杲 | 太祖弟○ | 辽越国王 | 辽王 | 否 | 《金史》卷76《杲传》 |
| | 宗望 | 太祖子○ | 辽燕国王 | 例降封[①] | 否 | 《金史》卷74《宗望传》 |
| | 宗翰 | 撒改子○ | 周宋国王 | 金源郡王 | 否 | 《金史》卷74《宗翰传》 |
| | 勖 | 穆宗子○ | 周宋国王 | 金源郡王 | 是 | 《金史》卷66《勖传》 |
| | 徒单恭 | 外戚 | 梁晋国王 | 赵国公,再进齐国公 | 否 | 《金史》卷120《徒单恭传》 |
| 一字国王降封 | 阇母 | 太祖弟○ | 吴国王 | 改封谭王 | 否 | 《金史》卷71《阇母传》 |
| | 宗尧 | 太祖子○ | 冀国王 | 许王 | 否 | 《金史》卷19《世纪补》 |
| | 完颜希尹 | 欢都子○ | 豫国王[②] | 金源郡王 | 否 | 陈相伟校注:《完颜希尹神道碑》 |
| | 斡鲁 | 劾者子○ | 郑国王 | 金源郡王 | 否 | 《金史》卷59《宗室表》 |

① 《金史·宗望传》没有交代宗望正隆二年爵位的情况,只说"正隆二年,例降封"。从宗望的出身和个人功绩判断,此时应该降封为郡王,而且很可能是"金源郡王"。

② 《金史》卷73《完颜希尹传》记载希尹"天德三年,追封豫王",《完颜希尹神道碑》中完颜希尹在"天德初,追封豫国王"(陈相伟校注:《完颜希尹神道碑》,李澍田主编:《金碑汇释》,长春:吉林文史出版社,1989年,第82页)。这里以碑文所记为是。

续表

| 爵位变化 | 人物 | 出身 | 正隆二年之前最高爵封 | 正隆二年爵位变化 | 存世 | 出处 |
|---|---|---|---|---|---|---|
| | 撒改 | 宗室○ | 燕国王 | 陈国公 | 否 | 《金史》卷70《撒改传》 |
| | 阿离合懣 | 景祖子○ | 隋国王 | 隋国公① | 否 | 《金史》卷73《阿离合懣传》 |
| | 大㚖 | 渤海人(辽降臣) | 晋国王 | 梁国公 | 否 | 《金史》卷80《大㚖传》 |
| | 萧仲恭 | 辽降臣 | 越国王 | 郑国公 | 否 | 《金史》卷82《萧仲恭传》 |
| | 耨盌温敦思忠 | 金朝旧臣 | 齐国王 | 广平郡王 | 是 | 《金史》卷84《耨盌温敦思忠传》 |
| 一字王降封 | 文 | 宗望子○ | 王 | 郧国公 | 是 | 《金史》卷74《宗望传》 |
| | 京 | 宗望子○ | 曹王 | 沈国公 | 是 | 《金史》卷74《宗望传》 |
| | 雍 | 太祖孙○ | 赵王 | 郑国公 | 是 | 《金史》卷6《世宗纪上》 |
| | 劾孙 | 景祖子○ | 王 | 例降封郑国公 | 否 | 《金史》卷65《劾孙传》 |
| | 蒲家奴 | 劾孙子○ | 王 | 例降封豫国公 | 否 | |
| | 麻颇 | 景祖子○ | 王 | 例封虞国公 | 否 | 《金史》卷65《麻颇传》 |
| | 谩都诃 | 景祖子○ | 王 | 例封郑国公 | 否 | 《金史》卷65《谩都诃传》 |
| | 劾真保② | 景祖子○ | 王 | 代国公 | 否 | 《金史》卷65《始祖以下诸子》 |
| | 斡者 | 世祖子○ | 鲁王 | 例改封公 | 否 | 《金史》卷65《斡者传》 |
| | 蒲察石家奴 | 尚太祖女 | 郧王 | 鲁国公 | 否 | 《金史》卷120《石家奴传》 |

---

① 《金史》卷73《阿离合懣传》载:"天德中,改赠开府仪同三司、隋国公","天德"为"正隆"之误,参见拙文:《〈金史〉勘误三则》,《北方文物》2019年第1期。

② 劾真保仅在《金史·始祖以下诸子传》简略记载,"次室注思灰,契丹人,生代国公劾真保",封爵时间未做交代。考查景祖子封王时间均在天会年间,正隆例降为国公,所以将劾真保列入表中。

| 爵位变化 | 人物 | 出身 | 正隆二年之前最高爵封 | 正隆二年爵位变化 | 存世 | 出处 |
|---|---|---|---|---|---|---|
| | 蒲察阿虎迭 | 世戚 | 葛王，谭王 | 楚国公 | 否 | 《金史》卷120《蒲察阿虎迭传》 |
| | 徒单贞 | 娶辽王宗干女 | 王 | 例封沈国公 | 是 | 《金史》卷132《徒单贞传》 |
| | 斜卯阿里 | 女真人有军功 | 某王 | 韩国公 | 是 | 《金史》卷80《斜卯阿里传》 |
| | 赤盏晖 | 女真人（由辽入金） | 戴王 | 景国公 | 是 | 《金史》卷80《赤盏晖传》 |
| | 耶律怀义 | 辽宗室子 | 萧王 | 景国公 | 是 | 《金史》卷81《耶律怀义传》 |
| | 张浩 | 辽阳渤海人 | 蜀王 | 鲁国公 | 是 | 《金史》卷83《张浩传》 |
| | 高桢 | 渤海人（辽降臣） | 代王 | 冀国公 | 是 | 《金史》卷84《高桢传》 |
| | 韩企先 | 祖仕辽显贵 | 濮王 | 齐国公 | 否 | 《金史》卷78《韩企先传》 |
| | 张中孚 | 宋降臣 | 邓王 | 原国公 | 否 | 《金史》卷79《张中孚传》 |
| | 银术可 | 宗室子〇 | 蜀王 | 金源郡王 | 否 | 《金史》卷72《银术可传》 |
| | 徒单恭 | 海陵徒单后之父 | 王 | 改封赵国公，再进齐国公 | 是 | 《金史》卷120《徒单恭传》 |
| | 娄室 | 金开国功臣 | 莘王 | 金源郡王 | 否 | 《金史》卷72《娄室传》 |
| 郡王降封 | 活女 | 娄室子 | 广平郡王 | 代国公，进封隋国公 | 是 | 《金史》卷72《活女传》 |
| | 王伯龙 | 汉人，有军功 | 广平郡王 | 定国公 | 否 | 《金史》卷81《王伯龙传》 |
| | 李成 | 宋降臣 | 郡王 | 济国公 | 是 | 《金史》卷79《李成传》 |
| | 赵兴祥 | 辽降臣 | 钜鹿郡王 | 申国公 | 是 | 《金史》卷91《赵兴祥传》 |

续表

| 爵位变化 | 人物 | 出身 | 正隆二年之前最高爵封 | 正隆二年爵位变化 | 存世 | 出处 |
|---|---|---|---|---|---|---|
| 保持原有爵等但降封国号位次者 | 文 | 宗望子○ | 某王 | 郧国公 | 是 | 《金史》卷74《宗望传》 |
| | 刘麟 | 伪齐刘豫子 | 韩国公 | 息国公 | 否 | 《金史》卷77《刘豫传》 |
| | 虞仲文 | 辽降臣 | 秦国公 | 濮国公 | 否 | 《金史》卷75《虞仲文传》 |
| | 康公弼 | 辽降臣 | 陈国公 | 道国公 | 否 | 《金史》卷75《康公弼传》 |
| | 曹勇义 | 辽降臣 | 陈国公 | 定国公 | 否 | 《金史》卷75《曹勇义传》 |
| | 左企弓 | 辽降臣 | 燕国公 | 济国公 | 否 | 《金史》卷75《左企弓传》 |
| | 突合速 | 宗室子○ | 定国公 | 赠应国公 | 否 | 《金史》卷80《突合速传》 |
| 新封授的爵位 | 习不失 ① | 昭祖孙○ | 无 | 曹国公 | 否 | 《金史》卷70《习不失传》 |
| | 石土门 | 始祖弟保活里五世孙 | 无 | 金源郡王 | 否 | 《金史》卷70《石土门传》 |
| | 纳合椿年 | 女真人 | 无 | 谭国公 | 否 | 《金史》卷83《纳合椿年传》 |
| | 耶律涂山 | 辽贵族 | 无 | 郜国公 | 否 | 《金史》卷82《耶律涂山传》 |

通过上表可知这一时期金代封爵制度改革的内容和特点。

第一，取消"一字国王"与"两字国王"爵封。海陵正隆二年将宗室封"一字国王"和"两字国王"者皆降封为"一字王"或郡王。如冀国王宗尧、吴国王阇母，改封为许王和谭王；辽越国王完颜杲（斜也）、秦汉国王宗雄、周宋国王宗翰和勖，也都降封为"一字王"或郡王。海陵这项封爵政策被此后的金朝统治者继承，正隆二年以后，"一字国王"、"两字国

---

① 关于正隆二年习不失和石土门爵位封授问题需要说明。两人本传中载：习不失"正隆二年，赠开府仪同三司，追封曹国公"，石土门"正隆二年，封金源郡王"。石土门卒于太祖时期，此时如果是新授封爵，应该是"追封"。《金史》将习不失、石土门与撒改同列于第70卷中，撒改是景祖孙，而习不失为昭祖之孙（景祖弟乌古出子），石土门"耶懒路完颜部人，世为其部长，父直离海，始祖弟保活里四世孙"，属于宗室疏族。撒改在熙宗"天会十五年，追封燕国王。正隆降封陈国公"，习不失和石土门均属宗室，金初随太祖征战四方，皆为大功之臣，熙宗时理应有封爵，但习不失和石土门传中其封爵见于正隆二年。如果《金史》记载不误，这也从侧面体现了海陵重用疏族和异姓的政策。

王"封爵不再见于史册。这次改革后,除皇子、皇兄弟仍封爵一字王外,以国号封王者所剩无几,郡王爵位也多是通过降封或追封的方式授予。

第二,正隆二年封爵制度的改革主要针对的是宗室成员,但并非视同一律。宗室成员爵位的削减无论在等级上还是数量上均大于非宗室成员,且宗室在世者爵位的削降幅度大于已故者,但太祖一系无论是在世者还是身故者,其爵位的削减程度相对较小,保留了较高的爵位。上表中在世的宗室成员共11人,夺爵的宗室有6人,占被夺爵总人数的一半以上。他们此前的爵位或为国号王或为郡王,此时被削夺。其余5位在世的宗室成员中,有三人是太祖的子孙,即宗望子完颜文、完颜京和太祖孙完颜雍。他们在正隆二年(1157)虽也"依例"降封,爵位由国号王降封为国公或郡王,但仍属有爵者,与被完全夺爵的宗室相比,显然是受到了优待。已故者中,对太祖一系也给予了相对优待。上表中可见,已故宗室中封王者,或被降封为国公,或例降郡王,而太祖弟阇母、杲以及太祖子宗望、宗尧,在正隆二年降封后仍位居国号王爵之位。而其他宗室成员不再保有王爵,一字王、一字国王皆降为国公,两字国王则降为郡王。海陵优抚太祖一系,打击太宗及其他宗室成员的封爵政策,与其加强专制皇权、巩固统治的政策密切相关。

第三,非宗室的女真人、契丹人、渤海人、汉人的爵位按照封"王者皆降封,异姓或封公或一品、二品阶"的标准执行,但因出身不同亦有差别。非宗室成员此前封爵为国号王和郡王的多降封为国公,也有降封后仍为郡王者,如对这次封爵政策有"建白"之功的女真人耨盌温敦思忠,其爵位由齐国王降至广平郡王,仍属王爵之列。而对降服金朝的宋人和辽人,例降之后不再有爵位加身,但也授予相应的散官,如刘彦宗、孔彦舟、耶律恕、高彪等人,此前爵位至国号王、郡王、国公,例降封爵后,授开府仪同三司、金紫光禄大夫、银青光禄大夫等一品、二品以上散官。太祖时期降金的左企弓、虞仲文等人则仍赠爵至国公,这与夺爵宗室相比,明显优待。

第四,正隆二年封爵政策严格执行爵位"降封"政策,即使爵等不变,但仍以降低封号位次的方式,体现爵位的"降封"。如上表中的虞仲文、康公弼、曹勇义、左企弓以及宗室子突合速等人的爵位即如此。虞仲文、康公弼、曹勇义、左企弓四人奉表请降之时,金朝未有封爵之制,太祖便沿用辽朝制度授予他们国公爵位。正隆二年例降封爵制度出台时，四人均已身故，仍赠爵国公，但封号则由大国号"秦"、"陈"、"燕"降为小国号"濮"、"道"、"定"、"济"。宗室子突合速，其时也已身故，国公爵位亦不变，但封号由小国号第4位"定"降至第19位"应"，以示"降封"之制。

第五，正隆二年例降封爵政策执行过程中，并非只降不封，降封只是针对已有爵位群体，此时无爵者，则可以获得爵封。此时新授爵位中值得注意的是始祖弟保活里五世孙石土门和昭祖孙习不失，他们虽属宗室，但前者非始祖后裔，后者非景祖一系，如果《金史》记载不误，两人在熙宗时并无封爵，海陵在实行例降封爵政策之下，却追封二人以郡王和国公爵位。宗室之外的普通女真人纳合椿年、契丹人耶律涂山，此前也不见爵封，正隆二年也获得了国公和郡王的爵封。新封授爵位的四人虽均已亡故，但在削降封爵的政策下能获得王公之封，正是海陵拉拢重用疏族和异姓政策的体现。

正隆二年例降封爵政策之后，至正隆六年海陵南伐身亡，其间除了皇子外，不再有王爵之封，宗室和臣僚最高封爵至国公。

表1.3　正隆二年之后国号王与国公封爵表

| 人名 | 出身 | 正隆二年爵位 | 正隆二年以后 | 是否存世 | 出处 |
|---|---|---|---|---|---|
| 广阳 | 海陵子 | | 滕王 | 是 | 《金史》卷82《海陵诸子传》 |
| 矧思阿补 | 海陵子 | | 宿王 | 否 | |
| 乌延蒲卢浑 | 女真人 | | 豳国公 | 是 | 《金史》卷80《乌延蒲卢浑传》 |
| 耶律安礼 | 系出遥辇氏 | | 温国公 | 是 | 《金史》卷83《耶律安礼传》 |
| 蔡松年 | 宋降臣 | | 卫国公，赠吴国公 | 是 | 《金史》卷125《蔡松年传》 |
| 赤盏晖 | 女真人（由辽入金） | 例降景国公 | 济国公、荣国公 | 是 | 《金史》卷80《赤盏晖传》 |
| 完颜雍 | 太祖孙 | 例降郑国公 | 卫国公、曹国公 | 是 | 《金史》卷6《世宗纪上》 |

续表

| 人名 | 出身 | 正隆二年爵位 | 正隆二年以后 | 是否存世 | 出处 |
|------|------|------------|------------|---------|------|
| 高彪 | 渤海人（辽降人） | 例授金紫光禄大夫 | 舒国公 | 是 | 《金史》卷81《高彪传》 |
| 张浩 | 渤海人 | 例降鲁国公 | 秦国公 | 是 | 《金史》卷83《张浩传》 |
| 昂 | 景祖弟孛黑之孙 | 例降某国公① | 莒、卫、齐国公 | 是 | 《金史》卷84《昂传》 |
| 萧玉 | 奚人 | 不详② | 进封吴国公 | 是 | 《金史》卷76《宗本传》 |

由上表可知，这段时间的封爵可分为新授、夺爵后再封以及爵位进封三种情况。除皇子外，无论何种形式的爵位授予，最高至国公。渤海人高彪，属于正隆夺爵后的再封。高彪在海陵初年封爵为邶国公，正隆二年例降授为金紫光禄大夫，后再获舒国公封爵。高彪的封号"邶"和"舒"分别为小国号第12和第13位，前者比后者高一个位次。而爵位的进封也并非等级的提升，只是通过国号位次来体现。如赤盏晖正隆二年封爵由戴王降为景国公，不久再封济国公、荣国公。景、济、荣，分别为小国号第5位、小国号第2位、次国号第18位，在小国号位次提升的基础上，又将封号提升至次国号，以此体现爵位的擢升。

这一时期除了封爵王、国公等高爵，亦有郡侯、县子等五等爵封授。如正隆三年（1158）的《宗城县新修宣圣庙记》中有"资政大夫、太常卿、清河郡开国侯傅慎微"③；正隆四年（1159）撰写《古贤寺弥勒殿记》的赵安时结衔"中顺大夫、南京路兵马都总判、上骑都尉、天水县开国子、食邑五百户、赐紫金鱼袋"④。

总之，海陵时期的封爵政策以正隆二年为界，分为前后两个时期。前期为"加恩大臣以收人望"而大封爵赏，高爵显爵成为爵封的主体；正

---

① 关于完颜昂爵位前后变化情况的辨析详见第三章第一节"国公封爵的正误与考补"。
② 萧玉，奚人，既从萧裕诬宗本罪，得到海陵任用，正隆二年之前封陈国公，至正隆二年，依例其爵位应降削，但没有记载其爵位的变化，至正隆六年，海陵至南京，以玉为尚书左丞相，进封吴国公。
③ （清）武亿：《授堂金石文字续跋》卷12《宗城县新修宣圣庙记》，清道光二十三年（1843）重刊本，第6b页。
④ 《山右石刻丛编》卷19《古贤寺弥勒殿记》，《辽金元石刻全编》第一册，第136页。

隆二年,海陵为加强皇权,实行了以降削王爵为主要内容的封爵制度,封爵国号王者,或被夺爵,或被降封,除了皇子、皇兄弟外,其他人不再封王。海陵的封爵政策对后世产生重要影响,尤其是"两字国王"、"一字国王"爵封,此后再无封授,限制王爵的封授成为此后封爵政策的主要内容。

## 第四节　世宗、章宗时期封爵制度的调整与完善

金朝前期通过熙宗和海陵两朝的建设,国家政治制度逐步发展和完备。世宗虽对海陵时期的统治多加批判,并适时加以调整,但海陵朝的政治制度,多为后世所继承,"是以终金之世守而不敢变焉"[1]。世宗即位后,一方面对海陵正隆二年例降的爵位进行适度的"复"与"升",同时调整封国之号、确立郡王封号;另一方面,则继承了海陵朝"一字国王"和"两字国王"不再作为爵位进行封授的政策。此后,"一字王"成为封爵的最高等级,且多成为皇子、皇兄弟的专利,异姓非有大功者,鲜有以国号封王者。章宗时期再度完善封国之号,并加强了对封爵的控制,尤其对王爵的控制较之世宗时期更加严格。

### 一、世宗朝封爵制度的承继与调整

正隆六年(1161),海陵为实现"天下一家,然后可以为正统"[2]的大一统目标,不顾金朝内外矛盾的加剧和群臣的反对,独断寡行,不合时宜地举兵南下伐宋。与此同时,太祖孙完颜雍在东京(今辽宁辽阳)即位称帝,是为金世宗。世宗即位的消息传到在前线作战的海陵军中,军心浮动,士兵的厌战情绪更加高涨。《金史·完颜元宜传》载:"是时,世宗即位于辽阳,军中多怀去就。海陵军令惨急,亟欲渡江,众欲亡归。"[3]同年十月,契丹人耶律元宜等发动兵变,海陵被弑杀于寝帐。世宗于是众望所归,成为金代第四任君主。世宗时期在继承海陵封爵政策的同时,对

---

[1]《金史》卷55《百官志一》,第1298页。
[2]《金史》卷129《李通传》,第2937页。
[3]《金史》卷132《完颜元宜传》,第2988页。

封爵制度进行了调整,主要有调整完善封国之号、确立封王之郡号以及恢复海陵正隆二年被削降者的爵位。

世宗大定格封国之号,仍以天眷格为参照,但对个别国号名称进行了调整。大定格封国之号,《大金集礼》中有明确记载:"大定定大国二十:辽、梁、宋、秦、晋、汉、齐、赵、越、许、楚、鲁、冀、豫、唐、兖、吴、蜀、陈、曹;次国三十:隋、郑、卫、吴、韩、潞、幽、沈、鄂、代、虞、徐、滕、薛、纪、原、邢、冀、丰、毕、邓、郓、霍、蔡、瀛、沂、荆、荣、寿、温;小国三十:濮、济、道、定、景、申、崇、宿、息、莒、邺、郜、舒、淄、郦、宋、郿、谭、杞、向、郇、密、胙、任、戴、巩、葛、萧、莘、芮。"① 大定格国号最大的变化是大国号,将"皇统五年十二月二十九日奏定大国从上添唐、殷、商、周"的四个国号以及"魏"、"燕"两国号排除,新增"吴"、"蜀"国号。大国号数量与熙宗天眷年间相同,为二十个。

世宗大定七年(1167)又确立了郡王封爵所使用的十个封号。"大定七年二月二日,敕旨:'今后封郡王及宗室女封公主者,只于郡名内封,拣十个好名内用;封县主者,只于县名内封;封大长公主②、封长公主或皇公主,于国字内封。已后不须奏,便做例封。'十三日,奏定下项:'郡名:金源、广平、平原、南阳、常山、太原、平阳、东平、安定、延安。'"③ 此十个郡名与《金史·百官志》所记载的十个封号之郡号相同④。

世宗时期在封爵的具体举措上,首先是对海陵正隆二年例降爵位的再封授和再进封。

表 1.4　世宗时期复、升爵位表⑤

| 人物 | 出身 | 正隆二年以前爵位／正隆二年爵位 | 大定封爵 | 封爵时间 | 存世 | 出处 |
|---|---|---|---|---|---|---|
| 完颜晏 | 景祖孙 | 齐王／夺爵 | 广平郡王 | 世宗即位 | 是 | 《金史》卷73《晏传》 |

① 《大金集礼》卷9《亲王》,第125—126页。
② 任文彪点校《大金集礼》"大长公主"为"王"(第155页)。
③ 《大金集礼》卷9《亲王》,第128—129页。
④ 其实,金朝除了以这十个郡名封爵外,此前还有钜鹿、河内、漆水、兰陵、神麓、天水等郡名,金末还曾用胶西、临淄、乐安等作为郡王封号,对此详见第二章第二节。
⑤ 此表据《金史》绘成,未必能涵盖世宗时期所有复升爵位的内容,但足以分析此前被夺爵和降爵者在这一时期爵位变化的情况。

续表

| 人物 | 出身 | 正隆二年以前爵位/正隆二年爵位 | 大定封爵 | 封爵时间 | 存世 | 出处 |
|---|---|---|---|---|---|---|
| 按答海 | 宗雄子 | 魏王 / 夺爵 | 兰陵郡王，进封金源郡王 | 世宗即位 | 是 | 《金史》卷 73《按答海传》 |
| 隈可 | 康宗子 | 广平郡王 / 夺爵 | 宗国公 | 大定元年 | 是 | 《金史》卷 66《隈可传》 |
| 宗贤（阿鲁） | 宗室 | 广平郡王 / 夺爵 | 景国公 | 大定初 | 是 | 《金史》卷 66《宗贤传》 |
| 宗顺 | 太宗子 | 天会二年薨，皇统五年追封徐王 | 隋王 | 大定二年 | 否 | 《金史》卷 76《宗本传》 |
| 宗固 | 太宗子 | 熙宗封豳王，皇统三年薨 | 鲁王 | 大定二年 | 否 | |
| 宗雅 | 太宗子 | 熙宗封代王，天德二年被杀 | 曹王 | 大定二年 | 否 | |
| 宗懿 | 太宗子 | 熙宗封薛王，天德二年被杀 | 郑王 | 大定二年 | 否 | |
| 宗美 | 太宗子 | 熙宗封丰王，天德二年被杀 | 卫王 | 大定二年 | 否 | |
| 宗哲 | 太宗子 | 熙宗封毕王，天德二年被杀 | 韩王 | 大定二年 | 否 | |
| 宗本 | 太宗子 | 熙宗封原王，天德二年被杀 | 潞王 | 大定二年 | 否 | |
| 神土门 | 太宗子 | 熙宗封郓王，天德二年被杀 | 豳王 | 大定二年 | 否 | |
| 斡烈 | 太宗子 | 熙宗封蔡王，天德二年被杀 | 鄂王 | 大定二年 | 否 | |
| 斛孛束 | 太宗子 | 熙宗封霍王，天德二年被杀 | 沈王 | 大定二年 | 否 | |
| 宗望 | 太祖子 | 辽燕国王 / 例降 | 宋王 | 大定三年 | 否 | 《金史》卷 74《宗望传》 |
| 宗傑 | 太祖子 | 天眷二年追封越王 | 赵王 | 大定间 | 否 | 《金史》卷 69《太祖诸子》 |
| 完颜亨 | 宗弼子 | 熙宗封芮王，海陵构诬被杀 | 韩王 | 大定初 | 否 | 《金史》卷 77《亨传》 |

续表

| 人物 | 出身 | 正隆二年以前爵位／正隆二年爵位 | 大定封爵 | 封爵时间 | 存世 | 出处 |
|---|---|---|---|---|---|---|
| 宗雄 | 康宗子 | 秦汉国王／金源郡王 | 楚王 | 大定二年 | 否 | 《金史》卷73《宗雄传》 |
| 阇母 | 太祖弟 | 吴国王／谭王 | 鲁王 | 大定二年 | 否 | 《金史》卷71《阇母传》 |
| 习不失 | 昭祖孙 | 正隆二年追封曹国公 | 金源郡王 | 大定三年 | 否 | 《金史》卷70《习不失传》 |
| 完颜京 | 宗望子 | 曹王／沈国公 | 寿王 | 世宗即位 | 是 | 《金史》卷74《宗望传》 |
| 完颜文 | 宗望子 | 王／郧国公 | 英王，徙封荆王 | 大定三年 | 是 | 《金史》卷74《宗望传》 |
| 宗翰 | 撒改子 | 周宋国王／金源郡王 | 改赠秦王 | 大定间 | 否 | 《金史》卷74《宗翰传》 |
| 撒改 | 景祖孙 | 燕国王／陈国公 | 金源郡王 | 大定三年 | 否 | 《金史》卷70《撒改传》 |
| 阿里罕 | 宗敏子 | 天眷间封密国公，正隆六年被杀 | 诏复官爵 | 大定间 | 否 | 《金史》卷69《宗敏传》 |
| 杲 | 安帝六代孙 | 天德初进封国王，后为海陵诬杀 | 金源郡王 | 大定三年 | 否 | 《金史》卷84《杲传》 |
| 昂 | 景祖弟斡黑之孙 | 海陵朝封沈国公、楚国公，累进封莒、卫、齐 | 进封汉国公 | 大定二年 | 是 | 《金史》卷84《昂传》 |
| 思敬 | 石土门之子 | 钜鹿郡王／夺爵 | 济国公 | 大定二年 | 是 | 《金史》卷70《思敬传》 |
| 乌延蒲卢浑 | 女真人，有军功 | 豳国公 | 豳国公 | 大定二年 | 是 | 《金史》卷80《乌延蒲卢浑传》 |
| 张浩 | 渤海人 | 蜀王／秦国公 | 南阳郡王 | 世宗即位 | 是 | 《金史》卷83《张浩传》 |
| 刘彦宗 | 由辽仕金 | 郓王／授开府仪同三司 | 兖国公 | 大定十五年 | 否 | 《金史》卷78《刘彦宗传》 |
| 萧怀忠 | 奚人 | 封王，被海陵所杀 | 诏复官爵 | 大定三年 | 否 | 《金史》卷91《萧怀忠传》 |
| 秉德 | 奚人 | 海陵即位，封萧王，被海陵诛杀 | 追复官爵 | 世宗即位 | 否 | 《金史》卷132《秉德传》 |

世宗即位之初,便着手对正隆二年被"夺爵"、"降爵"者进行爵位封授。其中太宗诸子的爵位变化需要着重说明。太宗子十四人,在熙宗朝均封王,其中宗固在天会十五年即封豳王,宗顺逝于天会二年,皇统五年"赠金紫光禄大夫,后封徐王",其余皆于天眷元年(1138)受封①。次年,宗磐以"谋反属吏"被诛,既而又有太宗子"翼王鹘懒复与行台左丞相挞懒谋反伏诛",由此,熙宗对太宗诸子的态度发生了变化,次年九月便"降封太宗诸子"②,熙宗诏曰:"燕京留守豳王宗固等或谓当绝属籍,朕所不忍。宗固等但不得称皇叔,其母妻封号从而降者,审依旧典。"③但爵位降至的等级无明确记载。到皇统二年(1142)以后,熙宗又对太宗子加以重用,这一年"复封宗雅为代王。宗固为判大宗正,六年,为太保、右丞相兼中书令"④。其他人是否复封爵位则没有交代。不过,海陵即位后,仍称太宗子宗哲为毕王⑤,毕王是天眷元年封爵,这是否说明熙宗皇统二年以后不仅恢复了宗雅最初所封爵位,其他诸子都得以复封呢? 不论如何,太宗诸子在海陵即位后被诛杀殆尽,其爵位也不会保留。大定二年(1162),太宗诸子中"惟宗磐、阿鲁补、斜沙虎、鹘懒四人不复加封",其余十人全部追封王爵。宗磐和鹘懒在熙宗时因谋反被诛,因此不得复封官爵,但阿鲁补(宗伟)和斜沙虎(宗英)两人未能获得追封的原因不得而知。世宗不仅追封太宗诸子王爵,与熙宗时期的爵位相比,封号全部获得提升。熙宗封授给太宗诸子的封号全部为次国号,世宗则在大国号或次国号的前列选取,体现了世宗力矫前朝疏忌宗室的政策。

除了太宗诸子,宗室、异族被"夺爵"者也纷纷再得封赠。身为宗室的完颜晏、按答海、隈可、宗贤等人,正隆二年被夺爵,世宗即位后封爵为郡王或国公;宗敏子阿里罕、完颜杲同属宗室,被海陵诬杀,其爵位比被削夺,世宗亦加以追复。与此同时,被海陵诛杀的奚人萧怀忠和秉德,也都得以"诏复官爵"。萧怀忠,海陵初年曾为"西京留守,封王",因契丹撒八之乱,被海陵猜忌,"使使即军中杀赜、怀忠,皆族之",同时被诛

---

① 《金史》卷76《宗固传》,第1841页。
② 《金史》卷4《熙宗纪》,第83页。
③ 《金史》卷76《宗固传》,第1841页。
④ 《金史》卷76《宗固传》,第1841页。
⑤ 《金史》卷76《宗本传》,第1843页。

的还有斡卢保、秃剌。大定三年（1163）"追复赜、怀忠、秃剌、斡卢保官爵"①；秉德，因助海陵弑杀熙宗，海陵既立，"以秉德为左丞相，兼侍中、左副元帅，封萧王"，后遭海陵猜忌，被杀，"世宗即位，追复秉德官爵，赠仪同三司"②。萧怀忠和秉德追复的具体爵位不详，作为异族，也可能只是追赠散官。

　　"夺爵"是爵位的取消，而大部分的宗室臣僚，在正隆二年例降封爵政策之下，是爵位普遍降封，仍保留相应等级的爵位，世宗即位后，为了体现对海陵封爵政策的拨正，又不同程度地进封他们的爵位。如宗雄和宗翰，正隆二年例降封爵后，其爵位由两字国王降至郡王，阇母则由一字国王降为一字王，世宗即位再加追封，宗雄、宗翰追封国号王，阇母则追封大国号曹王。再如，宗望子文在贞元年间封爵为王，正隆例降郧国公，世宗大定三年（1163）封爵为英王，又徙封荆王③；昭祖之孙习不失，正隆二年追封曹国公，大定三年，进封为金源郡王④；康宗子宗雄，天眷中追封为太师、齐国王，正隆二年例封金源郡王，大定二年则追封楚王⑤。

　　世宗调整海陵封爵政策的另一项举措是削夺爵位，但与海陵普遍降削不同，主要是针对海陵兄弟和佞臣。大定二十二年（1182），海陵之兄弟充、兖、襄皆夺王爵，追降散官⑥。"从萧裕诬宗本罪"的奚人萧玉，海陵时期初年封爵陈国公，正隆六年进封吴国公，世宗即位，降奉国上将军⑦。

　　复、升、降削爵位的同时，正常的爵位封授也有条不紊地进行。世宗时期爵位封授的对象包括宗室、外戚以及女真、渤海、汉、契丹等不同民族的臣僚。

---

① 《金史》卷91《萧怀忠传》，第2147页。
② 《金史》卷132《秉德传》，第2977页。
③ 《金史》卷74《宗望传》，第1817页。
④ 《金史》卷70《习不失传》，第1719页。
⑤ 《金史》卷73《宗雄传》，第1785页。
⑥ 《金史》卷76《充传》《兖传》《襄传》，第1854、1856页。
⑦ 《金史》卷76《萧玉传》，第1846页。

表 1.5　世宗时期新授国号王、郡王、国公爵位表 [1]

| 人名 | 身份 | 爵位 | 封爵时间 | 官职 | 存世 | 出处 |
|---|---|---|---|---|---|---|
| 允恭 | 世宗子 | 楚王 | 大定元年 | | 是 | 《金史》卷19《世纪补》 |
| 永中 | 世宗子 | 许王 | 大定元年 | 判大兴尹,枢密使,判大宗正事 | 是 | 《金史》卷85《永中传》 |
| | | 越王 | 大定七年 | | | |
| | | 赵王 | 大定十一年 | | | |
| 永功 | 世宗子 | 郑王 | 大定四年 | 刑部尚书,大兴尹,判东京留守,改河间尹,北京留守,开府仪同三司,判大宗正事 | 是 | 《金史》卷85《永功传》 |
| | | 隋王 | 大定七年 | | | |
| | | 曹王 | 大定十一年 | | | |
| 永成 | 世宗子 | 沈王 | 大定七年 | 判秘书监,判大睦亲府事,翰林学士承旨,判武定军节度使事,寻改判广宁府,吏部尚书,进开府仪同三司,为御史大夫 | 是 | 《金史》卷85《永成传》 |
| | | 豳王 | 大定十一年 | | | |
| 斡睹 | 世宗子 | 鲁王 | 大定间 [2] | | 否 | 《金史》卷85《世宗诸子传》 |
| | | 赵王 | 明昌四年 | | | |
| 斜鲁 | 世宗子 | 越王 | 大定间 | | | |
| 永蹈 | 世宗子 | 滕王,进封徐王 | 大定十一年 | 开府仪同三司,大兴尹 | 是 | |
| 永升 | 世宗子 | 徐王,进封虞王 | 大定十一年 | 开府仪同三司 | 是 | |

---

① 此表与表1.6《章宗时期国号王、郡王与国公封爵表》,不含推恩封赠外戚和品官父祖封爵,推恩封爵详见第四章第二节。

② 《金史·世宗诸子传》载"世宗昭德皇后生显宗、赵王斡睹",《显宗诸子传》又有明昌"四年,诏追封故鲁王斡睹为赵王",鲁是大国号第十二位,赵是大国号第八位,可知,斡睹作为皇子在大定年间的封爵为鲁王,章宗明昌四年又追进赵王。

续表

| 人名 | 身份 | 爵位 | 封爵时间 | 官职 | 存世 | 出处 |
|---|---|---|---|---|---|---|
| 永德 | 世宗子 | 薛王 | 大定二十七年 ① | 开府仪同三司，除秘书监 | 是 | 《金史》卷85《世宗诸子传》 |
| | | 沈王 | 大定二十九年 | | | |
| 永济 | 世宗子 | 薛王，进封滕王 | 大定十一年 | 开府仪同三司，秘书监，刑部尚书，殿前都点检 | 是 | 《金史》卷13《卫绍王纪》 |
| 吾睹补 | 世宗孙 | 温国公 | 大定十八年 | 特进 | 是 | 《金史》卷7《世宗纪中》 |
| 琮 | 世宗孙 | 道国公 | 大定十八年 | 崇进 | 是 | |
| 璟 | 世宗孙 | 金源郡王 | 大定十八年 | 判大兴府事，尚书右丞相 | 是 | 《金史》卷9《章宗纪一》 |
| | | 原王 | 大定二十五年 | | | |
| 璪 | 世宗孙 | 崇国公 | 大定二十二年 | 崇进 | 是 | 《金史》卷93《显宗诸子传》 |
| 从彝 | 世宗孙 | 宿国公 | 大定二十五年 | 崇进 | 是 | 《金史》卷93《显宗诸子传》 |
| 爽（阿邻） | 太祖孙 | 温王 | 大定初年 | 殿前马步军都指挥使，改判秘书监，迁太子太保，转太子太傅，改太子太师 | 是 | 《金史》卷69《完颜爽传》 |
| | | 寿王 | | | | |
| | | 英王 | 大定中后期 | | | |
| | | 荣王 | | | | |
| 完颜谋衍 | 娄室子 | 荣国公 | 大定七年 | 东京留守 | 是 | 《金史》卷72《谋衍传》 |
| 宗尹 | 景祖曾孙 | 代国公 | 大定八年 | 平章政事，兼太子太师 | 是 | 《金史》卷73《宗尹传》 |
| 完颜忠（迪古乃） | 始祖弟保活里四世孙 | 金源郡王 | 大定二年 | | 否 | 《金史》卷70《石土门传》 |

---

① 《金史·世宗纪中》和《金史·永德传》对永德封爵薛王的时间记载不同，前者记载为大定十七年九月"辛丑，封子永德为薛王"，后者封薛王的时间是大定二十七年，"大定二十五年，与章宗及诸兄俱加开府仪同三司。二十七年，封薛王。明年，除秘书监。二十九年，进判秘书监，进封沈王"。世宗诸子封王时间基本在大定十一年之前完成，永德封王时间也不会太晚，封爵时间应以大定十七年为是。

| 人名 | 身份 | 爵位 | 封爵时间 | 官职 | 存世 | 出处 |
|---|---|---|---|---|---|---|
| 襄 | 昭祖五世孙 | 萧国公 | 大定二十三年 | 平章政事,进拜右丞相 | 是 | 《金史》卷94《内族襄传》 |
| | | 戴国公 | 大定后期 | | | |
| 李石 | 世宗母舅 | 道国公 | 大定三年 | 御史大夫,拜司徒,兼太子太师,进拜太师尚书令,太保 | 是 | 《金史》卷86《李石传》 |
| | | 平原郡王 | 大定十年 | | | |
| | | 广平郡王 | 不详 | | | |
| 纥石烈志宁 | 娶宗弼女 | 广平郡王 | 大定十一年 | 右丞相 | 是 | 《金史》卷87《纥石烈志宁传》 |
| | | 金源郡王 | | | | |
| 乌延蒲离黑 | 女真人 | 任国公 | 大定间 | 致仕 | 是 | 《金史》卷86《乌延蒲离黑传》 |
| 徒单克宁 | 娶宗干女,世宗朝重臣 | 密国公 | 大定十二年 | 平章政事,右丞相,左丞相,太尉兼尚书令 | 是 | 《金史》卷92《徒单克宁传》 |
| | | 谭国公 | 大定十九年 | | | |
| | | 定国公 | 大定二十一年 | | | |
| | | 延安郡王 | 大定二十八年 | | | |
| 乌古论元忠 | 妻世宗长女 | 任国公 | 大定十八年 | 平章政事 | 是 | 《金史》卷120《乌古论元忠传》 |
| 唐括德温 | 上京率河人 | 道国公 | 世宗即位 | 殿前都点检,驸马都尉 | 是 | 《金史》卷120《唐括德温传》 |
| 完颜元宜 | 辽人,随父降金 | 冀国公 | 大定二年 | 平章政事 | 是 | 《金史》卷132《完颜元宜传》 |
| 石琚 | 定州人 | 莘国公 | 大定十七年 | 平章政事 | 是 | 《金史》卷88《石琚传》 |
| 纥石烈良弼 | 女真人 | 宗国公 | 大定初 | 平章政事 | 是 | 《金史》卷88《纥石烈良弼传》 |
| | | 金源郡王 | 大定十八年 | | 否 | |
| 唐括安礼 | 女真人 | 芮国公 | 大定十七年 | 平章政事,拜右丞相 | 是 | 《金史》卷88《唐括安礼传》 |
| | | 申国公 | 大定二十一年 | | | |

续表

| 人名 | 身份 | 爵位 | 封爵时间 | 官职 | 存世 | 出处 |
|---|---|---|---|---|---|---|
| 蒲察通 | 女真人 | 任国公①，宗国公 | 大定二十年 | 平章政事 | 是 | 《金史》卷95《蒲察通传》 |
| 移剌道 | 契丹人 | 莘国公 | 大定二十三年 | 咸平尹 | 是 | 《金史》卷88《移剌道传》 |
| 刘萼 | 刘彦宗子 | 任国公 | 大定初 | 兴中尹,历顺天、武定军节度使,济南尹 | 是 | 《金史》卷78《刘萼传》 |
| 移剌成 | 其先辽横帐人,有功 | 任国公 | 大定二年 | 枢密副使 | 是 | 《金史》卷91《移剌成传》 |
| 仆散忠义 | 宣献皇后侄,元妃之兄 | 荣国公,沂国公 | 大定初年 | 平章政事,尚书右丞相 | 是 | 《金史》卷87《仆散忠义》 |
| 张汝霖 | 南阳郡王张浩之子 | 芮国公 | 大定二十八年 | 平章政事 | 是 | 《金史》卷83《张汝霖传》 |

综合上述两表的封爵情况看,世宗时期的封爵主要有以下内容和特点。

第一,世宗在位二十九年,封爵不曾间断,始终是其统治的重要内容,但不同时期封爵的对象又各有侧重。世宗即位伊始、大定二年、三年、七年、十一年、十八年以及二十年以后是爵位封授的几个主要时间点。其中尤以大定三年(1163)以前封爵数量为多,一方面新帝即位之初往往通过封爵广施恩惠,以此达到稳定新朝政局的目的,另一方面世宗继海陵而立,即位伊始需要"惩海陵之弊",对政策作出相应调整和整顿。表1.4所列世宗时期复、升爵位共有33人,除了汉人刘彦宗外,其他32人的爵位封授均发生在大定三年之前。也就是说,世宗即位之初

① 《金石萃编》卷156《灵岩寺涂公开堂疏》载:"金紫光禄大夫平章政事宗国公蒲察通,山门知客僧宗秀道璘立石。"注曰:通本传,大定十七年拜尚书右丞,转左丞,阅三岁,进平章政事,封任国公。《百官志》封号小国三十内有莱,云旧为宗,以避讳改,据是则通封宗国,其后当避睿宗讳,易为任国,史本此书之耳。其实"宗国公"是继任国公之后的封爵,详见第三章"国公封爵的正误与考补"。

除了例行的爵位封赏,更重要的是通过恢复海陵时期被夺爵或降爵者的爵位,以此来矫正海陵之策,笼络人心,稳定统治。大定七年(1167)之后随着统治的逐步稳定,封爵制度开始有条不紊地进行,如大定十一年(1171)诸多皇子被封为王爵,十八年(1178)又封授皇孙国公爵位。除了皇子、皇孙较为集中的封授外,不同时期均有臣僚获得爵位之封。

　　第二,世宗复爵和升爵的等级以正隆二年之前爵位为参照,但爵位等级普遍降低。如前所述,世宗通过提升国号位次的方式追封太宗诸子,这可视为爵位的提升。除此之外,由表1.4可见,世宗升、复爵位与熙宗和海陵天德、贞元年间的封爵相比爵位普遍下降。世宗虽有"惩创海陵疏忌宗室"之说,但这一时期宗室封授的爵位等级,却不及熙宗朝及海陵正隆之前。如完颜晏、按答海,正隆二年之前为一字国王和一字王,世宗则封爵为广平郡王;限可和宗贤,正隆二年之前封爵为郡王,世宗封爵为国公。宗室之外,其他人的爵位与熙宗和海陵天德、贞元时期相比,都有所下调。

　　第三,世宗继承了海陵正隆二年取消"两字国王"和"一字国王"的封爵政策。熙宗和海陵正隆二年之前王爵最高等级有两字国王,如周宋国王、辽燕国王,还有高于"一字王"的"一字国王",如燕国王、宋国王、晋国王等。熙宗时期不仅皇兄、皇子可封爵为国号王,其他宗室也多有封授。海陵天德、贞元年间的王爵封授的范围则更为宽泛,宗室、外戚、普通女真人以及汉、契丹、渤海人都可封爵为王。正隆二年例降封爵政策出台后,"亲王止封一字王",取消了"两字国王"和"一字国王"爵位的封授,这一政策为世宗所继承,"一字王"成为最高爵封。

　　第四,国号王爵不再轻授予人。表面上看世宗时期封授的国号王爵占据了一定比例,但仔细分析不难发现,通过"追升"、"追复"的方式重新获得国号王爵者居多。"追封"、"追复"的对象是已故之人,且在海陵正隆二年之前已经封王,如太宗诸子在熙宗时期已经封爵国号王;宗望、宗雄、宗翰此前曾获最高爵封两字国王,正隆二年例降金源郡王,世宗时则全部进封一字王。存世封王者主要分为两部分,一是皇子,无一例外地封爵国号王,为新授王爵的主体。皇子封王是历代封爵政策的定规,这是封爵制度中"因亲"封爵一成不变的内容。二是太祖孙,即世宗的堂兄弟中有三人获此殊荣。其中,太祖孙、宗强子阿邻(爽)此前无封爵,世宗即位因"东迎车驾,至梁鱼务入见,世宗大悦",封温王,此后又屡获进封①。宗望二子京和文,正隆二年之前已封王,正隆例降国公,世宗即位后又进封了国号王爵,是属于进爵或复爵之列。《金史·宗望传》载:"世宗惩创海陵疏忌宗室,加礼京兄弟,情若同生。"②严格来说,除皇子外,世宗朝新授的国号王只有此前无封爵的阿邻一人。其实,世宗时期宗室国号王爵的再封授,主要是为了惩创海陵疏忌宗室之策,从稳定皇权的角度说,是必须采取的措施之一。大定三年以后,臣僚中不再见有国号王封爵,对王爵的控制加强。

第五,封爵制度更加完善。世宗例行熙宗、海陵时期皇子、皇兄弟封爵一字王为亲王的制度,同时承袭唐制,对皇孙爵位封授作了明确规定。唐代"皇兄弟、皇子,皆封国为亲王;皇太子子,为郡王"③。金代"皇兄弟、皇子为亲王"④,并依唐"故事",于大定"十八年十一月二十三日,敕旨:'皇太子子封金源郡王(唐典故⑤,代宗为玄宗嫡皇孙,年十五,封广平郡王),长男授特进,封温国公,次男封道国公,女封广平郡主(以次诸子例封公。赵王长子授光禄,次子奉国)'"⑥。依制,皇太子诸子可依据长幼获得国公封爵,其他皇孙仅能获得散官之封,将诸皇孙的封爵制度化。

这一时期,郡公、郡侯、郡伯、县伯、郡子、县子、县男五等封爵在石刻文献中多有记载⑦。这一方面说明世宗朝的封爵体系更加完备,不同等级和序列的爵等、爵序更为规范和有序地进行封授,另一方面也与世宗"治世"局面的形成有关。世宗在位二十九年,统治稳定,这一时期记录和留存的史籍和资料自然相对丰富。现在能见到的世宗时期的碑刻资料明显多于熙宗和海陵朝,而碑刻文末的题名中有大量的封爵信息,是我们研究金代封爵制度的重要资料和参考。

---

① 《金史》卷69《完颜爽传》,第1705页。
② 《金史》卷74《宗望传》,第1814页。
③ 《新唐书》卷46《百官志一》,第1188页。
④ 《金史》卷65《始祖以下诸子传》,第1659页。
⑤ 此处任文彪点校本《大金集礼》中无"唐"字(第155页)。
⑥ 《大金集礼》卷9《宗室》,第128页。
⑦ 参见第三章表3.2《金代无"开国"五等爵封表》。

## 二、章宗朝封爵制度的进一步完善

金世宗大定二十五年（1185），皇太子显宗去世，显宗子完颜璟由金源郡王进封原王，判大兴府事。次年，诏立为皇太孙，成为世宗培养的皇位继承人。大定二十九年（1189）世宗崩，完颜璟继位，是为章宗。章宗统治时期"承世宗治平日久，宇内小康，乃正礼乐，修刑法，定官制，典章文物粲然成一代治规"①。在封爵政策上，章宗再次对封国之号有所调整。明昌二年（1191），三月"癸亥，敕有司，国号犯汉、辽、唐、宋等名不得封臣下。有司议，以辽为恒，宋为汴，秦为镐，晋为并，汉为益，梁为邵，齐为彭，殷为谯，唐为绛，吴为鄂，蜀为夔，陈为宛，隋为泾，虞为泽。制可"②。此次封国之号改定的原则是"避昔有天下者之号"③，即不得以中国历史上曾立国的政权国号作为本号封国之号。需要更改的国号中大国号数量居首，达 12 个。同时，又依据历代王朝避讳的制度，对次国号和小国号中犯本朝讳者，加以改定④，体现了封爵制度的进一步完善。章宗时期的封爵对象、封爵等级等内容，基本遵循前朝制度，并严格遵循皇兄弟、皇子封王的原则。

### 表 1.6　章宗时期国号王、郡王与国公封爵表

| 人名 | 出身 | 世宗朝封爵 | 章宗朝封爵 | 时间 | 官职 | 存世 | 出处 |
|---|---|---|---|---|---|---|---|
| 永中 | 世宗子 | 许王、越王、赵王 | 汉王 | 章宗即位 | 判西京留守，判平阳府事 | 是 | 《金史》卷 85《永中传》 |
| | | | 并王 | 明昌二年 | | | |
| | | | 镐王 | 明昌三年 | | | |
| 永功 | 世宗子 | 郑王，进封隋王、曹王 | 冀王 | 章宗即位 | 判平阳府事，判广宁府事，判彰德府事，改西京留守 | 是 | 《金史》卷 85《永功传》 |
| | | | 鲁王 | 明昌二年 | | | |
| | | | 郓王 | 承安元年 | | | |

---

① 《金史》卷 12《章宗纪四》，310 页。
② 《金史》卷 9《章宗纪一》，238 页。
③ 王可宾：《女真公主述要》，《北方文物》1990 年第 3 期。
④ 国号变更的具体情况，详见拙文：《金代封国之号与国号王爵类型》，《史学月刊》2015 年第 5 期，以及本书第二章第一节。

续表

| 人名 | 出身 | 世宗朝封爵 | 章宗朝封爵 | 时间 | 官职 | 存世 | 出处 |
|---|---|---|---|---|---|---|---|
| 永成 | 世宗子 | 沈王、幽王 | 吴王 | 章宗即位 | 判真定府事,山东西路盆买必刺猛安,判太原府事 | 是 | 《金史》卷85《永成传》 |
| | | | 兖王 | 明昌二年 | | | |
| | | | 豫王 | 承安元年 | | | |
| 永升 | 世宗子 | 徐王、虞王 | 隋王 | 章宗即位 | 武定军节度使 | 是 | 《金史》卷85《永升传》 |
| | | | 曹王 | 明昌二年 | | | |
| | | | 宛王 | 久之,改封 | | | |
| 永蹈 | 世宗子 | 滕王、徐王 | 卫王 | 章宗即位 | 判彰德军节度使,改判定武军 | 是 | 《金史》卷85《永蹈传》 |
| | | | 郑王 | 明昌二年 | | | |
| 永济 | 世宗子 | 薛王、滕王 | 潞王 | 章宗即位 | 安武军节度使,改兴平军,改沁南军,改昭仪军,改判彰德府事,改判平阳府事 | 是 | 《金史》卷13《卫绍王纪》 |
| | | | 韩王 | 明昌二年 | | | |
| | | | 卫王 | 承安二年 | | | |
| 执辇 | 世宗子 | 鲁王 | 赵王 | 明昌四年追封 | | 否 | 《金史》卷93《显宗诸子传》 |
| 永德 | 世宗子 | 薛王、沈王 | 幽王 | 明昌三年 | 山东东路把鲁古必刺猛安,劝农使 | 是 | 《金史》卷85《永德传》 |
| | | | 潞王① | 承安二年 | | | |
| 璟 | 章宗兄 | 道国公 | 郓王 | 章宗即位 | 开府仪同三司 | 是 | 《金史》卷93《显宗诸子传》 |
| 珣 | 章宗兄 | 温国公 | 丰王 | 章宗即位 | 开府仪同三司,累判兵、吏部,又判永定、彰德等军 | 是 | 《金史》卷14《宣宗纪上》 |
| | | | 翼王 | 承安元年 | | | |
| | | | 邢王,升王 | 泰和八年 | | | |

---

① 《金史》卷59《宗室表》中永德还有曹王封爵,具体封授时间不详。

续表

| 人名 | 出身 | 世宗朝封爵 | 章宗朝封爵 | 时间 | 官职 | 存世 | 出处 |
|---|---|---|---|---|---|---|---|
| 璪 | 章宗兄 | 崇国公 | 瀛王 | 章宗即位 | 开府仪同三司 | 是 | 《金史》卷93《显宗诸子传》 |
| 从彝 | 章宗兄 | 宿国公 | 沂王 | 章宗即位 | 兵部尚书,秘书监 | 是 | 《金史》卷93《显宗诸子传》 |
|  |  |  | 蔡王 | 承安元年 |  |  |  |
|  |  |  | 霍王 | 泰和八年 |  |  |  |
| 从宪 | 章宗弟 |  | 寿王 | 章宗即位 | 开府仪同三司 | 是 | 《金史》卷93《显宗诸子传》 |
|  |  |  | 英王 | 承安元年 |  |  |  |
|  |  |  | 瀛王 | 承安四年 |  |  |  |
| 玠 | 章宗弟 |  | 温王 | 章宗即位 | 开府仪同三司 | 是 | 《金史》卷93《显宗诸子传》 |
| 洪裕 | 章宗子 |  | 绛王 | 明昌三年 | 无 | 否① | 《金史》卷93《章宗诸子传》 |
| 洪辉 | 章宗子 |  | 寿王 | 承安二年 | 无 | 是② | 《金史》卷93《章宗诸子传》 |
| 洪靖 | 章宗子 |  | 荆王 | 承安四年追封 | 追封开府仪同三司 | 否③ | 《金史》卷93《章宗诸子传》 |
| 洪熙 | 章宗子 |  | 荣王 | 承安四年追封 | 追封开府仪同三司 | 否④ | 《金史》卷93《章宗诸子传》 |
| 洪衍 | 章宗子 |  | 英王 | 承安四年追封 | 追封开府仪同三司 | 否⑤ | 《金史》卷93《章宗诸子传》 |
| 忒邻 | 章宗子 |  | 葛王 | 泰和二年 | 无 | 是⑥ | 《金史》卷93《章宗诸子传》 |
| 福孙 | 永功子 |  | 萧国公 | 章宗即位 | 银青荣禄大夫 | 是 | 《金史》卷85《永功传》 |

---

① 大定二十六年生,二十八年薨。
② 承安二年五月生,十月卒。
③ 明昌三年生,未几薨。
④ 明昌三年生,未几薨。
⑤ 明昌四年生,未几薨。
⑥ 泰和二年生,三年薨。

续表

| 人名 | 出身 | 世宗朝封爵 | 章宗朝封爵 | 时间 | 官职 | 存世 | 出处 |
|---|---|---|---|---|---|---|---|
| 徒单克宁 | 娶宗干女，世宗顾命之臣 | 密国公、谭国公、定国公、延安郡王 | 东平郡王 | 章宗即位 | 太尉兼尚书令，太傅兼尚书令 | 是 | 《金史》卷92《徒单克宁传》 |
| | | | 淄王 | 明昌二年① | | | |
| 完颜匡 | 始祖九世孙 | | 定国公 | 承安七年 | 平章政事，兼左副元帅 | 是 | 《金史》卷98《完颜匡传》 |
| 襄 | 昭祖五世孙 | 萧国公 | 任国公，常山郡王，南阳郡王 | 明昌初年 | 右丞相，左丞相 | 是 | 《金史》卷94《内族襄传》 |
| 完颜守贞 | 完颜希尹子 | | 萧国公 | 明昌四年 | 平章政事 | 是 | 《金史》卷10《章宗纪二》 |
| 张汝霖 | 南阳郡王张浩子 | 芮国公 | 莘国公 | 章宗即位 | 平章政事，加银青荣禄大夫 | 是 | 《金史》卷83《张汝霖传》 |
| 张万公 | 东平东阿人 | | 寿国公 | 明昌间 | 平章政事，累迁资善大夫 | 是 | 《金史》卷95《张万公传》 |
| 夹谷清臣 | 女真人 | | 芮国公 | 明昌二年 | 平章政事，崇进，左丞相 | 是 | 《金史》卷94《夹谷清臣传》 |
| | | | 戴国公 | 明昌四年 | | | |
| | | | 密国公 | 明昌六年 | | | |
| 仆散端 | 女真人 | | 申国公 | 泰和年间 | 平章政事 | 是 | 《金史》卷101《仆散端传》 |
| 粘割斡特剌 | 女真人 | | 芮国公 | 承安二年 | 平章政事 | 是 | 《金史》卷95《粘割斡特剌传》 |
| 唐括贡 | 尚世宗第四女 | | 莘国公，改封萧国公 | 明昌初年 | 枢密使 | 是 | 《金史》卷120《唐括贡传》 |

①《金史》卷9《章宗纪一》记载徒单克宁封淄王的时间为明昌元年十二月"甲辰，幸太傅徒单克宁第视疾。以克宁为太师、尚书令，封淄王，赐银千五百两，绢二千匹"（第237页）。

续表

| 人名 | 出身 | 世宗朝封爵 | 章宗朝封爵 | 时间 | 官职 | 存世 | 出处 |
|---|---|---|---|---|---|---|---|
| 夹谷衡 | 女真人 | | 英国公 | 承安四年 | 平章政事 | 是 | 《金史》卷94《夹谷衡传》 |
| 徒单镒 | 女真人 | | 济国公 | 承安五年 | 平章政事 | 是 | 《金史》卷99《徒单镒传》 |
| 完颜安国 | 女真人，世有战功 | | 道国公 | 承安三年 | 致仕 | 是 | 《金史》卷94《完颜安国传》 |
| 仆散揆 | 世戚 | | 济国公 | 章宗前期 | 平章政事 | 是 | 《金史》卷93《仆散揆传》 |
| 吴曦 | 宋太尉、昭信军节度使、四川宣抚副使 | | 蜀国王① | 泰和七年 | | 是 | 《金史》卷12《章宗纪四》 |

　　章宗封爵主要集中在其即位当年、明昌初年以及承安初年。章宗时期除皇兄弟、皇子外，臣僚中仅有世宗的顾命之臣、辅弼章宗即位的徒单克宁封爵为淄王，国号王爵严格限制在皇兄弟、皇子范围内封授，其他臣僚非有大功，难再获得国号王爵之封。

　　显宗诸子，在世宗时为皇太子子，依唐制封爵国公。章宗即位后，显宗诸子身份变为皇兄弟，因此，章宗即位当年的闰五月便"封兄珣为丰王，瑈郓王，瓓瀛王，从彝沂王，弟从宪寿王，玠温王"②。此后诸皇兄弟的国号位次又屡加进封。封爵诸兄弟的同时，又进封叔伯辈的世宗诸子，"丙子，进封赵王永中汉王，曹王永功冀王，邺王永成吴王，虞王永升随

---

① 章宗泰和六年十二月，吴曦向金蜀汉路安抚使、都大提举兵马事完颜纲纳款，"完颜纲以朝命，假太仓使马良显赍诏书，金印立吴曦为蜀王"。此处，为"蜀王"不带"国"字。次年二月"遣同知府事术虎高琪等册吴曦为蜀国王"，"是月，蜀国王吴曦为宋臣安丙所杀"。金朝册封的正式爵位是"蜀国王"。
② 《金史》卷9《章宗纪一》，第230页。

王<sup>①</sup>,徐王永蹈卫王,滕王永济潞王,薛王永德沈王"<sup>②</sup>。世宗诸子在世宗时已全部封王,章宗即位后,为体现"亲亲之道",又通过进封国号位次的方式,提升其爵位等级。如永中由大国号第八位"赵",进封为第六位"汉",永功由大国号第二十位"曹",进封为大国号第五位"晋"。

皇子封王在熙宗时期已成定制,章宗皇子或二三岁或数月辄夭亡,但都有王爵之封。章宗子洪裕生于大定二十六年(1186),二十八年(1188)薨,明昌三年(1192)追封为绛王;明昌三年、四年出生的洪靖、洪熙、洪衍三位皇子,均未几而亡,承安四年(1199)分别追封荆王、荣王、英王;承安二年(1197)五月,皇子洪辉生,弥月,封寿王,此封号显然具有希望其长寿之意,不过,这位皇子也仅存活五个月,便亡故了;泰和二年(1202)八月,忒邻降生,对于这个来之不易的皇家血脉,章宗甚为珍爱,给这位皇子的封爵也是费了一番心思。"上久无皇嗣,祈祷于郊、庙、衍庆宫、亳州太清宫,至是喜甚。弥月,将加封,三等国号无惬上意者,念世宗在位最久,年最高,初封葛王,遂封为葛王"<sup>③</sup>。世宗在位最久,年高寿长,章宗将世宗曾使用的封号封授给给刚出生不久的这位皇子,希望其长命康健,但葛王的封爵并没能保住皇子的性命,次年,忒邻也一命呜呼了。

章宗继嗣不立,皇子封王者均年幼而亡,实际封王者是章宗的叔伯和兄弟们,而章宗的叔伯也就是世宗诸子,无疑又是爵位最高、最有实力的宗室群体,因此章宗对他们尤为忌惮,加强了对诸王的防范政策。明昌二年(1191),郑王永蹈、镐王永中因"谋逆"事件被诛,章宗"由是疏忌宗室,遂以王傅府尉检制王家,苛问严密,门户出入皆有籍"<sup>④</sup>,王府官署成为检制诸王机构。元好问在《如庵诗文序》中说:"镐厉等二王得罪

---

① "随"应为"隋","隋"是金代明昌二年(1191)之前的次国号,金代封国之号中无"随"。但1975年中华书局点校本《金史》中有三处以国号"随"封爵的记载,分别是:章宗即位封"虞王永升随王"(《金史》卷9《章宗纪一》,第210页);大定七年"郑王永功封随王"(《金史》卷6《世宗纪上》,第139页);大定年间"大褒功臣,图像衍庆宫"中有"随国公活女"(《金史》卷80《阿离补传》,第1811页)。2020年点校本二十四史修订本《金史》中已将第一处的"随"校勘为"隋",后两处仍未勘出。
② 《金史》卷9《章宗纪一》,第230页。
③ 以上章宗诸子封爵情况,见《金史》卷93《章宗诸子传》,第2184—2186页。
④ 《金史》卷13《卫绍王纪》,第316页。

后,诸王皆置傅与司马、府尉、文学,名为王府官属而实监守之。"① 章宗时期逐步完备的王府官属机构的设置,其实是监督和防备诸王的措施和手段。章宗"检制王家"② 的政策被其继任者所沿用,直到哀宗天兴初年,金朝即将灭亡前夕才"诏弛禁锢"③。

章宗后期有一例封爵比较特殊,即泰和七年(1207)封宋四川宣抚副使吴曦为蜀国王。"吴氏三世为将,其族甚大"④,在南宋川陕战区世袭统兵。开禧二年(1206)五月,宋宁宗下诏北上伐金,史称"开禧北伐"。开禧北伐之初,"曦与从弟晛及徐景望、赵富、米修之、董镇共为反谋,阴遣客姚淮源献关外阶、成、和、凤四州于金,求封为蜀王"⑤,得到金朝的积极响应。同年十二月,金"完颜纲以朝命,假太仓使马良显赍诏书、金印立吴曦为蜀王",次年正月"曦遣将利吉引金兵入凤州,以四郡付之,表铁山为界"⑥,二月金朝正式遣使"册吴曦为蜀国王",是月,吴曦为部下安丙所杀。金朝自海陵正隆二年以后便不再有带"国"字的王爵之封,金朝封爵吴曦为蜀国王,具有招降纳叛、瓦解宋朝军事力量的目的和作用,其实是承认其在蜀地的自治权,显然与官僚政治下的封爵意义不同。

这一时期五等爵在各类碑刻文末的题名结衔中都有体现。金代封爵经历了世宗、章宗时期的调整,其制度日趋规范和完备,王、郡王、国公、郡侯、郡公、郡伯、县伯、郡子、县子、郡男、县男爵称齐备,封爵体系臻于完善。

## 第五节 金代封爵制度的浮滥与崩溃

章宗朝后期,金朝统治已日渐衰落,卫绍王、宣宗、哀宗三朝统治时期,外迫于蒙古的攻伐,内部纲纪不振,危机重重,金朝在风雨飘摇中艰

---

① 《元好问全集》卷 36《如庵诗文序》,第 646—647 页。"镐厉",原文标点为"镐、厉"。"镐厉"实为永中(镐为爵号,厉为谥号),此处不应有顿号。
② 《金史》卷 13《卫绍王》,第 316 页。
③ 《金史》卷 85《永中传》,第 2020 页。
④ (清)徐松辑,刘琳等校点:《宋会要辑稿》刑法 6 之 47,第 8556 页。
⑤ 《宋史》卷 475《吴曦传》,第 13812 页。
⑥ 《宋史》卷 475《吴曦传》,第 13813 页。

难地维持了三十余年,最终亡于蒙古的铁骑之下。金朝后期为应对内外压力,封爵制度打破了此前的常规,爵制渐滥。宣宗为应对蒙古和南宋的军事压力以封爵拉拢各方势力,于是有了所谓"九公封建";哀宗为应对困局,又屡以王、郡王爵位加封红袄军首领和宋朝降将,更有无任何封号的"十郡王"之封。金代日益浮滥和崩溃的封爵制度,最终与金王朝的统治一起走向终结。

**一、宣宗"九公封建"与爵制渐滥**

章宗晚年"既无继嗣,而诸叔兄弟多在,章宗皆不肯立,惟欲立卫王"[①]。卫王即世宗第七子允济,其"柔弱鲜智能",故章宗爱之。允济在章宗朝先后封爵为潞王、韩王,又进封为卫王。泰和八年(1208),章宗崩,卫王允济即位,是为卫绍王。卫绍王在位仅五年,依《金史》统计封爵人数仅8人,封爵制度无所变更。如皇子封王、皇兄弟再进王爵(世宗子),受章宗遗诏拥立卫绍王即位的完颜匡亦封王[②],这些内容与此前爵制无别。

至宁元年(1213),权臣胡沙虎(纥石烈执中)发动兵变,弑杀卫绍王,迎立世宗孙、显宗允恭的庶长子完颜珣,是为宣宗。宣宗时期的封爵制度,一方面仍遵循前朝之制,同时为应对内外交困的局势,打破了常规,封爵地方武装首领为"公",金朝爵制渐滥。

贞祐元年(1213)十月,蒙古大军围困金中都,金军无力抵抗,次年三月,金朝遣使求和,"奉卫绍王女岐国公主及金帛、童男女五百、马三千以献"[③]。蒙古军携带所掠夺的人口、马匹、金帛北归。面对蒙古屡次进攻的强大压力,金廷决议迁都汴京以图自保。贞祐二年(1214)五月,宣宗下诏迁汴,以皇太子、右丞相兼都元帅、定国公完颜承晖和尚书左丞、申国公抹撚尽忠留守中都,宣宗率部分臣僚、后妃南迁汴京。宣宗迁汴,民心动摇,"是时河朔为墟,荡然无统","间有豪杰之姿者,则天必诱其衷,使聚其乡邻,保其险阻,示以纪律,使不相犯,以相守望"[④]。河北地区不断

---

① 《金史》卷13《卫绍王纪》,第316页。
② 详见附表3《卫绍王时期国号王与国公封爵表》。
③ (明)宋濂:《元史》卷1《太祖纪》,北京:中华书局,1976年,第17页。
④ (元)刘因:《易州太守郭君墓志铭》,(元)苏天爵:《元文类》卷51《墓志》,上海:商务印书馆,1936年,第736页。

兴起的武装力量,割据一方,实际上已经脱离了金朝政府的管控。而金廷又想利用他们来抵御蒙古,以缓解金朝的军事压力。《廿二史札记》对此亦有记载:"宣宗畏蒙古兵之逼,南迁于汴,河朔残民,往往自相团结,各保一方。朝议择其中有威望者,假以事权,能复一道,即授以本道观察使,能捍州郡,即授以兵佐,于是封建之议起。"① 其实,这一时期官爵滥封的现象已较为普遍,如兴定元年(1217),徒单顽僧言:"兵兴以来,恩命数出,以劳进阶者比年尤多。贱职下僚散官或至极品,名器之轻莫此为甚。自今非亲王子及职一品,余人虽散官至一品,乞皆不许封公。若已封者,虽不追夺其仪卫,亦当降从二品之制。"② 宣宗虽"从之",但随着金廷内外形势的日益严峻,金朝无力应对,只能以爵赏来拉拢各方势力,"非亲王子及职一品"不许封公的制度,显然无法真正执行。

兴定二年(1218)九月乙亥,蒙古"下太原",次年"以太原不守,河北州县不能自立",宣宗再次召集群臣商讨备御长久之计,宣徽使移剌光祖等人主张"当募土人威望服众者,假以方面重权。能克复一道,即以本道总管授之。能捍州郡,即以长佐授之。必能各保一方,使百姓复业"③,其他臣僚亦有"高爵募民"、"置公府"等议,最终宣宗决意"封建公府"。次年二月,正式封建"九公"。现将九公姓名、官职、封爵列表如下:

| 人名 | 官职 | 封爵 |
| --- | --- | --- |
| 王福 | 沧州经略使 | 沧海公 |
| 移剌众家奴 | 河间路招抚使 | 河间公 |
| 武仙 | 真定经略使 | 恒山公 |
| 张甫 | 中都东路经略使 | 高阳公 |
| 靖安民 | 中都西路经略使 | 易水公 |
| 郭文振 | 辽州从宜 | 晋阳公 |
| 胡天作 | 平阳招抚使 | 平阳公 |
| 张开 | 昭义军节度使 | 上党公 |
| 燕宁 | 山东安抚副使 | 东莒公 |

---

① (清)赵翼著,王树民校证:《廿二史札记校证》卷28《九公十郡王》,第665页。
② 《金史》卷54《选举志四》,第1283页。
③ 《金史》卷118《苗道润传》,第2716页。

"九公"的封号,都是当时的行政区划,与金朝封爵中的郡号不同,明显具有"封建"的性质。"九公皆兼宣抚使,阶银青荣禄大夫,赐号宣力功臣,总帅本路兵马,署置官吏,征敛赋税,赏罚号令,得以便宜行之",又规定"如能收复邻近州县者,亦听管属"①。实际上,金朝对他们发展个人势力不加控制也无力控制。金朝还以赐国姓的方式,加以笼络,如移剌众家奴、张甫、张开,皆赐姓完颜。金朝封爵"九公"是"略依古制封爵之。使自为战守计,亦国家御敌之大计也"②。就是依据"封邦建国,以藩屏周"之典,使这些割据的武装势力能够统众守土,为国御敌。金代封爵有王、郡王、国公、郡(县)公、郡(县)侯等,上述所封"九公之名称,实为破例"③。宣宗时期封建为公者也不限于上述九人,兴定四年(1220)十月,金廷又"授红袄贼时青滕阳公、本处兵马总领、元帅兼宣抚"④。《金史·苗道润传》又载:"大凡九公封建,《宣宗实录》所载如此。他书载沧海公张进、河间公移剌中哥、易水公张进、晋阳公郭栋,此必正大间继封,如史咏继胡天作者,然不可考矣。"⑤元光元年(1222)平阳公胡天作,降蒙复叛,被蒙古诛杀,宣宗以同知平阳府事史咏权行平阳公府事,后封平阳公。而沧海公张进与易水公张进是否为同一人不得而知,《元史》中又有"金季封北平公,守信安城"的北平公张进,后率部投蒙古⑥。可见,宣哀时期封建公府较为普遍,不可考者大有人在。

在金末特殊的历史条件下,"封建公府"无疑是一种权宜之计,其客观作用也需要一分为二地看待。"'九公'绝大多数是行伍、土豪出身,良莠不齐。趁蒙古南下,或据塞自保,或借势扩张,往往叛复无常,互相争战,所隶地域不过二三州府、若干堡寨而已,实际上大多已成为割据一方的军阀。"⑦他们之中确实有很多"反复无常"之人,在金宋蒙三方之间摇摆,如武仙,金廷封他为恒山公不久即投降蒙古,后又归金;时青为红袄军成员,降金后,又投宋。各个公府都有自己的势力范围,为了各自利益

①《金史》卷118《苗道润传》,第2716—2717页。
②《金文最》卷96《资善大夫吏部尚书张公神道碑铭》,第1403页。
③ 王曾瑜:《金朝军制》,第65页。
④《金史》卷16《宣宗纪下》,第384页。
⑤《金史》卷118《苗道润等传赞》,第2733—2734页。
⑥《元史》卷166《张荣实传》,第3904页。
⑦ 姚朔民:《宋金的宣抚使》,韩世明主编:《辽金史论集》第十辑,第181页。

互相攻伐亦时有发生。不过,他们之中也不乏为金朝浴血奋战、战死沙场之士,对抵御蒙古的攻伐起到了一定的作用。

天兴年间的封建公府,"标志着金政权中央集权的崩溃和瓦解,封建的地方割据的形成"[①]。"诸公"之封是金朝后期迫于形势的非常之策,具有军事区划的性质,与古制"封邦建国"之义相近,与金朝的封爵制度相去甚远。"公"确是金朝爵位之称,但封号有违于金朝郡公、国公之例。不过,从金代封爵制度发展的纵向脉络来看,也是其重要的组成部分,体现了金代封爵制度演变、衰亡的历程。

### 二、哀宗时期封爵制度的崩溃

元光二年(1223)宣宗崩,第三子守绪即位,是为哀宗。哀宗统治时期,金朝统治大厦将倾,封爵制度亦不能按照正常制度运转,打破了常规爵制,不惜以国号王爵和郡王爵位加封异姓,以此来拉拢降服不定的地方势力,以求挽救行将亡国的命运。

这一时期宗室封爵也有违常制,突破了皇兄弟、皇子封王的成规,皇兄荆王守纯诸子均封爵国号王。"守纯三子,长曰讹可,封肃国公[②],天兴元年三月进封曹王,出质于军前。次曰某,封戴王。次曰孛德,封巩王"[③]。按金制,守纯诸子作为皇侄并无封王资格,而且讹可的封号"曹"为大国号(第二十位),竟然在其父守纯荆王(次国号第二十六位)之上,与封爵制度相悖。这种情况的出现,显然与开兴元年(1232)讹可肩负出质蒙古议和的使命有关。守纯的其余二子也得以封王,应得益于其兄讹可封王之故。

异姓非大功不得封王是世宗以来的定制,哀宗时期为形势所迫却屡以王爵加封异姓。正大三年(1226)十一月,"宋忠义军夏全自楚州来归,楚州王义深、张惠、范成进以城降"[④],"以全为金源郡王、平淮府都总

---

① 张博泉:《金史简编》,第 321 页。
② 《金史》卷 93《宣宗三子传》中为"肃国公","肃"字应为"萧"字之误,参见拙文:《〈金史〉封爵史料勘误补遗四则》,《北方文物》2014 年第 2 期。
③ 《金史》卷 93《守纯传》,第 2189 页。
④ 《金史》卷 17《哀宗纪上》,第 410 页。

管,张惠临淄郡王,义深东平郡王,成进胶西郡王"①。郡王之爵不仅轻易加封归降者,而且胶西和临淄两个郡号并不在《金史·百官志》中的十个郡王封号之内。《金史·百官志》中的"封王之郡号十",是世宗大定七年的制度规定,哀宗实际上打破了世宗制定的"只以郡名内封"的制度。不仅如此,哀宗更不惜以国号王封爵周旋于蒙宋金三方的红袄军首领国用安。国用安"先名安用,本名咬儿,临淄人。红袄贼杨安儿、李全余党也"②。国安用反复无常,天兴元年(1232),叛蒙降金,金廷"以安用为开府仪同三司、平章政事、兼都元帅、京东山东等路行尚书省事,特封兖王,赐号'英烈戡难保节忠臣',锡姓完颜,附属籍,改名用安"③。金朝既赐国姓又以国号王之,以"坚其许国之心"。

　　哀宗后期金朝已无力控制政局,所谓恩命所出的封爵也成了可以任意加赏的名号,朝廷甚至将封爵的权力交给地方割据势力。如金朝遣使封爵国用安后,又"赐以铁券一、虎符六、龙文衣一、玉鱼带一、弓矢二、封赠其父母妻诰命,及郡王宣、世袭宣、大信牌、玉兔鹘带各十,听同盟可赐者赐之"④,授予国安用可以擅自封授郡王的权力。于是就有了所谓"十郡王"之封,"十郡王者,李明德、封仙、张瑀、张友、卓翼、康琮、杜政、吴歪头、王德全、刘安国也"⑤。"十郡王"并无具体的爵号,"盖此十郡王本哀宗发空名宣敕,听用安于同盟中有功者赐之,是又用安部曲,非朝命所封,无大功绩可纪,故无传也"⑥。其实,王德全和刘安国并非受赐于国用安,他们是主动向金朝使者讨要的郡王宣命。"初,世英等过徐,王德全、刘安国说之曰:'朝廷恩命岂宜出自用安,郡王宣吾二人最当得者,乞就留之。'世英乃留郡王宣、世袭宣、玉带各二"⑦。可见,当时爵位之轻,封爵之滥。

　　金末地方武装割据混战,他们游移于金、宋、蒙古之间,金朝封他们

① 《金史》卷114《白华传》,第2646页。

② 《金史》卷117《国用安传》,第2703页。

③ 《金史》卷117《国用安传》,第2704页。

④ 《金史》卷117《国用安传》,第2705页。

⑤ 《金史》卷117《国用安传》,第2705页。

⑥ (清)赵翼著,王树民校证:《廿二史札记校证》卷28《九公十郡王》,第665页。

⑦ 《金史》卷117《国用安传》,第2705页。

为王为公,也不过是羁縻而已①。金廷的目的无非使他们入援勤王,不过,他们往往视形势而动,之间矛盾重重,金廷无力节制。"金朝后期的诸公诸王封建,与南宋初设镇抚使,有某些相似之处。当然,诸公诸王之位号,又非镇抚使可比。"②金朝末年滥封爵赏打破了自熙宗时期确立,经海陵、世宗、章宗各朝不断完善的封爵政策,以拉拢为目的的王公之封在一定程度上缓解了蒙古的军事进攻,但并未能挽救金朝灭亡的命运。

※　　※　　※　　※

综上所述,金朝的封爵制度与其政权的兴衰相始终,大体而言,金代封爵可分为确立、变革、发展完善与衰亡四个时期,其中熙宗天眷元年、海陵正隆二年是金代封爵制度确立和变革时间节点,世宗大定、章宗明昌时期是封爵制度发展完善的重要时段。太祖、太宗时期,金朝虽有爵位之名,如燕国公、秦国公、南阳郡开国公、谯县开国侯等,但此时本朝的封爵制度并未确立,或者说并未形成完善的制度体系,只是借用了辽、宋爵名而已。熙宗天眷元年(1138)改革官制,"封爵食邑皆入衔",将封爵纳入官制体系之中,又定封国之号,确立了大、次、小封国等第,将封爵加以制度化,是金代封爵制度正式确立的标志。海陵正隆二年(1157)是金代封爵制度的转折点。海陵弑君夺位,即位之初大封爵赏,以收人心。当统治稳固后,海陵王为加强皇权,于正隆元年(1156)推行中央官制改革,并于次年改革封爵制度,"改定亲王以下封爵等第","例降封爵"是海陵封爵制度改革的核心内容。世宗即位后,对海陵"例降封爵"的制度进行调整,但此后"亲王止封一字王",国号王基本限定在皇兄弟、皇子范围内封授,"非大功者"不再封王等内容,则是对海陵正隆二年封爵政策的继承。章宗时期,依据避讳的原则对封国之号进行变更,同时加强了对王爵的控制。金朝后期内忧外患,常以封爵作为拉拢人心、缓解内外压力的手段,封爵制度打破了常规,"九公"、"十郡王"等爵位的封授,已经背离了官僚制度正常运转之下的封爵政策,成为拉拢割据势力挽救金朝危亡的权宜之计,标志着金代封爵制度的破坏和崩溃,1234年,金朝灭亡于蒙古,封爵制度亦随之不复存在。

---

① 王曾瑜:《金朝军制》,第67页。
② 王曾瑜:《金朝军制》,第67—68页。

# 第二章　金代王爵的爵称与爵序

　　"王"爵在历朝封爵体系中位次最高,地位最重,"夫王位,去天子一阶耳"[1]。在中国历史上,"王"的名称出现较早,可追溯到先秦时期。商周时期"王"的名号与"天子"同义。春秋战国时期,周王室衰微,各诸侯国纷纷进号称"王",但其实质仍为周天子分封的诸侯王[2]。"王"作为官僚体系下的爵位封授,始于西汉。《汉书·百官公卿表》颜师古注云:"蔡邕云汉制皇子封为王,其实诸侯也。周末诸侯或称王,汉天子自以皇帝为称,故以王号加之,总名诸侯王也。"[3]刘邦建立汉朝后,封皇子、宗室以及异姓为王,此后王爵作为封爵的最高层次,被后世所沿用。王爵因名位极尊,一般不轻易封授,多授予皇室宗亲,异姓非大功者很难得到王爵之封。金朝在熙宗和海陵王前期,王爵则较大规模封授,宗室和异姓封王者较为常见。《金史·百官志》载金代封爵:"正从一品曰郡王,曰国公",但《金史》中以国号封王者却屡见不鲜,所以金代在郡王之上还有国号王爵等级。金代封国之号有大、次、小三等,每个等级内部又依据位列的前后有高下之别。金代国号王爵类型相对复杂,前期有一字王、国王以及两字国王之分,海陵正隆二年(1157)以后则只有"一字王"之封。郡王封爵则均以"某某郡"为爵号,其内部等级由郡号的位列来决定。

## 第一节　封国之号与国号王爵类型

　　金代封国之号分为大、次、小三等,有金一代封国之号屡有变更。金

---

[1]（晋）陈寿撰,（宋）裴松之注:《三国志》卷14《魏书·刘晔传》注引《傅子》,北京:中华书局,1982年,第447页。

[2] 封爵制度与分封制度的区别,参见杨光辉:《汉唐封爵制度》第3版,第53—65页。

[3]《汉书》卷19下《百官公卿表上》,第741页。

代前期,国号王爵内部依封号的差异有"× 王"、"× 国王"与"××国王"的不同称谓,这里的"×"指的是封国之号。为叙述方便,将上述三种王爵称为一字王、一字国王与两字国王。海陵王正隆二年"例降封爵"之前,国号王有一字王、一字国王和两字国王三种类型,此后则仅有一字王封爵。金代,两字国王是爵位的最高等级,一字王与一字国王并非同义,两者具有高下之别。国号王爵称谓的前后变化与金代政治体制的发展演变密切相关。

## 一、封国之号

《金史·百官志》记载,金代封王之号分为三个等级,即大国(20个)、次国(30个)、小国(30个)①。《金史·百官志》中的封国名号主要以明昌之制为准,并以注的方式对明昌改制所据的大定之制的国号名称做了交代,同时对明昌以后个别国号的更改情况也做了说明。金人所撰《大金集礼》对封国之号的记述方式与《金史·百官志》不同,且主要记载了天眷和大定时期的封国之号②。现将《大金集礼》和《金史·百官志》关于封国之号的记载列表如下,其中需要专门讨论者则于表中用加粗字体标出。

表2.1 《大金集礼》和《金史·百官志》所载封国之号对比表

| 大国之号 | 天眷 | 《大金集礼》 | 辽燕梁宋秦晋汉齐**魏**赵越许楚鲁冀豫雍③兖陈曹 | 皇统五年从上添唐殷商周 |
|---|---|---|---|---|
| | 大定 | 《大金集礼》 | 辽梁宋秦晋汉齐赵越**许**楚鲁冀豫唐兖吴蜀陈曹 | |
| | | 《金史》 | 辽梁宋秦晋汉齐赵越**殷**楚鲁冀豫唐兖吴蜀陈曹 | |
| | 明昌 | 《金史》 | 恒邵汴镐并益彭赵越谯郢鲁冀豫绛兖鄂夔宛曹 | |

---

① 《金史》卷55《百官志一》,第 1311—1312 页。
② 《大金集礼》卷9《亲王》,第125—126 页。
③ 此处《大金集礼》载为"御名",即应为金世宗完颜雍之"雍"字。

续表

| 次国之号 | 天眷 | 《大金集礼》 | **蜀**隋郑卫吴韩潞幽沈岐代**虞**徐滕薛**杞**原邢翼丰毕邓郓霍蔡瀛沂荣英温 |
| | 大定 | 《大金集礼》 | 隋郑卫**吴**韩潞幽沈鄂代**虞**徐滕薛纪原邢**冀**丰毕邓郓霍蔡瀛沂荆荣寿温 |
| | | 《金史》 | 隋郑卫韩潞幽沈岐代泽徐滕薛纪原邢**翼**丰毕邓郓霍蔡瀛沂荆荣**英**寿温 |
| | 明昌 | 《金史》 | 泾郑卫韩潞幽沈岐代泽徐滕薛纪升邢翼丰毕邓郓霍蔡瀛沂荆荣英寿温 |
| 小国之号 | 天眷 | 《大金集礼》 | 濮济道定**景**申崇宿息莒郲郜舒淄郕**宋**郧**谭**应向郇密胙任戴巩葛萧莘芮 |
| | 大定 | 《大金集礼》 | 濮济道定景申崇宿息莒郲郜舒淄郕**宋**郧**谭**杞向郇密胙任戴巩葛萧莘芮 |
| | | 《金史》 | 濮济道定景申崇宿息莒郲郜舒淄郕宗郧郯杞向郇密胙任戴巩葛萧莘芮 |
| | 明昌 | 《金史》 | 濮遂道定景申崇宿息莒郲郜舒淄郕莱郧郯杞向郇①密胙任戴巩蒋萧莘芮 |

　　结合金代相关封爵史料，对两书所载封国名号进行对比、考证，发现《大金集礼》可补《金史·百官志》对天眷格②和大定格封国之号记载的缺失，《金史·百官志》又可校正《大金集礼》中封国名号的舛误，由此可厘清金代不同时期封国之号的名称。

　　第一，《大金集礼》补充了《金史·百官志》未能体现的天眷格以及大定格的某些封国名号，为全面了解金代明昌以前的封国之号提供了重要依据。

　　其一，《大金集礼》对天眷格大国号"燕"、"魏"、"商"、"周"的补充。

　　"燕"、"魏"是天眷大国封号，熙宗、海陵时期常见以"燕"、"魏"国号封爵，如天会十三年（1135）追封宗望为魏王；天会十五年（1137）追封世祖子斡带为魏王、景祖孙撒改为燕国王；皇统三年（1143）熙宗封

---

① 此处《金史·百官志》载："管，旧为郇，兴定元年改"，也就是说明昌年间更定国号时，此处应为"郇"。

② "格"具有标准、制度、规格之义，这在《金史》中较为常见。如《金史·世宗纪上》中有"定世袭猛安谋克迁授格"（第142页），《金史·章宗纪一》中有"初定品官子孙试补令史格"（第231页），《金史·选举志三》中有"皇统八年格，初考迁一重"（第1255页）等说法。因此，文中以"天眷格"、"大定格"、"明昌格"表示相应时期的制度标准。

其子道济为魏王；贞元元年（1153），海陵迁都后进封宗雄子按答海为郯王，改封魏王①。因此，《大金集礼》记载不误。

据《大金集礼》："皇统五年十二月二十九日，奏定大国从上添唐、殷、商、周，为二十四，余仍旧。"②也就是说，皇统五年以后，熙宗时期大国号应为二十四位，这在《金史》相关封爵史料中也可得到证实。如海陵即位初，穆宗第五子完颜勋的封爵由秦汉国王进封周宋国王③；天德二年（1150）正月，诏有司"择日奉册唐殷国妃、岐国太妃，仍别建宫名。合行典礼，礼官检详条具以闻"④。大定以后，"商"、"周"以及上述的"燕"、"魏"则被取消，大国号仍为二十位。

其二，《大金集礼》准确地记载了"蜀"是天眷格次国之号，大定时才位至大国号之列。以国号"蜀"封爵多见于熙宗、海陵时期，如宗室子银术可，"天会十三年（1135），致仕，加保大军节度使，同中书门下平章事，迁中书令，封蜀王"⑤；贞元年间渤海人张浩的封爵，由潞王改封蜀王⑥。可见，"蜀"肯定是天眷格的封国之号。而其在此时位列大国还是次国，则由伪齐刘豫被废后爵位的变化可证。天会十五年（1137），废齐国，降封刘豫为蜀王⑦。皇统二年（1142），金宋"和议"，"宋使曹勋来许岁币银、绢二十五万两、匹，画淮为界，世世子孙，永守誓言"，金朝随即"改封蜀王刘豫为曹王"⑧。其间刘豫并无过责，又逢金宋"和议"，其王爵国号由"蜀"改封为"曹"应是爵位的提升。"曹"为大国号最末位，"蜀"则非大国之列，即应是《大金集礼》所载的次国号之首。"蜀"在大定封国之号中的地位则发生了变化，《大金集礼》载大定格第十八位是蜀，与《金史·百官志》所载大国号"夔，旧为蜀"相吻合，即"蜀"由天眷格次国号之位上升到大定格大国之位。

---

① 参见《金史》卷74《宗望传》，第1813页；《金史》卷65《斡带传》，第1647页，《金史》卷70《撒改传》，第1715页；《金史》卷4《熙宗纪》，第88页；《金史》卷73《按答海传》，第1787页。

② 《大金集礼》卷9《亲王》，第125页。

③ 《金史》卷66《勖传》，第1660页。

④ 《金史》卷37《礼志十》，第910—911页。

⑤ 《金史》卷72《银术可传》，第1763页。

⑥ 《金史》卷83《张浩传》，第1981页。

⑦ 《金史》卷4《熙宗纪》，第80页。

⑧ 《金史》卷4《熙宗纪》，第86页。

其三,"虞"作为天眷格和大定格的次国之号在《大金集礼》中得以记载。章宗明昌以前,曾多次以"虞"国号封爵。如天眷元年(1138),封太宗子宗伟为虞王[①];景祖子麻颇,"天会十五年封王,正隆例封虞国公"[②];世宗子永升,"大定十一年,封徐王,进封虞王"[③]。因此,《大金集礼》所载的次国号"虞"应是天眷格和大定格封国之号。《金史·百官志》次国号"虞"相应的位置是"泽",应是明昌以后更改国号的结果,如"宣宗即位,拜执中太师、尚书令、都元帅、监修国史,封泽王"[④]。

其四,"谭"是天眷格和大定格小国号,《大金集礼》记载准确。《金史·百官志》中小国号第十八位是"郯",《大金集礼》为"谭"。金代海陵和世宗时期有多人以国号"谭"封爵,如天德初,张通古迁行台左丞,进拜平章政事,封谭王[⑤];太祖异母弟阇母,正隆例降,改封谭王[⑥];大定十九年(1179),徒单克宁"拜右丞相,徙封谭国公"[⑦]。因此,天眷和大定时期的小国之号有"谭",到明昌之制才改为"郯"。

第二,《金史·百官志》可校正《大金集礼》国号记载之误。

王可宾先生对《大金集礼》与《金史·百官志》封国之号记载有出入之处作了考辨,肯定了《金史·百官志》的记载[⑧]。其考证准确,这里拟在王先生考证的基础上再作进一步的补充和说明。

其一,《大金集礼》天眷格次国号"杞",应为《金史·百官志》"纪"之误,天德年间才有"杞"国之号,且由小国号"应"改定而来。熙宗时期不见以国号"杞"封爵者,以"纪"封爵却有两例,均为太祖子。一是崇妃萧氏所生"纪王习泥烈",二是宗强,"天眷元年,封纪王"[⑨]。习泥烈封纪王的时间《金史》未予交代,但从熙宗即位后大封宗室,太祖诸子均有王爵之封的情况判断,其封爵也应在熙宗朝。另外,海陵天德年间改

① 《金史》卷 76《太宗诸子传》,第 1840 页。
② 《金史》卷 65《始祖以下诸子传》,第 1644 页。
③ 《金史》卷 85《永升传》,第 2028 页。
④ 《金史》卷 132《纥石烈执中传》,第 2995 页。
⑤ 《金史》卷 83《张通古传》,第 1979 页。
⑥ 《金史》卷 71《阇母传》,第 1745 页。
⑦ 《金史》卷 92《徒单克宁传》,第 2171 页。
⑧ 王可宾:《女真公主述要》,《北方文物》1990 年 3 期。
⑨ 《金史》卷 69《太祖诸子传》,第 1703、1704 页。

小国号"应国"为"杞国"①，此前应没有"杞"国之号。所以，《大金集礼》天眷格次国号"杞"为"纪"之误。

其二，《大金集礼》大定格大国号"许"应为"殷"。"许"在《大金集礼》中位列大国号第十位，而《金史·百官志》中大国号第十位则为"谯，旧为殷"②，"旧为殷"也就是大定格大国号第十位应是"殷"。《金史》中以"许"国之号封爵者有四人，皇统三年（1143），宗望进封"许国王"③；海陵迁都，封完颜晏豫王、许王④；"正隆例，亲王止封一字王，睿宗封许王，后封许王妃"⑤。大定元年（1161），封皇子永中许王⑥。可见，"许"在大定以前作为大国之号是没有问题的。大定以后，以国号"许"封爵，仅有大定元年，封爵皇子永中一例。直到大定七年正月仍称永中为"许王"，"大定七年正月十一日，上尊号。前三日，命皇子判大兴尹许王告天地"⑦。是年永中进封越王，此后不再见有以"许"国之号封爵者。"许"曾是世宗之父睿宗的封爵国号，从世宗即位后规定其初封之"葛王"不得封臣下，明昌格又将"葛"改为"蒋"，以及章宗即位后将其曾封爵国号"原"改为"升"的封爵避讳制度来看，大定格的大国号"许"也应加以改定。而大定元年至大定七年正月皇子永中爵位仍是"许王"，究其原因，应是这一时期仍沿用前朝封爵制度的结果。世宗初即位，着眼于皇权的巩固和政权的稳定，对具体的政策还未来得及作出调整，因此封爵制度沿用旧制也在情理之中。这种情况在章宗初年的封爵制度中也有发生。如章宗即位，进封越王永中为"汉王"。"汉"是大定格大国号第六位，《金史·百官志》载"益，旧为汉"。章宗议改封国之号是在明昌二年（1191）三月，"癸亥，敕有司，国号犯汉、辽、唐、宋等名不得封臣下。有

① 《金史》卷82《海陵诸子传》，第1853页。
② 《金史》修订本对此注曰："按，《集礼》卷九'亲王'条，天眷格大国号有'赵、越、许、楚'，大定格同。大国号中无'殷'，越下为许。疑'殷'当作'许'。"（第1334页）其实，《大金集礼》明确记载，熙宗皇统五年新增的四个大国号中有"殷"，虽然"殷"作为国号封授的情况在《金史》中不多见，但海陵天德二年（1150）正月，诏有司"择日奉册唐殷国妃、岐国太妃，仍别建宫名"，说明此时"殷"确是作为封国之号的。再有，明昌二年，有司议所更改的大国号中有"殷为谯"，也说明此前殷是大国封号。所以，《金史》修订本的这则校勘不确。
③ 《金史》卷74《宗望传》，第1813页。
④ 《金史》卷73《完颜晏传》，第1777页。
⑤ 《金史》卷64《后妃传下》，第1616页。
⑥ 《金史》卷85《永中传》，第2017页。
⑦ 《金史》卷31《礼志四》，第805页。

司议,以辽为恒,宋为汴,秦为镐,晋为并,汉为益,梁为邵,齐为彭,殷为谯,唐为绛,吴为鄂,蜀为夔,陈为宛,隋为泾,虞为泽。制可"①。所以章宗即位之初,仍使用大定格国号。到明昌二年(1191)四月,再次进封永中爵位时,则不再使用大定格国号,而是以"并王"封之,明昌格"并,旧为晋"。由此看来,大定元年(1161)"许王"之封也应与此相类。

其三,《大金集礼》大定格次国号"吴"应为大国号。天眷格封国之号中"吴"为次国号,位处"卫"、"韩"之间。《大金集礼》大定格大国号和次国号中均有"吴",考查金朝封国之号,无论是天眷、大定还是明昌之制,同一时期的大、次、小三等国号不见重复者。因此,国号"吴"不应在大定时期作为大国号和次国号并存。《金史·百官志》载明昌格大国之号"鄂,旧为吴",即"吴"是大定年间的大国封号。也就是说,"吴"已由天眷格次国号升为大定格大国号。《金史·百官志》大定格次国号"卫"后为"韩",而《大金集礼》次国号"卫"、"韩"之间却仍有"吴",显然记载有误。但是,这样的话,《大金集礼》次国号就少了一位,为二十九,而非三十。其实,大定格次国号确为三十,只不过《大金集礼》中次国号中多了"吴",却漏了"英"(见下文考证)。

其四,《大金集礼》大定格次国号"冀"应为"翼"字之误。《大金集礼》中大定格次国号和大国号均有"冀",如上所述,同一时期不同等级的封国之号不应复置。《大金集礼》中次国号"冀"位于"邢"和"丰"之间,《金史·百官志》次国号"邢"与"丰"之间为"翼",《大金集礼》天眷格"邢"和"丰"之间也为"翼"。因此,《大金集礼》大定格次国号"冀"应为"翼"字之误。

其五,《大金集礼》大定格次国号"荣"与"寿"之间漏掉了"英"。《大金集礼》大定格次国号无"英",《金史·百官志》大定格次国号有"英",且位处"荣"与"寿"之间。海陵天德年间曾改"英国"为"寿国"②,但大定年间"英"与"寿"又同时列入封国之号。如大定年间,宗强子爽,先后封爵寿王、英王、荣王③;大定三年(1163),宗望二子京、文

---

①《金史》卷9《章宗纪一》,第238页。

②《金史》卷82《海陵诸子传》,第1969页。

③《金史》卷69《太祖诸子传》,第1705页。

分别封寿王和英王①。因此,大定格次国之号中有"英",《大金集礼》缺漏了对其的记载。考证至此,可知大定格次国号无"吴"有"英",次国号三十无误。

其六,《大金集礼》天眷格和大定格小国号"宋"为"宗"之误。《大金集礼》中天眷格和大定格封爵中"宋"既为大国号也为小国号。"宋"在《金史·百官志》中是明昌二年(1191)以前的大国号,此后"以汉、辽、唐、宋、梁、秦、殷、楚之类,皆昔有天下者之号,不宜封臣下,遂皆改之",改"宋"为"汴"②。大国号中已有"宋",小国号中不应重复。《金史·百官志》载小国之号"莱",注曰"旧为宗,以避讳改"③。章宗时期避讳益严,世宗父睿宗"讳宗尧",改小国号"宗"为"莱",应是避先祖名讳。"宗"与《大金集礼》中小国号"宋"的位次相同,均为小国号第十六位,所以《大金集礼》中小国号"宋"应为"宗"之形误。

第三,国号"葛"在金代封国名号中地位变化的说明。据《大金集礼》天眷格和大定格小国号中均有"葛",《金史·百官志》在次国号"瀛"之下注有"按金格,葛当在此"④,而小国号中又有"蒋,《士民须知》云,旧为葛"。其实,大定时期"葛"作为封国之号已被取消。封国之号"葛"地位的变化与"葛王"曾是金世宗即位之前的封爵有关。"葛王,世宗初封,大定后不以封臣下,由是三等国号无葛。"⑤也就是说"葛"在大定之前曾是小国号,且是世宗的王爵之号,世宗即位后则不再作为国号封爵臣僚。但章宗泰和二年(1202),皇子忒邻生,因"久无皇嗣","甚喜","弥月,将加封,三等国号无惬上意者,念世宗在位最久,年最高,初封葛王,遂封为葛王"⑥,于是"尚书省奏,请于瀛王下附葛国号,上从

---

①《金史》卷74《宗望传》,第1814、1817页。

②《金史》卷55《百官志一》,第1331页。

③《金史》卷55《百官志一》,第1332页。

④《金史》修订本据施国祁《金史详校》对此有注:"《金史详校》卷四曰:'金'当作'今'。案此本皇统格,《世宗纪》:'皇统间封葛王。'《蒲察阿里虎迭传》:'封葛王在海陵时。'《李师儿传》:'葛王,世宗初封,大定后不以封臣下,由是三等国号无葛。尚书省奏,请于瀛王下附葛国号,从之。'此注指泰和格也。"(《金史》卷55《百官志一》,第1334页;〔清〕施国祁撰,陈晓伟点校:《金史详校》卷4,北京:中华书局,2021年,第282页)

⑤《金史》卷64《后妃传下》,第1627页。

⑥《金史》卷93《章宗诸子传》,第2186页。

之"①。章宗为了皇子爵封的需要,又将国号"葛"搬出来,且附于次国号"瀛"之下。因此,国号"葛"的地位较为特殊,泰和二年虽将其附于次国号"瀛"之下,但并不作为封国之号的常例。

第四,对《金史·百官志》小国号"遂"下所注"旧为济"的补充,此注应为"遂,旧为济,卫绍王时改"。《金史·百官志》载"遂,旧为济",可理解为"遂"是明昌制,但章宗时期此国号并没有更改,仍以国号"济"封爵,如承安五年(1200)徒单镒"拜平章政事,封济国公"②;泰和年间,封仆散揆济国公③。章宗之后,卫绍王即位,名允济,国号"济"改为"遂",应是此时避卫绍王讳而改。所以,明昌格小国号应仍为"济"。

通过以上的分析考证,可得出金代天眷、大定、明昌三个时期不同等级的封国之号的准确名称如表2。

表2.2　金代不同时期三等封国之号变化表

| 大国之号 | 天眷 | 辽燕梁宋秦晋汉齐魏赵越许楚鲁冀豫雍兖陈曹 | 皇统五年从上增唐殷商周 |
|---|---|---|---|
| | 大定 | 辽梁宋秦晋汉齐赵越殷楚鲁冀豫唐兖吴蜀陈曹 | |
| | 明昌 | 恒邵汴镐并益彭赵谯郓鲁冀豫绛兖鄂夒宛曹 | |
| 次国之号 | 天眷 | 蜀隋郑卫吴韩潞幽沈岐代虞徐滕薛纪原邢翼丰毕邓郓霍蔡瀛沂荣英温 | |
| | 大定 | 隋郑卫韩潞幽沈鄂代虞徐滕薛纪原邢翼丰毕邓郓霍蔡瀛沂荆荣英寿温 | |
| | 明昌 | 泾郑卫韩潞幽沈岐代泽徐滕薛纪升邢翼丰毕邓郓霍蔡瀛沂荆荣英寿温 | |
| 小国之号 | 天眷 | 濮济道定景申崇宿息莒邺郜舒淄廊宗郧谭应向郇密胙任戴巩葛萧莘芮 | |
| | 大定 | 濮济道定景申崇宿息莒邺郜舒淄廊宗郧谭杞向郇密胙任戴巩蒋萧莘芮 | |
| | 明昌 | 濮济道定景④申崇宿息莒邺郜舒淄廊莱郧郯杞向郇⑤密胙任戴巩蒋萧莘芮 | |

金代大规模改定封国之号主要在天眷、大定、明昌三个时期。金章宗明昌年间更定国号之制,使金代的封国之号基本定型。此后,除了个别国号,如小国号"济"、"景"、"郇"有所变更,其他基本以明昌之制为

①《金史》卷64《后妃传下》,第1627页。
②《金史》卷99《徒单镒传》,第2319页。
③《金史》卷93《仆散揆传》,第2194页。
④《金史·百官志》载:"景,后改为邹",具体改定时间不详,应是章宗后期避讳其名"璟"而改。
⑤此处《金史·百官志》载:"管,旧为郇,兴定元年改",也就是说明昌之制,此处应为"郇"。

准。金代不同时期封国之号的变更主要是为了避讳①。一是避本朝讳，如大定十四年（1174），"上更名雍，诏中外"②，为避世宗名讳，改大国号"雍"为"唐"；天德四年（1152），海陵立光英为皇太子，以"英"字与"鹰"字声相近，改"鹰坊"为"驯鸷坊"，改次国号"英国"为"寿国"，小国号"应国"为"杞国"③；宣宗名"珣"，兴定元年（1217）十月"改郇国号为管，避上嫌名"④；卫绍王名"允济"，改小国号"济"为"遂"；等等。二是为避昔有天下者之号，如"明昌二年以汉、辽、唐、宋、梁、秦、殷、楚之类，皆昔有天下者之号，不宜封臣下，遂皆改之"⑤。

　　金代不仅大、次、小三等国号之间具有等级差别，每一等级内的国号也依据其排序先后存在高下之别。正常情况下，金代国号王封爵均从不同时期的大次小三等封国名号中选择。

## 二、国号王爵之类型

　　金以北方民族立国，其封爵制度既有中原王朝传统爵制的内容，更有对辽朝爵制的继承，同时又有所发展。以国号封王是中国古代王朝所普遍实行的封爵制度，如唐制"皇兄弟、皇子，皆封国为亲王"⑥；辽代以国号封王的情况更为常见⑦。熙宗天眷元年"定封国制"⑧，标志着金代封爵制度的确立，以国号封王也成为金代封爵制度的重要内容。金代国号王爵共有三种类型，分别为一字王、一字国王与两字国王。

　　一字王：指以单个国号所封王爵，且无"国"字，如赵王、燕王、齐王、谭王、郑王、越王。《金史》对一字王爵称有明确记载："皇统二年，定制，

---

① 对此，王可宾先生《女真公主述要》一文中也有论述，这里再略作说明。
② 《金史》卷7《世宗纪中》，第179页。
③ 《金史》卷82《海陵诸子传》，第1969页。
④ 《金史》卷15《宣宗纪中》，第361页。
⑤ 《金史》卷55《百官志一》，第1311页。
⑥ 《新唐书》卷46《百官志一》，第1188页。
⑦ 详见都兴智：《辽代封爵制度试探》，程妮娜、傅百臣主编：《辽金史论丛——纪念张博泉教授逝世三周年论文集》，第166—167页；王曾瑜：《辽朝官员的实职和虚衔初探》，《文史》第34辑，第166页；唐统天：《辽代勋级、封爵和食邑制度研究——补〈辽史·百官志〉》，《东北地方史研究》1990年第2期；唐抒阳：《辽代王号等级研究》，吉林大学历史系硕士学位论文，2013年，第17—80页；李忠芝：《辽代封爵制度研究》，吉林大学博士学位论文，2016年。
⑧ 《金史》卷4《熙宗纪》，第81页。

皇兄弟及子封一字王者为亲王,给二品俸,余宗室封一字王者以三品俸
给之。"①《金史》封一字王者屡见不鲜,如天眷元年(1138),封太宗诸子,
宗雅封代王,宗伟封虞王,宗英封滕王,宗懿封薛王,宗本封原王,鹘懒
封翼王,宗美封丰王,神土门封郓王,斜孛束封霍王,斡烈封蔡王,宗哲
封毕王②;皇统二年(1142),封世祖最幼子昂为郓王③,次年封皇子道济
为魏王④。

一字国王:也是以单个国号所封王爵,但爵号中带有"国"字,如
鲁国王、晋国王、汉国王、越国王、许国王、曹国王、兖国王等。为了将带
"国"字的王爵与一字王相区别,这里将其定义为一字国王。金代一字
国王只存在于海陵正隆二年之前,正隆二年例降封爵等第后,不再见有
封授。

表2.3　金代一字国王封爵表⑤

| 国号 | 受封者 | 出身 | 封爵时间 | 出处 |
|---|---|---|---|---|
| 燕国王 | 撒改 | 景祖孙,劾者长子 | 天会十五年追封 | 《金史》卷70《撒改传》 |
| 宋国王 | 宗磐 | 太宗子 | 熙宗即位初 | 《金史》卷76《宗磐传》 |
| 晋国王 | 宗翰 | 国相撒改之长子 | 天会十三年 | 《金史》卷74《宗翰传》 |
| | 宗望 | 太祖第二子 | 皇统三年 | 《金史》卷74《宗望传》 |
| | 大杲 | 先祖仕辽有显者 | 贞元三年追赠 | 《金史》卷80《大杲传》 |

---

① 《金史》卷58《百官志四》,第1428页。
② 《金史》卷76《太宗诸子传》,第1840—1841页。
③ 《金史》卷65《昂传》,第1653页。
④ 《金史》卷80《熙宗诸子传》,第1912页。
⑤ 《大金国志》卷27《开国功臣传》中对一字国王封爵也有记载,其中有不见于《金史》的爵封,但有明显的错误或歧义。如《骨舍传》记载骨舍封爵为镐国王,"骨舍,武元从叔颇剌淑之孙,于武元为从堂弟也","天会初封镐国王"。校勘记云:"按'镐国王',章钰校本作'镐国公'。考《金史》纪、传,终金之世,封镐王或镐厉王者惟世宗子永中一人,且《金史》不载骨舍事,未知章钰所据,姑志俟考。"其实,无论是镐国王还是镐国公,都与史实不符,"镐"为明昌格大国之号,骨舍天会初即有此封爵与制度相违,是记载之误。再如本卷《银术传》载,银术封爵"泽国王","银术一名银朱,武元第三从弟也","至太宗天会六年,银术为万户……后为咸宁都统,封泽国王"。"泽"为明昌格次国号,此时以此国号封爵于理不合。再看银术的出身,言其为太祖第三从弟,不知何人。《金史》有《银术可传》,《宗室表》也有银术可,其为宗室子,世次不清,天会十三年封蜀王,天眷三年薨,以正隆例封金源郡王。这与上述银术的记载完全不同。基于上述情况,不将其列入表内。以上相关记载参见《大金国志校证》卷27《开国功臣传》,第380—381、384、392、394页。

续表

| 国号 | 受封者 | 出身 | 封爵时间 | 出处 |
|---|---|---|---|---|
| 汉国王① | 大㚖 | 同上 | 贞元三年 | 《金史》卷80《大㚖传》 |
| 汉国王 | 完颜勖 | 穆宗第五子 | 皇统九年进封 | 《金史》卷66《勖传》 |
| 齐国王 | 宗雄 | 康宗长子 | 天眷中追封 | 《金史》卷73《宗雄传》 |
| | 耨盌温敦思忠 | 阿补斯水人 | 贞元二年 | 《金史》卷84《耨盌温敦思忠传》 |
| 越国王 | 宗弼 | 太祖四子 | 天眷二年 | 《金史》卷4《熙宗纪》 |
| | 萧仲恭 | 祖仕辽,封兰陵郡王 | 天德二年 | 《金史》卷82《萧仲恭传》 |
| 许国王 | 宗望 | 太祖第二子 | 皇统三年 | 《金史》卷74《宗望传》 |
| | 乌带 | 系出景祖 | 海陵即位 | 《金史》卷132《逆臣传》 |
| 鲁国王 | 完颜勖 | 穆宗第五子 | 皇统八年 | 《金史》卷66《勖传》 |
| | 完颜昌 | 穆宗子 | 天会十五年 | 《金史》卷77《挞懒传》 |
| 冀国王 | 宗尧 | 太祖子 | 皇统六年追进 | 《金史》卷19《世纪补》 |
| 豫国王 | 完颜希尹 | 欢都子 | 天德初 | 陈相伟校注《完颜希尹神道碑》② |
| 兖国王 | 宗隽 | 太祖子 | 天眷二年 | 《金史》卷4《熙宗纪》 |
| 曹国王 | 宗敏 | 太祖子 | 皇统三年 | 《金史》卷69《宗敏传》 |
| 蜀国王 | 吴曦③ | 宋降将 | 泰和七年 | 《金史》卷12《章宗纪四》 |
| 隋国王 | 阿离合懑 | 景祖第八子 | 熙宗时追封 | 《金史》卷73《阿离合懑传》 |
| 郑国王 | 斡鲁 | 劾者第三子 | 皇统五年追封 | 《金史》卷71《斡鲁传》 |
| 卫国王 | 斡赛 | 世祖子 | 皇统五年追封 | 《金史》卷65《斡赛传》 |
| 吴国王 | 阇母 | 世祖第十一子 | 熙宗朝追封 | 《金史》卷71《阇母传》 |
| 岐国王 | 海陵 | 太祖孙 | 熙宗时 | 《金史》卷129《佞幸传》 |

① 《金史》中有汉国王封爵的还有太祖子宗傑。《金史》卷3《太宗纪》载天会五年六月"庚辰,右副元帅宗望薨。汉国王宗傑继薨"。但《金史》卷69《太祖诸子传》中其封爵有越王、赵王,并无汉国王之封,宗傑"汉国王"封爵在其他史料中也不见记载,其封爵时间不确知,所以未列入表内,但并不影响对国号王爵类型及等级关系的分析。

② 陈相伟校注:《完颜希尹神道碑》,李澍田主编:《金碑汇释》,第82页。

③ 吴曦是宋朝降将,以蜀地降金,金以"蜀国王"封之,以所辖之地封爵,与金代常规封爵制度有别,但确是金代封爵制度演变过程中的重要内容。

　　两字国王:以两个国号所封王爵,且带有"国"字,如梁宋国王、辽越国王、秦汉国王等。两字国王是西夏、辽、金少数民族王朝特有的爵封。如西夏权臣任得敬的官爵为"太师上公总领军国重事秦晋国王"①。辽代封爵两字国王者则较为常见。辽朝在圣宗开泰初年首开封爵两字国王的先例。耶律隆庆"统和十六年,徙王梁国。开泰初,更王晋国,进王秦晋,追赠皇太弟②。"此后的兴宗、道宗、天祚帝各朝均有封授。

表 2.4　辽代两字国王封爵表

| 受封者 | 受封者出身 | 两字国王封爵 | 封授时间 | 原爵位 | 出处 |
|---|---|---|---|---|---|
| 耶律隆庆 | 景宗第二子,圣宗弟 | 秦晋国王 | 开泰初 | 晋国王 | 《辽史》卷64《皇子表》 |
| 耶律淳③ | 兴宗孙 | | 天庆六年 | 魏国王 | 《辽史》卷30《天祚皇帝四》 |
| 洪基 | 兴宗长子 | 燕赵国王 | 重熙十二年 | 燕国王 | 《辽史》卷21《道宗纪一》 |
| 和鲁斡 | 兴宗第二子 | 宋魏国王 | 清宁初年 | 鲁国王 | 《辽史》卷21《道宗纪一》 |
| 阿琏 | 兴宗第三子 | 秦越国王 | 清宁年间 | 秦国王 | 《辽史》卷25《道宗纪五》 |
| | | 秦魏国王 | 大安三年追封 | 秦越国王 | 《辽史》卷25《道宗纪五》 |

　　辽代的国号王经历了一个逐步发展、完善的过程,在这个过程中王爵封号的等级逐渐提升。虽然在道宗大康五年(1079)"诏惟皇子仍一字王,余并削降"④,但一字国王、两字国王并未就此废除,它们始终是辽代封爵体系的重要组成部分。金继辽而兴,爵制亦多承袭,熙宗"天眷改制"确立"封国等第"之前就开始以两字国王爵位来酬赏功绩卓著的宗亲勋戚。海陵即位之初,更是不惜以两字国王作为"加恩大臣"的重要政策。

① 史金波:《西夏"秦晋国王"考论》,《宁夏社会科学》1987 年第 3 期。
② (元)脱脱等:《辽史》卷64《皇子表》,北京:中华书局,2016 年,第 1089 页。
③ 《辽史》卷69《部族表》载耶律淳有燕晋国王的爵号:"天祚播越,耶律大石立燕晋国王淳。淳死,与萧妃奔天德军。上诛妃,责大石。大石率众西去,自立为帝。"
④ 《辽史》卷24《道宗纪四》,第 322 页。

表 2.5　金代两字国王封爵表

| 国号 | 受封者 | 受封者出身 | 封爵时间 | 原爵位 | 出处 |
|---|---|---|---|---|---|
| 梁宋国王 | 宗干 | 太祖子 | 天眷二年 | 无 | 《金史》卷 4《熙宗纪》 |
| 辽越国王 | 杲 | 世祖第五子 | 皇统三年追封 | 无 | 《金史》卷 76《杲传》 |
| 秦汉国王 | 宗雄 | 康宗长子 | 天德二年加封 | 齐国王 | 《金史》卷 73《宗雄传》 |
| | 勖 | 穆宗第五子 | 海陵篡立 | 汉国王 | 《金史》卷 66《勖传》 |
| 周宋国王 | 宗翰 | 国相撒改长子 | 天会十四年追封 | 晋国王 | 《金史》卷 74《宗翰传》 |
| | 勖 | 穆宗第五子 | 海陵初 | 秦汉国王 | 《金史》卷 66《勖传》 |
| 辽燕国王 | 宗望 | 太祖子 | 天德二年加封 | 晋国王 | 《金史》卷 74《宗望传》 |
| 梁晋国王 | 徒单恭 | 海陵后徒单氏之父 | 海陵篡立 | 某王 ① | 《金史》卷 120《徒单恭传》 |

金代两字国王爵封主要见于海陵正隆二年（1157）之前。正隆例降封爵等第后，两字国王与一字国王一样，不再见有封授。

## 三、国号王爵的等级

金代前期一字王与一字国王并非如目前学界所普遍认为的是同一爵位的不同称谓 ②，两者实有高下之别，一字国王高于一字王，而两字国王则是金代前期的最高爵封。

首先分析金代一字国王与一字王的关系。明确爵位之间等级关系的最直接的证据是有"进封"、"追封"等信息。如辽代便有同一国号的一字王追封为一字国王的记载，辽北府宰相萧孝忠在兴宗重熙十二年（1043）正月"为北院枢密使，封楚王"，同年七月薨，十一月"追封楚王萧

---

① 《金史》卷 120《世戚传》载："海陵篡立，海陵后徒单氏，斜也女，由是复用为会宁牧，封王。"未载其具体所封王爵名号。

② 如李治安先生认为辽金诸王王爵俗称为一字王、二字王，一字王指的是王号中的国邑全为一字，如辽之赵王、魏王、燕王，金之邠王、汴王、泾王、郑王等，而二字王是国号中的国邑为两字，"国邑后又均缀郡王"，如辽之兰陵郡王、饶乐郡王，金之广平郡王、南阳郡王等（见李治安：《元代分封制度研究》，第 229 页）。这里即以一字王涵盖了一字国王，且没有注意到辽金以双国号封王的情况。宋少楠在《金代前期汉官封爵制度研究》一文中对金代的"王"与"国王"爵位的关系进行探讨，认为"'某王'与'某国王'只是对'王'这一等级爵位的不同称谓方式，二者均为'一字王'"（第 19—23 页）。

孝忠为楚国王”①。萧孝忠生前为“楚王”，死后则追封为“楚国王”，应是表明了其爵位的提升。可见，国号中有无“国”字意义不同，因此，辽代一字国王地位高于一字王。金代并没有相同国号的一字王追封或进封一字国王的记载，所以考查金代的一字王与一字国王的区别需要从一字国王爵位的具体封授情况入手。

据表2.3《金朝一字国王封爵表》可知，金代获封一字国王爵位者共25人次，其封爵时间，除章宗末年宋降将吴曦蜀国王之封外，其他一字国王均在海陵正隆二年之前获封，这与海陵正隆二年“亲王止封一字王”令文的出台密切相关。正隆二年，“改定亲王以下封爵等第”②，“封王者皆降封，异姓或封公或一品、二品阶”③，“亲王止封一字王”④。从“亲王止封一字王”的政策可得出，亲王此前的封爵不仅有一字王，还有其他类型的国号王爵。这条令文是在海陵例降封爵等第后出台，可见一字王之外的其他国号王爵应高于一字王。宗尧（睿宗）和太祖弟阇母爵位的前后变化就如实地反映了海陵封爵政策的实施情况。天会十三年（1135），睿宗薨，“追封潞王，谥襄穆”，皇统六年（1146），进冀国王⑤。“正隆例，亲王止封一字王，睿宗封许王，后封许王妃”⑥。太祖弟阇母薨于天会六年（1128），“熙宗时，追封吴国王”，“正隆，改封谭王”⑦。宗尧在熙宗时追封晋国王，阇母追封吴国王，正隆例“亲王止封一字王”政策出台后，宗尧改封“许王”，阇母改封“谭王”，两人的爵号中均去掉了“国”字。海陵的这项封爵政策为后世继承，此后以国号封王只封一字王，不再见有一字国王爵封。而章宗朝的吴曦一字国王爵位的封授则是金朝特殊历史时期的产物。泰和六年（1206），吴曦以蜀地内附，十二月，“完颜纲以朝命，假太仓使马良显赍诏书、金印立吴曦为蜀王”；次年二月，又“遣同知府事术虎高琪等册吴曦为蜀国王”，但随后吴曦即为宋将所杀⑧。“蜀”为

---

①《辽史》卷19《兴宗纪二》，第262页。

②《金史》卷5《海陵纪》，第119页。

③《金史》卷84《耨盌温敦思忠传》，第2002页。

④《金史》卷64《睿宗钦慈皇后传》，第1616页。

⑤《金史》卷19《世纪补》，第446页。

⑥《金史》卷64《睿宗钦慈皇后传》，第1616页。

⑦《金史》卷71《阇母传》，第1745页。

⑧《金史》卷12《章宗纪四》，第303—304页。

天眷格次国号,大定格大国号,明昌格封国之号已无"蜀"。章宗以吴曦所归附之地为号,封之以王爵,这是金朝封爵制度中的特殊事例,即以封爵作为拉拢人心的权宜之计。再从表2.3中封爵一字国王的国号位次来看,其地位也较高。目前所能见到的封一字国王的国号共18个。其中大国号十二个,次国号六个。蜀、隋、郑、卫、吴、岐虽为次国号,但位列次国号的前几位。国号位次较高,也显示着其爵位本身的显赫地位。

一字国王的爵位优于一字王,还可以从两者的进封原则进行考查。金代的封国之号是按照等第排列的,不仅大、次、小国号之间存在等级差别,每个等级内部也依高下之序分列前后。在正常情况下,金代王爵是按照国号位次由低向高依次进封。如世宗子永功,大定四年(1164),封郑王(次国第二);大定七年(1167),进封隋王(次国第一);大定十一年(1171),进封曹王(大国第二十);章宗即位,进封冀王(大国第十三);明昌二年(1191),进封鲁王(大国第十二);承安元年(1196),进封郢王(大国第十一);卫绍王大安元年(1209),又进封谯王(大国第十);次年,再进封越王(大国第九)①。同样,一字国王爵位的进封也以国号位次的前后高下表示。如表2.3中的完颜勖,皇统八年(1148)封鲁国王,次年进封汉国王;大杲,贞元三年(1155)"累封汉国王",同年薨,赠"太师、晋国王"。但由一字王进封为一字国王则未必遵循上述原则。如天会十三年(1135),熙宗追封宗望为魏王,皇统三年(1143),"进许国王,又徙封晋国王"②。熙宗朝的封国之号中大国号"许"的位次始终在"魏"之后,但宗望由"魏王"到"许国王"的爵位变化用的是"进封"字样,表示的是爵位的提升。由此可见,即使国号位次低的一字国王仍可能优于国号位次较高的一字王。金代除正隆二年(1157)例降王爵,将一字国王降为一字王、郡王、国公,甚至削夺爵位,在正常情况下鲜见有一字国王降为一字王的情况。

王爵中的"国"字并非可有可无,这在后妃封号中也可得到印证。《金史》卷六四《后妃传下》载睿宗"天会十三年薨,追封潞王,后封潞王

---

①《金史》卷85《永功传》,第2022—2024页。
②《金史》卷74《宗望传》,第1813页。

妃。皇统六年,进号冀国王妃。天德间,进国号"①。天会十三年(1135),
睿宗追封潞王爵位,其皇后蒲察氏的封号为"潞王妃"。睿宗在皇统六年
(1146)进封冀国王②,所以有蒲察氏进号"冀国王妃"。可见王爵中有
"国"字,在后妃的封号中也有所体现,而且用"进号",表示爵位与封号
地位的上升。

　　在考辨金代一字国王和一字王关系时,还应注意到对某人同一爵位
有时称一字王,有时则称一字国王的问题。如宗磐在《金史·熙宗纪》
和《金史·宗磐传》中其爵位是宋国王,而《金史·宗室表》中记载其
爵位为宋王③。同时期以及后世的文献中也存在对两者混记的情况。如
《续文献通考》载:"宋王宗磐,太宗子,官太师领三省事,熙宗时封宋国
王,天眷二年以谋反诛。"④《建炎以来系年要录》对宗弼的爵位记载为:
绍兴十五年(1145)十月,"金太师尚书左丞相兼侍中监修国史院元帅梁
国王宗弼卒",注曰:"宗弼封梁王诸书不见,绍兴三十年五月,生辰副史
王全上路,口奏称乌珠为故梁王,盖绍兴十三年以后改封故也。"⑤书者似
乎认为金代封爵为同一国号的一字王和一字国王并无区别,"宋王"与
"宋国王"同,"梁王"即"梁国王"。这与金朝文献对国号王爵的记述方
式有关,《金史》中对一字王有明确的记载,却没有以"一字国王"四个字
作为称谓的直接记载,所以使人误以为两者等同。

　　最后,我们再来分析两字国王的地位。从表2.5《金代两字国王封
爵表》可知,受封两字国王爵位者,此前为一字王或一字国王,由一字国
王追封或进封为两字国王,无疑是其爵位的提升。所以金代两字国王地
位高于一字国王,位列封爵等级之首。金代天眷格大国号二十,皇统五
年(1145)又新增唐、殷、商、周,共二十四位。"梁宋"、"秦汉"、"周宋"、
"辽燕"等两字国王封号均位处大国号的前几位,以示其爵位之显。两字
国王封号是按照封国位次进行组合,高位次在前,如梁宋国王("梁"位
次高于"宋")、秦汉国王("秦"位次高于"汉")。它们之间也同样依据封

---

① 《金史》卷64《后妃传下》,第1615—1616页。
② 《金史》卷19《世纪补》,第446页。
③ 《金史》卷59《宗室表》,第1460页。
④ (明)王圻:《续文献通考》卷193《封建考》,第2899页。
⑤ (宋)李心传撰,辛更儒点校:《建炎以来系年要录》卷154,绍兴十五年十月辛丑,第2637页。

国之号的位列划分等级,如大国号周、宋在秦、汉之前,"周宋国王"的爵位高于"秦汉国王",所以完颜勖在海陵初年,由"秦汉国王"进封为"周宋国王"。金代拥有两字国王爵位者仅有7人,多为金朝开国元老。授予两字国王爵位是对他们历史功绩的肯定和最高奖赏。但海陵即位之初就大封两字国王,也具有"加恩大臣以收人望"[①]之目的。两字国王的封授时间在熙宗朝和海陵天德、贞元年间,海陵正隆二年(1157)"亲王止封一字王"的政策出台后,取消了一字国王爵封,两字国王更成为被禁之列。海陵的这项封爵政策,为此后的金朝统治者所继承,此后,不仅一字国王、两字国王爵位不再见于史册,一字王也基本成为皇子、皇兄弟所专有。

　　综上,金代前期国号王爵有一字王、一字国王、两字国王之分,它们之间存在着高下等级关系。两字国王地位最为尊崇,一字国王的爵位又高于一字王。

　　对金代封国之号的考辨与一字王、一字国王以及两字国王三种国号王爵类型的厘清与辨析,对解读金代封爵制度具有重要意义。金代国号王爵类型的前后发展变化过程又与金代政治制度变革和皇权的强化密切相关。熙宗时期是金代封爵制度确立发展的初期,熙宗通过大封宗室来巩固统治,进而换取宗室贵族对其政治改革和皇位的支持,封爵发挥着"明亲亲之义"与"奖功赏能"的作用。海陵"弑君夺位",即位后担心太祖子孙及宗室近支不满,为维护皇权、稳定统治,采取了与熙宗拉拢宗室的不同政策,极力打击宗室,任用外族。因此,海陵天德、贞元年间,渤海、契丹和汉人中不乏封爵一字王、一字国王甚至两字国王者。正隆元年(1156),海陵为加强皇权,改革中央官制的同时,将作为官制重要内容的封爵制度进行了改革。正隆二年(1157),"改定亲王以下封爵等第"[②],"封王者皆降封,异姓或封公或一品、二品阶"[③]。通过这次改革,此前有爵者普遍降封,尤其是此前拥有一字国王、两字国王者无一例外地降封为一字王、郡王、国公,甚至被夺爵。世宗即位后,虽对海陵多加批

---

①《金史》卷66《完颜勖传》,第1660页。

②《金史》卷5《海陵纪》,第119页。

③《金史》卷84《耨盌温敦思忠传》,第2002页。

判,并着手对正隆年间"例降封爵"者进行了不同程度的复爵或追封,但此时政治制度已逐步完善,强化对"高爵"的管理成为加强皇权的重要内容,因此世宗继承了正隆年间"亲王止封一字王",即不再以一字国王、两字国王作为爵封的封爵政策。此后,不仅一字国王、两字国王不再封授,一字王也基本限定在皇子、皇兄弟范围内,异姓非有大功者,不再轻易以国号封王。也就是说终金之世,一字王爵虽一直保留,但其封爵范围则逐渐缩小。有金一代国号王爵类型的发展演变和封授范围的变化,始终与金代的政治制度变革以及加强皇权的需要相统一,生动地反映了金朝政局及政治制度的发展历程。

### 四、《金史》封王史料的辨误与补遗

《金史》中封爵国号王爵的记载较为常见,但其中不乏错误和遗漏,以下就目前所发现的较为明显的几例,作一考证和补充。

1. 海陵天德初年,完颜晏进封"宋王"为"宗王"之误[1]。

《金史·完颜晏传》:"晏本名斡论,景祖之孙,阿离合懑次子也……天德初,封葛王,入拜同判大宗正事,进封宋王,授世袭猛安。海陵迁都,晏留守上京,授金牌一、银牌二,累封豫王、许王,又改越王。贞元初,进封齐。"[2] 按:天德初,晏进封"宋王"爵位的记载有误,宋王应为宗王。

首先我们应该明确"宋"作为封国之号的等第。"宋"在《金史·百官志》中是明昌二年(1191)以前大国封号,此后"以汉、辽、唐、宋、梁、秦、殷、楚之类,皆昔有天下者之号,不宜封臣下,遂皆改之",改"宋"为"汴"[3]。而《大金集礼》中天眷格和大定格封国之号中"宋"既为大国号也为小国号。前文已考证《大金集礼》天眷格和大定格小国号'宋'为'宗'之误","宋"只作为金代大国封号而存在。

《金史·完颜晏传》载晏在海陵朝所封爵位分别为葛(小国号第二十七)、宋(大国号第四)、豫(大国号第十六)、许(大国号第十二)、越(大

---

① 参见拙文:《〈金史·完颜晏传〉封爵史料勘误一则》,《中国史研究》2013 年第 2 期。2020 年点校本二十四史修订本《金史·完颜晏传》对此也做了校勘,云:"'宋王'或为'宗王'之形误。"

② 《金史》卷 73《完颜晏传》,第 1777 页。

③ 《金史》卷 55《百官志一》,第 1311 页。

国号第十一)、齐(大国号第八)。金代不仅三等国号之间具有等级差别,每个等级内部也依高下之序分列前后。正常情况下金代封爵是按照等第由低向高依次进封(特殊情况除外,如海陵正隆二年例降封爵,或有爵者出现过失等)。完颜晏的封爵均在海陵朝前期,封爵制度无变革,也不见晏有过失或问责的情况,而其首获"宋王"封爵,此后又进封位次低于"宋"的国号,其爵位由高走低,于理不通。所以,天德初,完颜晏进封的"宋王"应是"宗王"之误。

2.《金史·熙宗纪》载:天眷三年(1140),四月"癸丑,蜀国公完颜银术哥薨"[①]。这则史料中"银术哥"即为"银术可","蜀国公"应为"蜀王"之误。

首先,我们考察"银术哥"其人。《金史》卷2、卷4、卷31、卷70、卷71、卷111、卷133中均有名为"银术哥"的事迹。其中卷111为字术鲁银术哥,是金末保德州刺史,正大七年(1230)被保德州振威军万户王章、弩军万户齐镇所杀[②]。此"银术哥"与《熙宗纪》封蜀国公的"银术哥"无关。其他卷中所述"银术哥"的事迹与《金史·银术可传》所载"完颜银术可"的事迹完全吻合,如使"太祖决意伐辽",与娄室在达鲁古城大败辽军,复攻黄龙府,败辽兵万余于白马泺,后从宗翰伐宋,等等[③]。可见《金史》中"银术哥"有时也称为"银术可"。《金史·银术可传》载:银术可,宗室子,"天眷三年,薨,年六十八"[④]。其卒年与《金史·熙宗纪》中"蜀国公完颜银术哥"的时间吻合,所以《熙宗纪》中薨于天眷三年的"银术哥"即为宗室子"银术可"。

再看银术可的仕历与封爵情况。《熙宗纪》中银术可的爵位是蜀国公,其本传的封爵则是"蜀王"。银术可于"天会十三年,致仕,加保大军节度使,同中书门下平章事,迁中书令,封蜀王。天眷三年,薨,年六十八[⑤]。"海陵正隆二年实行例降封爵等第的政策后,银术可的爵位发生变化,"例赠金源郡王,配飨太宗庙廷。大定十五年(1175),谥武襄,改配

① 《金史》卷4《熙宗纪》,第83页。
② 《金史》卷111《古里甲石伦》,第2583页。
③ 《金史》卷72《银术可传》,第1762页。
④ 《金史》卷72《银术可传》,第1763页。
⑤ 《金史》卷72《银术可传》,第1763页。

享太祖庙廷"。又《金史·习室传》载:"世宗思太祖、太宗创业艰难,求当时群臣勋业最著者,图像于衍庆宫:辽王斜也、金源郡王撒改……金源郡王银术可……"①可见,银术可在正隆例降封爵后,获赠的是"金源郡王"爵位。在金代的封爵体系中,王爵分为国号王和郡王两大等级,金源郡王是郡王爵位的最高等级(详见本章第二节),那么银术可在正隆二年(1157)"例降封爵"之前的爵位一定高于"郡王",即为国号王。所以,银术可在天眷三年(1140)的封爵应是"蜀王"而非"蜀国公"。

3. 以大安三年(1211)《韩王请琮公疏》补《金史》中所载永德封爵之缺漏。

永德为世宗子(原名允德,章宗即位后,避其父允恭之讳改),《金史·永德传》载永德的爵封情况为:大定二十七年(1187),封薛王;二十九年,进封沈王;章宗明昌二年(1191),进封豳王;承安二年(1197),进封潞王。《金史》中对永德爵位的记载到此为止。清人陆增祥撰《八琼室金石补正》卷128《韩王请琮公疏》中明确指出,此处"韩王"即为永德的封爵。但永德"韩王"封爵的时间还需要进一步说明。

《韩王请琮公疏》的时间是卫绍王大安三年(1211),石刻后题"皇弟开府仪同三司、太子太师韩王"②。此韩王即世宗子永德。卫绍王时期作为皇弟结衔开府仪同三司、太子太师的只有世宗子、卫绍王同母弟永德一人。《金史·世宗诸子传》载:"元妃李氏生郑王允蹈,卫绍王允济,潞王允德。"③大定二十五年(1185),允德与"章宗及诸兄俱加开府仪同三司","卫绍王时,累迁太子太师"④。"此疏结衔皇弟开府仪同三司太子太师,正值大安三年,与传称卫绍王时累迁官合,是所题即允德也。"⑤永德进封韩王应是在卫绍王即位之后。大安元年(1209),卫绍王即位伊始,即进封兄郯王永功为谯王,宛王永升为夔王⑥。"则允德以懿亲之重亦当

---

① 《金史》卷70《习室传》,第1724页。
② (清)陆增祥:《八琼室金石补正》卷128《韩王请琮公疏》,《辽金元石刻文献全编》第一册,第100页。
③ 《金史》卷85《世宗诸子传》,第2017页。
④ 《金史》卷85《永德传》,第2026页。
⑤ (清)陆增祥撰:《八琼室金石补正》卷128《韩王请琮公疏》,《辽金元石刻文献全编》第一册,第100页。
⑥ 《金史》卷13《卫绍王纪》,第317—318页;《金史》卷85《永升传》,第2028页。

并封,是'韩'为所进府号,当时缺录也"①。"韩"在金代封国之号中是次
国号之位,位次在"潞"之前,所以"韩王"是卫绍王即位之后进封永德
的爵位。韩王作为卫绍王曾封爵的爵位,"今允德亦得此号,绍王与之同
母,遂以自所封号示宠异与"②。

## 第二节　郡王封号与位次等第

《金史·百官志》对金代郡王之封号有明确记载,但并不完整。金代
除《金史·百官志》所载的十个封王郡号,另有九个郡名在不同时期作
为郡王封号而使用。金代郡王封号以大定七年为分界线,前后所使用的
郡名不同;金代郡王封号之间位次有序,郡号位次的前后顺序,决定了郡
王爵位的等级高下;金代"郡"已不是当时的行政区划,而郡王爵位却均
以"某某郡"为号,是金朝统治者效仿中原王朝将封爵与郡望相结合的
产物。

### 一、《金史·百官志》封王之郡号补遗

金代的封爵制度在熙宗朝开始制度化。天眷元年,"定封国制"③,郡
王封爵也随之作为封爵制度的重要内容得以确立。《金史·百官志》记
载了十个郡王封号,分别是"金源、广平、平原、南阳、常山、太原、平阳、
东平、安定、延安"④。其中太原、平阳、安定三个郡号目前不见有封王的实
例,其他七个郡号均有封授,尤以金源和广平两郡号封王人数最多。

---

① 《八琼室金石补正》卷128《韩王请琮公疏》,《辽金元石刻文献全编》第一册,第100页。
② 《八琼室金石补正》卷128《韩王请琮公疏》,《辽金元石刻文献全编》第一册,第100页。
③ 《金史》卷4《熙宗纪》,第81页。
④ 《金史》卷55《百官志一》,第1312页。

表2.6 《金史·百官志》所载郡号封王表

| 郡号 | 姓名 | 出身 | 封爵时间 | 前爵 | 出处 |
|---|---|---|---|---|---|
| 金源 | 按答海 | 康宗孙(宗雄子) | 天眷二年;世宗即位 | 天眷二年封金源郡王,进封谭王;海陵贞元年间,封郓王、魏王,正隆例夺王爵;世宗即位封兰陵郡王 | 《金史》卷73《按答海传》 |
| | 娄室 | 完颜部人 | 正隆例改赠 | 莘王 | 《金史》卷72《娄室传》 |
| | 勖 | 穆宗第五子 | 正隆二年降封 | 秦汉国王 | 《金史》卷66《勖传》 |
| | 银术可 | 宗室子 | 正隆二年例赠 | 蜀王 | 《金史》卷72《银术可传》 |
| | 宗雄 | 康宗长子 | 正隆二年改封 | 秦汉国王 | 《金史》卷73《宗雄传》 |
| | 完颜希尹 | 欢都之子 | 正隆二年例降 | 豫国王 | 《金史》卷73《完颜希尹传》 |
| | 宗翰 | 国相撒改子 | 正隆二年例封 | 周宋国王 | 《金史》卷74《宗翰传》 |
| | 斡鲁 | 景祖孙,韩国公劾者子 | 正隆二年例降① | 郑国王 | 《金史》卷59《宗室表》 |
| | 石土门 | 始祖弟保活里四世孙 | 正隆二年追封 | 无 | 《金史》卷70《石土门传》 |
| | 完颜忠 | 石土门之弟 | 大定二年追封 | 无 | 《金史》卷70《石土门传》 |
| | 撒改 | 景祖孙,劾者长子 | 大定三年改赠 | 正隆降封陈国公 | 《金史》卷70《撒改传》 |

① 斡鲁封金源郡王见于《金史》卷59《宗室表》和卷70《完颜忠传》,不见于本传。斡鲁在皇统五年(1145),追封为郑国王,天德三年(1151)配享太祖庙廷,世宗时图像于衍庆宫的功臣中有"金源郡王斡鲁"。由此判断,斡鲁的金源郡王爵位,应是海陵正隆二年例降封时,由郑国王降封而来。

续表

| 郡号 | 姓名 | 出身 | 封爵时间 | 前爵 | 出处 |
|---|---|---|---|---|---|
| | 撒离喝（杲） | 安帝六代孙 | 大定三年追封 | 皇统三年,封应国公,海陵时进封国王,后被海陵诬杀 | 《金史》卷84《杲传》 |
| | 习不失 | 昭祖之孙,乌骨出子 | 大定三年追进 | 曹国公 | 《金史》卷70《习不失传》 |
| | 纥石烈志宁 | 娶宗弼女 | 大定十一年 | 广平郡王 | 《金史》卷87《纥石烈志宁传》 |
| | 章宗 | 显宗嫡子,世宗孙 | 大定十八年 | 无 | 《金史》卷7《世宗纪中》 |
| | 纥石烈良弼 | 女真人 | 大定十八年追封 | 世宗即位封宗国公 | 《金史》卷88《纥石烈良弼传》 |
| | 徒单克宁 | 其先金源县人 | 章宗即位进封 | 东平郡王 | 《金史》卷9《章宗纪一》 |
| | 夏全① | 宋"忠义军" | 正大三年 | 无 | 《金史》卷114《白华传》 |
| 广平 | 孔彦舟 | 应募宋军,后由宋入齐 | 皇统初年 | 无 | 《金史》卷79《孔彦舟传》 |
| | 活女 | 娄室子 | 天德年间 | 无 | 《金史》卷72《活女传》 |
| | 宗秀 | 勖之子,穆宗孙 | 天德初年 | 天德初封宿国公 | 《金史》卷66《勖传》 |
| | 赵兴祥 | 辽降臣 | 天德初年 | 无 | 《金史》卷91《赵兴祥传》 |
| | 宗贤 | 宗室 | 天德年间 | 定国公 | 《金史》卷66《宗贤传》 |
| | 王伯龙 | 沈州双城人,天辅二年率众来附 | 天德三年 | 无 | 《金史》卷81《王伯龙传》 |

---

① 汉人夏全的金源郡王之封,属于金朝后期打破常规的封爵,但反映了金朝郡王封爵制度的实态,一并统计在内。

续表

| 郡号 | 姓名 | 出身 | 封爵时间 | 前爵 | 出处 |
|---|---|---|---|---|---|
| 广平 | 隈可 | 康宗子 | 天德四年 | 无 | 《金史》卷66《隈可传》 |
| | 耶律恕 | 辽横帐秦王之族 | 正隆元年 | 无 | 《金史》卷82《耶律恕传》 |
| | 耨盌温敦思忠 | 女真人 | 正隆年间 | 贞元二年封齐国王 | 《金史》卷84《耨盌温敦思忠传》 |
| | 晏 | 景祖之孙,阿离合懑次子 | 世宗初即位 | 正隆例削王爵 | 《金史》卷73《完颜晏传》 |
| | 李石① | 辽阳人,贞懿皇后弟 | 大定十年 | 平原郡王 | 《金史》卷86《李石传》 |
| | 纥石烈志宁 | 娶宗弼女 | 大定十一年 | 无 | 《金史》卷87《纥石烈志宁传》 |
| | 徒单贞 | 宗干婿,显宗孝懿皇后父 | 章宗即位追封 | 梁国公 | 《金史》卷132《徒单贞传》 |
| | 徒单镒 | 上京路速速保子猛安人 | 宣宗即位 | 大安初封濮国公 | 《金史》卷99《徒单镒传》 |
| | 承晖 | 承袭其父谋克,世宗、章宗时任职于朝 | 贞祐三年追赠 | 贞祐初封邹国公、徙封定国公 | 《金史》卷101《承晖传》 |
| 平原 | 李石 | 辽阳人,贞懿皇后弟 | 大定十年 | 道国公 | 《金史》卷86《李石传》 |
| 南阳 | 张中孚 | 其父仕宋至太师,封庆国公 | 贞元元年 | 无 | 《金史》卷79《张中孚传》 |
| | 张浩 | 辽阳渤海人 | 大定二年 | 秦国公 | 《金史》卷83《张浩传》 |
| | 襄 | 昭祖五世孙 | 明昌元年进封 | 常山郡王 | 《金史》卷94《内族襄传》 |
| | 王彦昌 | 宣宗皇后王氏之父 | 正大元年进封 | 汴国公 | 《金史》卷64《后妃传下》 |

---

①《金史》卷64《后妃传下》载:世宗"元妃李氏,南阳郡王李石女"。但《金史》卷86《李石传》载其在世宗时期先后封爵为道国公、平原郡王、广平郡王,并无南阳郡王封爵。且郡号"南阳"位列平原之后,所以南阳郡王应是在平原郡王之前的爵封。李石是以广平郡王爵位致仕,而《金史·后妃传下》中却称其爵位为"南阳郡王",让人费解。因此,李石的南阳郡王爵封存疑,暂不列入表中。

续表

| 郡号 | 姓名 | 出身 | 封爵时间 | 前爵 | 出处 |
|---|---|---|---|---|---|
| 常山 | 襄 | 昭祖五世孙 | 明昌元年 | 任国公 | 《金史》卷94《内族襄传》 |
| 东平 | 徒单克宁 | 其先金源县人 | 大定二十九年 | 延安郡王 | 《金史》卷92《徒单克宁传》 |
| | 把胡鲁 | 女真人 | 正大元年追赠 | 无 | 《金史》卷108《把胡鲁传》 |
| | 王义深 | 宋"忠义军" | 正大三年 | 无 | 《金史》卷114《白华传》 |
| 延安 | 徒单克宁 | 其先金源县人 | 大定十九年 | 谭国公 | 《金史》卷92《徒单克宁传》 |
| | 仆散端 | 中都路火鲁虎必剌猛安人 | 兴定元年追赠 | 中国公 | 《金史》卷101《仆散端传》 |

就目前史料所及,金代郡王封爵在天眷年间开始封授,封爵对象为蒲察部人石家奴,"天眷间,授侍中、驸马都尉。再以都统定边部,熙宗赐御书嘉奖之。封兰陵郡王"①。但"兰陵"并不在《金史·百官志》的十个郡王封号之内。通过查阅《金史》及相关石刻文献,发现除了兰陵郡号,还有九个郡王封号不见于《金史·百官志》。现将不见于《百官志》中的十个郡号的封爵对象、封爵时间等信息进行列表统计,以便分析。

表 2.7 《金史·百官志》未载郡号封王表

| 郡号 | 受封者 | 出身 | 封爵时间 | 出处 |
|---|---|---|---|---|
| 钜鹿 | 时立爱 | 仕辽降金 | 皇统元年 | 罗平、郑绍宗:《河北省新城县北场村金时立爱和时丰墓发掘记》,《考古》1962年第12期 |
| | 赵兴祥 | 辽降臣 | 天德初 | 《金史》卷91《赵兴祥传》 |
| | 宗宪 | 撒改子 | 天德初 | 《金史》卷70《宗宪传》 |

---

① 《金史》卷120《石家奴传》,第2756页。

续表

| 郡号 | 受封者 | 出身 | 封爵时间 | 出处 |
|---|---|---|---|---|
| | 思敬 | 金源郡王石土门①之子 | 天德初 | 《金史》卷70《思敬传》 |
| 河内 | 赤盏晖 | 其先附于辽 | 天德二年 | 《金史》卷80《赤盏晖传》 |
| | 高桢 | 辽阳渤海人（辽降臣） | 天德初 | 《金史》卷84《高桢传》 |
| | 宗宪 | 撒改子 | 天德初 | 《金史》卷70《宗宪传》 |
| | 思敬 | 金源郡王石土门之子 | 天德初 | 《金史》卷70《思敬传》 |
| 漆水 | 昂 | 世祖最幼子 | 皇统元年 | 《金史》卷65《昂传》 |
| | 耶律怀义 | 辽宗室子 | 海陵即位 | 《金史》卷81《耶律怀义传》 |
| 兰陵 | 蒲察石家奴 | 尚太祖女，世祖外孙 | 天眷间 | 《金史》卷120《石家奴传》 |
| | 萧仲恭 | 契丹人 | 皇统初 | 《金史》卷82《萧仲恭传》 |
| | 按答海 | 康宗孙（宗雄子） | 世宗即位初 | 《金史》卷73《按答海传》 |
| 神麓 | 大㚟 | 仕辽显贵 | 天德二年 | 《金史》卷80《大㚟传》 |
| 天水 | 赵佶 | 宋徽宗 | 皇统元年 | 《金史》卷4《熙宗纪》 |
| 胶西 | 范成进 | 宋"忠义军" | 正大三年 | 《金史》卷114《白华传》 |
| 临淄 | 张惠 | 宋"忠义军" | 正大三年 | 《金史》卷114《白华传》 |
| 乐安 | 王德全 | 徐州总帅 | 金末 | 《金文最》卷96《通奉大夫钧州刺史行尚书省参议张君神道碑铭》 |

　　上表中以钜鹿、河内、神麓、漆水、兰陵、天水六个郡号封王的时间是在熙宗朝、海陵天德年间和世宗初年，尤其以熙宗和海陵时期居多。世宗即位初，封按答海兰陵郡王之后，不再见有以上述六个郡号封王者。这应与世宗大定七年（1167）的制度有关。"大定七年二月二日敕旨：'今后封郡王及宗室女封公主者，只于郡名内封，拣十个好名内用'……十三日，奏定下项：'郡名：金源、广平、平原、南阳、常山、太原、平阳、东

---

① 《金史》卷70《思敬传》载：思敬为"金源郡王神土㦲之子"。这里"神土㦲"当为"神徒门"，即"石土门"。金代名为"神土㦲"者有三人，其一，为鲁王斡者（世祖子）子；其二为辽王宗干子充；其三为银青光禄大夫胡速鲁改子，他们均不见有金源郡王封爵。又《金史》卷70《石土门传》："石土门，汉字一作神徒门……正隆二年，封金源郡王。子习失、思敬。"所以思敬之父是金源郡王"神徒门"而非"神土㦲"。

平、安定、延安。'"①《大金集礼》记载的大定七年所奏定的十个郡王封号与《金史·百官志》的记载完全吻合。目前学界普遍认同《金史·百官志》是明昌初年的官制体系②,章宗时期的郡王封号沿用了世宗朝的规定,无所变更。所以,《金史·百官志》所载的十个郡王封号是大定七年(1167)以后的制度。大定七年之前,除了上述六个郡名外,还以金源、广平和南阳三个郡名封王③,也就是说大定七年之前所使用的郡王封号共有九个。大定七年重新"奏定郡名"时,钜鹿、河内、神麓、漆水、兰陵、天水六个郡号便被排除在所"拣十个好名"之外,不再作为郡王封号继续使用。但此前与钜鹿等六个郡名同时使用的金源、广平和南阳三个郡号则被保留下来,与重新挑选的七个郡名共同成为此后金代郡王封爵的"十个好名"④。

临淄、胶西、乐安三个郡号亦未见载于《金史·百官志》。临淄郡王和胶西郡王的封爵对象是宋朝降服的将领,封爵时间为哀宗正大三年(1226),是金朝末年应对内外困境的特殊政策。正大三年五月,宋金交战,金军失利,金廷正准备与宋议和,此时宋"忠义军"夏全自楚州来附,随后"盱眙、楚州,王义深、张惠、范成进相继以城降",于是"诏改楚州为平淮府,以全为金源郡王、平淮府都总管,张惠临淄郡王,义深东平郡王,成进胶西郡王"⑤。随即金朝便取消了与宋议和的计划,想借助他们的力量与宋朝抗衡。乐安郡王王德全是金末所封"十郡王"之一,亦是在金末内忧外患的困境下,以封爵笼络地方武装,来缓解蒙古的军事压力的非常之举。"十郡王者,李明德、封仙、张瑀、张友、卓翼、康琼、杜政、吴歪头、王德全、刘安国也"⑥。这十人都是金末割据势力,他们的封爵"本哀宗发空名宣敕,听用安于同盟中,有功者赐之,是又用安部曲,非朝命所封"⑦。十郡王的郡号名称,除王德全乐安郡王外,其他不得而知。金朝末

①《大金集礼》卷9《亲王》,第128—129页。
②〔日〕三上次男:《金史研究》(二)《金代政治制度の研究》,东京:中央公论美术出版,1970年,第65页。
③参见表2.6《〈金史·百官志〉所载十个郡号封王表》。
④参见表2.6《〈金史·百官志〉所载十个郡号封王表》。
⑤《金史》卷114《白华传》,第2646页。
⑥《金史》卷117《国用安传》,第2705—2706页。
⑦(清)赵翼著,王树民校证:《廿二史札记校证》卷28《九公十郡王》,第665页。

年的胶西郡王、临淄郡王以及"十郡王"之封,虽是金廷应对与宋、蒙战事的权宜之计,迫于形势的非常举措,但亦是金代郡王封爵体系中不能忽略的重要内容。

总之,金代的郡王封号的使用情况以大定七年为关键的节点。《金史·百官志》所记载的十个郡王封号,是大定七年(1167)的制度规定,不是金代郡王封号的全部内容。大定七年之前的钜鹿、河内等六个郡号以及金末胶西、临淄以及"十郡王"所封之郡号也是金代郡王封号的重要内容,他们与《金史·百官志》中的十个郡号共同构成了金代郡王封号的完整体系,反映了金代郡王封爵制度发展、演变的历史过程。

### 二、郡王封号的位次等级

金代郡王位列正从一品,但其内部又依据封号的不同高下有别。也就是说,郡王爵位的等第与国号王爵一样,取决于封号的位次,厘清郡王封号的位次,也就明确了郡王爵位的位次关系。《金史·百官志》中记载的十个郡王封号的位次排列清晰明了,位次高下由前至后依次排列。郡王爵位的进封,就是按照郡号位次,由低向高依次进封。如金世宗母贞懿皇后之弟李石在大定十年(1170)封为平原郡王(郡号第三),以太保致仕,又封为广平郡王(郡号第二)①;世祖五世孙襄于明昌元年(1190)封常山郡王(郡号第五),后因契丹之乱,朝臣多主张罢郊礼,襄则认为"大礼不可轻废","乞于祀前灭贼"。叛乱平定后,郊礼成,进封为南阳郡王(郡号第四)②。金源郡王是郡王爵位的最高等级,再进封则为国号王,如徒单克宁在大定二十八年(1188)封延安郡王(郡号第十),大定二十九年章宗即位封其为东平郡王(郡号第八),随即又改封金源郡王(郡号第一),明昌二年(1191)封为淄王(小国号第十四)③;金源郡王并非由郡王进封为国号王的必经爵号,授予任何封号的郡王均可直接进封至国号王爵等级,如张中孚,"贞元元年(1153),迁尚书左丞,封南阳郡王。三年,以疾告老,乃为济南尹,加开府仪同三司,封宿王"④。

---

① 《金史》卷86《李石传》,第2033—2034页。
② 《金史》卷94《内族襄传》,第2217—2218页。
③ 《金史》卷92《徒单克宁传》,第2175—2176页;《金史》卷9《章宗纪一》,第231—237页。
④ 《金史》卷79《张中孚传》,第1902页。

　　《金史·百官志》中十个郡王封号等级排列十分清楚,但这是大定七年的制度,此前郡王封号则为金源、广平、南阳、钜鹿、河内、天水、神麓、漆水、兰陵,这九个郡号的位次关系,史料无明确记载,但它们之间也应有高下之序。"金源"作为金代统治民族女真人的发祥地,并以此封爵女真人,毫无疑问其始终列居郡王爵位之首。其他郡号之间的位次关系,只能综合现有史料,通过"进封"、"徙封"、"改封"等情况,将能够判定的郡号等第关系加以考证。

　　先看钜鹿郡号与河内郡号之间的位次关系。海陵天德初年,宗宪"为中京留守、安武军节度使。封河内郡王。改太原尹,进封钜鹿郡王"①,宗宪由河内郡王"进封"为钜鹿郡王,说明后者的爵封高于前者。天德初,思敬"用廉,封河内郡王,徙封钜鹿"②,这里用了"徙封"是何含义,需要加以分析。《金史》中共十一人"徙封"爵位,均表示爵位的提升。如皇统三年(1143),宗望"进许国王(大国号第十二),又徙封晋国王(大国号第六)"③。世宗子永蹈,章宗即位"判彰德军节度使,进封卫王(次国号第三)。明昌二年(1191),徙封郑王(次国号第二)";世宗子永升,大定十一年(1171),封徐王(次国号第十一),进封虞王(次国号第十),章宗即位,加恩宗室,徙封隋王(次国号第一)④。等等。可见,"徙封"也是爵位的晋升。天德年间,由河内郡王到钜鹿郡王爵位的变化,以"进封"和"徙封"来表示,可证钜鹿郡王高于河内郡王。

　　再看钜鹿郡号与广平郡号之高下。天德初,平州卢龙人赵兴祥"召为太子少保,封广平郡王,改封钜鹿"⑤。这里还需要分析"改封"爵位的含义。《金史》以"改封"表示爵位变化的共有二十一人,其中七例是依据正隆二年例降封爵之制的"改封",表示爵位的下降,其他情况都是"进爵"之义。上文所论及的徒单克宁,因遵世宗顾命,有拥立章宗之功,章宗即位便将其爵位由延安郡王(郡号第十)徙封为东平郡王(郡号第八)。同年七月又"以太尉、尚书令东平郡王徒单克宁为太傅,改封金源

---

① 《金史》卷70《宗宪传》,第1716页。
② 《金史》卷70《思敬传》,第1725—1726页。
③ 《金史》卷74《宗望传》,第1813页。
④ 《金史》卷85《世宗诸子传》,第2021、2028页。
⑤ 《金史》卷91《赵兴祥传》,第2150页。

郡王①。""金源郡王"是郡王封爵的最高等级,所以由东平郡王"改封"金源郡王是爵位提升。再如,张通古在天德初,"迁行台左丞,进拜平章政事,封谭王,改封郓王②。"由小国号"谭王"改封次国号"郓王"亦是爵位的晋升。按答海,天眷间封金源郡王,进封谭王,海陵迁都,久之,进封郓王,改封魏王③。按答海的爵位由次国号"郓"到大国号"魏"也是用"改封","改封"与"进封"同义。再如,上文所论及的世宗子永升,"大定十一年,封徐王,进封虞王……章宗即位,加恩宗室,徙封隋王(次国号第一)……明昌二年,改封曹王(大国号第二十)。久之,改封宛王(大国号第十九)。卫绍王即位徙今封"④。"徙今封"即徙封为夔王(大国号第十八)。这则史料中多次出现徙封、改封,均表示爵位的晋升,可见"改封"与"徙封"一样,在正常情况下均具有"进封"的含义。所以,天德初年,赵兴祥由广平郡王"改封"为钜鹿郡王也应是爵位的提升,钜鹿郡王的位次在广平郡王之上。

下面再比较广平与河内郡号的先后。目前的史料中并未发现关于两者等级关系的直接证据。金代河内郡王的封授时间均在天德年间,通过这一时期封爵河内郡王和广平郡王人员的任职情况的对比,或可推知河内与广平两个郡号的先后次序。

表2.8　海陵天德年间封爵河内郡王与广平郡王任职情况对照表⑤

| 河内郡王 | | 广平郡王 | |
| --- | --- | --- | --- |
| 人名 | 封爵前后任职情况 | 人名 | 封爵前后任职情况 |
| 宗宪 | 天德初为中京留守、安武军节度使,封河内郡王 | 宗秀 | 天德初,历平阳尹、昭义军节度使,封广平郡王 |
| 高桢 | 天德初,为中京留守,封河内郡王 | 赵兴祥 | 天德初,为济南尹,改绛阳军节度使,召为太子太保,封广平郡王 |

①《金史》卷9《章宗纪一》,第231页。
②《金史》卷83《张通古传》,第1979页。
③《金史》卷73《按答海传》,第1787页。
④《金史》卷85《永升传》,第2028页。
⑤具体参见表2.6《〈金史·百官志〉所载十郡号封王表》和表2.7《〈金史·百官志〉未载郡号封王表》。

| 河内郡王 | | 广平郡王 | |
|---|---|---|---|
| 人名 | 封爵前后任职情况 | 人名 | 封爵前后任职情况 |
| 赤盏晖 | 天德二年,迁南京留守,寻改河南路统军使,授世袭猛安,拜尚书右丞,封河内郡王 | 宗贤 | 天德初改曷懒路兵马都总管,历广宁尹,封广平郡王 |
| 思敬 | 天德初,使还,拜尚书右丞,罢为真定尹。用廉,封河内郡王 | 王伯龙 | 天德三年,改河中尹,徙益都尹,封广平郡王 |
| | | 隈可 | 天德四年,改德昌军节度使,封广平郡王 |

　　金代封河内郡王者多任职为京留守,封广平郡王者多为府尹。金代京留守与府尹虽同为正三品,但"由于诸京在金代地方政治统治体系中发挥着越来越重要的作用,其地位也高于其他路治府",诸京留守带本府尹兼本路兵马都总管位居府级官员的第一级,高于其他府尹[①]。那么,若根据郡王所担任官职的地位来判断,河内郡王的爵位也应高于广平郡王。再如,天德二年(1150)赤盏晖拜尚书右丞,封河内郡王,天德初赵兴祥由太子太保封广平郡王,尚书右丞和太子太保同为正二品,从品级亦看不出高下,但尚书右丞为宰执之位,太子太保则为东宫官,从具体的所任职事来看,前者较后者权高位重,其任职内所封爵位也应地位较高。在现有史料无法直接证明河内郡王和广平郡王关系的情况下,通过郡王所任官职的情况,可以初步推断河内郡王的位次应高于广平郡王。

　　大定七年(1167)之前的郡王封号之间的次序等第,因史料阙如,只能对上述钜鹿、河内、广平、河内等郡名的位次先后作一初步考证分析。至于金末所谓的"十郡王"之封,作为权宜之计,其郡号名称尚无从知晓,更无所谓等级高下了。

　　金代郡王爵位以"某某郡"为爵号,"郡"已不是当时地方行政区划,而以"郡"封王,应是效仿中原王朝将郡望与封爵相结合的产物。不仅如此,金代国公之外的五等封爵也以"某某郡"、"某某县"作为封号,并将其与封者的民族或姓氏相结合进行封授。正如张博泉先生所言,金

---

① 程妮娜:《金代政治制度研究》,第 181 页。

代将受封者的姓氏与历代郡望著姓结合起来加以封赐,并仿此精神封契丹、渤海以及本族人,这表明不同族的封爵已同一起来,形成金代的封爵制度①。

### 三、郡王封号与封爵的特点

通过上述对金代郡号名称和位次的考证分析,可见金代郡王封号具有以下特点:

其一,金代郡王封爵所采用的郡号具有阶段性特点,以大定七年(1167)为节点,前后所使用的郡号不同。大定七年规定"拣十个好名"作为郡王和宗室公主之号,此前的九个郡号,此时被选入"十个好名"之中的只有金源、广平和南阳三个郡号。大定七年拣选的"十个好名"即《金史·百官志》中所载的十个封王之郡号。而《金史·百官志》中不见记载的胶西、临淄以及作为十郡王之一的乐安郡号,则是金末统治者应对内外困境、迫于形势的权宜之举,虽与金朝常规郡王封爵制度相悖,但客观地反映了金代郡王封爵制度的演进历程,是金代封爵制度中不容忽略的内容。

其二,郡号位次的先后表示郡王爵位的高下。《金史·百官志》所载的十个郡王封号的等级关系明确,即以郡号的先后顺序表示高下位次;而大定七年之前的郡王封号,能够判定的是钜鹿、广平与河内三郡号之间的关系,即钜鹿位居广平和河内之上,广平应位居河内之下。其他郡王之封号由于史料的缺乏,无法完整地判定它们之间的位次高下,但可以肯定的是不同时期郡王封号之间均有位次高下之别,郡王爵位等第即根据所封郡号的位次来决定。

其三,金代以郡号封王具有依姓或民族与"郡望"相结合进行封授的特点。金代继承了唐代将封爵与郡望相结合的做法,封契丹耶律姓于漆水、萧姓于兰陵、渤海人于神麓等。漆水、兰陵作为契丹人封爵的郡望在辽代较为普遍,"辽代皇室近亲以外的耶律姓郡王共20位,15人初封

---

① 白寿彝总主编,陈振主编:《中国通史》(修订本)第七卷《中古时代·五代辽宋夏金时期》(上册),第871—872页。

漆水郡王;萧姓郡王共 27 位,21 人获兰陵郡王"①。漆水是渭河的支流,"漆水出岐州普润县东南岐山漆溪,东入渭"②,又云"幽州新平县即汉漆县也,《诗》幽国,公刘所邑之地也"③,被视为周人的发祥地。"辽朝宗室耶律氏以漆水为郡望封爵和改汉姓为刘,正是视黄帝为其远祖,将自己比附为后稷、唐尧的后裔,与周、汉一脉相承"④;兰陵在南北朝时是萧姓的郡望,南朝的萧氏即以汉代萧何为其先祖。契丹后族萧氏自认为是萧何苗裔,因以兰陵为郡望。"金源"被女真人视为"根本",以"金源"之号封爵女真人,是将封爵与郡望相结合的做法。女真人作为统治民族,除"金源"郡号为其所独享外,其他任何郡号均可封授。如世祖幼子昂,皇统元年(1141)封爵为漆水郡王;蒲察部人石家奴和宗雄次子按答海分别在天眷年间和大定初年被封为兰陵郡王。其他如渤海人神麓郡王大㚖,汉人中的钜鹿郡王时立爱、南阳郡王张浩、张中孚,天水郡王宋徽宗赵佶等,均具有依民族或姓与"郡望"相结合的鲜明特点。虽然"郡"已不是当时的行政区划,所封郡号也多与其祖源籍贯无关,但根据得姓之地的"郡望"来封爵,则是郡王爵位的重要内容和特点。也就是说金代郡王爵位始终是根据封爵与"郡望"相比附的精神进行封授的。

其四,金代郡王封号和封爵对象的变化,反映了金代不同时期统治政策的调整。金代封爵制度在熙宗朝确立,海陵"弑君夺位",即位后极力打击宗室,任用外族,在天德、贞元年间对渤海、契丹以及汉人的郡王封爵较为常见。正隆元年(1156),海陵为加强皇权,改革中央官制,同时将作为官制重要内容的封爵制度进行了改革。正隆二年(1157),针对所有封爵群体采取了"例降封爵"的制度。此后,只以金源和广平两郡号封王,且多为降封,即由国号王降封至郡王。郡王爵位不再轻易授予他人。世宗即位后,首先对海陵时期"例降封爵"的宗室追封或恢复官爵,但此时金代政治制度已逐步完善,开始强化对"高爵"的控制与管理。大定七年对郡王封号作出调整,"拣十个好名"使用,但爵位的授予数量较熙宗和海陵两朝大减,封授对象也多为女真人或外戚。章宗以后,金

① 李忠芝:《辽代封爵制度研究》,吉林大学博士学位论文,2016 年,第 95 页。
② (唐)李泰等著,贺次君辑校:《括地志辑校》卷 1《岐州》,北京:中华书局,1980 年,第 38 页。
③ (唐)李泰等著,贺次君辑校:《括地志辑校》卷 1《幽州》,第 40 页。
④ 都兴智:《辽代契丹人姓氏及其相关问题考探》,《社会科学辑刊》2000 年第 5 期。

朝的各项政治制度更加细密化,强化皇权成为政治体制中的重要内容,郡王封爵数量较之前更为缩减。金末,随着金朝统治的日趋衰微,郡王封爵也呈现出泛滥之势,出现了常规制度之外的新的郡号,以及无任何郡号记载的"十郡王"封爵,体现了金朝郡王封爵的制度体系和规范伴随着其统治的危机走向衰落。

※　　※　　※　　※

　　本章主要探讨了金代王爵的爵称与爵序。王爵作为封爵的最高等级,是金代封爵的主体,在金代的封爵体系中处于极为重要的地位。金代王爵分为国号王与郡王两大等级。金代前期以国号封王的爵称有"一字王"、"一字国王"以及"两字国王"。金代前期的三种国号王爵类型,存在等第高下之别,一字国王高于一字王,两字国王又位居两者之上,两字国王是金代前期王爵的最高等级。对郡王封爵的研究主要集中于郡号名称和等级问题的探讨。金代除《金史·百官志》所载的十个郡王封号,另有明确记载的九个郡名在不同时期作为郡王封号而使用。金代郡王封号以大定七年(1167)为节点,《金史·百官志》中的十个郡号即大定七年定制;金代封王之郡号的位次具有高下之别,由此以不同封号所封郡王爵位之间有高下之别。金代"郡"已不是当时的行政区划,而郡王爵位却均以"某某郡"为号,是金朝统治者效仿中原王朝将封爵与郡望相结合的产物。

# 第三章　金代五等爵的爵称与爵序

　　五等爵即为公、侯、伯、子、男。据杜佑在《通典》中言，五等爵的设置始于唐虞，"昔黄帝旁行天下，分建万国。至于唐虞，别为五等，曰公、侯、伯、子、男，则《虞书》所谓辑五瑞，修五玉，是其制也"①。然研究者多认为唐虞时期的五等爵制缺乏文献记载和考古文物的证明，很难成立。先秦诸多文献中都有关于五等爵制的记载，《礼记·王制》："王者之制禄爵，公、侯、伯、子、男凡五等"②。《周礼》对周代实行五等爵制有明确的记载，并对五等爵的封疆里数、食租税率等问题有详细区分③。汉代的文献中提及周代封爵也多称"周爵五等"，"苏林曰：爵五等：公、侯、伯、子、男也"④。目前对于周代五等爵是否存在，学界仍有争议，但周代文献所载的五等爵的模式，却为后世五等爵制度提供了蓝本。春秋时期，分封制走向衰落，作为分封制下的诸侯等级制，五等爵制也遭到了破坏，并丧失了其政治功能。战国时期分封制度为郡县制所取代，秦汉时期封爵以军功爵制为主，这一时期五等爵之名销声匿迹。王莽代汉，恢复了五等爵名，其爵位实际为三等，即公、侯伯、子男⑤，但最终"以图簿未定，未授国邑，且令受奉都内，月钱数千"⑥，使所谓以五等爵名封爵的制度流于形式。"至东汉，王侯二等之爵已演变为二等四级，即郡王、县侯、乡侯、亭侯"⑦，仍无五等爵之名。直到西晋文帝时期，才再次"始建五等爵"⑧，五

---

① （唐）杜佑撰，王文锦等点校：《通典》卷31《职官十三》，第851页。
② （汉）郑玄注，（唐）孔颖达疏，吕友仁整理：《礼记正义》卷15《王制第五》，第449页。
③ 《周礼》载："诸公之地，封疆方五百里，其食者半；诸侯之地，封疆方四百里，其食者叁之一。诸伯之地，封疆方三百里，其食者叁之一。诸子之地，封疆二百里，其食者四之一；诸男之地，封疆方百里，其食者四之一。"（〔清〕孙诒让撰，王文锦、陈玉霞点校：《周礼正义》卷19《地官·大司徒》，北京：中华书局，1987年，第727页）。
④ 《汉书》卷99上《王莽传上》，第4090页。
⑤ 《汉书·王莽传》中记载以公侯伯子男名爵的情况是："诸公一同，有众万户，土方百里。侯伯一国，众户五千，土方七十里。子男一则，众二千有五百，土方五十里。"
⑥ 《汉书》卷99中《王莽传中》，第4129页。
⑦ 杨光辉：《汉唐封爵制度》第3版，第8页。
⑧ 《晋书》卷2《太祖文帝纪》，第44页。

等爵之名再次登上历史舞台,作为封爵制度被正式确立下来。此后五等爵制度为历朝所沿用,虽然在不同时期五等爵的具体名称、等级等具有不同的时代特点,但其"五等"模式却一直保留下来,成为封爵体系中的重要组成部分。唐代五等封爵为国公、开国郡公、开国县公、开国县侯、开国县伯、开国县子、开国县男[①]。唐代后期又出现冠以郡名的侯、伯、子、男爵称。宋代爵一十二,不同时期亦有所变化,见于文献记载的五等之封有国公、郡公、开国公、开国郡公、开国县公、开国侯、开国伯、开国子、开国男等[②]。唐宋两代五等爵的名称虽不完全相同,但均是以公、侯、伯、子、男五等为模式。

金代五等爵名称亦无变更,有公、侯、伯、子、男爵之分。《金史·百官志》对金代封爵体系的记载其实是以五等爵为主:"正从一品曰郡王,曰国公。正从二品曰郡公。正从三品曰郡侯。正从四品曰郡伯(旧曰县伯,承安二年更)。正五品曰县子,从五品曰县男。"但实际上,如前文所述,《金史·百官志》对爵位名称和等级的记载并不完整,关于五等封爵的记载亦有缺漏。通过《金史》及石刻等相关资料中有关五等爵位的记载,梳理出金代五等封爵共有国公、(开国)郡公、(开国)县公、(开国)郡侯、(开国)县侯、(开国)郡伯、(开国)县伯、(开国)郡子、(开国)县子、(开国)郡男、(开国)县男共十一个爵称。

## 第一节　国公爵位

五等爵自出现于文献记载以来,公爵一直位列五等爵之首,"公,五等尊爵也"[③]。公爵的名称各朝不尽相同,有国公、郡公、县公以及根据郡的级别而封为上、次、散郡公等。金代公爵分为国公、郡公、县公三个爵称,与历代王朝一样,国公位居正从一品,为五等封爵之首,地位最尊,所以单列一节进行论述。

---

①《新唐书》卷46《百官志一》,第1188页。
②《宋史》卷169《职官志九》,第4061页。
③《史记》9《吕太后纪九》,第398页。

## 一、国公封号与等级

金代国公封爵最早见于太祖天辅年间,封授对象是由辽降金的官员。金天辅六年(1122),太祖攻克燕京,时为辽同中书门下平章事、知枢密院事的左企弓与虞仲文等奉表请降,"太祖俾复旧职,皆受金牌。企弓守太傅、中书令,仲文枢密使、侍中、秦国公,勇义以旧官守司空,公弼同中书门下平章事、枢密副使权知院事、签中书省,封陈国公"①。这条史料中,虞仲文、康公弼封爵国公,左企弓、曹勇义的封爵没有交代。根据当时金朝对降金辽官的礼遇情况以及四人在正隆二年官爵的变化,左企弓和曹勇义的封爵也应是国公②。此时,金朝封爵制度并未确立,而"秦"、"陈"国号又是辽朝常用封国之号,如道宗清宁二年(1056),以"陈国王阿琏为秦国王"③,圣宗太平三年(1023),"封皇子重元秦国王"④,道宗大安初年,窦景庸"迁南院枢密副使,监修国史,知枢密院事,赐同德功臣,封陈国公"⑤,道宗清宁八年(1062),封张孝杰为陈国公⑥。因此,金太祖时期的国公封号应是直接承用辽代国号来封爵来降的辽朝官员。

至熙宗天眷元年"定封国制",确立了大、次、小三等封国之后的等第,国公亦成为封爵体系中的重要内容。国公虽居王爵之下,但位五等爵位之首,其封号也均以国号加之。综合金代封爵国公的史料,其封号与等级具有如下特点:

其一,国公封号取自封国之号,但主要以小国号和次国号为主,尤其是小国号在使用数量和频次上占据主体。

表 3.1 金代国公爵位封号统计表

| 国号等级 | 国号名称 | 数量／频次 |
|---|---|---|
| 大国号 | 梁(3)宋(1)汴(1)秦(1)汉(1)齐(4)<br>赵(1)越(1)谯(1)楚(4)鲁(3)冀(3)<br>益(1)豫(1)兖(1)陈(3)曹(2) | 17 ／ 32 |

① 《金史》卷 75《左企弓传》,第 1832 页。
② 详见第一章第二节"太祖、太宗时期的爵位封授"。
③ 《辽史》卷 21《道宗纪一》,第 289 页
④ 《辽史》卷 16《圣宗纪七》,第 214 页。
⑤ 《辽史》卷 97《窦景庸传》,第 1549 页。
⑥ 《辽史》卷 110《张孝杰传》,第 1636 页。

续表

| 国号等级 | 国号名称 | 数量／频次 |
|---|---|---|
| 次国号 | 隋（3）泾（1）郑（6）卫（3）吴（3）韩（4）潞（1）幽（3）沈（3）代（5）虞（1）徐（2）原（1）邢（1）郓（1）沂（2）荣（5）英（4）寿（3）温（6） | 20／58 |
| 小国号 | 濮（3）济（7）道（6）定（10）景（3）邹（1）申（4）崇（5）宿（2）息（1）莒（1）郜（4）舒（2）淄（1）鄗（1）宗（4）郎（1）谭（5）应（4）郇（1）密（5）胙（1）任（9）戴（3）巩（2）萧（5）莘（4）芮（8） | 28／103 |

上表中是据《金史》等文献统计的国公爵位封号的使用情况。金代大国号 20 个（未考虑不同时期国号变化的数量），作为国公封号的有 17 个，但封爵频次不高，最多 4 次，1 次居多。次国号 30 个，封爵国公的国号 20 个，封爵频次高于大国号。小国号共 30 个，其 28 个被用作国公封号，而且多个封号频繁使用，封爵总频次达到 103 人次。无论国号的覆盖范围，还是采用频次，小国号均远远超过了大国号和次国号。可见，国公封爵的封号主要以小国号和次国号为主，大国号作为封国之号的最高等级，一般不轻易使用。

其二，国公爵位根据所封国号的不同亦有高下之别。

金代国公爵位为"正从一品"，但其内部亦因封号的不同有高下之别，国公爵位之间的位次等级关系从不同国号之间的进封情况清晰可见。如徒单克宁，大定十二年（1172），拜平章政事，封密国公（小国号第二十二），十九年（1179），拜右丞相，徙封谭国公（小国号第十八），二十一年（1181），克宁为左丞相，徙封定国公（小国号第四）①。徒单克宁的两次爵位进封均未超出国公等级，但爵位的位次却在小国号范围内逐步提升；再如蔡松年，他在贞元初年封为郜国公（小国号第十二），后又进拜右丞相，加仪同三司，封卫国公（次国号第四），正隆四年（1159）薨，又加封为吴国公（大国号第十七）②。蔡松年的封爵也始终属于国公爵位，不过其国公封号屡有变化，由小国号进封为次国号，死后又加赠了大国号，体现

① 《金史》卷 92《徒单克宁传》，第 2171—2172 页。
② 《金史》卷 125《蔡松年传》，第 2864—2865 页。

了国公爵位等级的提升。《金史》中这样的例子不胜枚举,因此封国之号不同的国公,虽同属于"国公"爵级,但其内部仍有位次序列之别。

其三,国公与郡王虽同处正从一品,但实际上国公位列郡王之下。

《金史·百官志一》言"正从一品曰郡王,曰国公",也就是说郡王与国公的爵品不分正从,同为正从一品。但实际上,郡王属于王爵之列,位居国公之上。《金史》中不乏"国公"进封为"郡王"实例,体现了两者地位的差异。如昭祖之孙习不失,"正隆二年,赠开府仪同三司,追封曹国公,大定三年,进封金源郡王,配飨太祖庙廷,谥曰忠毅"[1];李石,大定初年封道国公,大定十年(1170)进封平原郡王[2];再如宣宗贞祐二年(1214),立王氏为皇后,追封后父为汴国公,哀宗即位后,尊王氏为皇太后,进封后父为南阳郡王[3]。从郡王与国公所享有的经济待遇的差别亦可见两者地位的高下。郡王享有的食邑为五千户,实封五百户,国公则三千户,实封三百户[4]。郡王食邑与食实封的数量均高于国公。另外《金史·百官志》中记载,郡王与左右丞相、都元帅、枢密使、开府仪同等享有从一品的俸给[5],而国公则不见其列,应位居其下。

其四,不同时期封爵国公的对象、数量及其封号的变化,与金代封爵政策和政治制度的发展变革密切相关。

金代爵位封授的规模最大、数量最多、爵封等级最高的时期,是熙宗与海陵天德、贞元年间[6]。这一时期的封爵主要以国号王爵为主,国公虽也有一定的封授,但在整个封爵体系中并不占据主体地位。海陵正隆二年(1157)例降封爵等第令文出台后,国号王爵普遍降封,"国公"便成为封爵的主体。世宗即位后,力矫海陵之失,对海陵例降封爵的制度有所调整,但王爵的数量和等级并没有恢复到熙宗与海陵正隆二年以前的水平。世宗时期除了皇子、皇兄弟封王外,"王爵"不再轻易封授,国公则成为奖功赏能、拉拢人心的主要爵封。章宗以后皇权更加强化,除了

---

[1]《金史》卷70《习不失传》,第1719页。
[2]《金史》卷86《李石传》,第2033页。
[3]《金史》卷64《后妃传下》,第1631页。
[4]《金史》卷55《百官志一》,第1306页。
[5]《金史》卷58《百官志四》,第1428页。
[6] 参见附表1《熙宗朝国号王、郡王及国公封爵表》和附表2《海陵天德至正隆元年国号王、郡王、国公封爵表》。

皇子、皇兄弟、皇叔伯亲王之封,"非大功者"不加王封,所以对于异姓、普通女真人、远支宗室来说国公成为最高的爵位。

金代国公封号虽然大、次、小国号不同时期均有封授,但总体来看,大国号的使用主要集中在熙宗、海陵时期和章宗时期,章宗时期大国号则是封赠给皇后父祖的爵位,与熙宗、海陵时期封爵臣僚有所区别,这与上述金代封爵政策的变化相一致,体现了金朝对爵位的封授日益严格,限制高爵的同时,对国号的使用也严格控制。

**二、国公封爵的正误与考补**

《金史》中关于封爵国公的记载较为常见,但其中有误记、漏载的情况,现就发现的几例予以勘误和补充。

1.《金史·守纯传》载守纯之长子讹可"封肃国公",其封号"肃"应为"萧"之误[①]。

讹可为宣宗第二子守纯之长子,即为宣宗之孙,封"肃国公,天兴元年三月进封曹王,出质于军前"[②]。无论是天眷格、大定格还是明昌格,封国之号中均无"肃"。查阅金代相关史料,除讹可外,不见有以"肃"国号封爵的情况,所以讹可的肃国公应是误载。金代小国号中有"萧","萧"与"肃"形近,而且"萧"自金代确立封爵制度以来一直作为小国之号,且以此封爵者也较为常见,所以这条史料中的"肃"字当为"萧"字之误,讹可的封爵应是"萧国公"。

2.《金史·阿离合懑传》载阿离合懑"熙宗时,追封隋国王。天德中,改赠开府仪同三司、隋国公。大定间,配飨太祖庙廷,谥曰刚宪"[③]。按:"天德中"为"正隆中"之误。

阿离合懑的爵位由"隋国王"到"隋国公"的变化,与熙宗和海陵时期封爵政策密切相关。阿离合懑是景祖第八子,天辅三年(1119)"薨,

---

① 参见拙文:《〈金史〉封爵史料勘误补遗四则》,《北方文物》2014年第2期。2020年点校本二十四史修订本《金史》对此也做了校勘,曰:"肃国公,疑当作'萧国公'。"(第2208页)

② 《金史》卷93《宣宗三子传》,第2189页。

③ 《金史》卷73《阿离合懑传》,第1776页。

年四十九"①。熙宗天眷元年(1138)"定封国制"②,封爵制度确立,此后景祖、世祖、太祖以及太宗诸子无论在世与否,均获得了王爵之封。阿离合懑作为景祖子,又是社稷功臣,所以熙宗时期追封其为"隋国王"。

熙宗皇统九年(1149),海陵弑君夺位,为"加恩大臣以收人望"③,在天德、贞元年间加大了对宗室和臣僚的爵封。查阅《金史》这一时期的封爵政策,主要以进封、加封、追封为主,不见无故降封的情况,阿里合懑作为已故宗室功臣更无降爵之由。正隆二年(1157)海陵王"改定亲王以下封爵等第"④,通过这次改革,"封王者皆降封"⑤。此前王爵加身的宗室、大臣,或降封为郡王或降封为国公,甚至夺爵者也大有人在。景祖子劾孙、麻颇、谩都诃等人的王爵均依"正隆例"而降封为国公⑥。因此,作为景祖第八子的阿离合懑,其封爵由"隋国王"改赠"隋国公",也应在正隆年间。因此,这则史料中的"天德中"应为"正隆中"。

3. 蒲察通除了《金史》本传的任国公封爵,还有宗国公之封。

《金史·蒲察通传》载蒲察通于"大定十七年,拜尚书右丞,转左丞……阅三岁,进平章政事,封任国公"⑦。除"任国公"外,蒲察通在《金史》中不再见有其他爵位的封授。然有一方碑刻中却记载了蒲察通的爵位为宗国公。《灵岩寺涤公开堂疏碑》立石时间是大定二十三年(1183),为灵岩寺请疏者为"金紫光禄大夫、平章政事、宗国公蒲察通"⑧。清人毕沅在此碑后言"通本传,大定十七年,拜尚书右丞,转左丞,阅三岁,进平章政事,封任国公。《百官志》封号小国三十内有莱,云旧为宗,以避讳改,据是则通封宗国,其后当避睿宗讳,易任国,史本此书之

---

① 《金史》卷73《阿离合懑传》,第1776页。
② 《金史》卷4《熙宗纪》,第81页。
③ 《金史》卷66《完颜勖传》,第1660页。
④ 《金史》卷5《海陵纪》,第119页。
⑤ 《金史》卷84《耨盌温敦思忠传》,第2002页。
⑥ 天会十四年(1136)"劾孙追封王爵。正隆例降封郑国公";"麻颇,天会十五年封王,正隆例封虞国公";谩都诃"天会十五年,大封宗室,追封王。正隆例封郑国公"(《金史》卷65《始祖以下诸子传》,第1643—1645页)。
⑦ 《金史》卷95《蒲察通传》,第2234—2235页。
⑧ 《山左金石志》卷19《灵岩寺涤公开堂疏碑》,嘉庆二年(1797)小琅嬛仙馆刻本,第43b页。《金石萃编》卷156也收录了此碑文,碑文内容较《山左金石志》全,但碑后释文则完全引用《山左金石志》作者的原文。此碑文在《辽金元石刻文献全编》中见于《金石萃编》,《山左金石志》中未收录。

耳"①。毕沅认为通封宗国,其后当避睿宗讳易任国,恐怕不妥。

《灵岩寺涤公开堂疏碑》的立石时间是大定二十三年,而金朝封国之号的避讳则出现在章宗明昌二年以后。《金史·百官志》载明昌二年因避昔有天下者之号和本朝讳而更改国号,其中小国号"莱,旧为宗,以避讳改"②。"宗"所避的即世宗之父睿宗之名讳,睿宗"讳宗尧,初讳宗辅","世宗即位,追上尊谥立德显仁启圣广运文武简肃皇帝,庙号睿宗"③。避"宗"字讳的时间始于明昌二年,此前并无此规定。另《金史·宗室表》中对"宗室"的阐释中说:"大定以前称'宗室',明昌以后避睿宗讳称'内族',其实一而已,书名不书氏,其制如此。"④亦可知避睿宗之讳是在章宗明昌以后,大定时期并不存在避"宗"字讳的情况。查阅《金史》,有关避睿宗"宗"字名讳的记载均在章宗时期。由此可以判定,碑文中大定二十三年蒲察通的爵位任国公,并非因避讳而改。其实,蒲察通的宗国公和任国公封爵并不矛盾。"任"为大定格小国号第二十四位,"宗"则是大定格小国号第十六位,"宗"的位次在"任"之上。蒲察通最初封授的爵位是任国公,宗国公应是此后进封的爵位,进封的具体时间虽然不详,但肯定是在大定二十年之后,与碑文时间吻合。因此,任国公和宗国公都是蒲察通的爵封,后者并非因避讳由前者改易而来。

4. 时立爱先封大国号"陈国公",又加封次国号"郑国公"问题辨析。

《金史·时立爱传》载:"立爱从宗望军数年,谋画居多,封陈国公","天会十五年,致仕,加开府仪同三司、郑国公"⑤。从本传的记载来看,天会十五年致仕加封郑国公应是进封爵位。按金代封国之号的序列,"陈"为大国号,"郑"为次国号,时立爱先封"陈国公",致仕时却加封次国号"郑国公",这有违金代封爵制度的常理。宇文虚中所撰《时立爱墓志铭》对时立爱仕历记载更为详尽,尤其是对其封爵时间的记载更为具体。志文载时立爱于天会"八年九月,授泰宁军节度使、检校太尉、特进、同中书

①《山左金石志》卷19《灵岩寺涤公开堂疏碑》,嘉庆二年(1797)小琅嬛仙馆刻本,第43b—44a页。
②《金史》卷55《百官志一》,第1312页。
③《金史》卷19《世纪补》,第446页。
④《金史》卷59《宗室表》,第1449页。
⑤《金史》卷78《时立爱传》,第1888—1889页。

门下平章事、钜鹿郡公。十月进封陈国公";天会十五年(1137)"十一月,加开府仪同三司、镇东节度使兼中书令,进封郑国公,致仕";"皇统元年,以受尊号,恩封钜鹿郡王"①。时立爱的陈国公封爵是在太宗天会八年(1130),在此前后还封爵由辽降金的韩企先为楚国公,伪齐皇帝刘豫子刘麟为梁国公。如前文所论,此时金朝还未确立本朝封爵制度,封爵所用封号以及所授爵位应直接借用辽制。太宗封立爱为"陈国公",熙宗初年加封的"郑国公",就是取自辽朝封国之号。辽朝封国之号数量和序列史无明确记载,但以国号封王、封国公者屡见不鲜。"陈"和"郑"均属辽朝封爵国号,与金制不同,后者应该位居前者之上②。这样的话,时立爱的陈国公和郑国公封爵就可以理解了,即天会八年(1130),太宗依据辽制封时立爱为陈国公,天会十五年致仕后仍依据辽制进封国号"郑",到熙宗皇统元年(1141),爵位再次进封,由郑国公恩封为钜鹿郡王,此时的钜鹿郡王则是依据金制进行的爵位封授。

5.《金史·奔睹传》载奔睹的国公封号先后有沈、楚、莒、卫、齐,这种不依国号位次的爵位进封,看似不符合金代封爵制度的常规,需要加以说明。

完颜昂,本名奔睹,景祖弟斜黑之孙,《金史》本传载其于天德初"封沈国公。进太保,判大宗正事,封楚国公,累进封莒、卫、齐,兼枢密使,太保如故"③。天德年间,昂的爵位由"沈"(次国第九)进封为"楚"(大国第十三),但随即又累进莒(小国第十)、卫(次国第四)、齐(大国第八),由大国"累进"到小国,这与金代封爵制度的运作相悖。其实,完颜昂"累进"的国公爵位发生在海陵正隆二年例降封爵制度实行之后。也就是说"累进封莒、卫、齐",应是正隆二年之后的事,并不是紧承"楚国公"之后的封爵。海陵正隆二年例降封爵政策造成的这种爵位的变化并非个案,如郕国公高彪,本名召和失,以正隆例授金紫光禄大夫,"久之致仕,复起为枢密副使、舒国公,赐名彪"④。依正隆二年例降封爵之策,高彪被

① 罗平、郑邵宗:《河北新城县北场村金时立爱和时丰墓发掘记》,《考古》1962年第12期。
② 参见唐抒阳:《辽代王号等级研究》,吉林大学硕士学位论文,2013年,第77页;李忠芝:《辽代封爵制度研究》,吉林大学博士学位论文,2016年,第75页。
③《金史》卷84《奔睹传》,第2007—2008页。
④《金史》卷81《高彪传》,第1938页。

削夺了爵位，授予金紫光禄大夫的散官，致仕后又重新被起用，并封授舒国公的爵位，而重新封授的国号"舒"为小国号第十三位，位居此前的封号"�"（小国第十二）之后。完颜昂的情况与高彪相似，天德年间已经进封为楚国公，位居大国之号，正隆二年时依例降削爵位，后又重新封授为莒国公（小国第十）,又进封为卫国公（次国第三）、齐国公（大国第七）。而且在奔睹封爵的这条史料之后，紧接着就是"海陵南伐"，可证其封爵应是在正隆末年。所以《金史·奔睹传》中对完颜昂爵位不间断变化的记载，看似矛盾，但其中隐含着正隆爵制改革的重要内容，奔睹爵位的变化正是这种制度的体现。

6. 据《张行愿墓志》补张浩初封爵位为"虞国公"。

《金史·张浩传》载，海陵贞元元年（1153）,张浩拜尚书右丞相兼侍中，封潞王，未几，改封蜀王，进拜左丞相；正隆二年（1157）,改封鲁国公；正隆六年（1161）,进封秦国公；大定二年（1162）,拜太师、尚书令，封南阳郡王①。依据本传，张浩最初封爵是在贞元元年，爵封潞王。但立石于天德二年（1150）的张浩之父《张行愿墓志》中则载其爵位为虞国公。志文称："特进参知政事、虞国公张浩之先父光禄公，讳行愿，辽阳人也。"② 此墓志撰文时间是在天德二年（1150）,可知，张浩早在贞元元年封潞王之前已获封虞国公爵位，"潞王"是"进封"，并非其初封之爵。

7. 宇文虚中的爵位在《金史》本传中为"河内郡开国公"，《时立爱墓志铭》中其爵位为"郇国公"，两者并不矛盾，不能以墓志爵位否认《金史》对其爵位的记载。

《金史》关于宇文虚中封爵的记载，仅见于本传，"天眷间，累官翰林学士知制诰兼太常卿，封河内郡开国公"③。皇统三年（1143）宇文虚中为时立爱撰写墓志，在志文中所题官衔为"特进、翰林学士承旨、知制诰兼太常卿、修国史详定内外制度仪式、上柱国、郇国公、食邑三千户、实封三百户宇文虚中奉敕撰"④，爵位为郇国公。《河北新城县北场村金时立爱和时丰墓发掘记》一文依据墓志认为"宇文虚中封的是'郇国公'而非

---

① 《金史》卷 83《张浩传》,第 1981—1982 页。

② 王新英编：《全金石刻文辑校》,长春：吉林文史出版社,2012 年,第 78 页。

③ 《金史》卷 79《宇文虚中传》,第 1906 页。

④ 罗平、郑邵宗：《河北新城县北场村金时立爱和时丰墓发掘记》,《考古》1962 年第 12 期。

'开国公'"①,此论断值得商榷。尽管两种文献对宇文虚中的封爵记载不同,但并不能因此否定《金史·宇文虚中传》中"河内郡开国公"的爵位之封。从宇文虚中爵位的封授时间看,河内郡开国公的封授是在天眷年间,郇国公则见载于皇统三年(1143)。也就是说尽管《金史》和《时立爱墓志铭》中对宇文虚中封爵的记载不同,但并非是同一时间封爵,而且后出现的郇国公爵位高于河内郡开国公,很可能是爵位的进封。宇文虚中的封爵应是先封河内郡开国公,之后又进封为郇国公。

## 第二节　国公以下的五等爵

如前文所述,《金史·百官志》关于金代封爵的爵称爵序的记载有失完整,而《金史》中对国公以下的五等爵的记载更是寥寥,仅有关于郡公、郡侯、县男封爵的几条史料②。但金代的石刻文献和时人文集中对国公以外的五等爵信息有较多记载,比较充分地反映了金代五等爵位的爵称和爵序。通过对现有资料的梳理,整理出金代的五等封爵有国公、郡公、县公、郡侯、县侯、郡伯、县伯、郡子、县子、郡男、县男十一个名称。其中县公与县侯主要见于太宗天会年间,其后无载,其他五等爵号在不同时期均有封授。国公爵位前已论述,以下对自郡公到县男的爵位进行阐述。

### 一、国公以下五等爵称

早在太宗时期金朝使者的结衔中已见国公以下五等爵称。太宗天会五年(1127),金灭北宋,立张邦昌为大楚皇帝,在册封张邦昌的使者

---

① 罗平、郑邵宗:《河北新城县北场村金时立爱和时丰墓发掘记》,《考古》1962年第12期。
② 《金史》中共有六则关于五等爵的史料,分别是:宇文虚中,"天眷间,累官翰林学士知制诰兼太常卿,封河内郡开国公"(《金史》卷79《宇文虚中传》,第1906页);皇统元年(1141)二月"乙酉,改封海滨王耶律延禧为豫王,昏德公赵佶为天水郡王,重昏侯赵桓为天水郡公"(《金史》卷4《熙宗纪》,第85页);世宗时蔡松年之子珪"除河东北路转运副使,复入为修撰,迁礼部郎中,封真定县男"(《金史》卷125《蔡珪传》,第2866页);宣宗元光年间赠平阳公史咏之父祚为"荣禄大夫、京兆郡公,谥成忠"(《金史》卷118《胡天作传》,第2731页);赵秉文正大九年(1232)"卒,年七十四,积官至资善大夫、上护军、天水郡侯"(《金史》卷110《赵秉文传》,第2566页);宣宗即位后降卫绍王"为东海郡侯"(《金史》卷13《卫绍王纪》,第323页)。其中,还包括对宋亡国之君和本朝皇帝降封的特殊封爵。

结衔中有南阳郡开国公、谯县开国侯、彭城县开国公、清河县开国伯、太原县开国伯、陇西县开国子等爵称。天会八年(1130)又立刘豫为齐国皇帝,担任册封使的高庆裔和韩昉两人官衔中的爵位分别为广陵郡开国公、南阳县开国侯①。不过,这一时期金朝任命的使者均为汉人、渤海人和契丹人。此时,金朝封爵制度尚未确立,所使用的官爵名称无疑是借用辽朝制度,将辽朝的爵位名称照搬过来加在册封使者的身上,使官员的阶、勋、职、爵在官衔中得以完整体现,以此显示其身份和地位。金熙宗天眷元年(1138)官制改革,封爵制度得以确立,五等封爵也逐步发展完善,成为封爵体系的重要内容。金代国公以下五等爵的具体爵称如下:

开国郡公:《金史·百官志》载"正从二品曰郡公"②,食邑"二千户,实封二百户"③。金代的碑刻文献中对开国郡公的记载相对较为丰富,如"银青荣禄大夫、行兴中尹、上柱国、广陵郡开国公、食邑二千户、食实封二百户高思廉"④;"光禄大夫、遥授知凤翔府事兼本路兵马都总管、宣权元帅左都监、行河东路元帅府事、知河中府事、行六部尚书、柱国、金源郡开国公、食邑二千户、食实封二百户、赐紫金鱼袋夹谷撒合"⑤。此外,还有漆水郡开国公、汾阳郡开国公等。

开国县公:县公,《金史·百官志》无载。金代开国县公见于太宗天会五年的册文和贺书当中,天会五年(1127)《册大楚皇帝文》中有:"押册:金紫光禄大夫、左散骑常侍、知御史中丞、上护军、彭城县开国公、食邑一千户、食实封一百户刘恩。"⑥同年,《贺南楚书》中亦有:"今差荣禄大夫、兵部尚书、护军、广陵县开国公高庆裔……充庆贺使副。"⑦此外,在金代的文献不见有封爵县公的记载。

---

① 详见《大金吊伐录校补》之163《册大楚皇帝文》,第435—436页;《大金吊伐录校补》之72《回宋主书》,第217页;《大金国志校证》卷32《立齐国刘豫册文》,第454页。
②《金史》卷55《百官志一》,第1305页。
③《金史》卷55《百官志一》,第1306页。
④ 罗福颐辑:《满洲金石志》卷3《兴中尹改建三学寺碑》,《辽金元石刻文献全编》第三册,第782页。
⑤《山右石刻丛编》卷23《重修元武殿记》,光绪二十七年(1901)刻本,《辽金元石刻文献全编》第一册,第245页。
⑥《大金吊伐录校补》之163《册大楚皇帝文》,第436页。
⑦《大金吊伐录校补》之165《贺南楚书》,第444页。

开国郡侯："正从三品曰郡侯。"① 郡侯爵位在碑刻文献中有较多记载,如蒲察元衡"积官资善大夫、彭城郡开国侯"②;"中奉大夫、南京都转运使、上护军、太原郡开国侯、食邑一千户、食实封一百户□克□命子师俭书并篆额文"③;"宣权从宜经略使、奉国上将军、知孟州防御使、护军、金源郡开国侯、食邑一千户、食实封一百户仆散桓端"④。此外,还有清河郡开国侯、冯翊郡开国侯、武威郡开国侯、天水郡开国侯、弘农郡开国侯、广平郡开国侯、南阳郡开国侯、陇西郡开国侯⑤ 等。

开国县侯:县侯亦不见于《金史·百官志》,其出现时间与县公相同,是在太宗天会年间的册文中。上文所述,天会五年的《册大楚皇帝文》和《贺南楚书》中作为册封副使的曹说和充庆贺副使的李士迁,其官衔中的爵位分别是谯县开国侯和陇西县开国侯。再有天会八年《立齐国刘豫册文》中作为册封使的韩昉,爵位为南阳县开国侯。天会年间有县侯爵位者都是汉人,除此之外,县侯不再见载于史册。

开国郡伯:"正从四品曰郡伯。"⑥《修白马寺舍利塔记》中有"定远大将军、河南府判官、轻车都尉、漆水郡开国伯、食邑七伯户耶律重哥"⑦;《棣州重修庙学碑》:"嘉议大夫、棣州防御使兼提举学校常平仓事、上轻车都尉、武威郡开国伯、食邑七百户赐紫金鱼袋石玠"⑧;金末张景贤"官中顺大夫、上骑都尉、清河郡开国伯、食邑七百户"⑨。另外,金源郡开国伯、天水郡开国伯、陇西郡开国伯、清河郡开国伯、彭城郡开国伯、安定郡开国伯、荥阳郡开国伯、颖川郡开国伯、济阳郡开国伯、吴兴郡开国伯、神麓郡开国伯、武威郡开国伯、广平郡开国伯、南阳郡伯、太原郡伯、江夏郡伯等爵称在金代不同时期均有封授⑩。

开国县伯:开国县伯也是正从四品,《金史·百官志》载:"正从四品

---

① 《金史》卷55《百官志一》,第1305页。
② 《元好问全集》卷20《资善大夫集庆军节度使蒲察公神道碑铭并引》,第404页。
③ 《授堂金石文字续跋》卷12《重修汝州香山观音禅院记》,第12a页。
④ 《金石萃编》卷158《济渎零应记》,《辽金元石刻文献全编》(第二册),第584页。
⑤ 参见表3.3《金代"开国"五等爵封表》。
⑥ 《金史》卷55《百官志一》,第1305页。
⑦ 《金石续编》卷20《修白马寺舍利塔记》,《辽金元石刻文献全编》第二册,第801页。
⑧ 《山左金石志》卷20《棣州重修庙学碑》,《辽金元石刻文献全编》第一册,第657页。
⑨ 《元好问全集》卷22《中顺大夫镇南军节度副使张君墓碑》,第426页。
⑩ 参见表3.3《金代"开国"五等爵封表》。

曰郡伯(旧曰县伯,承安二年更)。"①金代除太宗天会年间王企中和王永福受封为太原县开国伯之外,见诸碑刻文献还有"安远大将军、同知济南尹事、南阳县开国伯、食邑七百户韩为股"②;"定远大将军、行获鹿县令、轻车都尉、金源县开国伯、食邑七百户完颜③"④;"宣武将军、行京兆府临潼县令、上骑都尉、兰陵县开国伯、食邑五百户萧麻鞋"⑤;等等。

开国郡子:郡子,《金史·百官志》无,《金史》中也无封爵实例,但碑刻中并不少见。如"威武将军⑥、遥授同知耀州军州事、河东路行元帅府经历官、上骑都尉、南阳郡开国子、食邑五百户白舜臣"⑦;"中顺大夫、前平阳府判、上骑都尉、陇西郡开国子、食邑五百户、赐紫金鱼袋李文本"⑧。此外,还有天水郡开国子、广平郡开国子、神麓郡开国子、广陵郡开国子等。

开国县子:"正五品曰县子。"⑨金代县子爵位的封号和数量较多,有河南县开国子、汾阳县开国子、江夏县开国子、汝南县开国子、清河县开国子、太原县开国子、天水县开国子、范阳县开国子、平原县开国子、鲁县开国子、武威县开国子、京兆县开国子、赞皇县开国子、金源县开国子、冯翊县开国子、弘农县开国子、陈留县开国子以及安定县子、上古县子等爵号⑩。现举两例,张琪"官至显武将军、骑都尉、清河县开国子"⑪;"明威将军、同知钧州军州事、提举常平仓事、上骑都尉、金□县开国子、食邑五□□完颜德瑜"⑫。

开国郡男:《金史·百官志》中无郡男爵称,《金史》中也没有封爵郡男的记载。碑刻中郡男爵位的封号有清河、彭城、南阳、天水等,如"信武

---

① 《金史》卷55《百官志一》,第1305页。

② 《金石萃编》卷154《长清灵严寺宝公开堂疏》,《辽金元石刻文献全编》第二册,第513页。

③ 碑文中刊者,仅有姓完颜,无名。

④ 《常山贞石志》卷14《允公长老塔铭》,《辽金元石刻文献全编》第三册,第227页。

⑤ 《金石萃编》卷155《凝真大师成道记》,《辽金元石刻文献全编》第二册,第522页。

⑥ 《金史·百官志》武散官并无"威武将军",李鸣飞《金元散官制度研究》对金代不同时期所使用的散官进行了系统的考证和梳理,其中亦无"威武将军"之号。疑此处应是误载。

⑦ 《山右石刻丛编》卷23《重修元武殿记》,《辽金元石刻文献全编》第一册,第245页。

⑧ 《金石萃编》卷158《重摹唐太宗慈德寺诗》,《辽金元石刻文献全编》第二册,第583页。

⑨ 《金史》卷55《百官志一》,第1223页。

⑩ 参见表3.3《金代"开国"五等爵封表》。

⑪ 《金文最》卷78《显武将军张公墓表铭》,第1268页。

⑫ 《八琼室金石补正》卷128《钧州重修至圣庙碑》,《辽金元石刻文献全编》第一册,第99页。

将军、前朔州军资兼军器库使并造作院、骑都尉、清河郡开国男、食邑三百户致仕张茂篆额"[1];"……□□□□勾常平仓事、骑都尉、彭城郡开国男、食邑三百户、蒲察□家奴,……□□□□□□仓事、骑都尉、彭城郡开国男、食邑三百户粘割□头"[2]。

开国县男:"从五品曰县男"[3],县男在《金史》中有一例,即世宗时蔡松年之子珪"除河东北路转运副使,复入为修撰,迁礼部郎中,封真定县男"[4]。见于碑刻中县男的封号和封爵人数,在国公以下五等爵中占比较多。如"朝请大夫、充绛阳军节度判官、骑都尉、彭城县开国男、食邑三百户、赐紫金鱼袋刘□□"[5];"宣武将军、行县尉骑都尉、金源县开国男、食邑三百户完颜丑奴"[6]。此外,还有河南县开国男、南阳县开国男、路丰县开国男、彭城县开国男、太原县开国男、东平县开国男、汾阳县开国男、颖川县开国男、天水县开国男等爵号[7]。

综上,有金一代五等爵称有国公、开国郡公、开国县公、开国郡侯、开国县侯、开国郡伯、开国县伯、开国郡子、开国县子、开国郡男、开国县男共十一个爵称。其中开国县公与开国县侯虽只见于太宗时期,但也应视为金代五等封爵的内容之一。金代五等爵封号均以某某郡、某某县加封,但所封之号并非受封者的真实籍贯,仍是依据郡望理念将封号与姓氏相结合进行封爵[8]。

## 二、国公以下五等爵位等级

金代国公以下五等封爵虽共有十个不同的爵称,但并不意味着有十个等级,需要结合史料进行分析。

先看郡公和县公等级关系。郡公和县公虽同属于公爵,但两者并非同级,郡公高于县公。

---

[1]《山右石刻丛编》卷23《闻喜重修圣庙记》,《辽金元石刻文献全编》第一册,第220页。
[2]《常山贞石志》卷15《元氏县重修社坛记》,《辽金元石刻文献全编》第三册,第240页。
[3]《金史》卷55《百官志一》,第1305页。
[4]《金史》卷125《蔡珪传》,第2866页。
[5]《山右石刻丛编》卷21《绛州衙门记》,《辽金元石刻文献全编》第一册,第181页。
[6]《山左金石志》卷20《济阳县创建宣圣庙碑》,《辽金元石刻文献全编》第一册,第660—661页。
[7]参见表3.3《金代"开国"五等爵封表》。
[8]关于"郡望与封爵"详见本书第四章。

唐宋两朝爵制,郡公高于县公。唐朝"封爵,凡九等……四曰郡公,正二品,食邑二千户。五曰县公,从二品,食邑一千五百户"[1];宋代开国郡公正二品,食邑二千五百户,开国县公从二品,食邑二千户[2],郡公地位高于县公;辽代文献虽没有明确记载郡公和县公之间的等级关系,但从食邑数量和爵位进封等信息,能清晰明辨两者高下。辽太宗时期"列三公之位,冠五等之封"的高唐英,封爵为"渤海县开国公,食邑八百户"[3];辽天祚帝天庆二年(1112)撰写《萧义墓志》的孟初,封爵"平昌县开国公、食邑一千户、食实封一百户"[4]。与县公封爵史料相比,辽代郡公记载相对丰富,现举两例,杨皙为"洪农郡开国公、食邑三千户、食实封三百户"[5];萧惟平为"兰陵郡开国公、食邑三千二百户、食实封三百二十户"[6]。封爵郡公的食邑数量明显高于县公。辽代还有由县公进封郡公的记载,萧阿鲁带于辽道宗大安九年(1093)因功封爵兰陵县公,"寿隆元年,第功,加同中书门下平章事,进爵郡公,改西北路招讨使"[7]。由县公进爵至郡公,无疑是爵位的提升。可见,辽承唐宋之制,郡公高于县公。金代的县公爵位仅见于太宗时期的册封使的官衔之中,郡公在这一时期也出现在使者的官衔之中,如册封张邦昌的"押册"使刘恩,爵位是彭城县开国公、食邑一千户、食实封一百户,作为正使韩资政的爵位则是南阳郡开国公、食邑三千户、食实封二百户。从食邑数量看,两者等级高下立判。太宗时期县公的食邑和食实封的数量与比例与辽制相同,郡公的食邑数与辽也大体相同。不过县公在此后的金朝文献中再找不到实例,所以县公是否始终为金朝封爵体系的爵称之一,目前很难判断,其很可能仅是太宗仿照辽朝爵制的一时之制度,因此金代郡公和县公爵位等级的比较,也只能针对的是太宗时期。

---

①《旧唐书》卷43《职官志二》,第1821页。

② 龚延明:《宋代官制辞典》(增订本),第770页。

③《高嵩墓志》,向南、张国庆、李宇峰辑注:《辽代石刻文续编》,沈阳:辽宁人民出版社,2010年,第37页。

④《萧义墓志》,向南:《辽代石刻文编》,石家庄:河北教育出版社,1995年,第622页。

⑤《造经题记》,向南:《辽代石刻文编》,第728页。

⑥《涿州白带山云居寺东峰续镌成四大部经记》,向南:《辽代石刻文编》,第286页。

⑦《辽史》卷94《萧阿鲁带传》,第1522页。

再看县侯与郡侯的关系。县侯，唐代为"从三品，食邑一千户"[①]，郡侯未列入《职官志》封爵序列，但亦见有封授，如"琅邪郡侯，食邑千户"[②]，另有荥阳郡侯、濮阳郡侯等。宋代有"开国侯"，从三品，食邑一千户，亦见有以县侯、郡侯封爵者，前者仅见一例[③]，封郡侯者较为常见，如长宁郡侯、安定郡侯、平阳郡侯等[④]，而某郡开国侯罕用[⑤]。辽代以（开国）郡侯与（开国）县侯封爵的实例较多，（开国）郡侯的食邑有一千户、一千五百户不等[⑥]，（开国）县侯食邑基本在一千户，也有食邑高达两千七百户的例外[⑦]。辽代郡公和县公食邑数目并不完全稳定，虽有特例，但多为一千户，说明二者地位无别。金代郡侯为正从三品，食邑为一千户，实封一百户。县侯不见于《金史·百官志》，太宗时期使者官衔中有三例，食邑一千户。因太宗时期无郡侯封爵，因此县侯与郡侯等级也无法直接比较，但从辽制看，当时两者应是一个爵级。

至于开国郡伯与开国县伯爵位等级相同，开国郡子与开国县子、开国郡男与开国县男，也并非因冠以"郡"、"县"之名使同一爵称的内部有高下之别。从表3.3《金代"开国"五等爵封表》，清晰可见金代开国郡伯与开国县伯在散官、勋级和食邑待遇上相同，开国郡子与开国县子亦无差别，开国郡男与开国县男亦同。

最后，需要对金代史料中出现的爵位前无"郡"或"县"之名的开国公、开国侯、开国子、开国男爵位的等级加以说明。宋代"开国侯"从三品，食邑一千户，是独立的一个爵称。金代五等爵也有不带郡县之号，而

① 《旧唐书》卷43《职官志二》，第1821页。

② 《旧唐书》卷178《王徽传》，第4643页。

③ 包恢，宋度宗即位，"召为刑部尚书，进端明殿学士，签书枢密院事，封南城县侯"（《宋史》卷421《包恢传》，第12592页）。

④ 参见《宋史》卷244《宗室传一》，第8671、8679页。

⑤ 龚延明：《宋代官制辞典》（增订本），第770页。

⑥ 如耶律遂忠封爵"漆水郡开国侯、食邑一千五百户、食实封一百五十户"（《耶律遂忠墓志》，见《辽代石刻文续编》，第74页），耶律遂正亦封爵漆水郡开国侯，但其"食邑一千户、食实封一百户"（《耶律遂正墓志》，见《辽代石刻文续编》，第68页）；萧某封爵"兰陵郡开国侯、食邑一千户、食实封一百户"（《萧氏夫人墓志》，见《辽代石刻文续编》，第48页），而萧德顺也封兰陵郡开国侯，食邑则为"一千五百户、食实封一百五十户"（《造经题记》，见《辽代石刻文编》，第746页）。

⑦ 兴宗时，秦德昌封爵"汧阳县开国侯、食邑二千七百户、食实封二百七十户"（《秦德昌墓志》，见《辽代石刻文续编》，第166页）。

直接称开国公、开国侯、开国子、开国男的情况。南宋乾道五年(1169,金大定九年),楼钥出使金朝至朝歌城门外更衣亭,见其脊记"大金正隆三年八月二十九日,光禄大夫、彰德军节度使、开国公郑建元移建"①。皇统二年(1142)《独担灵显王庙碑》刊刻者完颜京的结衔为"骠骑正将军、护郡县、食邑一千户、赐一百户、知忻州军州事、开国侯"②。完颜京为宗望之子,上述的散官、勋级、食邑、封爵、任职等情况《金史》本传中无载。其中的散官和勋级又均不见于《金史·百官志》,"骠骑正将军"疑为"骠骑卫上将军","护郡县"应是"护军"或"上护军"之误。完颜京的爵位为开国侯,食邑为一千户,与郡侯的食邑户数吻合,所以开国侯即某某郡开国侯。完颜京作为宗室成员,其封爵的郡号应该是金源郡,封爵的全称应该是金源郡开国侯。再如刘中德的官衔为"故镇国上将军、前中顺军节度判官、护军、食邑一千户、食实封一百户、开国侯"。其墓志中又载,妻王氏,"进封彭城郡夫人",父"后因公贵,累赠宣武将军。娶史氏,追封彭城郡太夫人"③。刘中德之妻、母封赠的封号都是"彭城郡",刘中德爵位封号为彭城郡无疑。可见,"开国侯"即"某某郡开国侯"的简称。明昌元年(1190)的《刘元德墓志铭》更能直接说明这一问题。刘元德的官衔为"大金信武将军、同知涿州军州事、骑都尉、彭城县开国男、食邑三百户",而志文中又有"累官至信武将军、勋骑都尉、爵开国男"④。与其相类似的记述方式亦见于《石宗璧墓志铭》,墓志之首详细交代官爵结衔,其中爵位为"武威县开国子",志文言石宗璧于大定十五年卒,"官至宣威将军、勋上骑都尉、爵开国子"⑤。很明显,上述两方墓志中的开国男即彭城县开国男、开国子即武威县开国子,前者是后者的省称。也就是说,金代的不带郡县之名号的开国公、开国侯、开国子、开国男之类的爵名并不是单独的一个爵位等级,只是省略了郡县之名的爵位简称。

综上,金代五等爵先后共有十一个爵称,其中县公、县侯仅见于太宗

① (南宋)楼钥:《北行日录》,赵永春:《奉使辽金行程录》(增订本),第373页。
② 《山右石刻丛编》卷19《独担灵显王庙碑》,《辽金元石刻文献全编》第一册,第126页。
③ 刘瑾:《刘中德墓志铭》,参见刘海文:《宣化出土古代墓志录》,呼和浩特:远方出版社,2002年,第65—66页。
④ 曹揆:《刘元德墓志铭》,参见冯永谦:《金刘元德墓志考——兼考五代刘仁恭一族世系》,《黑龙江文物丛刊》1983年第1期。
⑤ 北京市文物管理处:《北京市通县金代墓葬发掘简报》,《文物》1977年第11期。

时期渤海、契丹、汉人使者的官衔中。金代封爵制度确立后,五等爵等级则分为国公、开国郡公、开国郡侯、开国郡(县)伯、开国郡(县)子、开国郡(县)男六个等级。

### 三、郡伯"旧曰县伯,承安二年更"之说辨析

《金史·百官志》载"正从四品曰郡伯(旧曰县伯,承安二年更)"[①]。对此清人沈涛在《常山贞石志》卷14《真定府获鹿县灵岩院琛公长老塔铭并序》文后指出其记载之误。该塔铭文刊刻于大定十四年(1174),落款有"安远大将军、行真定府获鹿县令、轻车都尉、武威郡开国伯、食邑七百户石琛",沈涛指出:"《金史·百官志》云:郡伯旧曰县伯,承安二年更。案塔造于世宗大定十四年,下距章宗承安二年有二十余年,石琛列衔已称武威郡开国伯,知史志谓郡伯更于承安二年者非。"[②]张博泉认为"承安二年前的世宗大定年间已有郡伯,可见不是更县伯为郡伯,而是取消县伯,存郡伯"[③],即认为承安二年(1197)以前县伯、郡伯并存,县伯爵位在承安二年被取消。承安二年之前郡伯封爵的实例在石刻中较为常见,表3.3《金代"开国"五等爵封表》中大定年间爵位为郡伯者就有10例之多。正如前人所言,郡伯爵位并非承安二年以后才出现。也就是说,郡伯并非由县伯更名而来,早在世宗时期就已是金代爵位体系中的一个重要爵称。

那么,县伯是否在承安二年被取消了呢? 按《金史·百官志》郡伯"旧曰县伯",即县伯是在承安二年之前的爵位名称。金代封爵县伯的实例不多见,就目前史料所及仅有8例,其中太宗时期3例,熙宗时期1例,世宗大定年间2例,章宗泰和年间1例,金末1例[④]。从县伯封授的时间看,自金代封爵制度确立之初直到金末,县伯始终是封爵体系中的爵称。金末的1例县伯封爵具体时间不明确,需要说明一下。濮阳县伯商

---

① 《金史》卷55《百官志一》,第1305页。

② 《常山贞石志》卷14《真定府获鹿县灵岩院琛公长老塔铭并序》,《辽金元石刻文献全编》第三册,第221—222页。

③ 白寿彝总编,陈振主编:《中国通史》(修订本)第七卷《中古时代·五代辽宋夏金时期》(上册),第871页。

④ 参见表3.2《金代无"开国"五等爵封表》和表3.3《金代"开国"五等爵封表》。

衡,《金史》有传,但不载其勋、爵。元好问撰《商平书墓铭》言商衡"积官至少中大夫,濮阳县伯,食邑七百户,赐紫金鱼袋"[1],没有说其封爵的具体时间。但根据其本传和志文,可知其封爵时间应是在宣宗或哀宗时期。商衡"年二十五,登崇庆二年词赋进士第"[2],"至宁元年,特恩第一人"[3],履任金廷要职。金哀宗正大八年(1231)二月九日,商衡被蒙古军所获,是夜,自刎而卒。商衡入仕是在卫绍王崇庆二年(1213)登词赋进士之后,这一年卫绍王被弑,宣宗即位,商衡爵位的获得应在宣宗或哀宗朝,也就是金朝末年。总之,承安二年之后的两例县伯封爵以及大定年间诸多郡伯封爵史实说明,郡伯并非"旧曰县伯,承安二年更",也不是"取消县伯,存郡伯",金代郡伯和县伯爵位之间并非前者替代后者,而是同时并存,直到金末两者始终是爵位体系中的重要内容。

### 四、五等爵前有无"开国"的不同含义

金代国公以下五等爵多有"开国"字样。"开国"一词源于《周易》,"大君有命,开国承家,小人勿用"[4],指天子封建,功大者使之开国为诸侯,功小使之承家为卿大夫,并告诫开国承家用君子,勿用小人。宋代史书《事物纪原》中对"开国"的解释为"由二代至汉、魏,诸侯无以国为号,第曰某侯耳。晋令始有开国之称,故五等皆郡县开国。陈亦有开国郡公、县侯、伯、子、男,侯已降无郡封。由唐迄今,因而不改。盖开国之号,自晋始也"[5]。"开国"与封爵制度结合是在魏晋时期,"'开国'在魏晋才频繁被视为封爵代称,并且落实于制度层面"[6]。东晋以降"开国"与爵称相结合,形成"郡县名+开国+爵称"的复合型爵名[7]。杨光辉指

---

① 《元好问全集》卷21《商平叔墓铭》,第415页。
② 《元好问全集》卷21《商平叔墓铭》,第415页。
③ 《金史》卷124《商衡传》,第2845页。
④ 《周易正义》卷2《师卦》,(清)阮元校勘:《十三经注疏》本,北京:中华书局,1980年,第25页。
⑤ (宋)高承撰,(明)李果订,金圆、许沛藻点校:《事物纪原》,北京:中华书局,1989年,第196页。
⑥ 王安泰:《"开国"制度的建立——魏晋五等爵制变化的一个考察》,《中国中古史研究:中国中古史青年学者联谊会会刊》第1卷,北京:中华书局,2011年,第220页;王安泰:《再造封建——魏晋南北朝的爵制与政治秩序》,台北:台湾大学出版中心,2013年,第139页。
⑦ 王安泰:《再造封建——魏晋南北朝的爵制与政治秩序》,第33页。

出南北朝时期"在实封五等爵前加'开国'字样","不食邑的五等爵,则无开国字样加于爵称之前"①。即所谓实封的"开国"爵与虚封"五等"爵之别。北朝以后随着爵制的变化,开国与封国的关系更为疏离,至唐代"开国"徒有虚名,不再与"开国承家"有关。但封爵国公以下五等爵仍加"开国"二字。唐代郡公以下五等爵加开国,是继承了北周之制,北周"封郡县五等爵者,皆加开国"②。唐贞观十一年(637)六月"二十日,敕五等封加开国之称"③。"五等封"指的是以郡县封爵的公侯伯子男爵,不含国公爵位,就是说唐代五等爵前均有"开国"之称。宋代"皇属特封郡公、县公或赠侯者,无'开国'字"④。前文所述辽代的五等爵前也多有"开国"二字。金代国公以下有"开国"和无"开国"的五等爵均有较多记载,两者是否有区别? 现将金代不带"开国"字样的五等爵和带"开国"字样的五等爵分别列表以便分析。

### 表 3.2　金代无"开国"五等爵封表

| 封号 | 爵位 | 出身 | 封爵原因 | 封爵时间⑤ | 史料出处 |
|---|---|---|---|---|---|
| 清河 | 郡公 | 寿国公张万公之祖 | "用公贵"赠爵 | 章宗泰和末年 | 《金文最》卷92《平章政事寿国张文贞公神道碑》 |
| | 郡侯 | 寿国公张万公之曾祖 | "用公贵"赠爵 | 章宗泰和末年 | |
| | 郡侯 | 资善大夫礼部尚书张公之父 | "用公贵"赠爵 | 哀宗朝 | 《金文最》卷96《资善大夫吏部尚书张公神道碑铭》 |
| | 郡伯 | 资善大夫礼部尚书张公之祖 | "用公贵"赠爵 | 哀宗朝 | |
| | 郡侯 | 张汝翼之父 | "用君贵"赠爵 | 金末 | 《金文最》卷96《通奉大夫钧州刺史行尚书省参议张君神道碑铭》 |

---

① 杨光辉:《汉唐封爵制度》第3版,第33页。
② (唐)令狐德棻:《周书》卷24《卢辩传》,北京:中华书局,1971年,第407页。
③ (宋)王溥:《唐会要》卷47《封建杂录下》,北京:中华书局,1955年,第830页。
④ 《宋史》卷170《职官志十》,第4079页。
⑤ 史料中对品官的封赠时间多无明确记载,表中时间系按官员入仕的时间轨迹来判定其封爵的大体时间。

续表

| 封号 | 爵位 | 出身 | 封爵原因 | 封爵时间 | 史料出处 |
|---|---|---|---|---|---|
| 天水 | 郡公 | 宋钦宗 | 亡国之君 | 皇统元年（1141） | 《金史》卷4《熙宗纪》 |
| | 郡侯 | 赵思文 | 官通奉大夫，勋某，封天水郡侯，食邑一千户，实封一百户 | 哀宗正大年间 | 《金文最》卷95《通奉大夫礼部尚书赵公神道碑》 |
| | 郡侯 | 赵思文之父 | "用公贵"赠爵 | 哀宗正大年间 | |
| | 郡伯 | 赵思文之祖 | "用公贵"赠爵 | 哀宗正大年间 | |
| | 郡侯 | 天水郡开国侯赵秉文之父 | "用公贵"赠爵 | 宣宗兴定年间 | 《金文最》卷93《翰林学士承旨资善大夫知制诰兼同修国史上护军天水郡开国侯食邑一千户实封一百户赵公墓志铭并引》 |
| | 郡伯 | 天水郡开国侯赵秉文之祖 | "用公贵"赠爵 | 宣宗兴定年间 | |
| 陇西 | 郡公 | 章宗元妃李师儿之父湘 | 李师儿进封淑妃，追赠其父金紫光禄大夫，上柱国，陇西郡公 | 明昌五年（1194） | 《金史》卷64《后妃下》 |
| 京兆 | 郡公 | 平阳公史咏之父 | 陷于蒙古，自缢而死 | 宣宗元光初年 | 《金史》卷118《胡天作传》 |
| 金源 | 郡侯 | 术虎筠寿 | 积官龙虎卫上将军，金源郡侯 | 兴定五年（1221） | 《金文最》卷102《龙虎卫上将军术虎公神道碑》 |
| 武威 | 郡侯 | 武威郡开国侯段铎之父 | "用公贵"，得赠中奉大夫，武威郡侯 | 泰和元年（1201） | 《山右石刻丛编》卷22《段铎墓表》 |
| 弘农 | 郡侯 | 杨云翼 | 累官资善大夫，勋上护军，爵弘农郡侯 | 金末 | 《金文最》卷94《内相文献杨公神道碑》 |
| 京兆 | 郡侯 | 康某，字德璋 | 累官辅国上将军，护军，京兆郡侯，食邑一千户，实封一百户 | 贞祐二年（1214） | 《金文最》卷103《辅国上将军京兆府推官康公神道碑铭》 |
| | 郡侯 | 康某之父 | "后用公贵"赠爵 | 贞祐二年（1214） | |

续表

| 封号 | 爵位 | 出身 | 封爵原因 | 封爵时间 | 史料出处 |
|---|---|---|---|---|---|
| 太原 | 郡侯 | 武明甫 | 特赠金紫光禄大夫,上护军,户部尚书,太子太保,太原郡侯 | 崇庆元年(1212) | 《金文最》卷87《特赠金紫光禄大夫上护军户部尚书太子太保太原郡侯赐谥文端无疑武公墓表碑铭》 |
| 漆水 | 郡侯 | 耶律贞 | 静难军节度使致仕,漆水郡侯 | 金末 | 《金文最》卷108《漆水郡侯耶律公墓志铭》 |
| 始平 | 郡侯 | 冯延登 | 积官资善大夫,勋上护军,封始平郡侯,食邑千户,实封一百户 | 金末 ① | 《金文最》卷96《国子祭酒权刑部尚书内翰冯公神道碑铭》 |
| | 郡侯 | 冯延登之父 | "后用君贵"赠爵 | 金末 | |
| 安定 | 郡伯 | 安定郡开国伯程震之父 | 赠少中大夫,轻车都尉,安定郡伯 | 金末 | 《金石萃编》卷158《程震碑》 |
| | 县子 | 安定郡开国伯胡景崧之父 | "用公贵"赠爵 | 大定年间 | 《金文最》卷93《朝散大夫同知东平府事胡公神道碑》 |
| 濮阳 | 县伯 | 商衡 | 积官至少中大夫,濮阳县伯,食邑七百户,赐紫金鱼袋 | 金末 | 《元好问全集》卷21《商平叔墓铭》 |
| | 县男 | 吴璋 | 卫绍王即位,用大安需恩,官显武将军,骑都尉,濮阳县男,食邑三百户 | 大安初年 | 《元好问全集》卷29《显武将军吴君阡表》 |
| 荥阳 | 县男 | 君讳某,字伯明 | 积官广威将军,勋骑都尉,封荥阳县男,食邑三百户 | 贞祐三年(1215) | 《金文最》卷104《潞州录事毛君墓表》 |
| 某县 | 县男 | 曹椿年之父 | 因子阶五品,得赠爵 | 大安中 | 《金文最》卷105《信武曹君阡表》 |

---

① 其官职历礼部、吏部侍郎、权刑部尚书,均在哀宗正大八年,封爵应在这一时期。

上表中不带"开国"字样五等爵共28例,其获封途径主要有以下几种:

其一,因子孙"贵"而得到爵位封赠,也就是通过封赠的方式获得爵位。据封赠制度,品官的官爵达到一定品级,便具有封赠先祖相应官爵的资格。上表中因子孙贵而获得封爵者共16例,均不带"开国"二字。如赵思文之父,"用公贵,超赠通奉大夫、天水郡侯";资善大夫礼部尚书张公之大父,"用公贵,赠正议大夫、天水郡伯";赵秉文之父、祖均"因公"贵,得赠郡侯、郡伯爵位。章宗元妃之父李湘因其女李师儿进封为淑妃,从而获追赠的金紫光禄大夫、上柱国、陇西郡公官爵,从广义上来说也是因子孙贵而封赠,也应归为这一类。

其二,死于"忠义"。如史咏之父,元光元年(1222),宣宗以同知平阳府事史咏权行平阳公府事,后封平阳公,平阳被蒙古攻破后,"咏父祚、母萧氏藏于窟室,索出之,使祚招咏,祚乃自缢死。宣宗赠祚荣禄大夫、京兆郡公,谥成忠"[①]。史咏之父得赠京兆郡公,虽因死于国事,但与史咏在朝为官也有直接关系。

其三,因皇帝"需恩"得赠爵位。如吴璋在章宗时期屡任地方官,治绩显著。泰和初年,"以六品诸司差监历城税,课最。迁济南军资库副使,转邓州草场副使。会录事缺员,父老状于州,请君摄司事"。吴璋上任后,"不期月,政成,郡人以吏能称焉";"卫绍王即位,用大安需恩,官显武将军、骑都尉、濮阳县男、食邑三百户"[②]。吴璋获县男爵位,一方面是其政绩突出,另一方面则赶上了新皇帝即位的恩典。

其四,亡国之君封爵。宋钦宗作为亡国之君,太宗时封爵重昏侯,熙宗天眷三年(1141),改封天水郡公。

除以上四种情况外,有8例是因自身为官获封五等爵。

① 《金史》卷118《胡天作传》,第2731页。
② 《金文最》卷104《显武将军吴君阡表》,第1514页。

### 表 3.3　金代"开国"五等爵封表 [①]

| 封号 | | 姓名 | 结衔 [②] | 立碑或封爵时间 | 出处 [③] |
|---|---|---|---|---|---|
| 金源 | 郡公 | 完颜璹 | 银青荣禄大夫柱国金源□开国公食邑二千户食实封二百户□ | 明昌元年（1190） | 《山右石刻丛编》卷22《普恩寺重修碑》 |
| | | 夹谷撒合 | 光禄大夫遥授知凤翔府事兼本路兵马都总管宣权元帅左都监行河东路元帅府事知河中府事行六部尚书柱国金源郡开国公食邑二千户食实封二百户赐紫金鱼袋 | 正大六年（1229） | 《山右石刻丛编》卷23《重修元武殿记》 |
| | | 温迪罕 [④] | 通奉大夫横海军节度使兼沧州管内观察使提举常平仓事护军金源郡开国侯食邑一千户食实封一百户 | 大安三年（1211） | 程卓《使金录》 |
| | | 仆散桓端 | 宣权从宜经略使奉国上将军知孟州防御使护军金源郡开国侯食邑一千户实封一百户 | 正大五年（1228） | 《金石萃编》卷158《济渎灵应记》 |
| | 郡侯 | 夹谷土剌 | 积官资善大夫金源郡开国侯 | 金朝后期 | 《元好问全集》卷20《资善大夫武宁军节度使夹谷公神道碑铭》 |
| | | 完颜兖 | 镇国上将军同签大宗正事上护军金源郡开国侯食邑一千户食实封一百户 | 明昌二年（1191） | 倪思《重明节馆伴语录》 |
| | | 完颜京 | 骠骑正将军护郡县食邑一千户赐一百户知忻州军州事 [⑤] | 皇统二年（1142） | 《山右石刻丛编》卷19《独担灵显王庙碑》 |

[①] 此表并非金代"开国"五等爵全部爵封，而是尽量展现"开国"五等爵的封号、官职、食邑等信息。本表将太宗天会年间出现的五等爵爵封包括在内。太宗时期金代封爵制度并未确立起来，加封在契丹、汉、渤海人身上的爵位，体现了金代在封爵制度上学习和效仿辽制的内容，为了体现金代封爵制度发展的完整性，也将其视为金代五等爵封的内容，列入表中。

[②] 结衔的官、职、勋、爵、食邑比较清晰，因此省略标点。

[③] 此表中的使金语录，参见赵永春：《奉使辽金行程录》（增订本），北京：商务印书馆，2017年；未标明具体出处的石刻，参见王新英：《全金石刻文辑校》，长春：吉林文史出版社，2012年。

[④] 温迪罕为女真姓氏，此处原作"温迪罕二十"，《奉使辽金行程录》将"二十"改为"二使"，断句为"……金源郡开国侯、食邑一千户、食实封一百户温迪罕。二使赴宴如常仪"。

[⑤] "骠骑正将军"应为"骠骑上将军"，"护郡县"当作上护军或护军。参见此碑文后清人胡聘之释文。

续表

| 封号 | 姓名 | 结衔 | 立碑或封爵时间 | 出处 |
|---|---|---|---|---|
| | 完颜九住 | 辅国上将军行凤翔路恒州□县令□□院军民都弹压金源郡护国军开国侯食邑一千户食实封一百户 | 兴定五年（1221） | 《金石续编》卷20《宁曲社修水记》 |
| 郡伯 | 完颜守信 | 太中大夫[①]行钧州刺史兼知军事提举常平仓事轻车都□金源郡开国伯食邑七百户赐紫金鱼袋 | 大安三年（1211） | 《八琼室金石补正》卷128《钧州重修至圣庙碑》 |
| | 温迪罕胡失门 | （上渤）县（约缺九字）都尉金源郡开国伯食邑七百户 | 泰和二年（1202） | 《常山贞石志》卷15《元氏县重修社坛记》 |
| 县伯 | 完颜[②] | 定远大将军行获鹿县令轻车都尉金源县开国伯食邑七百户 | 大定二十三年（1183） | 《常山贞石志》卷14《允公长老塔铭》 |
| 县子 | 完颜德瑜 | 明威将军同知钧州军州事提举常平仓事上骑都尉金□县开国子食邑五□□ | 大安三年（1211） | 《八琼室金石补正》卷128《钧州重修至圣庙碑》 |
| | 完颜弼 | 广威将军同知棣州防御使事兼提举常平仓事上骑都尉金源县开国子食邑五百户 | 明昌六年（1195） | 《山左金石志》卷20《棣州重修庙学记》 |
| 县男 | 完颜守成 | 明威将军绛阳军节度副使兼绛州管内观察副使上骑都尉金源县开国男食邑五百户 | 大定二十三年（1183） | 《山右石刻丛编》卷21《绛州衙门记》 |
| | 完颜丑奴 | 宣武将军行县尉骑都尉金源县开国男食邑三百户 | 承安三年（1198） | 《山左金石志》卷20《济阳县创建宣圣庙碑》 |
| 彭城 | 县公 刘恩 | 金紫光禄大夫左散骑常侍知御史中丞上护军彭城县开国公食邑一千户食实封一百户 | 天会五年（1127） | 《大金吊伐录校补》之163《册大楚皇帝文》 |

---

① 太中大夫为金前期散官名号（李鸣飞：《金元散官制度研究》，第42页），此碑立石时间已是金末卫绍王的大安三年，此时行用的散官应以《金史·百官志》为准。碑文中的"太中大夫"应为从四品"大中大夫"，与郡伯爵位品级一致。

② 碑文所记刊者仅有姓氏完颜，无名。

| 封号 | 姓名 | 结衔 | 立碑或封爵时间 | 出处 |
|---|---|---|---|---|
| 郡侯 | 唐括乌也 | 金吾卫大将军河南尹上护军彭城郡开国侯食邑一千户食实封一百户 | 大定十五年（1175） | 《金石续编》卷20《修白马寺舍利塔记》 |
| | 刘义 | 金吾卫上将军充博州防御使上护军彭城郡开国侯食邑一千户食实封一百户 | 大定二十一年（1181） | 《金石萃编》卷155《博州重修庙学记》 |
| | 刘思谊 | 中奉大夫沁南军节度使兼怀州管内观察使提举河防常平仓事护军彭城郡开国侯食邑一千户食实封一百户 | 大安三年（1211） | 程卓《使金录》 |
| | 蒲察元衡 | 积官资善大夫彭城郡开国侯 | 宣宗朝 | 《元好问全集》卷20《资善大夫集庆军节度使蒲察公神道碑铭》 |
| | 蒲察黑厮 | 从行降香官龙虎卫上将军同知防御使事上护军彭城郡开国侯食邑一千户食实封一百户 | 正大五年（1228） | 《金石萃编》卷158《济渎灵应记》 |
| 郡伯 | 唐括安德 | 昭武大将军行尚书吏部郎中上轻车都尉彭城郡开国伯食邑七百户 | 大定九年（1169） | 楼钥《北行日录》 |
| | 蒲察克温 | 昭武大将军行涿州刺史兼知军事提点山陵提举常平仓事上轻车都尉彭城郡开国伯食邑七百户 | 承安四年（1199） | 《八琼室金石补正》卷127《重修蜀先主庙碑》 |
| | 刘祖谦 | 翰林修撰嘉议大夫同知制诰上轻车都尉彭城郡开国伯食邑七百户赐紫金鱼袋 | 天兴元年（1232） | 《终南山重阳祖师仙迹记》 |
| | 刘汝翼 | 官大中大夫轻车都尉彭城郡开国伯食邑七百户赐紫金鱼袋 | 正大八年（1231） | 《元好问全集》卷22《大中大夫刘公墓碑》 |
| 郡男 | 蒲察□家奴 | （上渤）□□□□勾常平仓事骑都尉彭城郡开国男食邑三百户 | 泰和二年（1202） | 《常山贞石志》卷15《元氏县重修社坛记》 |
| | 粘割□头 | （上渤）□□□□□□□仓事骑都尉彭城郡开国男食邑三百户 | 泰和二年（1202） | 《常山贞石志》卷15《元氏县重修社坛记》 |

续表

| 封号 | 姓名 | | 结衔 | 立碑或封爵时间 | 出处 |
|---|---|---|---|---|---|
| 县男 | | 刘□□ | 朝请大夫充绛阳军节度判官骑都尉彭城县开国男食邑三百户赐紫金鱼袋 | 大定二十三年（1183） | 《山右石刻丛编》卷21《绛州衙门记》 |
| | | 刘涛 | □□□□□□□东北路转运副使事骑都尉彭城县开国男食邑三百户赐紫金鱼袋 | 泰和七年（1207） | 《张汝猷墓志铭》 |
| 广平 | 郡侯 | 高□□ | 镇国上将军同知绥德州军州事护军广平郡开国侯食邑一千户食实封① | 泰和元年（1201） | 《金石萃编》卷158《绥德州新学记》 |
| | | 乌林答天赐 | 奉国上将军任大兴府尹任河南路统军使上护军广平郡开国侯食邑一千户食实封一百户 | 大定二十五年（1185） | 《授堂金石文字续跋》卷12《重修汝州香山观音禅院记》 |
| | | 乌林答 | 镇国上将军行滨州刺史兼知军事护军广平郡开国侯食邑一千户食实封一百户 | 不详 | 《靳先生碑》 |
| | | 孛术鲁孝忠 | 骠骑卫上将军前显德军节度使兼沈州管内观察使上护军广平郡开国侯食邑一千户食实封一百户 | 大定二十九年（1189） | 《山左金石志》卷20《刘长生灵虚宫倡和诗刻》 |
| | 郡伯 | 孛术鲁□② | 定远大将军行县令□管勾常平仓事轻车都尉广平郡开国伯食邑七百户 | 承安三年（1198） | 《山左金石志》卷20《济阳县创建宣圣庙碑》 |
| | 郡子 | 徒单子澄 | 广威将军尚书工部郎中上骑都尉广平郡开国子食邑五百户 | 大定九年（1169） | 楼钥《北行日录》 |

---

① 《绥德州新学记》中记载，高□□为"广平郡开国侯食邑一千户食实封"，之后便无文字。这便可理解此郡侯的食邑一千为实封，这在金代并不多见。但也不排除"食实封"之后阙文，漏刊了"一百户"。

② 此碑末题衔为"定远大将军行县令□管勾常平仓事轻车都尉广平郡开国伯食邑七百户孛术鲁□□□"，孛术鲁后为三个空格，从碑文内容判断，三个空格中最后二字应为"立石"，"孛术鲁□"为人名。

| 封号 | 姓名 | 结衔 | 立碑或封爵时间 | 出处 |
|---|---|---|---|---|
| 陇西 | 郡侯 李愈 | 通奉大夫知河中府事兼提举河防学校常平仓事□护军陇西郡开国侯食邑一千户食实封一百户赐紫金鱼袋 | 泰和二年（1202） | 《山右石刻丛编》卷22《段钜碑》 |
| | 尼厖窟海山 | 积官至光禄大夫勋至上柱国爵至陇西郡开国侯食邑至百户 | 金朝后期 | 《寓庵集》卷6《金故光禄大夫刑部尚书尼厖窟公墓志铭》 |
| | 郡伯 李仲仁 | 昭武大将军同知乾州军州事上轻车都尉陇西郡开国伯食邑七百户 | 大定十一年（1171） | 《金石萃编》卷155《乾州思政堂记》 |
| | 郡子 李文本 | 中顺大夫前平阳府判上骑都尉陇西郡开国子食邑五百户赐紫金鱼袋 | 正大四年（1227） | 《金石萃编》卷158《重摹唐太宗慈德寺诗》 |
| | 县子 李忠翊 | 银青荣禄大夫检校工部尚书行太常少卿兼侍御史轻车都尉陇西县开国子食邑五百户 | 天会五年（1127） | 《大金吊伐录校补》之163《册大楚皇帝文》 |
| | 县男 乌古论① | 武节将□□□□皇城猛安移屯河世袭谋克骑都尉□□② 县开国□食邑三百户 | 承安五年（1199） | 《八琼室金石补正》卷127《重刊郑司农碑阴记》 |
| | 乌古论 | 宣武将军行□州□山县令骑都尉□□县开国男食邑三百户 | 承安五年（1199） | 《八琼室金石补正》卷127《重刊郑司农碑阴记》 |
| 广陵 | 郡公 高庆裔 | 留守西京特进检校太保尚书右仆射大同尹兼山西兵马都部署上柱国广陵郡开国公食邑二千户食实封二百户 | 天会八年（1130） | 《大金国志校证》卷32《齐国刘豫册文》 |
| | 高思廉 | 银青荣禄大夫行兴中尹上柱国广陵郡开国公食邑二千户食实封二百户 | 大定七年（1167） | 《满洲金石志》卷3《兴中尹改建三学寺碑》 |
| | 郡子 高师旦 | 宣威将军行河南府洛阳县令上骑都尉广陵郡开国子食邑五百户 | 大定十五年（1175） | 《金石续编》20《修白马寺舍利塔记》 |

① 此碑记中封爵开国男的两人仅有"乌古论"之姓，后有"以上中截"。
② 《金史》卷55《百官志一》载："白姓之号……乌古论、兀颜……皆封陇西。"由此可判定，碑志中所缺的两字应为"陇西"。

续表

| 封号 | | 姓名 | 结衔 | 立碑或封爵时间 | 出处 |
|---|---|---|---|---|---|
| | 县男 | 高德裕 | 朝奉大夫[①]侍御史骑都尉广陵县开国男食邑三百户赐紫金鱼袋 | 大定九年（1169） | 楼钥《北行日录》 |
| | 县男 | 高衎 | 朝列大夫行尚书吏部员外郎司计知诠骑都尉广陵县开国男食邑三百户赐紫金鱼袋 | 天德四年（1152） | 《传戒大师遗行碑》，《北京辽金史迹图志》（下） |
| 汾阳 | 郡侯 | 郭獬 | 正奉大夫安国军节度使兼邢州管内观察使护军汾阳郡开国侯食邑一千食实封一百户赐紫金鱼袋 | 大安三年（1211） | 程卓《使金录》 |
| 汾阳 | 郡伯 | 郭峤 | 官怀远大将军上骑都尉汾阳郡开国伯[②]食邑七百户 | 宣宗以后 | 《元好问全集》卷28《费县令郭明府墓碑》 |
| 汾阳 | 县子 | 郭瑁 | 累官广威将军汾阳县开国子食邑五百户 | 兴定年间 | 《元好问全集》卷28《广威将军郭君墓表》 |
| 汾阳 | 县子 | 郭宗庆 | 建威将军行县令上骑都尉汾阳县开国子食邑五百户 | 正隆四年（1159） | 《山右石刻丛编》卷19《古贤寺弥勒殿记》 |
| 汾阳 | 县男 | 郭长倩 | 朝请大夫行太常丞骑都尉汾阳县开国男食邑五百户赐紫金鱼袋 | 大定十二年（1172） | 《山左金石志》卷19《文登县新修县学碑》 |
| 汾阳 | 县男 | 郭济忠 | 朝散大夫前德州安德县令兼管勾常平仓事骑都尉汾阳县开国男食邑三百户赐紫金鱼袋 | 明昌年间 | 《大金朝散大夫前德州安德县令兼管勾常平仓事骑都尉汾阳县开国男食邑三百户赐紫金鱼袋致仕郭公碑铭并序》，见《全辽金文》 |
| 汾阳 | 县男 | 郭济忠之父 | 官至□追赠朝散大夫骑都尉汾阳县开国男 | 大定年间 | 《大金朝散大夫前德州安德县令兼管勾常平仓事骑都尉汾阳县开国男食邑三百户赐紫金鱼袋致仕郭公碑铭并序》，见《全辽金文》 |

① 朝奉大夫，《金史·百官志》无，李鸣飞研究认为是金朝前期文散官，参见《金元散官制度研究》，第22—24页。

② 汾阳郡开国伯，“伯”《金文最》作“公”。

| 封号 | | 姓名 | 结衔 | 立碑或封爵时间 | 出处 |
|---|---|---|---|---|---|
| 南阳 | 郡公 | 韩资政 | 特进尚书左仆射同知枢密院事监修国史上柱国南阳郡开国公食邑二千户食实封二百户 | 天会五年（1127） | 《大金吊伐录校补》之163《册大楚皇帝文》 |
| | 郡侯 | 韩锡 | 资政大夫绛阳军节度使兼绛州管内观察使上护军南阳郡开国侯食邑一千户食实封一百户赐紫金鱼袋 | 大定二十三年（1183） | 《山右石刻丛编》卷21《绛州衙门记》 |
| | 郡伯 | 邓俨 | 少中大夫尚书吏部侍郎上轻车都尉南阳郡开国伯 | 大定二十四年（1184） | 《乌古论窝论墓志》 |
| | 郡子 | 白舜臣 | 威武将军遥授同知耀州军州事河东路行元帅府经历官上骑都尉南阳郡开国子食邑五百户 | 正大六年（1229） | 《山右石刻丛编》卷23《重修元武殿记》 |
| | 郡男 | 白伟 | 朝散大夫行邠州淳化县令骑都尉南阳县开国男食邑三百户赐紫金鱼袋 | 大定二十七年（1187） | 《金石萃编》卷156《淳化县重修岱岳庙记》 |
| 河内 | 郡公 | 宇文虚中 | 累官翰林学士知制诰兼太常卿封河内郡开国公 | 天眷间 | 《金史》卷79《宇文虚中传》 |
| 清河 | 郡侯 | 张某 | 累官资善大夫勋上护军爵清河郡开国侯食邑千户实封百户 | 不详 | 《元好问全集》卷20《资善大夫吏部尚书张公神道碑铭并引》 |
| | | 张行简 | 翰林侍读学士少中大夫知制诰兼尚书礼部侍郎同修国史提点司天台护军清河郡开国侯食邑一千户食实封一百户 | 泰和元年（1201） | 《乌古论元忠墓志》 |
| | | 傅慎微 | 资政大夫太常卿清河郡开国侯 | 正隆三年（1158） | 《授堂金石文字续跋》卷12《宗城县新修宣圣庙记》 |
| | 郡伯 | 张景贤 | 官中顺大夫上骑都尉清河郡开国伯食邑七百户 | 金末 | 《元好问全集》卷22《中顺大夫镇南军节度副使张君墓碑》 |
| | 县伯 | 张愿恭 | 枢密院吏房承旨中散大夫卫尉寺卿上轻车都尉清河县开国伯食邑七百户赐紫金鱼袋 | 天会五年（1127） | 《大金吊伐录校补》之163《册大楚皇帝文》 |

续表

| 封号 | 姓名 | 结衔 | 立碑或封爵时间 | 出处 |
|---|---|---|---|---|
| 县子 | 张元徽 | 彰信军节度使金紫崇禄大夫检校太保知涿州军州事清河县开国子食邑五百户 | 天会十年（1132） | 《授堂金石文字续跋》卷12《智度寺邑人供塔碑铭》 |
| | 张□ | 广威将军行稷山县令上骑都尉清河县开国子食邑五百户 | 正隆四年（1159） | 《山右石刻丛编》卷19《康乐亭记》 |
| | 张暐 | 中顺大夫尚书礼部□□兼修起居注上骑都尉清河县开国子食邑五百户赐紫金鱼袋 | 明昌二年（1191） | 《山左金石志》卷20《节度副使张公神道碑》 |
| | 张琪 | 官至显武将军骑都尉清河县开国子 | 承安元年（1196） | 《金文最》卷87《显武将军张公墓表铭》 |
| 郡男 | 张茂 | 信武将军前朔州军资兼军器库使并造作院骑都尉清河郡开国男食邑三百户 | 泰和四年（1204） | 《山右石刻丛编》卷23《闻喜重修圣庙记》 |
| 县男 | 张□震 | 大金故宣武将军骑都尉清河县开国男食邑三百户 | 不详 | 《张□震墓志铭》 |
| 武威 郡侯 | 段铎 | 中奉大夫前克华州防御使兼提举学校事护军武威郡开国侯食邑一千户食实封一百户 | 泰和二年（1202） | 《山右石刻丛编》卷22《段铎墓表》 |
| | 贾益 | 中顺大夫吏部尚书上护军武威郡开国侯食邑一千户食封一百户赐紫金鱼袋 | 大安三年（1211） | 《杨瀛神道碑》 |
| 郡伯 | 石琛 | 安远大将军行真定府获鹿县令轻车都尉武威郡开国伯食邑七百户 | 大定十四年（1174） | 《常山贞石志》卷14《真定府获鹿县灵岩院琛公长老塔铭》 |
| | 石玠 | 嘉议大夫棣州防御使兼提举学校常平仓事上轻车都尉武威郡开国伯食邑七百户赐紫金鱼袋 | 明昌六年（1195） | 《山左金石志》卷20《棣州重修庙学记》 |
| 县子 | 石玠 | 中议大夫同知绛阳军节度使兼绛州管内观察使上骑都尉武威县开国子食邑五百户赐紫金鱼袋权州事 | 大定二十年（1180） | 《山右石刻丛编》卷21《斛律光墓记》 |
| | 石宗璧 | 大金故宣威将军河东路第一将正将兼知大和寨事上骑都尉武威县开国子食邑五百户 | 大定十七年（1177） | 《石宗璧墓志铭》 |

续表

| 封号 | | 姓名 | 结衔 | 立碑或封爵时间 | 出处 |
|---|---|---|---|---|---|
| 漆水 | 郡公 | 耶律履 | 积官正议大夫漆水郡开国公 | 章宗朝 | 《金文最》卷108《尚书右丞耶律公神道碑》 |
| | 郡伯 | 耶律重哥 | 定远大将军河南府判官轻车都尉漆水郡开国伯食邑七伯户 | 大定十五年（1175） | 《金石续编》卷20《修白马寺舍利塔记》 |
| 天水 | 郡侯 | 赵敬昌 | 奉国上将军永济盐使护军天水郡开国侯食邑一千户食实封一百户 | 大定十二年（1172） | 《授堂金石文字续跋》卷12《大天宫寺碑记》 |
| | | 艾翛 | 通奉大夫遥授定西州刺史兼知军事分治河东路行尚书六部郎中护军天水郡开国侯食邑一千户实封一百户赐紫金鱼袋 | 正大六年（1229） | 《山右石刻丛编》卷23《重修元武殿记》 |
| | | 赵秉文 | 资善大夫勋上护军爵天水郡开国侯食邑一千户实封一百户 | 哀宗朝 | 《金文最》卷93《翰林学士承旨资善大夫知制诰兼同修国史上护军天水郡开国侯食邑一千户食实封一百户赵公墓志铭》 |
| | 郡伯 | 赵秉文 | 翰林直学士□□大夫知制诰轻车都尉天水郡开国伯食邑□百户赐紫金鱼袋 | 贞祐四年（1216） | 《山左金石志》卷20《济州刺史李演碑》 |
| | 县子 | 赵安时 | 中顺[①]大夫南京路兵马都总判上骑都尉天水县开国子食邑五百户赐紫金鱼袋 | 正隆四年（1159） | 《山右石刻丛编》卷19《古贤寺弥勒殿记》 |
| | | 秦守正 | 奉训大夫绥德州刺史兼知军事上骑都尉天水县开国子食邑五百户 | 泰和元年（1201） | 《金石萃编》卷158《绥德州新学记》 |
| | 郡男 | 赵伦 | 朝议大夫守太仆少卿骁骑尉天水郡开国男食邑三百户赐紫金鱼袋 | 天会四年（1126） | 《大金吊伐录校补》之72《回宋主书》 |

①《山右石刻丛编》卷20《重修真泽二仙庙碑》中赵安时官衔为中散大夫、前南京兵马都总管判官、上骑都尉、天水县开国子、食邑五百户赐紫金鱼袋。

| 封号 | 姓名 | | 结衔 | 立碑或封爵时间 | 出处 |
|---|---|---|---|---|---|
| | 县男 | 赵僙 | 朝奉大夫前河东南路转运副使上骑都尉东平县开国男食邑三百户赐紫金鱼袋 | 大定十二年（1172） | 《授堂金石文字续跋》卷12《大天宫寺碑记》 |
| | | 赵伯成 | 奉训大夫知泰定军节度副使兼兖州管内观察副使提举学校常平仓事骑都尉天水县开国男食邑三百户赐紫金鱼袋 | 大安三年（1211） | 《重修邹国公庙记》 |
| 弘农 | 郡侯 | 杨伯仁 | 翰林侍讲学士少中大夫知制诰兼左谏议大夫礼部侍郎护军弘农郡开国侯食邑一千户食实封一百户赐紫金鱼袋 | 大定二十二年（1182） | 《山左金石志》卷19《重修东岳庙碑》 |
| | 县子 | 杨侯 | 中议大夫同知石州军事上骑都尉弘农县开国子食邑五百户赐紫金鱼袋 | 大定十三年（1173） | 《山右石刻丛编》卷21《慈云院碑》 |
| | | 杨瀛 | 大金奉议大夫签上京东京等路按察司事兼劝农安抚使上骑都尉弘农县开国子食邑五百户赐紫金鱼袋 | 大安三年（1211） | 《杨瀛神道碑》 |
| 太原 | 郡侯 | □克□ | 中奉大夫南京都转运使上护军太原郡开国侯食邑一千户食实封一百户 | 大定二十五年（1185） | 《授堂金石文字续跋》卷12《重修汝州香山观音禅院记》 |
| | | 王□□ | 正议大夫绛阳军节度使兼绛州管内观察使提举□□常平仓事上护军太原郡开国侯食邑一千户食实封一百户赐紫金鱼袋 | 泰和二年（1202） | 《山右石刻丛编》卷22《段铎墓表》 |
| | 郡伯 | 郭预 | 少中大夫行涿州刺史兼军事提点山陵轻车都尉太原郡开国伯食邑七百户 | 大定二十七年（1187） | 《授堂金石文字续跋》卷12《重修文宣王庙记》 |
| | | 王彦潜 | 翰林直学士中大夫知制诰兼行秘书少监虞王府文学轻车都尉太原郡开国伯食邑七百户赐紫金鱼袋 | 大定十七年（1177） | 《满洲金石志》卷3《贞献王完颜希尹神道碑》 |

续表

| 封号 | 姓名 | 结衔 | 立碑或封爵时间 | 出处 |
|---|---|---|---|---|
| 县伯 | 王永福 | 朝散大夫守鸿胪寺卿知太常礼院骑都尉太原县开国伯食邑[①]百户赐紫金鱼袋王永福充告庆国信使副 | 天会三年（1125年） | 《大金吊伐录校补》之28《报南宋获契丹昏主书》 |
| | 王企中 | 中大夫行中书舍人上轻车都尉太原县开国伯食邑七百户赐紫金鱼袋 | 天会五年（1127） | 《大金吊伐录校补》之163《册大楚皇帝》 |
| 县子 | 王良翰 | 中靖大夫[②]行潞州潞城县上骑都尉太原县开国子食邑五百户赐紫金鱼袋 | 大定五年（1165） | 《山右石刻丛编》卷20《重修真泽二仙庙碑》 |
| | 王从简 | 中顺大夫前充陇州防御判官上骑都尉太原县开国子食邑五百户赐紫金鱼袋 | 大定六年（1166） | 《金石续编》卷20《开元寺观音院记》 |
| | 王瑀 | 宣威将军前行滕州邹县令兼管勾常平仓事上骑都尉太原县开国子食邑五百户 | 大安三年（1211） | 《重修邹国公庙记》，《全金石刻文辑校》第513页 |
| 县男 | 王庭直 | 朝散大夫行解州夏县令骑都尉太原县开国男食邑三百户太原县开国男赐紫金鱼袋 | 皇统九年（1149） | 《山右石刻丛编》卷19《重立温公神道碑记》 |
| | 王琯 | 朝请大夫前行磁州滏阳县令骑都尉太原县开国男食邑三百户赐紫金鱼袋 | 贞元元年（1153） | 《常山贞石志》卷13《定林通法禅师塔铭》 |
| | 王庭圭 | 朝散大夫充临海军节度判官骑都尉太原县开国男食邑三百户赐紫金鱼袋 | 天德四年（1152） | 《锦州安昌县永和村东讲院重修舍利塔碑铭》 |
| | 王衮 | 朝列大夫行临泉县令骑都尉太原县开国男食邑三百户赐紫金鱼袋 | 大定十三年（1173） | 《山右石刻丛编》卷21《慈云院碑》 |

---

① 脱"七"字。《大金吊伐录校补》载：砚（穴砚斋钞本）、吴、钱（钱遵王钞本）及文渊阁四本食邑后面均有"七"字。

② 中靖大夫，《金史·百官志》无。李鸣飞研究认为其为金朝前期文散官。参见李鸣飞：《金元散官制度研究》，第21—24页。

续表

| 封号 | | 姓名 | 结衔 | 立碑或封爵时间 | 出处 |
|---|---|---|---|---|---|
| 冯翊 | 郡侯 | 党怀英 | 翰林学士朝散大夫①知制诰兼同修国史护军冯翊郡开国侯食邑一千户实封一百户赐紫金鱼袋 | 明昌六年（1195） | 《八琼室金石补正》卷126《灵岩寺田园记》 |
| | 县子 | 党怀英 | 奉议大夫充翰林待制同知制诰兼同修国史上骑都尉冯翊县开国子食邑五百户 | 明昌二年（1191） | 《山左金石志》卷20《节度副使张公神道碑》 |
| 江夏 | 郡侯 | 黄震 | 通奉大夫河平军节度使兼卫州管内观察使护军江夏郡开国侯食邑一千户食实封一百户 | 大安三年（1211） | 程卓《使金录》 |
| | 郡伯 | 黄久约 | 少中大夫左谏议大夫兼尚书礼部侍郎翰林直学士知制诰上轻车都尉江夏郡开国伯食邑七百户赐紫金鱼袋 | 大定二十七年（1187） | 《授堂金石文字续跋》卷12《重修文宣王庙记》 |
| | 县子 | 黄久约 | 中宪大夫充翰林待制同知制诰上骑都尉江夏县开国子食邑八百户赐紫金鱼袋 | 大定二十二年（1182） | 《山左金石志》卷20《重修中岳庙碑》 |
| 钜鹿 | 郡侯 | 魏道明 | 正议大夫前安国军节度使兼邢州管内观察使提举学校常平仓事护军钜鹿郡开国侯食邑一千户食实封一百户赐紫金鱼袋 | 泰和六年（1206） | 《洪崖山寿阳院记碑》 |
| 安定 | 郡伯 | 胡景崧 | 积官朝散大夫上护军安定郡开国伯食邑七百户 | 金末 | 《元好问全集》卷17《朝散大夫同知东平府事胡公神道碑》 |
| | | 梁肃 | 起复正议大夫都水监上轻车都尉安定郡开国伯食邑七百户赐紫金鱼袋 | 大定九年（1169） | 楼钥《北行日录》 |
| | 县男 | 梁彀先 | 显武将军涿州仓都监兼军资库事骑都尉安定县开国男食邑三百户 | 大定二十七年（1187） | 《授堂金石文字续跋》卷12《重修文宣王庙记》 |

---

① 同为明昌六年立石的《棣州重修庙学记》中党怀英的官衔为"翰林侍讲学士朝列大夫"，勋级、封爵、食邑则与《灵岩寺田园记》记载同。参见《山左金石志》卷20《棣州重修庙学记》，《辽金元石刻文献全编》第一册，第656页。

| 封号 | | 姓名 | 结衔 | 立碑或封爵时间 | 出处 |
|---|---|---|---|---|---|
| 荥阳 | 郡伯 | 郑彦文 | 大中大夫行乾州刺史兼知军事轻车都尉荥阳郡开国伯食邑七百户赐紫金鱼袋 | 大定十一年（1171） | 《金石萃编》卷155《乾州思政堂记》 |
| 颍川 | 郡伯 | 陈规 | 阶累至中议大夫勋上轻车都尉爵颍川郡开国伯食邑七百户 | 正大六年（1229） | 《金文最》卷109《中议大夫中京副留陈规墓表》 |
| | 县伯 | 陈大任 | 翰林学士中顺大夫知制诰兼国子司业轻车都尉颍川县开国伯食邑七百户赐紫金鱼袋 | 泰和八年（1208） | 丘处机《磻溪集》① |
| | 县男 | 陈大举 | 朝散大夫行太常寺□骑都尉颍川县开国男食邑三百户赐紫金鱼袋 | 承安三年（1198） | 《山左金石志》卷20《济阳县创建宣圣庙碑》 |
| 济阳 | 郡伯 | 丁暐仁 | 少中大夫同知西京留守大同尹兼本路兵马都总管事上轻车都尉济阳郡开国伯食邑七百户赐紫金鱼袋 | 大定十六年（1176） | 《山右石刻丛编》卷21《普恩寺大殿记》 |
| 吴兴 | 郡伯 | 姚合 | 安远大将军充绛州观察判官轻车都尉吴兴郡开国伯食邑七百户 | 大定二十二年（1182） | 《山右石刻丛编》卷21《绛州衙门记》 |
| 神麓 | 郡伯 | 大怀柔 | 怀远大将军行解州闻喜县令兼管勾常平仓事轻车都尉神麓郡开国伯食邑七百户 | 泰和四年（1204） | 《山右石刻丛编》卷23《闻喜重修圣庙记》 |
| | 郡子 | 大重寿 | 宣威将军行真定府元氏县令上骑都尉神麓郡开国子食邑五百户 | 大定十三年（1173） | 《常山贞石志》卷13《洪福院尚书礼部牒并重修洪福院记》 |
| 虢略② | 郡伯 | 杨师复 | 太中大夫③前同知汝州军州事轻车都尉虢略郡开国伯食邑七百户赐紫金鱼袋 | 明昌六年（1195） | 《山左金石志》卷20《李氏祖茔碑》 |

---

① （元）丘处机：《磻溪集》，《正统道藏》本，北京：文物出版社，1994年，第25册，第809页。转引自苗润博：《〈辽史〉探源》，北京：中华书局，2020年，第23页。

② 《山左金石志》卷20《李氏祖茔碑》载：《金史·地理志》"虢州"宋虢郡军事，此号虢略郡，较宋虢郡多"略"字。金志虢略为县非郡也，盖金亦号虢略，志未备也。

③ 此处"太中大夫"应为"大中大夫"之误。《金史·百官志》无太中大夫，太中大夫是金前期散官名号（《李鸣飞：《金元散官制度研究》，第42页》）。此碑时间为明昌六年，散官应行用《金史·百官志》所记名号。此碑所记杨师复爵为正从四品郡伯，与"大中大夫"散官品级对应。

续表

| 封号 | | 姓名 | 结衔 | 立碑或封爵时间 | 出处 |
|---|---|---|---|---|---|
| 河南 | 郡伯 | 乔宇 | 试尚书礼部侍郎兼瀛王傅□书少监上轻车都尉河南郡开国伯食邑七百户 | 泰和七年（1207） | 《张维垣墓志铭》 |
| | 县子 | 元好问 | 中顺大夫行尚书省左司员外郎兼修起居注上骑都尉河南县开国子食邑五百户赐紫金鱼袋 | 正大中 | 《元好问全集》卷53《大德碑本遗山先生墓铭》 |
| | 县男 | 元好问父 | 显武将军凤翔路第九处正将兼行陇城县令骑都尉河南县开国男食邑三百户 | 金末 | 《元好问全集》卷53《大德碑本遗山先生墓铭》 |
| | | 乔宬 | 起复奉议大夫行大理司直骑都尉河南县开国男食邑三百户 | 大定十四年（1174） | 《山右石刻丛编》卷21《太清观记》 |
| | | 甲申之 | 宣威将军前益都府益都令骑都尉河南县开国男食邑三百户 | 大定十四年（1174） | 《八琼室金石补正》卷125《清凉院碑》 |
| 商阳 | 县伯 | 韩为股 | 安远大将军同知济南尹事商阳县开国伯食邑七百户 | 皇统九年（1149） | 《金石萃编》卷154《长清灵严寺宝公开堂疏》 |
| 渤海 | 郡子 | 某 | □□□渤海郡食邑五百户前行武安县令上骑都尉开国子 | 天德三年（1151） | 《吴舜辟墓志》 |
| | 县男 | 高延年 | 朝列大夫应奉翰林文字同知制诰骑都尉勃海县开国男食邑三百户赐紫金鱼袋 | 明昌二年（1191） | 《山左金石志》卷20《节度副使张公神道碑》 |
| 汝南 | 县子 | 周允中 | 宣武将军行耀州同官县令上骑都尉汝南县开国子食邑五百户 | 大定二十五年（1185） | 《金石萃编》卷156《同官县灵泉观记》 |
| | 县男 | 周昂 | 朝列大夫充三司判官骑都尉汝南县开国男食邑三百户赐紫金鱼袋 | 大安元年（1209） | 《鲁国大长公主墓志铭》 |
| 平原 | 县子 | 左光庆 | 显武将军西上阁门使上骑都尉平原县开国子食邑五百户 | 大定十四年（1174） | 《山右石刻丛编》卷21《太清观记》 |
| 范阳 | 县子 | 燕毅 | 中议大夫行太原府盂县令上骑都尉范阳县开国子食邑五百户赐紫金鱼袋 | 大定十二年（1172） | 《山右石刻丛编》卷20《藏山庙记》 |
| 鲁 | 县子 | 孔固 | 中宪大夫西京路都转运副使上骑都尉鲁县开国子食邑五百户赐紫金鱼袋 | 大定十六年（1176） | 《山右石刻丛编》卷21《普恩寺大殿记》 |

| 封号 | 姓名 | | 结衔 | 立碑或封爵时间 | 出处 |
|---|---|---|---|---|---|
| 京兆 | 县子 | 康吉甫 | 朝请大夫沁州刺史兼知军事上骑都尉京兆县开国子食邑五百户赐紫金鱼袋 | 大定二十三年（1183） | 《山右石刻丛编》卷21《宝峰寺记》 |
| | 县子 | 田仲礼 | 奉直大夫宁化州刺史兼知军事提举常平仓事上骑都尉京兆县开国子食邑五百户赐紫金鱼袋 | 泰和八年（1208） | 《山右石刻丛编》卷23《昌宁公庙碑》 |
| 赞皇 | 县子 | 李献能 | 中顺大夫遥授定国军节度副使河东路行元帅府经历官上骑都尉赞皇县开国子食邑五百户赐紫金鱼袋 | 正大六年（1229） | 《山右石刻丛编》卷23《重修元武殿记》 |
| 上古 | 县子 | 成蒙亨 | 中宪大夫前河东南路转运副使上骑都尉上古县开国子食邑五百户赐紫金鱼袋 | 贞元元年（1153） | 《常山贞石志》卷13《定林通法禅师塔铭》 |
| 博陵 | 县子 | 崔扩仁 | 中靖大夫①北京留守判官上骑都尉博陵县开国子食邑五百户赐紫金鱼袋 | 大定十二年（1172） | 《授堂金石文字续跋》卷12《大天宫寺碑记》 |
| 陈留 | 县子 | 路伯达 | 中议大夫太常少卿上骑都尉陈留县开国子食邑五百户 | 明昌二年（1191） | 倪思《重明节馆伴语录》 |
| 高阳 | 县男 | 耿得中 | 信武将军□□州□侯骑都尉高阳县开国男食邑三百户 | 大定二十一年（1181） | 《金石萃编》卷155《博州重修庙学记》 |
| 东平 | 县男 | 吕溥 | 朝奉大夫前河东南路转运副使上骑都尉东平县开国男食邑三百户赐紫金鱼袋 | 大定十二年（1172） | 《授堂金石文字续跋》卷12《大天宫寺碑记》 |
| 兰陵 | 县伯 | 萧麻鞋 | 宣威将军行京兆府临潼县令上骑都尉兰陵县开国伯食邑五百户 | 大定十六年（1176） | 《金石萃编》卷155《凝真大师成道记》 |
| | 县男 | 萧仲恭 | 利州管内观察使银青荣禄大夫检校工部尚书兼侍御史上骑都尉兰陵县开国男食邑七百户 | 天会四年（1126） | 《大金吊伐录校补》之72《回宋主书》 |

① 中散大夫，《金史·百官志》无。据李鸣飞研究，"中散大夫"为金朝前期文散官。参见李鸣飞：《金元散官制度研究》，第21—24页。

续表

| 封号 | | 姓名 | 结衔 | 立碑或封爵时间 | 出处 |
|---|---|---|---|---|---|
| 东阳 | 县男 | 宁獬 | 中散大夫起居郎同知涿州军州事都骑尉东阳县开国男食邑三百户赐紫金鱼袋 | 天会十年（1132） | 《授堂金石文字续跋》卷12《智度寺邑人供塔碑铭》 |
| □□□ | 县男 | 裴国器 | 奉训大夫□□□留守判官兼提举学校常平仓事飞骑尉□□□开国男食邑三百户赐紫金鱼袋 | 泰和二年（1202） | 《山右石刻丛编》卷22《段矩碑》 |

上表带开国字样的五等封爵共146例，144人次，与表3.2中金代不带"开国"五等爵位相比，具有以下特点：

其一，带"开国"二字的五等爵，多体现在官员的结衔当中。上述146例，多出自石刻或使金语录，这些石刻的撰写者、刊刻者或立石者的官爵名称均较完整地得以体现。出使宋朝的使者，身负外交使命，体现其身份地位的职、官、勋、爵一应俱全。

其二，从表3.2和表3.3的封爵实例来看，爵位前有无"开国"取决于爵位的获得方式。封赠爵位中一般不带"开国"二字，常规封爵则多有"开国"二字。如结衔为中奉大夫、前克华州① 防御使兼提举学校事、护军、武威郡开国侯、食邑一千户、食实封一百户的段铎，其父因段铎官爵达到三品，从而得"赠中奉大夫、武威郡侯"②；张公的父祖亦因"用公贵"，祖赠正奉大夫、清河郡伯，父累赠资善大夫、清河郡侯③。金朝的这种封爵制度与南北朝时期所实行的实封和散爵制度相类。北魏时期用"封"和"赐"来表示食实封和散爵之间的区别，这种情况在《魏书》中有较多记载。如《魏书·李崇传》载：李崇，年十四，袭爵陈留公，后例降为侯，"世宗追赏平氏之功，封魏昌县开国伯，邑五百户"④。"陈留公"虽属"公爵"，在爵位等级上高于"伯"，但"魏昌县开国伯"是享有食实封的开国五等爵，所以实际上是提升了待遇。再如傅永在平齐后，赐爵贝丘男，

---

① 此处段铎的官职"前克华州防御使"，似有误。《金文最》卷90《武威郡侯段铎墓表》载"徙节授华州防御使"，《金史·地理志》有华州，"克"应为衍文。
② 《山右石刻丛编》卷20《段铎墓表》，《辽金元石刻文献全编》第一册，第212—213页。
③ 《金文最》卷96《资善大夫吏部尚书张公神道碑》，第1402页。
④ （北齐）魏收：《魏书》卷66《李崇传》，北京：中华书局，1974年，第1467页。

后因功封贝丘县开国男,食邑二百户。前者为"赐"后者为"封",虽爵级相同,但实际待遇却发生了变化。金代五等爵前既无开国又无食邑的封赠方式,在形式上与南北朝时期的赐爵制度较为相似。

其三,是否体现食邑也是带"开国"爵和不带"开国"爵的区别之一。"开国"五等爵的结衔完整地体现了一位官员的身份地位,其中包括与封爵相对应的食邑。而不带"开国"的五等爵,爵位之后多不体现食邑数量。五等爵的食邑和开国,在南北朝时期是区分实封与虚封的重要内容。实封五等爵前加"开国"字样,无食邑的五等爵,则无"开国"字样加于爵称之前,这类封爵纯属虚封之爵[1]。金代封爵均无实际的"开国"之义,从这点来说,都属虚封,但仍有一定的经济利益,也就是食邑。金代郡侯以下(不包括郡侯)均不再享有食实封的资格,但食邑仍是官员身份地位的标识之一,因此在结衔当中有所体现。不带"开国"字样的五等爵,大多不是通过"为官"得爵,因此也不体现食邑数量。

但还要说明的是,上述所论三个特点虽符合带"开国"五等爵与不带"开国"五等爵的多数实例,但却不能涵盖全部。也就是说上表中不是全部内容均符合上述三条区别标准。如表 3.2《金代无"开国"五等爵封表》中,天水郡侯赵思文、始平郡侯冯延登、京兆郡侯康某以及荥阳县男毛君,四人都属于入仕为官获得的爵封,但封爵前无"开国"二字。不过,他们结衔中却又有食邑数量和实封之数。而表 3.3《金代"开国"五等爵封表》中,郭济忠之父的官衔爵位中有开国,但无食邑。郭济忠之父名璘,"习进士业,不中第。后为□,官至□品,追赠朝散大夫、骑都尉、汾阳县开国男"[2]。其爵位的获得并非因其子贵,而是自身做官,死后追赠,但有"开国",却没有体现食邑。

根据目前所掌握的资料来看,金代封赠父祖官爵时,五等爵位不带开国与食邑。但官员正常的封爵,乃至死后根据其官阶追赠爵位时,通常要有开国和食邑,但因记述方式的不同有时又会省略,如赵秉文的爵封,在不同文献中就存在有"开国"和无"开国"的不同记载。《闲闲公

---

[1] 杨光辉:《汉唐封爵制度》第 3 版,第 33 页。
[2] 张廷玉:《大金朝散大夫前德州安德县令兼管勾常平仓事骑都尉汾阳县开国男食邑三百户赐紫金鱼袋致仕郭公碑铭并序》,阎凤梧主编:《全辽金文》,太原:山西古籍出版社,2002 年,第 2017 页。据清刊本《定兴县志》卷 17 收。

墓铭》载赵秉文:"积官至资善大夫,勋上护军,爵天水郡侯,食邑一千户,实封一百户"[1],这里郡侯爵位前无"开国",而《金文最》所录赵秉文墓志,无论是题文还是志文中,郡侯前都有"开国"二字[2]。表3.2《金代无"开国"五等爵封表》中天水郡侯赵思文等四人封爵前虽无"开国",但却标明了食邑数量,应该也属于省略"开国"的情况。

由此,可以初步判断,在金代自身无功或无官爵,凭借子孙的官爵所封赠的五等爵前一般无"开国"字样,也不体现食邑数量,以体推恩封赠制度的特点。入仕为官获封五等爵位,一般要有"开国"与食邑,尤其是需要体现官员身份的场合下,这些信息都要完整地体现。但在文献记述中,撰写者往往又会将"开国"等字样省略。这与唐制相似,唐代"这种差异应是正规称呼与否的问题,考古材料加之,是为正规称呼,这种现象在官员亲自签署的文书中更明确;正史传记不加者,是省略或简称所致"[3]。

※　　※　　※　　※

本章主要通过文献和石刻资料对金代五等封爵的爵称爵序进行了全面的梳理,得出有金一代共有国公、郡(县)公、郡(县)侯、郡(县)伯、郡(县)子、郡(县)男十一个爵称。其中县公、县侯仅见于天会年间,体现在充当使者的汉人、渤海人以及契丹人的官衔当中,此后不见记载。《金史·百官志》对郡伯和县伯爵位的变化记载并不准确,郡伯、县伯爵封在承安二年(1197)之前一直并存,此后,县伯也并未取消,两者在金朝爵位体系中一直并行不悖。金代继承了南北朝、隋唐以来五等爵位的"开国"之义,品官爵位的正规称谓中均有"开国",但也有无"开国"五等爵。金代五等爵封前有无"开国",意义不同。对品官来说,爵位前有无"开国"应是正规称呼与简称或者说略称的区别。但封赠品官父祖爵位或特例封赠爵位的情况下多不体现开国和食邑,从而体现了金代爵位制度中封与赠的区别。

---

① 《元好问全集》卷17《闲闲公墓铭》,第349—350页。
② 《金文最》卷93《翰林学士承旨资善大夫知制诰兼同修国史上护军天水郡开国侯食邑一千户实封一百户赵公墓志铭并引》,第1354页。
③ 李方:《唐西州的封爵制度》,《庆祝宁可先生八十华诞论文集》,北京:中国社会科学出版社,2008年,第256页。

# 第四章　金代爵位的封授

"亲"和"功"是历代封爵所依据的两项主要标准,金朝的封爵也主要以此为依据。金代封爵群体可分为宗室和异姓两大类。金代的宗室是指始祖函普及其兄弟的后裔,异姓包括异姓完颜、普通女真人、契丹人、汉人、渤海人等,也就是非宗室成员。"因亲"封爵的主要对象为皇族宗室,但金朝宗室子弟多战功卓著,因此,金朝前期宗室封爵中的亲与功无法完全分开,亲亲亦功的情况较为普遍。"功"的内容比较宽泛,"因功"封爵涵盖了所有群体,既有异姓,亦有宗室。推恩封赠和投诚归附则是异姓爵位封授的重要方式。金代仿效中原王朝将封爵与郡望相结合,依据郡望封爵成为金代爵位封授的重要依据和标准。

## 第一节　宗室爵位的封授

宗室凭借天潢近支的血统关系便可以获得高爵厚禄。汉初,在剪灭异姓王后,想凭依宗室子弟以保江山社稷,大封同姓诸王,"非刘氏不王"成为封爵的重要原则。此后,历朝都会根据宗室与帝王的亲疏关系给予相应的爵位封授。凭借宗室身份即可获得爵位,也成为中国古代封爵制度的重要标准和依据。金朝的因亲封爵范围经历了一个由大到小的过程,封爵标准也经历了"亲亲亦功"到单纯的凭借血缘关系的"因亲"封授的变化。金初宗室子弟能征善战,是金朝得以立国的主要力量。因此,熙宗确立封爵制度后,"大封宗室"的群体中往往"亲亲亦功",也就是说皇室宗亲同时也是开国元勋,封爵的过程中往往参照亲、功两项标准。而普通宗室成员要想获得封爵则主要凭借其才能和功绩。到世宗时期因亲封爵的范围则限定在皇兄弟、皇子范围内。

### 一、因亲封爵

金代宗室大规模封爵始于熙宗朝。熙宗即位伊始便有"大封宗室"[①]之举,熙宗在位时期,皇室宗亲凭借与熙宗的血缘关系大多获得了王爵之封。上起景祖诸子,下至熙宗之皇兄、皇子均获王爵之封。熙宗之后,金代"因亲"封爵的范围则呈现不断缩小的趋势。下表是依据《金史》、石刻等史料统计的金代宗室封爵的对象和数量,由此可见金代宗室"因亲"封爵的范围、爵位等级以及发展变化等情况。

**表 4.1　金代宗室封爵人员统计表[②]**

| 封爵时间 | 封爵对象出身 | 封爵人名 / 人数 | 封授爵位 | 封授方式[③] |
|---|---|---|---|---|
| 熙宗时期 | 景祖子 | 劾者[④]、劾孙、麻颇、谩都诃、阿离合懑、劾真保[⑤] / 6 | 国号王 | 追封 |
| | 劾者子 | 撒改、斡鲁 / 2 | 燕国王、郑国王 | 追封 |
| | 世祖子 | 斜也(杲)、斡带、斡赛、斡者、乌故乃、查剌、阇母、昂 / 8 | 辽越国王、魏王、卫国王、鲁王、汉王、沂王、吴国王、漆水郡王(郓王) | 追封、封授 |
| | 劾孙子 | 蒲家奴 / 1 | 王 | 封授 |
| | 穆宗子 | 挞懒(昌)、勖、蒲察、蒲里迭 / 4 | 鲁国王、鲁国王(汉国王)、齐国公、崇国公 | 封授 |

[①]《金史》卷65《始祖以下诸子传》,第1643页。
[②] 此表统计的是宗室初封爵位和进封爵位,不包括降封、削爵等情况。表格中人员信息和数量依据书中不同时期表格综合整理而得。表中小括号里的爵位表示此人这一时期进封的爵位,如完颜昂,熙宗时期首次封爵为漆水郡王,后又进封郓王;有汉名重名者用小括号标出女真名;世宗时期,●表示此人在海陵二年例夺王爵,★表示被海陵诛杀,此时再追封的爵位,其他宗室的爵位则是在海陵"例降"基础上的封授、进封或追进。
[③] 这里的封授方式指的是死后追封和存世封授两种情况。
[④] 景祖皇后生5子,穆宗、肃宗、劾孙、世祖、劾者,其中劾者无传,《金史》在叙及其子孙时,多有"韩国公劾者"之称。韩国公,应是海陵正隆二年例降的爵位,此前的爵位不详。从景祖次室所生的麻颇、谩都诃、阿离合懑3人在熙宗时期均封爵为国号王的情况判断,劾者此时亦有王爵之封。
[⑤] 劾真保,为景宗次室所生,其封爵亦不详,《金史》中也只有"代国公劾真保"这样简短的记述,从其出身以及景祖其他儿子的封爵看,熙宗时期也应封爵为王。

| 封爵时间 | | 封爵对象出身 | 封爵人名／人数 | 封授爵位 | 封授方式 |
|---|---|---|---|---|---|
| | | 太祖子 | 宗干、宗尧、宗望、宗弼、乌烈、宗傑、宗雋、讹鲁、讹鲁朵、宗强、宗敏、习泥烈、宁吉、燕孙、斡忽、隈喝／16 | 梁宋国王、潞王(冀国王)、魏王(许国王、晋国王)、沈王(越国王、梁王)、丰王、越王、陈王(兖国王)、沈王、豳王、纪王(卫王)、邢王(曹国王)、纪王、息王、莒王、郕王、任王 | 封授、追封 |
| | | 太宗子 | 宗磐、宗固、宗雅、宗伟、宗英、宗懿、宗本、鹘懒、宗美、神土门、斛孛束、斡烈、宗哲、宗顺／14 | 宋国王、豳王、代王、虞王、滕王、薛王、原王、翼王、丰王、郓王、霍王、蔡王、毕王、徐王 | 封授 |
| | | 康宗子 | 宗雄(谋良虎)／1 | 齐国王 | 追封 |
| | | 宗雄子 | 按答海／1 | 金源郡王(谭王) | 封授 |
| | | 太祖孙 | 雍、充、亨、亮、爽、常胜(熙宗弟)／6 | 葛王、淄国公(代王、郑王)、芮王、岐国王、邓王、胙王 | 封授 |
| | | 撒改子 | 宗翰／1 | 晋国王、周宋国王 | 封授、追封 |
| | | 熙宗子 | 道济／1 | 魏王 | 封授 |
| | | 习不失(昭祖孙)孙 | 宗贤(赛里)／1 | 豳国公 | 封授 |
| | | 安帝六代孙 | 昊(撒离喝)／1 | 应国公 | 封授 |
| | | 系出景祖 | 阿离补／1 | 谭国公 | 封授 |
| | | 宗室 | 银术可／1 | 蜀王 | 封授 |
| 海陵时期 | 正隆二年之前 | 海陵子 | 元寿／1 | 崇王 | 封授 |
| | | 海陵弟 | 襄、充、衮／3 | 卫王、王、王 | 追封、封授 |
| | | 海陵弟襄之子 | 和尚／1 | 应国公 | 封授 |
| | | 景祖孙 | 晏／1 | 葛王(宗王、豫王、许王、越王、齐王) | 封授 |

续表

| 封爵时间 | 封爵对象出身 | 封爵人名/人数 | 封授爵位 | 封授方式 |
|---|---|---|---|---|
| | 景祖弟孛黑之孙 | 昂 / 1 | 沈国公(楚国公) | 封授 |
| | 穆宗子 | 勗 / 1 | 秦汉国公(周宋国王) | 封授 |
| | 穆宗孙(勗之子) | 宗秀 / 1 | 宿国公(广平郡王) | 封授 |
| | 康宗子 | 限可 / 1 | 广平郡王 | 封授 |
| | 撒改子 | 宗贤 / 1 | 河内郡王(钜鹿郡王) | 封授 |
| | 撒改孙(宗翰子) | 秉德 / 1 | 萧王 | 封授 |
| | 太祖孙 | 阿里罕(宗敏子)、撒合辇(宗敏子)、京(宗望子)、文(宗望子)、雍(宗尧子) / 5 | 密国公、舒国公(进封王)、曹王、王、赵王 | 封授 |
| | 康宗子 | 宗雄 / 1 | 秦汉国王 | 追封 |
| | 宗雄子 | 按答海 / 1 | 郓王(魏王) | 封授 |
| | 宗室 | 宗贤(阿鲁)、突合速 / 2 | 定国公(广平郡王)、定国公 | |
| | 安帝六代孙 | 杲(撒离喝) / 1 | 国王 | 封授 |
| 正隆二年 | 昭祖孙 | 习不失 / 1 | 曹国公 | 追封 |
| | 始祖弟保活里五世孙 | 石土门 / 1 | 金源郡王 | 追封 |
| 正隆二年之后 | 海陵子 | 广阳、矧思阿补 / 2 | 滕王、宿王 | 封授、追封 |
| 世宗时期 | 景祖孙 | 晏(阿离合懑次子)、撒改(劾者子) / 2 | 广平郡王、金源郡王 | 封授、追封 |
| | 康宗子 | 限可●、宗雄 / 2 | 宗国公、楚王 | 封授、追封 |
| | 宗雄子 | 按答海● / 1 | 兰陵郡王(金源郡王) | 封授 |
| | 太祖孙 | 京(宗望子)、文(宗望子)、爽(宗强子) / 3 | 寿王、英王(荆王)、温王(寿王、英王、荣王) | 进封、封授 |

续表

| 封爵时间 | 封爵对象出身 | 封爵人名 / 人数 | 封授爵位 | 封授方式 |
|---|---|---|---|---|
| | 昭祖孙 | 习不失 / 1 | 金源郡王 | 追封 |
| | 太祖弟 | 阇母 / 1 | 鲁王 | 追进 |
| | 太祖子 | 宗望、宗傑 / 2 | 宋王、赵王 | 追封 |
| | 太宗子★ | 宗固、宗雅、宗懿、宗本、宗美、神土门、斛孛束、斡烈、宗哲、宗顺 / 10 | 鲁王、曹王、郑王、潞王、卫王、豳王、沈王、鄂王、韩王、隋王 | 追封 |
| | 太祖孙 | 亨★(宗弼子)、阿里罕★(宗敏子)、京、文(宗望子)、爽(宗强子) / 5 | 韩王、诏复官爵、寿王、英王(荆王)、温王(寿王、英王、荣王) | 追封 |
| | 撒改子 | 宗翰 / 1 | 秦王 | 改赠 |
| | 景祖弟孛黑之孙 | 昂 / 1 | 汉国公 | 进封 |
| | 景祖曾孙 | 宗尹 / 1 | 代国公 | 封授 |
| | 昭祖五世孙 | 襄 / 1 | 萧国公 | 封授 |
| | 安帝六代孙 | 杲(撒离喝) / 1 | 金源郡王 | 追封 |
| | 宗室 | 宗贤(阿鲁)● / 1 | 景国公 | 封授 |
| | 始祖弟保活里四世孙 | 完颜忠(迪古乃) / 1 | 金源郡王 | 追封 |
| | 始祖弟保活里五世孙 | 思敬● / 1 | 济国公 | 封授 |
| | 世宗子 | 允恭、永中、永功、永成、孰辇、斜鲁、永蹈、永升、永济、永德 / 10 | 楚王、许王(越王、赵王)、郑王(隋王、曹王)、沈王(豳王)、鲁王、越王、滕王(徐王)、徐王(虞王)、薛王(滕王)、薛王 | 封授 |
| | 世宗孙 | 吾睹补、璟、琮、瓌、从彝 / 5 | 温国公、金源郡王(原王)、道国公、崇国公、宿国公 | 封授 |

续表

| 封爵时间 | 封爵对象出身 | 封爵人名／人数 | 封授爵位 | 封授方式 |
|---|---|---|---|---|
| 章宗时期 | 世宗子 | 永中、永功、永成、永升、永蹈、永济、孰辇、永德／8 | 汉王（并王、镐王）、冀王（鲁王、郓王）、吴王（兖王、豫王）、隋王（曹王、宛王）、卫王（郑王）、潞王（汉王、卫王年）、赵王、沈王（豳王、潞王） | 除孰辇为追封，其余均为进封 |
| | 章宗兄弟 | 琮、珣、璹、从彝、从宪、玠／6 | 郓王、丰王（冀王、邢王、升王）、瀛王、沂王（蔡王、霍王）、寿王（英王、瀛王）、温王 | 封授 |
| | 章宗子 | 洪裕、洪辉、洪靖、洪熙、洪衍、忒邻／6 | 绛王、寿王、荆王、荣王、英王、葛王 | 封授、追封 |
| | 世宗孙 | 璐（福孙）／1 | 萧国公 | 封授 |
| | 昭祖九世孙 | 完颜匡／1 | 定国公 | 封授 |
| | 昭祖五世孙 | 襄／1 | 戴国公（任国公、常山郡王、南阳郡王） | 进封 |
| | 昭祖四世孙 | 宗浩／1 | 荣国公 | 封授 |
| 卫绍王时期 | 世宗子 | 永升、永功／2 | 夔王、谯王（越王） | 进封 |
| | 卫绍王子 | 封子六人为王／6 | 王爵 | 封授 |
| | 始祖九世孙 | 完颜匡／1 | 申王 | 封授 |
| 宣宗时期 | 宣宗子 | 守绪、守纯／2 | 遂王、濮王（英王） | 进封 |
| | 世宗孙 | 璹（永功子）、暉（永成子）／2 | 胙国公、任国公 | 封授 |
| | 卫绍王子 | 按辰 | 巩国公 | 降封 |
| 哀宗时期 | 宣宗子 | 守纯／1 | 荆王 | 进封 |
| | 守纯子 | 讹可、某、孛德／3 | 萧国公（曹王）、戴王、巩王 | 封授 |
| | 永功子 | 璹／1 | 密国公 | 进封 |

熙宗时期是金朝宗室封爵规模最大的时期，具有范围广、数量多的特点，上表统计的见于文献记载的宗室封爵人数达65人，其中对先祖和开国宗室勋贵的追封占据近三分之一，追封爵位的数量在金朝历史

上也是最多。这与熙宗确立封爵制度后,需要通过封爵的方式来追溯先祖功德有关。至世宗时期,"因亲"封爵的范围基本限定在皇子、皇兄弟之列。由上表可见,金代宗室"因亲"封爵的对象和范围大体分为以下几类:

其一,曾祖辈。熙宗时期是金朝封爵规模最大的时期,将宗室封王的范围上溯到景祖诸子,即曾祖辈。熙宗为太祖孙,世祖则是熙宗的曾祖,世祖的兄弟则是熙宗的曾祖辈。景祖子有世祖、肃宗、穆宗等凡九人,熙宗即位时他们皆已离世,天会十四年(1136)、十五年(1137)熙宗以追封的方式授予劾者、劾孙、劾真保、麻颇、阿离合懑、谩都诃六人王爵。对先祖的追封,主要在熙宗时期,这是由于金代的封爵制度并非与其政权的建立同步,熙宗时期才确立封爵制度,制度确立首先要对先祖封爵,因此"追封"先世便成为熙宗"大封宗室"的重要内容。

其二,祖父辈。太祖诸兄弟为熙宗的叔伯祖辈,世祖子11人,除康宗、太祖、太宗,其余8人在熙宗即位后全部封爵国号王。其中斜也封爵辽越国王,斡赛和阇母分别追封为卫国王和吴国王,属于国号王爵中地位较高的等级。世祖兄弟之子,在辈分上亦是熙宗的祖父辈,即叔伯祖,但在血缘上则疏于世祖诸子,因此,并未全部封王,而是有选择地封爵。如劾孙和劾者之子全部封王,穆宗子5人,其中只有挞懒和乌也(勖)两人封爵为一字国王。

其三,叔伯辈。皇叔伯包括堂叔伯,多封爵为王。太祖子、太宗子是熙宗的叔伯辈,早在天会十五年(1137)熙宗便"封皇叔宗隽、宗固,叔祖晕皆为王"[1]。定封国等第后,太祖诸子又相继获封。太祖子共17人[2],熙宗即位追尊其父宗峻谥曰景宣皇帝,其余16子无论在世与否均获得王爵之封,成为这一时期封爵的重要群体。太宗诸子,对于熙宗来说,血缘上虽较太祖子疏远,但亦全部封爵为王。太宗诸子的王爵之封除了"因亲"之故,还与熙宗稳定政治统治政策有关。熙宗以太祖嫡孙的身份从太宗手中继得皇位,为了安抚觊觎皇位的太宗诸子,继位伊始,便大封

---

[1]《金史》卷4《熙宗纪》,第80页。
[2]《金史·宗室表》载:"右太祖子,与景宣、睿宗凡十六人",实太祖子应为十七人,《宗室表》漏记了太祖崇妃萧氏所生子任王隈喝(参见《金史·后妃传上》,第1597页)。

太宗诸子。太宗诸子中宗顺"天会二年薨,皇统五年赠金紫光禄大夫,后封徐王",其余诸子在天眷元年前全部封爵国号王。另外,康宗子亦属熙宗叔伯辈,其子共3人,其中宗雄(谋良虎)追封为齐国王,其他二子未见封爵,而宗雄不仅有王爵之封,且封号为大国号,应与其战功有关。其实,太祖、太宗诸子作为曾经的"皇子"均具备封爵为王的资格,只不过当时没有确立封爵制度。熙宗定封国制后,对他们的封爵,从某种程度上也属于金朝"定制,皇兄弟及子封一字王者为亲王"的内容。

金章宗时期,世宗诸子也就是章宗的叔伯们大多健在,他们在世宗时作为皇子已经拥有了王爵,章宗即位后又再次进封。如永中,大定元年(1161)封许王,七年进封越王,十一年进封赵王,章宗明昌二年(1191)又进封并王,三年再进镐王;永蹈,大定十一年(1171)封滕王,未期月进封许王,章宗即位进封卫王,明昌二年(1191)又封郑王①。永功、永成、永升、永济(卫绍王)以及永德等世宗诸子的王爵之位在章宗朝均得以屡次进封。

其四,皇兄弟、皇子。金代皇兄弟、皇子皆封爵国号王,为亲王。唐制"皇兄弟、皇子,皆封国为亲王"②。宋代"皇子、兄弟封国,谓之亲王"③。金熙宗"皇统二年,定制,皇兄弟及子封一字王者为亲王,给二品俸,余宗室封一字王者以三品俸给之"④。也就是说,金代皇兄弟、皇子封爵一字王,为亲王,其他宗室虽有"一字王"爵封,但并不属于亲王之列。自熙宗时起,皇兄弟、皇子无一例外地封爵国号王。熙宗只有皇弟一人,即常胜,封爵为酢王。海陵有兄弟四人,即充、衮、襄、衮,其中海陵兄充(神土懑)在熙宗皇统年间已封爵淄国公,"九年,拜左丞相。是岁,薨。追封郑王"⑤,其余三人在海陵天德初年以及贞元元年(1153)均封爵为国号王。金代诸帝中,章宗皇兄弟最多,章宗即位后,便"封兄珣为丰王,琼郓王,璹瀛王,从彝沂王,弟从宪寿王,玠温王"⑥。此后章宗又屡次加封其爵

---

① 《金史》卷85《永中传》,第2017—2019页;卷85《永蹈传》,第2021页。
② 《新唐书》卷46《职官志一》,第1188页。
③ 《宋史》卷169《职官志九》,第4061页。
④ 《金史》卷58《百官志四》,第1428页。
⑤ 《金史》卷76《充传》,第1854页。
⑥ 《金史》卷9《章宗纪一》,第230页。

位。如从宪,"章宗即位,加开府仪同三司,封寿王。承安元年(1196),以郊祀恩进封英。四年,改封瀛";从彝,"章宗即位,封沂王","承安元年,为兵部尚书,改封蔡",泰和八年(1208)"封霍"①。

皇子是王朝统治的基脉,皇子封王历朝一以贯之。熙宗子嗣稀少,唯两人,其中悼平皇后所生子济安虽于皇统二年(1142)封为皇太子,但不久就病逝。由贤妃所生道济,在皇统三年(1143)被封为魏王,但却因"熙宗怒杀之"。海陵有四子,光英被立为太子,其他三人虽均短命而亡,亦无一例外地加封王爵。世宗子,有显宗、卫绍王等共十人,世宗即位后也都相继封授国号王爵。世宗在位时对诸子爵位的封授尤为重视,皇子中多人屡次进封,如上已论及的永中先后有许王、越王、赵王之封;永功"大定四年,封郑王。七年,进封隋王。十一年,进封曹王"②。章宗虽有几位皇子见世,但多弥月而薨,章宗以追封的方式使他们王爵加身。章宗子忒邻,算是皇子中存活时间最长的一位。忒邻生于泰和二年(1202)八月,"上久无皇嗣,祈祷于郊、庙、衍庆宫、亳州太清宫,至是喜甚。弥月,将加封,三等国号无惬上意者,念世宗在位最久,年最高,初封葛王,遂封为葛王"③。即便如此也未能摆脱早卒的命运,泰和三年(1203),忒邻薨。卫绍王子仅一人,宣宗子三人,亦依照皇子封王的传统封爵。可见,金代亲王包括了不同时期的皇兄弟和皇子在内,与唐"皇兄弟、皇子,皆封国为亲王"之制同。

皇帝的从兄弟也可依据宗室的身份获得封爵,甚至也可封爵至王爵。如世宗在熙宗"皇统间,以宗室子例授光禄大夫,封葛王"④,世宗为太祖孙,与熙宗的关系为从兄弟;熙宗还以宗傑之"长子奭为会宁牧,封邓王";宗望之子京、文,皆以宗室子起家,京于海陵天德二年封爵为曹王,文于贞元元年封爵为王,世宗时期前者又封寿王,后者封英王,又徙封荆王⑤;宗强子爽在世宗即位于东京(今辽宁辽阳)后,东迎车驾,入见

---

① 《金史》卷93《显宗诸子传》,第2183页。
② 《金史》卷85《永中传》,第2017—2018页;卷85《永功传》,第2022页。
③ 《金史》卷93《章宗诸子传》,第2186页。
④ 《金史》卷6《世宗纪上》,第137页。
⑤ 《金史》卷74《宗望传》,第1814、1816—1817页。

世宗,世宗大悦,封温王,后又进封寿王、英王、荣王①。宗傑、宗望、宗强之子皆太祖孙,与熙宗、海陵王、世宗都是从兄弟关系,其中多人获王爵之封。不过,从兄弟封爵为王,在金代并非定制。通常情况下,从兄弟封国公和散官的情况较为多见,如宗望子齐"天眷三年,以宗室子授镇国上将军。皇统元年,迁光禄大夫"②,无封爵;海陵即位后弑杀太祖子宗敏,天德三年(1151)在追封宗敏爵位时封其子"撒合辇舒国公,赐名褒,进封王;阿里罕封密国公"③;永功子璐(福孙)、璮(寿孙)和粘没曷在章宗即位后,则成为从兄弟,其中《金史》中只记载璐"加银青荣禄大夫,封萧国公"④,其他二子并无爵封。

其五,皇孙。与皇子、皇兄弟相比,皇孙在封爵制度中所享有的地位明显降低。金世宗时期依据唐朝玄宗封爵的故事,确立了皇孙封爵制度。大定"十八年十一月二十三日,敕旨:'皇太子子封金源郡王(唐典故,代宗为玄宗嫡皇孙,年十五,封广平郡王),长男授特进,封温国公,次男封道国公,女封广平郡主(以次诸子例封公。赵王长子授光禄,次子奉国)'"⑤。皇太子子指的是嫡子,封爵为郡王。

世宗子嗣众多,大定二年(1162)立明德皇后乌林答氏子允恭(即显宗)为皇太子。显宗的嫡子章宗出生时,世宗为其取名为麻达葛,并称"朕子虽多,皇后止有太子一人。幸见嫡孙又生于麻达葛山,朕尝喜其地衍而气清,其以山名之"⑥。大定十八年(1178)封麻达葛为金源郡王,大定二十五年(1185)显宗病故,同年便进封麻达葛为原王。次年十一月,又立原王为皇太孙,并谕之曰:"尔年尚幼,以明德皇后嫡孙惟汝一人,试之以事,甚有可学之资。朕从正立汝为皇太孙,建立在朕,保守在汝。宜行正养德,勿近邪佞,事朕必尽忠孝,无失众望,则惟汝嘉。"⑦这样,原王便成为皇位的合法继承人。

皇太子的其他儿子则封爵为国公。如世宗之孙珣(即宣宗)在大定

①《金史》卷69《完颜爽传》,第1705页。
②《金史》卷74《齐传》,第1814页。
③《金史》卷69《宗敏传》,第1709页。
④《金史》卷85《永功传》,第2024页。
⑤《大金集礼》卷9《亲王》,第128页。
⑥《金史》卷9《章宗纪一》,第227页。
⑦《金史》卷9《章宗纪一》,第228页。

十八年(1178),"封温国公加特进"①;琼在"大定十八年,封道国公";璨"大定二十二年,封崇国公";从彝"大定二十五年,封宿国公,加崇进"②。章宗即位后他们的身份则变为皇兄弟,于是才又纷纷进封为王爵。

至于非太子之子的皇孙,则多加封散官,不见具体爵封。如永功的两个儿子璐(福孙)和璹(寿孙),在大定二十六年(1186)和二十七年(1187)先后加封奉国上将军散官③。璐在章宗即位后,才封爵为萧国公;璹在宣宗、哀宗时期相继有酢国公、密国公之封。可见,皇孙虽为皇家的直系血脉但并不具有直接封爵王、公的资格。金代皇孙从封爵制度的角度考量,地位并不高,与唐制相比地位亦偏低。唐制"皇兄弟、皇子,皆封国为亲王;皇太子子,为郡王;亲王之子,承嫡者为嗣王,诸子为郡公,以恩进者封郡王;袭郡王、嗣王者,封国公"④。也就是说唐代皇太子子均可封爵郡王,皇孙至少可以获得郡公的封爵,但金代皇孙中只有太子嫡子才可获封郡王,其他皇子亲王之子只能获封散官。

综上可见,金代宗室"因亲"封爵的数量之众、范围之广,至于封授爵位的高低,则取决于本人与皇帝世系的远近,同时在爵位封授过程中亦有"重死轻生"的倾向。金熙宗天眷元年"定封国制",确立封爵制度,封爵的范围上溯四代至景祖子嗣。景祖诸子,除世祖、肃宗、穆宗,其余全部封爵国号王。熙宗系出世祖,世祖诸子(景祖孙)共十一人,除康宗、太祖、太宗外,熙宗无一例外地追封了国号王爵,甚至不惜加封金代最高爵赏"两字国王",如世祖第五子斜也,在皇统三年(1143)就被追封为辽越国王。劲者、劲孙、肃宗、穆宗与世祖为同胞兄弟,其诸子在熙宗朝基本都获得了封爵。景祖次室所生的麻颇、阿里合懑、谩都诃等人之子,虽同为景祖之孙,但在熙宗时并无爵封,即使麻颇子谩都本在金初屡立战功,并死于战事,熙宗在天眷年间也只是赠金紫光禄大夫的散官阶⑤。再如,熙宗封授太宗、太祖诸子国号王爵,太宗子十四人,除宗磐封爵的宋国王是大国号"一字国王",其余十三人封爵均为次国号。而太祖诸子中

---

①《金史》卷14《宣宗纪上》,第327页。

②《金史》卷93《显宗诸子传》,第2181—2183页。

③《金史》卷85《永功传》,第2024—2025页。

④《新唐书》卷46《职官志一》,第1188页。

⑤《金史》卷65《世祖以下诸子传》,第1544页。

封爵为辽、宋、梁、赵等大国号王爵者却大有人在,如宗望"天会十三年,
封魏王。皇统三年,进许国王,又徙封晋国王",封号均为大国之号。金
代自封爵制度确立伊始就将血缘亲疏关系作为封爵的一项重要准则,后
世基本沿袭不改。同时,金代宗室封爵中对已故者的爵封往往优于在世
者,如世祖诸子中魏王斡带、辽王斜也、鲁王阇母等人的大国号王爵皆是
熙宗时期追封,而世祖最幼子昂是熙宗时唯一存世的一位皇叔,皇统元
年(1141),封爵漆水郡王,次年,制诏昂署衔带"皇叔祖"字,封郓王①。
虽爵封至国号王,但"郓"位列次国号,在国号等级上则位列追封的世祖
其他诸子的大国号之下。

　　纵观金代"因亲"封爵,"亲"的范围呈逐渐缩小的趋势,这与金代封
爵制度确立时间与建国时间不同步,前者滞后于后者有关。金朝第三任
皇帝熙宗确立封爵制度后,便追封先祖,于是,景祖、世祖、太祖、太宗一
系的诸子、诸兄弟均封爵为王。海陵即位之初,为了稳定人心,加大了对
宗室远支的封爵。当其统治稳定之后,又采取了打击宗室,重用异族的
政策。正隆二年(1157),例降封爵等第,"封王者皆降封",宗室王爵大
量被削夺或降封。世宗、章宗及其后继者在宗室"因亲"封爵政策的执
行过程中,将"亲"的范围基本限定在皇兄弟、皇叔伯、皇子和皇孙群体
之内。其实,金代"因亲"封爵主要以皇兄弟、皇子群体为主,他们是"因
亲"封爵的主体。从熙宗的世系来看,对世祖、太祖、太宗诸子的封爵是
追封先祖,但如果从每一代自身来看,他们又都是历任帝王的"皇兄弟"
或"皇子"。也就是说世祖、太祖、太宗的诸兄弟、诸子,无论在世与否全
部封爵为国号王或郡王,从这个角度说宗室"因亲"封爵的范围还是以
皇兄弟、皇子、皇孙等皇室直系宗亲为对象。但还应该看到,宗室爵位的
获得尤其是爵位等级的高下,并非单纯因"亲"而定,"功"也是重要的考
量标准,像世祖、太祖诸子,基本都是开国元勋,并对国家政权巩固、制度
建设发挥了重要作用,也无愧于王爵之封。因此,金朝宗室中的"因亲"
封爵并非仅仅依靠其与帝王的亲缘关系,往往"亲"与"功"并存。

①《金史》卷65《完颜昂传》,第1553页。

## 二、宗室功封

明人王圻《续文献通考》称:"金初亲王皆以功封,至后世或以私封者。"① 王圻所指的应是金熙宗时期"大封宗室"的过程中,追封景祖、世祖、太祖、太宗子孙主要凭借其功绩,并非单纯因与皇帝的血缘关系来封爵。金以武立国,"兄弟子姓才皆良将"②,"太祖征伐四方,诸子皆总戎旅"③,金太祖完颜阿骨打的父祖及子侄们,能征善战,是金朝得以立国的根基。明人杨循吉亦言,"旻所用将兵者,皆其宗室子弟为多"④。金熙宗确立封爵制度后,大封宗室,景祖、世祖、太祖、太宗子孙,从血缘上看,属于"因亲"封爵的内容。但正如前人所言,金初的宗室子弟多是开国功臣,因此,功绩亦是其封爵的重要依据和标准。这主要体现在有功绩的宗室相对于同等血缘关系的宗室封爵等级要高,可以获得爵封的至尊名位,这在熙宗朝宗室封爵中体现最为明显,体现了封爵制度的"酬劳奖功"的作用。

首先看"亲亲亦功","因亲"封爵中的"功"封。世祖诸子在熙宗即位后均有王爵加身,但所封爵位的等级又与其功绩有关。如世祖第五子,即太祖同母弟杲(斜也),在太祖收国元年(1115)为国论昃勃极烈,屡从太祖伐辽,太宗即位又以"杲为谙班勃极烈,与宗干俱治国政",天会八年(1130)薨,皇统三年(1143)追封辽越国王⑤;熙宗时期另一位爵封两字国王者是宗翰。宗翰是世祖兄劾者之孙(景祖曾孙)、国相撒改子,从宗亲血缘的角度已经不具备封王的资格,但宗翰在金朝拥有尊贵的地位和显赫的战功。宗翰"内能谋国,外能谋敌,决策制胜,有古名将之风。临潢既捷,诸将皆有怠忽之心,而请伐不已。越千里以袭辽主,诸将皆有畏顾之心,而请期不已"⑥。天辅五年(1121),宗翰父撒改去世,宗翰任移赉勃极烈,成为金朝中央政权中举足轻重的人物。太宗死后,熙宗以太

① (明)王圻:《续文献通考》卷193《封建考》,第2896页。
② 《金史》卷44《兵志》,第1061页。
③ 《金史》卷19《世纪补》,第444页。
④ (明)杨循吉:《金小史》卷2,金毓黻:《辽海丛书》影印本(第一册),沈阳:辽沈书社,1985年,第17页。
⑤ 《金史》卷76《完颜杲传》,第1850页。
⑥ 《金史》卷74《宗翰传》,第1806页。

祖嫡孙即位大统,与宗翰的支持有密切的关系,"宗翰与睿宗定策立熙宗"①。《金史·宗翰传》赞曰:"甫释干戈,敛衽归朝,以定熙宗之位,精诚之发,孰可掩哉。"当时宗翰手握军政大权,没有宗翰支持,熙宗实难顺利即位。熙宗即位后,即拜宗翰为"太保、尚书令,领三省事,封晋国王",天会十四年(1136)薨,追封周宋国王②。除世祖一系外,在熙宗时期较少有封爵,宗翰不仅获得封爵,而且位至两字国王,"功"的因素居多。而宗翰之弟扎保迪,虽战死沙场,但在天眷间仅封赠了散官特进,另一弟宗宪在熙宗时期也屡进谏言,有一定的政绩,但也不见有爵封。宗翰作为金朝的开国元勋重臣,在金初便握有政治、军事大权,其功绩和地位是其诸弟无法企及的。当然,如前所述,完颜杲、宗干、宗翰三人至高爵位的封授,除了"亲亲亦功"的标准和政策外,也是熙宗即位之初改革其政治制度,笼络女真贵族,稳定局势的客观需要。

劾者、劾孙、肃宗、穆宗的子嗣(即景祖之孙),熙宗时期亦是封爵的重要群体,但所封授爵位高低则以功绩的大小而有别。如劾者子撒改,世祖时为国相,有拥立太祖之功,"撒改自以宗室近属,且长房,继肃宗为国相,既贵且重,故身任大计,赞成如此,诸人莫之或先也"。"天辅五年,薨。太祖往吊,乘白马,斵额哭之恸。及葬,复亲临之,赗以所御马",天会十五年(1137),追封燕国王③。撒改弟斡鲁在太祖时破渤海高永昌、讨烛偎水部实里古达之乱以及伐辽攻宋多立战功,"天会五年,薨。皇统五年,追封郑国王"④。穆宗诸子的爵封,也均与战功有关。穆宗共有五子,其中挞懒、乌野(勖)封爵为国号王。挞懒作为穆宗长子,在灭辽攻宋的战争中,战功显著,而且又是当时手握重兵的女真贵族。天会十五年(1137)挞懒为左副元帅,封爵鲁国王⑤。勖为穆宗第五子,好学问,国人呼之为秀才,作为元老旧臣,对金朝制度和文化建设作出了重要贡献。天会六年(1128),诏书求访祖宗遗事,"勖等采摭遗言旧事,自始祖以下十帝,综为三卷";天会十五年(1137)"预平宗磐之难,赐与甚多,加仪

---

① 《金史》卷98《完颜匡传》,第2295页。
② 《金史》卷74《宗翰传》,第1805页。
③ 《金史》卷70《撒改传》,第1714—1715页。
④ 《金史》卷71《斡鲁传》,第1737页。
⑤ 《金史》卷77《挞懒传》,第1876页。

同三司,以'皇叔祖'字冠其衔。勖皆力辞不受"。皇统元年(1141),"撰
定熙宗尊号册文",又"撰《祖宗实录》"三卷;皇统八年(1148),勖"奏上
《太祖实录》二十卷,赐黄金八十两,银百两,重彩五十端,绢百匹,通犀、
玉钩带各一。出领行台尚书省事,召拜太保,领三省、领行台如故,封鲁
国王";"九年,进拜太师,进封汉国王";海陵即位后为加恩大臣以收人
望,又封其为秦汉国王,致仕后进封周宋国王①。穆宗其他三子的封爵等
级则与挞懒、乌野相去甚远。

　　太祖共十七子,熙宗即位后尊谥其父宗峻(太祖第二子)景宣皇帝,
其余诸叔伯均封爵为国号王,其封国之号大、次、小三等均有之。其中有
卓越战功的宗弼、宗望、宗敏、宗隽等人以越、晋、曹、陈等大国号封之;宁
吉、燕孙、斡忽等人的事迹在《金史》中并不多见,他们对金朝江山社稷
的功劳不能与宗弼等人相比,因此以息、莒、邺等小国号封之,体现了金
代宗室封爵的"亲亲亦功"的原则。太祖诸子中又以宗干的爵位最尊。
宗干是太祖庶长子,随太祖伐辽屡立战功,太宗即位后为国论勃极烈,
天会三年(1125),俘获辽天祚帝后,"始议礼制度,正官名,定服色,兴庠
序,设选举,治历明时,皆自宗干启之"。熙宗即位之初,正是在宗干的辅
佐下逐步稳固帝位,正如熙宗所言"朕幼冲时,太师有保傅之功"②。熙宗
即位,宗干拜太傅,与宗翰等并领三省事。天眷二年(1139),进太师,封
梁宋国王③。两字国王是金代爵封的最高等级,宗干作为存世者所封的
"梁宋"国号又位居已逝的完颜杲"辽越"国号之上。《金史》有"金议礼
制度,班爵禄,正刑法,治历明时,行天子之事,成一代之典,杲、宗干经始
之功多矣"④的赞语,可见,完颜杲和宗干获封至尊的两字国王,与其功绩
密切相关。"亲亲亦功"的原则始终贯穿于金朝的封爵制度当中,金世宗
即位之初,太祖孙完颜爽的王爵之封具有"亲"和"功"的双重因素。爽
为宗强子,世宗即位东京,"爽弃妻子来奔""东迎车驾,至梁鱼务入见,
世宗大悦",封温王,后又屡进进寿王、英王、荣王⑤。完颜爽与世宗为从兄

---

① 《金史》卷66《勖传》,第1658—1660页。
② 《金史》卷76《宗干传》,第1843页。
③ 《金史》卷76《宗干传》,第1843页。
④ 《金史》卷76《赞》,第1858页。
⑤ 《金史》卷69《完颜爽传》,第1705页。

弟,两人同为太祖孙,其初封之爵即至国号王,在世宗时期的封爵群体中较为少见,这与其率先入见,有直接关系。景祖孙完颜晏的爵封也是如此,世宗"既即位,遣使召晏,既又遣晏兄子鹘鲁补驰驿促之。晏遂率宗室数人入见,即拜左丞相,封广平郡王,宴劳弥日"①。完颜晏率宗室入见,就是承认世宗的皇位合法性,具有"拥立"之功,对世宗皇位的稳固具有重要作用,因此完颜晏获得郡王之封。

再看宗室因功封爵。有些宗室子孙,由于与皇帝的血亲较远,血缘已经不能成为封爵的凭据,因此军功、事功或劳绩成为获得封爵的主要依据。如宗室子银术可,在太祖、太宗两朝军功卓著,"太祖决意伐辽,盖自银术可等发之"。银术可与辽军的达鲁古城之战、攻黄龙府以及擒获辽主等战役中,始终与太祖并肩作战,是冲锋陷阵的中坚力量;又从宗翰伐宋,围太原、攻汴城,在金军南下攻宋的诸多战役中,战功无数。"天会十年,为燕京留守。天会十三年,致仕,加保大军节度使,同中书门下平章事,迁中书令,封蜀王。天眷三年,薨,年六十八。以正隆例赠金源郡王,配飨太宗庙廷。大定十五年,谥武襄,改配享太祖庙廷。"②习不失之孙宗贤(习不失为景祖弟乌古出子),"从都统杲取中京,袭辽帝于鸳鸯泺",后随挞懒、蒲家奴伐辽多有功。皇统四年(1144),授世袭谋克,转都点检,封豳国公,拜平章政事③,宗贤的国公封爵也因军功。再如,始祖弟保活里子孙,始祖子孙与保活里之后"虽同宗属,不相通问久矣",到景祖时两部始有往来。保活里五世孙石土门、迪古乃以及石土门之子,在金朝均立有卓越功绩。如石土门"诏谕诸部,使附于世祖",太祖时"伐辽,功尤多",与睿宗讨平黄龙府叛乱等,海陵正隆二年(1157)追封为金源郡王④。石土门弟迪古乃受到太祖的器重,金初不仅"取辽之策,卒定于迪古乃",在太祖伐辽的诸多战役亦冲锋陷阵,大定二年(1162),追封金源郡王⑤。石土门子思敬,在海陵天德初年,"用廉,封河内郡王,徙封钜鹿",正隆二年例削王爵,大定二年(1162),授西南路招讨使,封济国

①《金史》卷73《完颜晏传》,第1777页。
②《金史》卷72《银术可传》,第1763页。
③《金史》卷70《宗贤传》,第1720页。
④《金史》卷70《石土门传》,第1722—1723页。
⑤《金史》卷70《完颜忠传》,第1724页。

公<sup>①</sup>。宗贤也因为官廉政而闻名,百姓"张青绳悬明镜于公署",有定国公爵封<sup>②</sup>。而昭祖五世孙襄,虽为"内族"但其世系不明,因才武过人,大定明昌年间功绩卓著,屡进爵封。大定二十三年(1183),完颜襄进拜平章政事,封萧国公,世宗问边事,"上羁縻属部、镇服大石之策",进拜右丞相,徙封戴;明昌元年(1190),进枢密使,复拜右丞相,改封任。时金朝北边事急,襄率众御边,招降胡疋乣叛军,击溃阻鞰之围,还朝后,拜左丞相,监修国史,封常山郡王;明昌初年契丹叛乱,"廷臣议罢郊祀",襄力主"大礼不可轻废,请决行之,臣乞于祀前灭贼",贼破后,郊礼成,进封南阳郡王<sup>③</sup>。世宗、章宗时期,国号王爵已是皇子、皇兄弟封爵的"专属",国公、郡王爵位对臣僚来说已是显爵,完颜襄前后五次进封爵位,并两次进封郡王爵位,实为功绩卓著之故。《金史》本传中对他的评价说:"在政府二十年,明练故事,简重能断,器局尤宽大,待掾吏尽礼,用人各得所长,为当世名将相。"<sup>④</sup>

另外,需要注意的是,金代宗室无论是因"亲"、"亲亲亦功",还是远支宗室的"因功"封爵,其封爵时间、封授的爵位等级往往还与统治者的封爵政策密切相关。如海陵以弑君夺取帝位,即位之初便"加恩大臣以收人望",首先加大了对宗室的封爵。但熙宗时期与皇室血缘较近的宗室多已获封,除了通过进封的方式提升爵位,还将封爵的范围进一步扩大。如景祖孙、阿离合懑次子晏,在熙宗时并无爵封,海陵"天德初,封葛王,入拜同判大宗正事,进封宋王<sup>⑤</sup>,授世袭猛安。海陵迁都,晏留守上京,授金牌一、银牌二,累封豫王、许王,又改越王。贞元初,进封齐"<sup>⑥</sup>。穆宗孙、乌野(勖)子宗秀,熙宗时入为刑部尚书,改御史中丞,授翰林学士,无封爵。海陵"天德初,转承旨,封宿国公,赐玉带。历平阳尹、昭义军节度使,封广平郡王"<sup>⑦</sup>。再如,康宗子隈可,天眷二年(1139),授骠骑上将军,除迭鲁苾撒乣详稳,迁忠顺军节度使、兴平军节度使,海陵天德

① 《金史》卷70《思敬传》,第1726页。
② 《金史》卷66《宗室传》,第1667页。
③ 《金史》卷94《内族襄传》,第2215—2218页。
④ 《金史》卷94《内族襄传》,第2220页。
⑤ 《金史·完颜晏传》此处为"宋王",前已考证"宋王"为"宗王"之误。
⑥ 《金史》卷73《完颜晏传》,第1777页。
⑦ 《金史》卷66《宗秀传》,第1660—1661页。

四年(1152),改德昌军节度使,封广平郡王①。

总之,金朝前期的功臣群体中主要是宗室子弟,因此,金代宗室的封爵标准中的"亲"和"功"很难分开,两者紧密联系在一起。尤其是熙宗朝、海陵正隆二年之前,宗室勋贵、开国元老多有王爵、郡王爵位之封,"亲亲亦功"是这一时期宗室封爵的重要依据。海陵正隆二年,实行了例降封爵等第的政策后,很多有功宗室的爵位被降封或削夺,世宗调整海陵封爵政策后,又重新对宗室进行封爵,其中就包括很多宗室功臣。应该看到世宗、章宗时期由于统治稳定,战事较少,除了追封宗室勋贵爵位,因功尤其是军功封爵的宗室成员不多。"因亲"封爵的对象主要为皇兄弟、皇子。章宗后期至金朝灭亡,内忧外患,虽多有战事,但女真宗室已不似金初的英雄群体,能够冲锋陷阵、征战沙场的宗室不再现于历史舞台,所谓宗室功封也就无从谈起。

## 第二节 异姓爵位的封授

金代异姓封爵与"明亲亲"的宗室封爵不同,异姓封爵依据的不是宗法关系而是功德才能或皇权统治的实际需要。金代功的范围包括拥立之功、军功、事功等。推恩封赠制度也是金代异姓获得爵封的途径。投服归顺封爵是历代封爵的重要内容,金初对投服的辽宋臣僚的封爵以及金末以拉拢为目的的对地方武装和宋朝降臣的王公之封,即属于此类爵封。

### 一、功封

金以武立国,女真民族骁勇善战,金初的开国勋臣多为女真宗室,所以熙宗天眷年间确立封爵制度后,首先对大批在世和已故的宗室进行了封爵。但普通女真人、契丹、汉、渤海等民族在金朝立国和政权建设中也发挥了积极的作用,因此也得以加官进爵。异姓功封主要有拥立之功、事功、军功等,致仕后再封爵是对其为政劳绩的肯定褒奖,也属于功封的内容。

---

① 《金史》卷 66《隈可传》,第 1661 页。

### (一)拥立之功封爵

"兄终弟及"是金太祖时期所实行的皇位继承制度。熙宗"天眷改制"后,随着汉制的推行和发展,皇位继承制度便以"父死子继"取代了"兄终弟及"。但"父死子继"的皇位继承制度,在金朝实行得并不顺利,意外事件频有发生。如有弑君夺位者,有自立称帝者,有皇帝子嗣寡绝,不得已从其他宗室中另择他人者。通过这样的途径获得皇位,更需要大量的拥立者和支持者。新帝即位后,这些拥戴者往往成为首先授爵的对象。

海陵弑君夺位,即位后将其"同谋"者加官进爵。皇统九年(1149)十二月九日,海陵"与唐括辩、乌带、乌土、阿里出虎、大兴国、李老僧、海陵妹夫特厮,弑熙宗于寝殿"①。海陵即位后,便对他们大行爵赏,这些人无一例外地获得王爵之封②。这既是对他们拥立之功的奖赏,也是以高官显爵来换取他们的拥护和支持。但当海陵统治渐趋稳定后,又以各种理由相继将他们诛杀。

海陵残暴淫乱,对外穷兵黩武,在南下攻宋之战中被部下耶律元宜(后赐姓完颜)等弑杀于军中。而此时太祖孙完颜雍已于辽阳称帝,众皆归附。世宗对海陵时期的大臣多加以任用,对率先归附者更是加官进爵。如张中彦,海陵伐宋,授西蜀道行营副都统制,"世宗即位,赦书至凤翔,诸将惶惑不能决去就,中彦晓譬之,诸将感悟,受诏。上召中彦入朝,以军付统军合喜。及见,上赐以所御通犀带,封宗国公。寻为吏部尚书"③。率众起事、弑杀海陵的耶律元宜,于大定二年(1162)春入见世宗,拜御史大夫,未几,拜平章政事,封冀国公,赐玉带、甲第一区,复赐姓完颜氏,礼遇甚厚④。

章宗完颜璟以皇孙继承大统,其得以顺利继承皇位与徒单克宁、张汝霖等元老重臣的拥立密不可分。大定二十五年(1185),皇太子显宗病逝,徒单克宁以"东宫虚位,此社稷安危之事","表请立金源郡王为皇太

---

① 《金史》卷132《秉德传》,第2976页。
② 《金史》卷132《逆臣传》,第2818、2978、2982、2983、2984、2979页。
③ 《金史》卷79《张中彦传》,第1904页。
④ 《金史》卷132《完颜元宜传》,第2989页。

孙,以系天下之望"①。逾月,世宗封璟为原王,但"克宁犹以未正太孙之位,屡请于世宗"②。大定二十六年(1186)十一月,诏立原王为皇太孙,成为皇位的合法继承者。大定二十九年(1189),世宗崩于福安殿,"是日,克宁等宣遗诏立皇太孙为皇帝,是为章宗"③。徒单克宁在世宗朝封爵为延安郡王,章宗即位即徙封为东平郡王。同年七月,又以徒单克宁为太傅,改封金源郡王④。明昌二年(1191),徒单克宁属疾,章宗亲往视之,榻前拜太师,封淄王⑤。章宗时期异姓封王者仅克宁一人,这与其拥立章宗之功有直接关系。异姓中与徒单克宁同受顾命的还有张汝霖。大定二十八年(1188),张汝霖进拜平章政事,封爵芮国公,"世宗不豫,与太尉徒单克宁、右丞相襄同受顾命。章宗即位,加银青荣禄大夫,进封莘"⑥。

　　章宗子嗣均夭折,皇位的继承人只能在皇叔伯、皇兄弟中选择。章宗最终选择了"柔弱鲜智能"的皇叔完颜允济为帝。泰和八年(1208)十一月丙辰,章宗崩,完颜匡受遗诏立卫绍王。"初,章宗大渐,匡与元妃俱受遗诏立卫王,匡欲专定策功,遂构杀李氏。数日,匡拜尚书令,封申王"⑦。完颜匡正是因定策拥立卫绍王之功,才有拜尚书令、封申王这样的高官显爵。卫绍王在位仅三年余,至宁元年(1213)八月,纥石烈执中弑杀卫绍王,拥立宣宗。宣宗即位,拜执中太师、尚书令、都元帅、监修国史,封泽王⑧。宣宗以次国号"泽"封王胡沙虎,也是对他拥立之功的褒奖。

### (二)军功封爵

　　军功包括对内镇压"叛乱"、对外进行的军事攻伐等。熙宗统治时期,金朝内外相对安定,战事较少,以军功封爵者主要是针对已故宗室勋臣的追封。海陵弑杀熙宗夺取皇位后,一方面加大了对前朝有爵者爵位的进封,另一方面则为巩固皇权,加大了对异姓的封爵。异姓功封在海

---

①《金史》卷92《徒单克宁传》,第2173页。
②《金史》卷92《徒单克宁传》,第2174页。
③《金史》卷92《徒单克宁传》,第2175—2176页。
④《金史》卷9《章宗纪一》,第231页。
⑤《金史》卷92《徒单克宁传》,第2176页。
⑥《金史》卷83《张汝霖传》,第1985页。
⑦《金史》卷98《完颜匡传》,第2303页。
⑧《金史》卷132《纥石烈执中传》,第2995页。

陵时期不仅人数多,而且爵位等级也较高,郡王、国号王封爵者屡见不
鲜。如辽阳渤海人高桢在熙宗天眷年间,即因政令肃清,先后被封为戴
国公、任国公。海陵初年,奚、霤军民皆南徙,谋克别术者因之啸聚为盗,
海陵以高桢为中京留守,"命乘驿之官,责以平贼之期。贼平,封河内郡
王"①。辽宗室子耶律怀义,入金后为西南路招讨使,在西陲几十年,抚御
有恩,政绩显著。海陵即位时,怀义虽已致仕,仍封其漆水郡王,进封莘
王,久之,进封萧王②。大臬,其先辽阳人,世仕辽有显者,在太祖破宁江州
时为金军所获,仕太祖、太宗、熙宗三朝,功绩显著。海陵弑君夺位,因忌
宗室,遂以臬监视安帝六代孙撒离喝。后海陵杀撒离喝,诏臬入朝,拜尚
书右丞相,封神麓郡王。贞元三年(1155),再拜太傅,领三省事,累封汉
国王,死后又赠太师、晋国王③。再如,天辅六年(1122)降金的辽礼宾副
使赤盏晖,在金朝的对外征战中也是功勋卓著,从阇母定兴中府的义、锦
等州;从宗望伐宋,凡所出战,无不胜捷,即克宋还,从攻河间;从睿宗经
略山东,从攻寿春、归德;天会十三年(1135),复从金军渡淮。"天眷二
年,复河南,宋人乘间陷海州,帅府以登、莱、沂、密四州委晖经画,敌无敢
窥其境者"。海陵天德二年(1150),"迁南京留守,寻改河南路统军使,
授世袭猛安,拜尚书右丞,封河内郡王"。岁余,再拜平章政事,封戴王④。
即使出身低微,由辽宋入金的投服者,海陵也不惜以王爵加封。如王伯
龙,辽末,聚党为盗,降金后,攻辽伐宋立下了汗马功劳。《金史·王伯龙
传》载:"及破汴,伯龙以治攻具有功","及下青州,第功,伯龙第一",王
伯龙在熙宗时并无封爵,海陵天德三年(1151),改河中尹,徙益都尹,封
广平郡王⑤。孔彦舟,本亡命为盗贼,后应募宋军,闻金兵将至,又率领所
部,投奔伪齐。孔彦舟虽性情暴横,反复无常,但却英勇善战,"从宗弼取
河南,克郑州,擒其守刘政,破孟邦杰于登封,授郑州防御使。讨平太行
车辕岭贼。从征江南,渡淮破孙晖兵万余人,下安丰、霍丘。及攻濠州,
以彦舟为先锋,顺流薄城,擒其水军统制邵青。遂克濠州,师还,累官工、

① 《金史》卷84《高桢传》,第2010页。
② 《金史》卷81《耶律怀义传》,第1941页。
③ 《金史》卷80《大臬传》,第1923页。
④ 《金史》卷80《赤盏晖传》,第1921页。
⑤ 《金史》卷81《王伯龙传》,第1935—1936页。

兵部尚书,河南尹,封广平郡王"①。高彪,辰州渤海人,金初也屡立战功,海陵封其为郜国公,致仕后,复起为枢密副使,封舒国公②。海陵时期对异姓大封爵赏虽有加恩大臣以收人望的目的,但封爵者也多为有功之臣,他们安内御外,巩固了金朝的统治。

世宗时期平契丹之乱、经略宋事的有功之臣,是功封的重要群体。如纥石烈志宁因对内镇压契丹之乱,对外经略宋事,均功绩显著,世宗屡加封爵。世宗初年,契丹窝斡之乱久不能平,元帅谋衍、右监军福寿作战不利,而"志宁击贼有功,上以忠义代谋衍,志宁代福寿,封定国公"。后又经略宋事,最终使宋称侄国,纳岁币,居功之最。世宗谓太子曰:"天下无事,吾父子今日相乐,皆此人力也。"大定十一年(1171),代宗叙北征,凯旋后,遣使者迎劳,赐以弓矢、玉吐鹘,封广平郡王,不久又进封金源郡王③。纥石烈志宁的爵封由国公进封至郡王爵位的最高等级金源郡王,完全凭借其战胜攻取的军功,正如世宗所言:"志宁临敌,身先士卒,勇敢之气自太师梁王未有如此人者也。"④可以说,军功始终是异姓获得爵封的重要依据。再如,哀宗正大年间完颜合达经略西北,民人称颂,正大三年(1226),迁合达平凉行省,"四年二月,征还,拜平章政事、芮国公"⑤。

金朝后期内忧外患,对内平叛对外攻战之事日增,以封爵来"奖功"成为统治者拉拢人心、维护统治的重要手段。金末山东、河北等地农民起义频起,其中以身穿红袄为标志的"红袄军"势力最盛。金廷对其采取既笼络又打击的政策。宣宗贞祐三年(1215),红袄军张汝楫等降而复叛,完颜弼伏杀张汝楫及其余党,宣宗"嘉弼功,加崇进,封密国公,诏奖谕之"⑥。此后,金朝所面临的外部局势日益严峻,金廷不惜以王爵来激励将士为国立功效命,贞祐三年(1215)九月下诏曰:"募随处主帅及官军、义军将校,有能率众复取中都者封王,迁一品阶,授二品职。"⑦"能复中都者封王",说明此时军功成为获取王爵的重要途径。

---

① 《金史》卷79《孔彦舟传》,第1898页。
② 《金史》卷81《高彪传》,第1938页。
③ 《金史》卷87《纥石烈志宁传》,第2052—2056页。
④ 《金史》卷87《纥石烈志宁传》,第2057页。
⑤ 《金史》卷112《完颜合达传》,第2609页。
⑥ 《金史》卷14《宣宗纪上》,第338页。
⑦ 《金史》卷14《宣宗纪上》,第339页。

　　金廷对保持气节、死于国事者,则追赠爵位,也可视为因功封爵。如完颜承晖,贞祐初,召拜尚书右丞,入朝,留家人于沧州。沧州被蒙古军攻破后,妻、子皆死难,于是金廷进拜承晖平章政事,兼都元帅,封邹国公。后中都被围,承晖出议和事,宣宗迁汴,又进拜右丞相,兼都元帅,徙封定国公,与皇太子留守中都。至贞祐三年(1215),中都不守,外援不至,承晖仰药死于社稷,宣宗因此设奠于相国寺,赠开府仪同三司、太尉、尚书令、广平郡王,谥忠肃①。承晖的邹国公封爵与其妻子死难不无关系,徙封定国公又与其"事功"有关,广平郡王爵位则因其死于社稷。兴定年间,宣宗"闻阿里不孙死于乱",因此"诏赠平章政事、芮国公"②。术甲法心,为蓟州猛安人,贞祐二年(1214)守密云县,其家属在蓟州,为蒙古军所获。蒙古军以家人诱逼法心降服,法心不为所动,后城破,死于阵。于是,诏赠法心开府仪同三司、枢密副使,封宿国公③。

### (三)事功封爵

　　事功封爵是指劳绩、廉能、品行等方面有突出表现,封授相应的爵位,以示嘉奖。如契丹人萧仲恭,在太宗时就因其"忠于其主,特加礼待",熙宗时以维护皇权之功,屡进王爵。熙宗即位初,宗室权重,"宗磐与宗干争辩于熙宗前,宗磐拔刀向宗干,仲恭呵之乃止。既而宗磐以反罪诛,仲恭卫禁有备,以功加银青光禄大夫,迁尚书右丞。皇统初,封兰陵郡王,授世袭猛安,进拜平章政事,同监修国史,封济王",后又为尚书右丞相,拜太傅,领三省事,封曹王④。辽阳渤海人张浩,在海陵初年先后封爵潞王、蜀王,正隆二年则例降鲁国公。此后海陵欲伐宋,而汴京大内失火,于是命张浩营建南京宫室,汴宫成,海陵自燕来迁居汴京,张浩拜太傅、尚书令,进封秦国公⑤。张浩的国公封号由大国号鲁(第十四)进封至秦(大国号第五),正是因其修建汴京宫室之功。再如徒单合喜,因"奏睿宗收复陕西功数事,上嘉纳之,藏之秘府,封定国公"⑥。契丹人移剌成,

①《金史》卷101《承晖传》,第2359—2361页。
②《金史》卷103《完颜阿里不孙传》,第2417页。
③《金史》卷121《术甲法心传》,第2798页。
④《金史》卷82《萧仲恭传》,第1965—1966页。
⑤《金史》卷83《张浩传》,第1981页。
⑥《金史》卷87《徒单合喜传》,第2067页。

"大定二年,以廉在优等,改河中尹。再除临洮尹,招降乔家等族首领结什角,迁南京留守,召拜枢密副使,封任国公"①。天眷初年,累官同知宣徽院事、母忧去官的赵兴祥,熙宗素闻其孝行,英悼太子受册,以本官起复,护视太子。天德初,改左宣徽使。海陵尝问兴祥,欲使子弟为官,当自言,兴祥辞谢,"海陵善之,赐以玉带,为济南尹,赐车马、金币、金银器皿,改绛阳军节度使,召为太子少保,封广平郡王,改封钜鹿"②。赵兴祥因其"克有所立"的品行受到统治者的赞誉,得以加官进爵。

还有些臣僚生前有一定的政绩或功勋,但无封爵,死后则立刻追封爵位,或在此前爵位的基础上追进封爵。如宣宗朝重臣仆散端,生前官拜尚书左丞相兼枢密使,但不见有封爵记载。死后,被赠予延安郡王③。官至平章政事、"为人忠实,忧国奉公"的把胡鲁,"正大元年四月,薨。诏加赠右丞相、东平郡王"④。死后追封或加赠爵位,是对死者功绩或忠义的褒奖,具有激励臣僚为国尽忠的作用。

### (四)致仕后加封爵位

致仕后封爵是指官员在任时无封爵,卸任后才获封爵,这也可视为对为官时功绩的一种肯定和表彰。奉圣州永兴人李师夔,在辽末郡守委城逃遁后,被众人推举主郡事。金将迪古乃兵至奉圣州,李师夔为了保全郡中百姓,降金朝,诏以师夔领节度,赐骏马二,"俾招未附者,许以便宜从事"。后又两度击溃逼城的地方势力,以劳迁静江军节度留后,累迁武平军节度使,改东京路转运使,徙陕西东路转运使。致仕后,封任国公⑤。夹谷吾里补,累官字特本部族节度使,以老致仕,封芮国公⑥。海陵时期,致仕后加封异姓爵位或再进高爵的情况较为常见,且爵位较高。斜卯阿里,其父在穆宗时内附,阿里"自结发从军,大小数十战,尤习舟楫,江、淮用兵,无役不从,时人以水星目之。为迭里部节度使,历顺义、

①《金史》卷 91《移剌成传》,第 2140 页。
②《金史》卷 91《赵兴祥传》,第 2150 页。
③《金史》卷 101《仆散端传》,第 2367 页。
④《金史》卷 108《把胡鲁传》,第 2531 页。
⑤《金史》卷 75《李师夔传》,第 1828—1829 页。
⑥《金史》卷 81《夹谷吾里补传》,第 1934 页。

泰宁军,归德、济南尹",至海陵"天德初,致仕,加特进,封王"①。辽降将
耶律恕,正隆元年(1156),致仕,封广平郡王②。张通古在海陵朝爵位屡
次进封,先后封爵谭王、郓王、沈王,正隆元年致仕,又进封曹王③。臣僚致
仕后加官进爵,既是对他们为官时期功绩的肯定和褒奖,同时对在仕的
臣僚也具有一定的激励作用。

### 二、推恩封赠爵位

　　推恩封赠是王朝以推恩的方式,根据品官本人的官爵,将相应的官
爵和封号封赠予其父母、祖父母乃至曾祖父母的制度。一般情况下,存
者称封,死者称赠。也就是说推恩封赠制度不考虑被封赠者的身份、地
位,其获得官爵和封号的等级完全凭借着其子孙官爵等级的高下。封赠
的萌芽,有人追溯到西周以来的"追尊"制度④,也有人以春秋"追命"作
为封赠制度的萌芽⑤。洪迈《容斋随笔》中则称:"封赠先世,自晋、宋以来
有之,迨唐始备。"⑥封赠制度起源的具体时间虽不可准确考订,但应早于
晋、宋,至唐代则逐步完备,渐趋制度化。封赠的群体可分为父祖和母妻
两大群体,父祖封赠官爵,母妻则是封号。因此,爵位只相对于父祖封赠
而言。金代推恩封爵的对象大体可分为两大类,一是外戚推恩封赠,也
就是太皇太后、皇太后、皇后之父祖可以凭借外戚身份封赠爵位;一是五
品以上官僚的父祖,可依据子孙官爵获赠相应爵位。

### (一)推恩封赠外戚爵位

　　外戚是中国帝制社会中的特殊群体,因与皇帝的裙带关系,其无论
在生前还是死后多可获得相应的封赠。汉代首开外戚无功受封的先例,
将其列入"恩泽侯"之列,此后外戚封爵被历朝所沿用。唐代外戚不得
封王,《新唐书》、《旧唐书》以及《唐会典》等史料中不见有外戚封王的

---

① 《金史》卷80《斜卯阿里传》,第1915页。
② 《金史》卷82《耶律恕传》,第1957页。
③ 《金史》卷83《张通古传》,第1979页。
④ 徐乐帅:《中古时期封赠制度的形成》,杜文玉主编:《唐史论丛》第十辑,西安:三秦出版社,
　2008年,第89—90页。
⑤ 孙健:《宋代"封赠"制度考论》,《中国史研究》2011年第2期。
⑥ (宋)洪迈著,孔凡礼点校:《容斋随笔》卷13《宰相赠本生父母官》,北京:中华书局,2005
　年,第788页。

例子。辽代实行皇族和后族联合执政,后族地位较高,外戚封国号王、郡王者屡见不鲜。如保宁初,辽景宗册封萧思温女为后,封萧思温为魏王[①];辽圣宗太平三年(1023)十一月,封太祖淳钦皇后弟阿古只五世孙、圣宗钦哀后之弟萧孝穆为燕王[②]。金代外戚封王、郡王者也皆有之,但在追赠先祖爵位,即以推恩的方式封爵时,主要以国公爵位为主。现据《金史·后妃传》及相关列传,将金代外戚封赠爵位情况,列表如下:

表 4.2　金代后妃父祖推恩封赠官爵表

| 后妃＼父祖官爵 | 父 | 祖 | 曾祖 | 时间 | 出处 |
|---|---|---|---|---|---|
| 太祖圣穆皇后(唐括氏) | 太尉、荣国公 | 司徒、英国公 | 司空、温国公 | 天会十三年 | 《金史》卷63《后妃传上》 |
| 太宗钦仁皇后(唐括氏) | 太尉、宋国公 | 司徒、英国公 | 司空、温国公 | 天会十三年 | 《金史》卷63《后妃传上》 |
| 熙宗悼平皇后(裴满氏) | 太尉、徐国公 | 司徒 | 司空 | 天眷二年 | 《金史》卷120《裴满达传》,卷63《后妃传上》 |
| 熙宗悼平皇后(裴满氏) | 封王 | | | 皇统二年 | 《金史》卷80《熙宗二子传》 |
| 熙宗悼平皇后(裴满氏) | 封王 | | | 海陵即位 | 《金史》卷120《裴满达传》 |
| 海陵嫡母(徒单氏) | 太尉、封王 | | | 天德二年 | 《金史》卷63《后妃传上》 |
| 海陵生母(大氏) | 太尉、国公;进封王爵 | 司徒 | 司空 | 天德二年 | 《金史》卷63《后妃传上》 |
| 海陵后(徒单氏) | 封王;进封太师、梁晋国王 | | | 海陵初年 | 《金史》卷120《徒单恭传》 |
| 睿宗钦慈皇后(蒲察氏) | 太尉、曹国公 | 司徒、郑国公 | 司空、韩国公 | 世宗即位 | 《金史》卷64《后妃传下》 |
| 睿宗贞懿皇后(李氏) | 太尉、隋国公 | 司徒、卫国公 | 司空、潞国公 | 大定二年 | 《金史》卷64《后妃传下》 |
| 世宗昭德皇后(乌林答氏) | 太尉、沈国公 | 司徒、代国公 | 司空、徐国公 | 大定二年 | 《金史》卷64《后妃传下》 |

---

① 《辽史》卷78《萧思温传》,第1398页。
② 《辽史》卷87《萧孝穆传》,第1465页。

续表

| 父祖官爵<br>后妃 | 父 | 祖 | 曾祖 | 时间 | 出处 |
|---|---|---|---|---|---|
| 显宗孝懿皇后<br>（徒单氏） | 太尉、梁国公；<br>太师、广平郡王 | 司徒、齐国<br>公 | 司空、鲁国<br>公 | 章宗即位 | 《金史》卷132<br>《徒单贞传》 |
| 章宗钦怀皇后<br>（蒲察氏） | 太尉、越国公 | 司徒、谯国<br>公 | 司空、应国<br>公 | 章宗即位 | |
| 章宗元妃（李<br>师儿） | 追赠金紫光禄<br>大夫，上柱国、<br>陇西郡公 | 追赠（具体<br>官爵无载） | 追赠（具体<br>官爵无载） | 明昌五年 | 《金史》卷64<br>《后妃传下》 |
| 宣宗皇后王氏<br>（赐姓温敦氏） | 太尉、汴国公 | 司徒、益国<br>公 | 司空、冀国<br>公 | 贞祐二年 | |
| | 进封南阳郡王 | | | 正大元年 | |

通过上表所列信息，再结合相关文献，可见金代外戚推恩封赠爵体现为以下几点内容。

第一，金代太皇太后、皇太后、皇后可追赠其父、祖、曾祖三代官爵。熙宗即位，追谥太祖皇后三人，"太祖嫡后圣穆生景宣，光懿生宗干，有定策功，钦宪有保佑之功，故自熙宗时圣穆、光懿、钦宪皆祔"[1]。熙宗系出嫡后圣穆皇后，因此，圣穆皇后父祖三代获得封赠，官为三公，爵为正从一品国公。太宗钦仁皇后与太祖钦宪皇后，在熙宗即位后，俱尊为太皇太后，前者亦封赠父祖三代一品官爵。世宗即位，其父睿宗升祔，睿宗原配蒲察氏追谥钦慈皇后，同时尊谥其生母李氏为贞懿皇后，并追赠两太后父祖三代爵位。世宗昭德皇后乌林答氏与世宗感情甚笃，海陵淫乱无道，"世宗在济南，海陵召后来中都。后念若身死济南，海陵必杀世宗，惟奉诏，去济南而死，世宗可以免"，后行至中都七十里的良乡自杀。世宗即位后深念皇后之德，大定二年，追册为昭德皇后，立别庙，"赠三代"[2]。章宗以世宗皇孙继承大统，尊其母为皇太后，即显宗孝懿皇后，同样追封孝懿皇后之父祖三代，其父徒单贞，初封赠为太尉、梁国公，"无何，再赠贞太师、广平郡王，谥庄简"[3]。章宗皇后蒲察氏，章宗即位之初其父祖三

---

①《金史》卷63《后妃传上》，第1592页。<br>
②《金史》卷64《后妃传下》，第1619页。<br>
③《金史》卷132《徒单贞传》，第2968页。

代亦依例封赠①。宣宗皇后王氏,于贞祐二年(1214),赐姓温敦氏,立为皇后,追封"后曾祖得寿司空、冀国公,曾祖母刘氏冀国夫人,祖璞司徒、益国公,祖母杨氏益国夫人,父彦昌太尉、汴国公,母马氏汴国夫人"②。因宣宗皇后王氏曾"养哀宗为己子",正大元年(1224),哀宗尊王氏为皇太后,又追封后父为南阳郡王③。

　　第二,金代外戚推恩封赠的爵位以国公为主,虽有国号王或郡王封赠,但仅及一代,即皇太后或皇后之父。从上表可见,熙宗追赠太祖、太宗皇后父祖三代爵位为国公,但其皇后裴满氏之父的爵位则为王爵。海陵即位后,追封熙宗皇后、其嫡母和生母、皇后徒单氏之父俱至王爵。这里对海陵即位追赠熙宗皇后裴满氏父和皇后徒单氏父王爵的情况略作说明。天眷元年(1138),熙宗立裴满氏为皇后,"明年,以皇后父拜太尉,封徐国公"④。熙宗荒政,裴满氏多有干政,"久之,熙宗积怒,遂杀后"⑤。海陵弑杀熙宗后,降熙宗为东昏王,追谥裴满氏为悼皇后,封后父忽达为王。海陵此举"因邀众誉,扬熙宗过恶,以悼后死非罪,于是封忽挞为王"⑥。海陵皇后徒单氏之父徒单恭的官爵在金代外戚当中地位最高。徒单恭本名斜也,在熙宗天眷二年(1139),为奉国上将军。"以告吴十反事,超授龙虎卫上将军。为户部侍郎,出为济南尹,迁会宁牧,封谭国公"。海陵篡立,立徒单氏为后,封徒单恭为王,拜平章政事。此后徒单恭又"进拜太保,领三省事,兼劝农使。再进太师,封梁晋国王"⑦,金代享有"两字国王"爵封者屈指可数,以外戚身份享此殊遇,在金代绝无仅有。世宗即位后仍以国公封爵皇后父祖三代。至章宗、宣宗时期又以郡王爵位封赠外戚,但也仅限于皇后之父。总体来说,金代推恩封赠皇后、皇太后父祖爵位以国公为主,或者说,封赠国公应是其定制。

　　第三,金代外戚推恩封爵,遵循"近重而远轻"⑧的原则,即使同封为

① 《金史》卷64《后妃传下》,第1625页。
② 《金史》卷64《后妃传下》,第1630—1631页。
③ 《金史》卷64《后妃传下》,第1631页。
④ 《金史》卷120《裴满达传》,第2757页。
⑤ 《金史》卷63《后妃传上》,第1599页。
⑥ 《金史》卷120《裴满达传》,第2757页。
⑦ 《金史》卷120《徒单恭传》,第2758—2759页。
⑧ 《元史》卷182《许有壬传》,第4201页。

国公,亦以国号位次的高下来表示代际远近。太祖圣穆皇后曾祖、祖、父分别追赠温国公、英国公、荣国公,虽同为次国号国公爵位,但分别处于次国号第三十位、第二十八位和第二十七位,曾祖、祖、父三者所封国号位次逐步提升;睿宗钦慈皇后曾祖、祖、父三代所赠国公国号分别为次国号第六位"韩"、次国号第三位"郑"、大国号第二十位"曹",祖父与曾祖同为次国号,但前者的国号位次高于后者,封爵其父的国号,则进一步提升,由次国号升为大国号;再如世宗封赠睿宗贞懿皇后父祖三代的国号均为次国号,曾祖封爵的国号"潞"为第五位,祖父的国号"卫"上升为第三位,父的国号又提升为第一位"隋"。章宗时期以及宣宗时期同样依据上述规律进行封赠。

第四,金代皇后以下嫔妃亦可推恩封赠,但爵封为郡公或散官。金代皇后以下的嫔妃父祖封赠有两例,一是海陵修仪高氏,一是章宗元妃李师儿。海陵天德年间,"封高氏为修仪,加其父高耶鲁瓦辅国上将军,母完颜氏封密国夫人"[1]。高氏之父加封的辅国上将军,是从三品武散官,不载其是否有爵封。章宗元妃李师儿,因其性慧黠、能作字、知文义,故深得章宗喜爱。明昌四年(1193),封李氏为昭容,次年进封淑妃,其父湘"追赠金紫光禄大夫、上柱国、陇西郡公。祖父、曾祖父皆追赠"[2]。章宗元妃李氏父祖皆得封赠,其父封爵陇西郡公,祖父、曾祖追赠的官爵等级没有明确记载,也应遵循"近重而远轻"的原则。

需要说明的是,金代外戚虽因"推恩"得以封赠,但也多有战功者,在金王朝开国的过程中身先士卒,贡献卓著。如世宗昭德皇后曾祖,在康宗时累使高丽,父"石土黑,骑射绝伦,从太祖伐辽,领行军猛安。虽在行伍间,不嗜杀人。以功授世袭谋克,为东京留守"[3];显宗孝懿皇后曾祖抄,从太祖取辽有功,祖婆卢火,"以战功多,累官开府仪同三司,赠司徒、齐国公"[4];章宗钦怀皇后曾祖太神,国初有功,累阶光禄大夫,祖、父在封赠前均累官显赫[5]。他们有外戚身份,得推恩封爵,但以战功论,也受之无

---

① 《金史》卷63《后妃传上》,第1608页。
② 《金史》卷64《后妃传下》,第1626页。
③ 《金史》卷64《后妃传下》,第1617—1618页。
④ 《金史》卷64《后妃传下》,第1622页。
⑤ 《金史》卷64《后妃传下》,第1625页。

愧。正如明人王圻所言"金之外戚多以功封,非尽自私亲也"①。

另外,皇太后、皇后之兄弟作为外戚也多有爵封,有的完全凭借外戚身份获封,如海陵母大氏,天德二年(1150)封为皇太后,追赠三代,其兄兴国奴赠开府仪同三司、卫国公②。卫绍王母元妃李氏,卫绍王即位后,追谥光献皇后,李氏之兄献可"以元舅赠特进,追封道国公"③。不过,总体来看,皇后的兄弟封爵大多还是凭借个人的功绩。如李石,他既是睿宗贞懿皇后之弟,又是世宗元妃之父,对世宗即位有"定策之功",世宗即位后,先后封爵道国公、平原郡王、广平郡王④。李石的屡次进爵虽与其外戚身份有关,但主要是凭借功绩。再如仆散忠义,是宣献皇后之侄,元妃之兄。世宗初立,为平契丹窝斡之乱,拜平章政事,兼右副元帅,封荣国公。契丹平,忠义朝京师,拜尚书右丞相,改封沂国公,以玉带赐之。《金史·仆散忠义传》称:"自汉、唐以来,外家多缘恩戚以致富贵,又多不克其终,未有兼任将相,功名始终如忠义者。"⑤仆散忠义虽为外戚,但并非以外戚显封爵、获富贵,其有将相之才,又能克终守礼,为后人所称道。

**(二)推恩封赠品官父祖爵位**

金代品官依据其官爵高下,具有推恩封赠父祖的资格⑥。具体而言,官至五品以上、三品以下可封赠一代,即因"子"贵而获得相应官爵。如中奉大夫、上护军、武威郡开国侯、段铎之父矩,就因段铎为官显贵而得赠中奉大夫、武威郡侯,母李氏追赠武威郡太夫人⑦。积官朝列大夫、上护军、安定郡开国伯的胡景崧之父"仲溶嗜读书……用公贵,赠朝列大夫,安定县子"⑧。金末通奉大夫、钧州刺史、行尚书省参议张汝翼之父,"章宗明昌初,诏州里举才能德行之士,自河中教授、曲沃主簿,迁狄道令。后用君贵,累赠通奉大夫、清河郡侯"⑨。

---

① (明)王圻:《续文献通考》卷193《封建考》,第2896页。

② 《金史》卷63《后妃传上》,第1602页。

③ 《金史》卷86《李石传》,第2035页。

④ 《金史》卷86《李石传》,第2032—2034页。

⑤ 《金史》卷87《仆散忠义传》,第2063页。

⑥ 关于金代品官父祖封赠制度的具体内容,详见拙文:《金代品官父祖封赠制度探析》,《史学月刊》2020年第10期。

⑦ 《金文最》卷90《武威郡侯段铎墓表》,第1310页。

⑧ 《金文最》卷93《朝散大夫同知东平府事胡公神道碑》,第1356页。

⑨ 《金文最》卷96《通奉大夫钧州刺史行尚书省参议张君神道碑铭》,第1399页。

　　章宗泰和元年（1201）"初命文武官官职俱至三品者许赠其祖"①，明确了封赠的条件和范围，使品官父祖封赠进一步制度化。官和职俱至三品，可封赠父、祖两代。如赵秉文积官至资善大夫（正三品下），勋上护军（正三品），爵天水郡开国侯（正从三品），职为翰林学士（正三品）。因此，其祖隽，用公贵，赠正议大夫（正四品上）、上轻车都尉（正四品上）、天水郡伯（正从四品）。父甫，赠中奉大夫（从三品下）、上护军、天水郡侯②。通奉大夫（从三品中）、礼部尚书（正三品）赵思文之"大父讳傑，赠正议大夫、天水郡伯，妣张氏，封天水郡君。考番，明法决科，仕至乾州奉天县令官奉直大夫，用公贵，超赠通奉大夫、天水郡侯"③。再如《资善大夫吏部尚书张公神道碑铭》载："公讳某，字公理"，世为荡阴阳邑里人，其"大父某，赠正奉大夫、清河郡伯。妣尚氏，追封清河郡太君。考某，累赠资善大夫、清河郡侯。妣李氏，清河郡太夫人"④。官资善大夫、职吏部尚书均达都正三品，张公之父祖获得相应的官爵封赠。

　　官与职俱至二品以上者，可荣赠三代。如《平章政事寿国张文贞公神道碑》载，张万公历仕海陵、世宗、章宗三朝，官职俱至一品，其曾祖讳晞"用公贵，赠银青荣禄大夫、清河郡侯"，祖"赠金紫光禄大夫、清河郡公"，考"累赠崇进、寿国公"⑤。卒于卫绍王大安三年⑥的金紫光禄大夫、户部尚书、太子太保武明甫，其散官至正二品上，职户部尚书虽为正三品，但太子太保则为二品东宫官。武明甫之曾祖、祖、父"以公贵，皆赠如公官"⑦，赠爵也包含其中。

　　无论是推恩封赠外戚还是推恩封赠品官父祖，都是凭借着"子孙贵"，才使其本身获得相应的官爵。"近重而远轻"的封赠原则在品官父祖封赠中亦比较严格地执行。通常情况下，父、祖、曾祖的爵封是逐渐降

---

① 《金史》卷11《章宗纪三》，第280页。
② 《金文最》卷93《翰林学士承旨资善大夫知制诰兼同修国史上护军天水郡开国侯食邑一千户实封一百户赵公墓志铭并引》，第1352—1354页。
③ 《金文最》卷95《通奉大夫礼部尚书赵公神道碑》，第1379页。
④ （元）元好问：《资善大夫吏部尚书张公神道碑铭并引》，阎凤梧主编：《全辽金文》，第2951页。
⑤ 《元好问全集》卷16《平章政事寿国张文贞公神道碑》，第336页。
⑥ 原碑文为"大定三年三月，户部尚书文端公卒于里第。越明年，崇庆元年二月二十六日……"，其中"大定三年"明显有误，应为卫绍王大安三年。
⑦ 《金文最》卷87《特赠金紫光禄大夫上护军户部尚书太子太保太原郡侯赐谥文端无疑武公墓表碑铭》，第1275页。

低的,如父封郡侯、祖则封郡伯,也就是与自己血缘越近,封爵的等级就相对较高。封赠父亲的爵位分为与官员自身爵位完全相同和比官员自身爵位降低一个等级两种情况。前者如章宗承安二年(1197)登进士第的冯延登,"积官资善大夫、勋上护军、封始平郡侯",其父"用君贵,赠资善大夫、始平郡侯"[1];刘汝翼,金宣宗贞祐四年(1216)以经义第一人擢第,"官大中大夫、轻车都尉、彭城郡开国伯",其父"用公贵,累赠大中大夫"[2]。再如前文所言赵秉文为天水郡开国侯,其父赠天水郡侯;平章政事寿国公张万公的父亲累赠崇进寿国公,父与本人的爵封相同。后一种情况,并不多见,如胡景崧,"积官朝散大夫、上护军、安定郡开国伯、食邑七百户",其父"用公贵,赠朝列大夫、安定县子"[3]。推恩封赠的五等爵封前一般无"开国"字样,以体现"赠"爵的特点[4]。

### 三、投诚归附封爵

金朝对投诚归附者封爵,指的是契丹、汉、渤海等民族投服金朝后,金廷对其加官进爵以示笼络安抚。金朝对投诚归附者封爵主要集中于前期和后期,前期辽人居多,金朝末年内外交困,在与宋、蒙对抗的过程中,金朝不断拉拢摇摆于金、宋、蒙古之间的地方势力以及宋朝将领,不断加封他们爵赏,以图为其所用。

金太祖完颜阿骨打在反辽战争之初,即开始重视对降服者的安抚与优恤。收国二年(1116)正月,太祖下诏称:"自破辽兵,四方来降者众,宜加优恤。自今契丹、奚、汉、渤海、系辽籍女直、室韦、达鲁古、兀惹、铁骊诸部官民,已降或为军所俘获,逃遁而还者,勿以为罪,其酋长仍官之,且使从宜居处。"[5]此后太祖又相继多次下达了抚恤降民的诏令。太祖还以"王爵"来招抚渤海人高永昌。太祖初年,渤海人高永昌据东京称帝叛辽,在受到辽军讨伐后,遣使"以币求救于太祖",并表示"愿并力以取辽"。太祖使胡沙补往谕之曰:"同力取辽固可。东京近地,汝辄据之,

---

[1]《金文最》卷96《国子祭酒权刑部尚书内翰冯公神道碑铭》,第1393—1394页。
[2] 元好问:《大中大夫刘公墓碑》,阎凤梧主编:《全辽金文》,第2980—2981页。
[3]《金文最》卷93《朝散大夫同知东平府事胡公神道碑》,第1356、1358页。
[4] 详见第三章第二节。
[5]《金史》卷2《太祖纪》,第31页。

以僭大号可乎。若能归款,当处以王爵。"①此时,金朝虽并未有封爵制度,但已认识到王爵地位的重要性,以此作为招降纳叛之策。天辅六年(1122),太祖领兵伐燕之前,又"诏谕燕京官民,王师所至,降者赦其罪,官皆仍旧"②,起到了瓦解对方的作战斗志、拉拢降服者投诚归附的作用。太祖、太宗时期金代封爵制度虽未正式确立起来,但在对辽、宋的战争中,金朝统治者已经开始以国公、国号王来封爵降金的辽朝官员。

表4.3　金太祖、太宗时期投诚归降者封爵表③

| 人名 | 出身 | 爵封 | 官职 | 封爵时间 | 出处 |
|---|---|---|---|---|---|
| 左企弓 | 辽降臣 | 燕国公 | 守太傅、中书令 | 天辅中 | 《续文献通考》卷193《封建考》 |
| 虞仲文 | 辽降臣 | 秦国公 | 枢密使、侍中 | 天辅中 | 《金史》卷75《左企弓传》 |
| 康公弼 | 辽降臣 | 陈国公 | 中书门下平章事、枢密副使权知院事、签中书省 | 天辅中 | 《金史》卷75《左企弓传》 |
| 时立爱 | 辽降臣 | 陈国公 | 同中书门下平章事 | 天会八年 | 《金史》卷78《时立爱传》 |
| 韩企先 | 辽降臣 | 楚国公 | 尚书左仆射兼侍中 | 天会七年 | 《金史》卷78《韩企先传》 |
| 刘彦宗 | 辽降臣 | 追封郢王 | 中书门下平章事、知枢密院事,加侍中 | 天会六年 | 《金史》卷78《刘彦宗传》 |
| 刘麟 | 伪齐刘豫子 | 梁国公 | 兴平军节度使、开府仪同三司 | 天会八年 | 《金史》卷77《刘豫传》 |

从封爵对象看,除刘麟外,全部为辽朝降臣,爵封则直接照搬于辽制。天辅六年(1122),金军攻取燕京,左企弓、虞仲文、康公弼、韩企先等降金。《金史·左企弓传》载:"太祖驻跸燕京城南,企弓等奉表降,太祖俾复旧职,皆受金牌。企弓守太傅、中书令,仲文枢密使、侍中、秦国公","公弼同中书门下平章事、枢密副使权知院事、签中书省,封陈国

①《金史》卷71《斡鲁传》,第1734页。
②《金史》卷2《太祖纪》,第41页。
③第一章表1.1《金太宗时期使者官衔信息表》中带五等爵的汉、渤海、契丹使者中也多为归服者,如韩昉、高庆裔、萧仲恭,其他人虽出身不明,也应是归降入金人员。因其封爵时间不详,官衔和爵封也可能是出使需要的加衔,因此暂不列入本表。

公"。《金史》中虽没有记载左企弓爵封,但明人王圻《续文献通考》中对其封爵作了交代:"天辅中,辽同中书门下平章事、知枢密院事左企弓以燕京降,仍封燕国公。"①左企弓在辽末曾献守备之策,官拜中书侍郎平章事,天祚帝自鸳鸯泺亡保阴山,辽秦晋国王耶律捏里于燕自立后,封左企弓为燕国公。左企弓降金后则仍爵封燕国公。可见,对于这些来降的辽朝官员,金太祖"俾复旧职",不仅包括他们仕辽时的官职,也包括爵位。这既是笼络安抚人心之意,也是对其归降于己的一种褒奖和肯定。

受封爵的辽降臣,同时也担任金朝中央的汉官职,这与金初政治制度的特点密切相关。本书在第一章论述"太祖、太宗时期的爵位"封授问题时,阐述了这一时期的五等爵位全部体现在汉、渤海、契丹的使者官衔中,官衔中的官、职、勋、爵全部承袭辽制,而这些使者基本是由辽降金之人。上表中获得封爵的辽朝降臣所任官职,也是沿袭辽制。此时的金朝仍以女真旧制为主,"女真统治者对女真社会仍奉行保持本族奴隶制政治制度不变的方针"②,汉官职的出现,是金初在占领了辽朝广大统治区域,调整统治政策的需要。金朝在袭用和照搬辽朝爵称的同时,中书令、侍中、同中书门下平章等汉官官职名称,也是承袭于辽宋之制,并加封于非女真人。

金初由辽入金或由宋入金的官员数量众多,以投服归顺获得封爵的屈指可数,更多的是在入仕金朝一段时间后,才获得了封爵,如宋人孔彦舟、辽人耶律恕、耶律忠义等人。抛开海陵时期以重用异姓为目的的封爵政策,综观整个金代对归附者封爵仍是以功绩为主。这些辽朝的降臣对金初的国家建设确实发挥了积极作用。太祖时期归降的时立爱,在天会初年,"从宗望军数年,谋画居多,封陈国公"③;刘彦宗在金大举伐宋时"划十策,诏彦宗兼领汉军都统",受到金廷的重用。这些由辽入金的降将名臣,从民族气节上虽不值得称道,但从中华民族统一体的角度看,亦无可厚非。他们多为治世能臣,具有丰富的统治经验和治国方略,由腐朽没落的辽朝入仕新兴的女真族政权,是顺应历史客观规律的选择,为

---

① (明)王圻:《续文献通考》卷193《封建考》,第2901页。
② 程妮娜:《金代政治制度研究》,第294页。
③《金史》卷78《时立爱传》,第1888页。

金政权的巩固发展作出了积极贡献。

金章宗后期,金朝用兵西北,国力渐弱,宋朝见此便出兵加以试探。泰和六年(1206),宋廷议论北伐,金朝则乘机以王爵招降宋太尉、昭信军节度使、四川宣抚副使吴曦。同年十二月,吴曦纳款于完颜纲,遣使言所以归朝之意。完颜纲以朝命,假太仓使马良显赍诏书、金印立吴曦为蜀王。泰和七年(1207)二月,金廷又正式遣同知府事术虎高琪等正式册封吴曦为蜀国王①。"蜀"为天眷格大国号,大定格和明昌格中均已无"蜀"之国号,吴曦以蜀地内附,金廷是以所归之地封之。金代后期地方武装不断兴起,这种以所辖之地封爵的情况更为常见。

宣宗、哀宗时期,蒙古日益崛起,宋朝亦不断出兵与金朝抗衡,金朝的外部形势越来越严峻。宣宗以"统众守土"为目的的"九公封建",即迫于压力招降地方势力的权宜之举。哀宗正大三年(1226)五月,宋金交战,金军失利,金廷正准备与宋议和,此时宋"忠义军"夏全自楚州来附,随后"盱眙、楚州,王义深、张惠、范成进相继以城降",于是"诏改楚州为平淮府,以全为金源郡王、平淮府都总管,张惠临淄郡王,义深东平郡王,成进胶西郡王"②。次年(1227),地方势力李全又占据楚州,金廷又以"淮南王"爵招降李全。李全不以为然,称:"王义深、范成进皆我部曲而受王封,何以处我?"③终不受诏。天兴初年,金廷又以王爵招降割据山东的地方武装势力国用安,"以安用为开府仪同三司、平章政事、兼都元帅、京东山东等路行尚书省事,特封兖王"④。随后,金朝再遣使"赐以铁券一、虎符六、龙文衣一、玉鱼带一、弓矢二、封赠其父母妻诰命,及郡王宣、世袭宣、大信牌、玉兔鹘带各十,听同盟可赐者赐之"⑤。此后的所谓"十郡王"即国安用空名宣敕,封授给部曲的爵封,郡望封号无具体记载。

金朝后期以招降为目的的封爵较之金初名目多、数量众,但所谓王、郡王或公爵,与作为官僚政治制度的封爵有别。尤其是"九公"、"十郡王"更不具有封爵的性质。金朝加封这些地方武装头目高官显爵,提升

① 《金史》卷12《章宗纪四》,第304页。
② 《金史》卷114《白华传》,第2645—2646页。
③ 《金史》卷114《白华传》,第2646页。
④ 《金史》卷117《国用安传》,第2704页。
⑤ 《金史》卷117《国用安传》,第2705页。

了他们在地方上的权势和威望,使其势力不断坐大,他们多首鼠两端,往往视利益而动,在金、宋、蒙三方势力之间摇摆不定。但其中也有屡立战功、战死沙场值得称道者,他们为捍卫金朝疆土作出了一定贡献。不过,通过滥封爵赏以图挽救危亡,本身即国乱将亡之象,无法挽救金朝行将灭亡的命运。正如《金史·食货志》所言:"叛臣剧盗之效顺,无金帛以备赏激,动以王爵固结其心,重爵不産,则以国姓赐之。名实混淆,伦法斁坏,皆不暇顾,国欲不乱,其可得乎。"[①]

## 第三节　郡望与封爵

金代王爵和国公爵位以大、次、小三等国号作为封号,郡王和国公以下五等爵则以"某某郡"或"某某县"为号封授相应的爵位。金代"郡"已不是当时地方行政区划,作为爵位封号却普遍使用,体现了金朝遵循中原王朝将封爵与郡望相结合的制度。金代郡王依据郡望来封爵的特点在本书第二章第二节中已有所论及,这里再结合国公以下五等爵封号,从爵位封授角度进行阐释。

"郡望"最初是作为原籍郡名之标识,战国至汉郡县遍设,人口迁徙为常,"犹能各举其原籍之郡名以作标识,如太原、陇西、安定、南阳、清河等,皆后世所谓郡望也"[②]。至汉代以后"郡望"逐渐发展成为某一地域名门望族的概念,由此作为"统其祖考之所自出"和"别其子孙之所自分"[③]的姓氏文化,逐渐被以家族地望明贵贱的郡望观念所取代。魏晋南北朝时期士族成为最活跃、最有影响的社会阶层,"自魏晋以门第取士,单寒之家,屏弃不齿,而士大夫始以郡望自矜"[④]。门阀士族将家族姓氏之前标注其原籍郡名,以示其为当地的名门显贵,郡望成为别贵贱和标注社会地位的重要手段。至唐代,士族门阀虽日渐衰落,但郡望作为身份标识

---

① 《金史》卷46《食货志一》,第1104页。
② 岑仲勉:《隋唐史》,北京:中华书局,1982年,第124页。
③ (宋)吕祖谦:《左氏博议》卷2《隐公问族于众仲》,景印文渊阁四库全书本,第152册,台北:台湾商务印书馆,1986年,第317页。
④ (清)钱大昕:《十驾斋养新录》,上海:上海书店,1983年,第268页。.

的观念仍盛行不衰,以至于"唐人称某郡某人也,往往和本人及祖先实际上并无关系,只是标识门阀而已"①的现象较为常见。清人王士禛言:"唐人好称族望,如王则太原,郑则荥阳,李则陇西、赞皇,杜则京兆,梁则安定,张则河东、清河,崔则博陵之类。虽传志之文亦然。"②郡望观念如此为时人所推崇,封爵与郡望相结合的制度便应运而生。如崔玄暐"博陵安平人",被封为博陵郡公,寻又进封为博陵郡王③;马璘,扶风人,被追封为扶风郡王④。随着郡望观念的盛行,进而出现了攀附名流、伪冒郡望的现象,《新唐书·高俭传》赞曰:"唐初流弊仍甚,天子屡抑不为衰。至中叶,风教又薄,谱录都废,公靡常产之拘,士亡旧德之传,言李悉出陇西,言刘悉出彭城,悠悠世祚,讫无考按,冠冕皂隶,混为一区,可太息哉。"⑤唐人李涪对郡望与得姓之地背离的现象亦有论述:"周制,五等爵以封诸侯,以其有功,加地进律,以是所封之国固定,非处一方。近者凡所封邑,必取得姓之地,所以畴庸进爵,有违王度。窃以萧何封酇侯,萧之得姓,不在于酇;曹参封平阳侯,曹之得姓,不在平阳。国朝房玄龄封梁公,房之得姓,不在于梁;杜如晦封莱公,杜之得姓,不在于莱。古典悉然,不可悉数。其误也,始于幸蜀之年,中书主者,不闲旧制故也。"⑥也就是说某人所自称的郡望并非其籍贯或出生之地,只是依据姓氏攀附在某个郡望之上。"郡望由原为本望主体家族独自享有的家世门地声望标志转化为可为社会各同姓家族共同冒认拥有的姓望"⑦。

　　唐代的郡望观念影响后世,辽代社会中郡望观念依旧盛行。《李内贞墓志》称其为"大辽故银青崇禄大夫、检校司空、行太子左卫率府率、兼御史大夫、上柱国、陇西李公",李内贞是妫汭人,据《元和郡县图志》载:"河中府河东县有妫汭水,源出县南雷首山。"按,唐代河东县,治今

---

① 唐长孺:《跋唐天宝七载封北岳恒山安天王铭》,氏著《山居存稿》,北京:中华书局,1989年,第286页。

② (清)王士禛撰,靳斯仁点校:《池北偶谈》卷22《谈异三》,北京:中华书局,1982年,第540页。

③《旧唐书》卷91《崔玄暐传》,第2935页。

④《旧唐书》卷125《马璘传》,第4066页。

⑤《新唐书》卷95《高俭传》,第3843—3844页。

⑥ (唐)李涪:《刊误》(下),丛书集成初编本,北京:中华书局,1991年,第11页。

⑦ 郭锋:《郡望向姓望转化与氏族政治社会运动的终结——以清河张氏成为共姓共望为例》,张国刚主编:《中国社会历史评论》第三卷,北京:中华书局,2001年,第75页。

山西永济蒲州镇 ①。李内贞的籍贯并非出自陇西，但其墓志的结衔前却冠以陇西，是将其姓与郡望相结合的称谓方式。再如《刘承嗣墓志》称其为"彭城刘公" ②，彭城即为刘姓郡望。辽代在封爵制度中也注重将爵号与郡望相结合进行封授。耶律姓封"漆水"，如耶律佶封"漆水县开国侯" ③，耶律庶几"漆水郡开国公" ④；王姓封太原，如王瓒之祖"太原郡开国子" ⑤，王师儒"太原郡开国公" ⑥；韩姓封昌黎，如韩瑜为"昌黎郡开国侯" ⑦，韩佚封"昌黎县开国男" ⑧。此外还有赵姓封天水、张姓封清河，等等。

　　金朝在封爵制度中同样依循郡望与封爵者姓或民族相结合的方式进行封授。王可宾先生指出："金人使用郡望作为封号，应是从熙宗时开始向封建化演变的过程中，效法唐制的产物。" ⑨ 金朝统治者不仅仿照姓与郡望相结合的原则封爵汉人，还依此精神来封授女真、契丹、渤海等民族。如表3.3《金代"开国"五等爵封表》中清晰地体现了金代封爵与郡望相结合的做法。以下就封爵女真、契丹、渤海、汉人等所用封号来阐释金代依据郡望封爵的情况。

　　其一，女真人的白号之姓与黑号之姓封爵。《金史·百官志》载："凡白号之姓，完颜、温迪罕、夹谷、陁满、仆散、术虎……皆封金源郡；裴满、徒单、温敦、兀林荅、阿典、纥石烈……皆封广平郡；吾古论、兀颜、女奚烈、独吉、黄掴……皆封陇西郡。黑号之姓，唐括、蒲察、术甲、蒙古、蒲速……皆封彭城郡。" ⑩ 封金源郡的姓氏共26个，广平郡30个，陇西郡26个，彭城郡16个，前三郡是白号之姓，封彭城郡的则为黑号之姓。姚燧《牧庵集》对金代女真人黑白之姓也有记载："凡百姓，金源郡三十有

①《李内贞墓志》，向南：《辽代石刻文编》，第54页。
②《刘承嗣墓志》，向南：《辽代石刻文编》，第47页。
③《造经题记》，向南：《辽代石刻文编》，第733页。
④《耶律庶几墓志》，向南：《辽代石刻文编》，第295页。
⑤《王瓒墓志》，向南：《辽代石刻文编》，第81页。
⑥《王师儒墓志》，向南：《辽代石刻文编》，第645页。
⑦《韩瑜墓志》，向南：《辽代石刻文编》，第94页。
⑧《韩佚墓志》，向南：《辽代石刻文编》，第100页。
⑨ 王可宾：《女真国俗》，第98页。
⑩《金史》卷55《百官志一》，第1312—1313页。

六,广平郡三十,皆白书;陇西郡二十有八,彭城郡十有六,皆黑书。"① 其
与《金史·百官志》在金源郡和陇西郡封授姓氏的数量和黑白之姓的划
分上有别。陈述先生指出:"姚氏所记各郡数字,或有讹误,《百官志》所
据,亦非熙、世时期材料而是章宗敕定姓氏。"② 据表 3.3《金代"开国"五
等爵封表》统计,封金源郡(县)的女真人姓氏有完颜、夹谷、温迪罕、仆
散,封广平郡(县)的有乌林答、徒单、孛术鲁,封彭城郡(县)的有蒲察、
唐括、粘割,封陇西郡(县)的有乌古论、尼厖窟。这些姓所封之地与史料
记载吻合。金源主要封女真人,除金末汉人夏全封爵金源郡王,以金源
为号者全部为女真人。其他三个郡号,则不为女真人所有独有,汉人也
多有封授。诸姓之中完颜氏居首,主要封金源,但也封广平,如穆宗孙宗
秀、景祖孙完颜晏封爵广平郡王。日本学者松浦茂认为,金代把女真姓
分为白、黑两号起源于金建国前女真氏族组织的分类,"四群姓和封号之
间没有必然的联系,是否可以索性认为:姓的分类与封爵制完全无关,封
号是后来随意授予的。"③ 对此,张博泉也有相关论述,认为"金女真完颜
部色尚白,其属白姓。徒单姓与完颜为同部,不同姓,白姓之号就包括徒
单姓在内。白姓之号主要封金源郡和广平郡,封国之制定于熙宗时,封
广平郡的三十姓以裴满为首,在徒单之前,当与裴满皇后有关"。封金源
郡、广平郡白姓的两个集团间兼可互封,而白黑姓之间不能相混,并进一
步指出"金代白号之姓与黑号之姓各分两个集团,盖源于原始社会的婚
制发展变化而来。金朝把女真白姓、黑姓与封爵制结合,与女真族接受
中原影响和汉化是分不开的,形成金朝一体的官制"④。也就是说,白号之
姓、黑号之姓与女真族的氏族组织形式有关,而将其与封爵制度相结合,
则是女真民族在汉化进程中效仿中原王朝传统制度的产物。

其二,以"金源"封爵女真人。金代郡王封号以"金源"居首。"所

① (元)姚燧:《牧庵集》卷 17《南京兵马使赠正议大夫上轻车都尉陈留郡侯布色君神道碑》,第 223 页。
② 陈述:《金史拾补五种》,第 4 页。
③ 〔日〕松浦茂著,邢玉林译,陈复礼校:《金代女真氏族的构成》,中国社会科学院民族研究所历史研究室资料组编译:《民族史译文集》第 10 集,第 71 页。
④ 白寿彝总主编,陈振主编:《中国通史》(修订本)第七卷《中古时代·五代辽宋夏金时期》(上册),第 872—873 页。

谓金源文化,可有广义、狭义之分"①,因此"金源"一词亦有狭义和广义之别。狭义的"金源"指的是地域概念,《金史·地理志》载:"上京路,即海古之地,金之旧土也。国言'金'曰'按出虎',以按出虎水源于此,故名金源。"②据此可知"金源"为地域概念,并非行政区划,"金源地域南缘为来流水,即今拉林河;北界为匹古敦水,又称匹脱水,即今蜚克图河"③。广义的"金源"指的是完颜氏家族或金朝。《金史》载元好问"晚年尤以著作自任,以金源氏有天下,典章法度几及汉、唐,国亡史作,己所当任","凡金源君臣遗言往行,采摭所闻,有所得辄以寸纸细字为记录,至百余万言"④。此后,元明清各朝均有以"金源"指称金朝者,元人虞集有"国家龙兴朔漠,威行万方,金源日蹙,吏士守者,或降或死且尽,不能成军"⑤之说;明人亦有"金源氏起自黑水,鼓行而前,兵威之盛有如雷电"⑥之语;清人谭宗浚言"世多以金偏安一隅,又国祚稍促,遂谓其文不及宋元,不知有元一代文章皆自金源启之"⑦;《满洲源流考》:"白山、黑水其名,始见于《北史》而显著于金源。"⑧正如王可宾先生所言:"金源一词,真正由地域之名转而为他意者,那是金亡之后出自非女真人的他称。"⑨无论如何,"金源"作为女真民族始兴之地,对其民族来说具有重要意义,作为地域概念的"金源"在金代始终不变。以"金源"作为郡号和县号,即将其视为金朝肇兴之地,效仿中原王朝将郡望与封爵相结合的做法来封爵女真人,成为金代封爵制度的重要内容。金代以"金源"郡号封王者共18人,19人次(按答海先后两次被封爵为金源郡王),除正大三年(1226)投附入金的宋"忠义军"夏全外,均为女真人⑩。郡公、

---

① 宋德金:《金源文化的历史地位》,《学理论》2008年第6期。

② 《金史》卷24《地理志上》,第590页。

③ 王可宾:《释金源文化》,《史学集刊》2001年第4期。

④ 《金史》卷126《元好问传》,第2893页。

⑤ (元)苏天爵辑撰,姚景安点校:《元朝名臣事略》卷6《总帅汪义武王》,北京:中华书局,1996年,第89页。

⑥ (明)何乔新:《椒丘文集》卷7《金主如蔡州》,景印文渊阁四库全书本,第1249册,台北:台湾商务印书馆,1986年,第108页。

⑦ 《金文最》"谭宗浚序",北京:中华书局,1990年,第7页。

⑧ (清)阿桂等撰,孙文良、陆玉华点校:《满洲源流考》,沈阳:辽宁民族出版社,1988年,第31页。

⑨ 王可宾:《释金源文化》,《史学集刊》2001年第4期。

⑩ 参见表2.6《〈金史·百官志〉所载郡号封王表》。

郡伯、县伯、县子、县男以金源为号封爵者则全部为女真人[1]。

其三,金代耶律姓封漆水、萧姓封兰陵、渤海人大姓封神麓、渤海(勃海)等,同样是将姓与郡望相结合的封授原则。辽代即以"漆水"和"兰陵"作为郡县名号进行封爵。"漆水郡(县)"不是行政区划,金以前也未见有以"漆水"命名的地区。目前关于"漆水"的地理位置,学界有不同认识[2],但以非行政区划的"漆水"作为辽代耶律氏郡望的观点是一致的。辽代以"漆水"封爵者皆为耶律姓,如耶律海里"在南院十余年,镇以宽静,户口增给,时议重之。封漆水郡王,迁上京留守"[3];耶律阿思"大安初,为北院大王,封漆水郡王"[4];耶律琮封爵为漆水郡开国公[5];耶律兴公为漆水郡开国子[6]。辽代耶律姓大部分爵位以漆水为封号,即使赐耶律姓的汉人也封爵以"漆水",如南京析津府汉人耶律俨,"本姓李氏",因赐"国姓",道宗咸雍六年(1070),封韩国公,"乾统三年,徙封秦国,六年,封漆水郡王"[7]。据李忠芝统计,"辽皇室近亲以外的耶律姓郡王共20位,15人初封为漆水郡王"[8]。萧姓为兰陵郡著姓[9],都兴智认为

---

[1] 参见表 3.3《金代"开国"五等爵封表》。

[2] 如日本学者松浦茂认为:"从地理位置看,漆水比定为滦河支流青龙河较为妥当,因为当时名为漆水。在干流滦河的上游,有汉城,是辽太祖耶律阿保机在可汗时代的居城,大概这个地区是他的根据地。以漆水作为耶律姓封号,也许含有一种纪念意义。"(〔日〕松浦茂著,邢玉林译,邢复礼校:《金代女真氏族的构成》,《民族史译文集》第 10 集,第 71 页)都兴智认为:"耶律这一姓氏最早是以所居之处的河名为氏族之名,后为部落名。阿保机建国,又称为皇族的姓氏之名,并同意使用了'耶律'两个汉字。"耶律氏的郡望"漆水"是渭河的一条支流,在今陕西省岐山县附近(都兴智:《辽代契丹人姓氏及其相关问题考探》,《社会科学辑刊》2000 年第 5 期;《契丹族与黄帝》,韩世明主编:《辽金史论集》第十辑,第 3 页)。刘浦江指出漆水郡的得名之由,可能类似女真完颜氏的郡望金源郡,漆水也许是潢河或土河的别名,或者是它们的某一支流(刘浦江:《契丹族的历史记忆——以"青牛白马"说为中心》,氏著《松漠之间——辽金契丹女真史研究》,北京:中华书局,2008 年,第 120—122 页)。苗润博认为,漆水作为契丹人独特的郡望,"实乃辽庆州附近黑水(河)之雅称,承载了阿保机家族对其先祖加入契丹集团以前徙轨迹的起源记忆,是辽建国以后增进皇族认同、标举内外之别的重要手段"(苗润博:《民族记忆抑或家族标识?——漆水郡望探赜》,《中国史研究》2022 年第 2 期)。

[3] 《辽史》卷 84《耶律海里传》,第 1443 页。

[4] 《辽史》卷 96《耶律阿思传》,第 1544 页。

[5] 《耶律琮神道碑》,《辽代石刻文续编》,第 340 页。

[6] 《创建静安寺碑铭》,《辽代石刻文编·道宗编上》,第 360 页。

[7] 《辽史》卷 98《耶律俨传》,第 1557—1558 页。

[8] 李忠芝:《辽代封爵制度研究》,吉林大学博士学位论文,2016 年,第 95 页。

[9] (宋)乐史撰,王文楚等点校:《太平寰宇记》卷 15《河南道十五·徐州》,北京:中华书局,2007 年,第 296 页。

"辽后族以兰陵为郡望封爵,并自称其先祖是兰陵人,正是将自己附会为萧何的苗裔"①。辽代萧氏多封爵于"兰陵","萧姓郡王共 27 位,21 人获封兰陵郡王"②,兰陵郡开国公、兰陵郡开国侯、兰陵县开国子、兰陵县开国男也多为萧姓。金朝耶律氏封"漆水"、萧姓封"兰陵",无疑是继承了辽朝耶律和萧两姓的郡望观念。金朝渤海人封爵以"渤海(勃海)"和"神麓"为号,前者在辽代即作为渤海人封号使用。辽太宗时期高唐英"累受特进、检校太尉、兼御史大夫、上柱国,进封渤海县开国公,食邑八百户,列三公之位,冠五等之封"③。金朝继承辽制,也以渤海封爵渤海人,如高延年的结衔为"朝列大夫、应奉翰林文字、同知制诰、骑都尉、勃海县开国男、食邑三百户、赐紫金鱼袋"④。为《吴舜辟墓志》铭石者的结衔为"□□□渤海郡、食邑五百户、前行武安县令、上骑都尉、开国子"⑤。虽不详其人名,但也应是渤海人。金代以"渤海"为号封爵渤海人,凸显了将民族与"郡望"相结合封爵的精神。金代渤海人另一个封号"神麓",在此前不见于记载,亦不清楚其具体所属。《金史》中封神麓郡王者只有渤海人大㚟一人,但石刻文献中却多见渤海"大"姓封爵于"神麓"者,如"神麓郡开国子"大重寿⑥,"神麓郡开国伯"大怀柔⑦。金代及其之前的行政区划并未见有"神麓"之称,以"神麓郡"封爵者均为"大"姓渤海人,应是具有某种寓意或象征意义,也应是将封爵与郡望相比附的产物。

其四,封爵汉人多依据此前各姓氏的郡望。"张"姓位列南阳郡十一姓之首⑧,为当地著姓,张中孚和张浩分别在海陵贞元二年(1154)和世宗大定二年(1162)封爵为南阳郡王。张浩虽为渤海人,但因"曾祖霸,仕辽而为张氏"⑨,金廷因张姓之郡望封爵南阳郡。"时"姓为钜鹿郡

① 都兴智:《辽代契丹人姓氏及其相关问题考探》,《社会科学辑刊》2000 年第 5 期。
② 李忠芝:《辽代封爵制度研究》,吉林大学博士学位论文,2016 年,第 95 页。
③《高嵩墓志》,见《辽代石刻文续编》,第 37 页。
④《山左金石志》卷 20《节度副使张公神道碑》,《辽金元石刻文献全编》第一册,第 652 页。
⑤《吴舜辟墓志》,《全金石刻文辑校》,第 79 页。
⑥《常山贞石志》卷 13《洪福院尚书礼部牒并重修洪福院记》,《辽金元石刻文献全编》第三册,第 217 页。
⑦《山右石刻丛编》卷 23《闻喜重修圣庙记》,《辽金元石刻文献全编》第一册,第 220 页。
⑧《太平寰宇记》卷 142《山南东道一·邓州》,第 2750 页。
⑨《金史》卷 83《张浩传》,第 1980 页。

的著姓之一①,时立爱在太宗天会八年(1130)"授泰宁军节度使、检校太尉、特进、同中书门下平章事、钜鹿郡公……皇统元年,以受尊号,恩封钜鹿郡王"②,其封爵也是依据郡望。金代赵姓多以"天水"封爵,"天水"在宋代是"国之姓望也"③,作为亡国之君的徽钦二帝,即封爵为天水郡王、天水郡公。以五等爵封授天水的14例中,有一人为秦姓,其他13例全部为赵姓④。金代国公以下五等爵封号所使用的名称,除漆水和神麓外,多是以前的行政区划,并与《太平寰宇记》所记载的郡望著姓基本一致。如张姓封清河,赵姓封天水,刘姓封彭城,郭姓封汾阳,杨姓封弘农,汉人高姓封广陵,石姓封武威,王姓封太原,党姓封冯翊,陈姓封颍川,李姓封陇西和赞皇,周姓封汝南,黄姓封江夏,等等⑤。

依据郡望观念所封之号与受封者的实际籍贯多不相干,如赵秉文,磁州滏阳人,但赵姓的郡望为"天水",因此以天水郡开国侯封赵秉文,以天水郡侯封赠其父赵甫;张暐,为莒州日照县人,但"清河"为张姓郡望,因此明昌初年,封张暐为清河县开国子⑥;再如刘汝翼,世为淄川邹平人,彭城为刘姓郡望,因此其封爵为彭城郡开国伯⑦。

封爵与郡望相结合作为一种基本理念始终贯穿于金朝封爵制度之中,但在具体的执行过程中,也会有变通。如女真人作为统治民族,除以金源、广平等号封爵,其他郡号也可封授。如世祖幼子昂,皇统元年(1141)封爵为漆水郡王⑧;蒲察部人石家奴和宗雄次子按答海分别在天眷年间和大定初年被封为兰陵郡王⑨。而作为白号之姓封地的广平郡,除封授给女真人外,汉人赵兴祥、孔彦舟等均获此封号。但无论如何,依据郡望封爵是金朝封爵制度中所遵循的一项重要原则,"某某郡"虽已不是当时的行政区划,"某某县"之名也与受封者的实际居地和籍贯并不

①《太平寰宇记》卷59《河北道八·邢州》,第1213页。
②罗平、郑邵宗:《河北新城县北场村金时立爱和时丰墓发掘记》,《考古》1962年第12期。
③《宋史》卷65《五行志三》,第1429页。
④参见表3.2《金代无"开国"五等爵封表》和表3.3《金代"开国"五等爵封表》。
⑤参见表3.3《金代"开国"五等爵封表》。
⑥《山左金石志》卷20《节度副使张公神道碑》,《辽金元文献石刻全编》第一册,第654页。
⑦《元好问全集》卷22《大中大夫刘公墓碑》,第424页。
⑧《金史》卷65《完颜昂传》,第1653页。
⑨《金史》卷120《石家奴传》,第2756页;卷73《按答海传》,第1788页。

相干,但仍以此来作为郡王与五等爵封号,这正是继承了中原王朝郡望观念的体现。终金之世,郡王与五等爵封始终是按照将受封者的姓或民族与"郡望"相比附的精神进行封授。

※　　　※　　　※　　　※

本章主要对金代爵位封授的依据和标准进行了探讨。金代封爵对象大体分为宗室和异姓(即非宗室)两个群体,分别就其爵位封授情况进行了论述。"亲"与"功"是金代封爵的两项重要标准。金代宗室除了依靠与皇帝的血亲关系获得爵封,功绩也是封爵的重要依据,尤其是高爵的获得,功绩是重要参考,金代前期宗室"亲亲亦功"或"亦亲亦功"封爵的情况更是较为多见。非宗室群体中无功可获得爵位者包括太皇太后、皇太后、太后的父祖、五品以上品官的父祖以及个别妃嫔的父祖,他们通过王朝推恩封赠得到相应官爵。其他人的封爵还是要凭借着个人的能力和功绩。金代封爵学习和吸收了中原王朝依据郡望观念封爵的传统,将封爵与郡望相结合,封授不同民族和姓氏相应的封号。日本学者松浦茂指出:"在唐人的墓志和行状中,关系到本人所属的地名时,大致上既不采用现住地也不采用出生地,而是使用郡望,并从那时起,就试图使封号和郡望一致起来。金封爵制便在此基础上延续下来。"[1] 也就是说,金代封爵所授予的封号与受封者的居地、籍贯并不相关,完全是依据郡望的理念进行封爵,这完全是效仿唐制的产物。

---

[1] 松浦茂著,邢玉林译,邢复礼校:《金代女真氏族的构成》,中国社会科学院民族研究所历史研究资料组编译:《民族史译文集》第10集,第70页。

# 第五章　金代封爵的管理

　　封爵作为古代政治制度的重要内容,对封爵的有效管理在一定程度上关系到政权的稳定。《金史·百官志》对封爵的具体管理措施未见系统记载,散见于金代的各类文献之中,因此,关于金代封爵制度的管理,只能从现有封爵史料中进行爬梳和总结,从有限的材料中梳理出金代封爵管理的相关内容。金代封爵之权与其他王朝一样,由皇帝掌控,吏部和礼部是封爵的主要管理机构。不同爵位等级所享有的食邑、俸给以及爵位的升进、降削、复爵等均属于封爵管理的内容。金代对亲王的管理和控制是封爵管理的重要举措,亲王府属官的设置经历了一个动态发展过程,其职官设置的变动与职能的变化,体现着皇权对亲王的制约和管控。

## 第一节　封爵的管理机构

　　爵位是身份地位和权力高下的重要标识,也是皇帝驾驭群臣的方式和手段,所以,爵位的封授历来受到统治者的重视,《周礼》将封爵作为天子驾驭群臣的"八柄"之首,言"一曰爵,以驭其贵"[1]。此后历朝封爵权力都牢牢地掌握在皇帝手中。"隋唐时,亲王一概由皇帝临轩册命,以下公侯伯子男爵,则或于朝堂册命,或遣使授爵,皇帝依然牢牢地操纵授爵权力"[2],封爵体现着无上的君权。爵位的授予有一定的册封程序,也是礼制的重要内容,唐代五礼之一的嘉礼中即包括临轩册命诸王大臣和遣使册授官爵等封授程序和相关礼仪的内容。授爵权取决于皇帝,其下则设有禀承圣旨,负责具体封爵事物的机构和官员。如秦朝主管封爵事

---

① (清)孙诒让撰,王文锦、陈玉霞点校:《周礼正义》卷2《天官·大宰》,第71页。
② 杨光辉:《汉唐封爵制度》第3版,第103页。

务的是中尉,汉代为大鸿胪,魏晋时期的大鸿胪、尚书省成为主持爵事的官衙机构,中书、门下也介入封爵事务之中。隋唐三省制确立后,封爵则"由尚书省拟定受封对象,中书省核准制诏,门下省审批册封"①,执行册封的主要机构则为吏部。

诸侯爵位的册封程序在汉晋时期最为规范和程式化,包括册封、授予印绶,并有拜庙和谢恩等。至唐代封爵已无"开国"之实,册封也就没有授予"茅土"之说,封爵的程序也日益简化。唐代"册命封爵已无专门程式,而是将封爵分别按其品秩高低纳入职官系统,以一、三、五、七品的界限确定不同等级的授官爵程序礼仪"②。《资治通鉴》载"旧制,三品以上官册授,五品以上制授,六品以下敕授"③。"唐代制敕大体可以分为制书、敕书两大类,大事用制,其次用敕。授官则五品以上用制,六品以下、守五品以上、视五品以上及供奉官六品以下用敕。"④武则天神龙年间,"三品已上,德高委重者,亦有临轩册授。自神龙之后,册礼废而不用,朝廷命官,制敕而已"⑤。不同品级的爵位册封也应遵照上述程序。至宋代"册命亲王大臣之制,具《开宝通礼》,虽制书有备礼册命之文,多上表辞免,而未尝行"。又有"政和礼局上册命亲王、大臣仪,迄不果行"⑥之语。可见,宋代册命亲王虽有一套礼仪规范,但在现实中并未能切实执行,封爵的册封之礼已省废。

金代爵位除授也分为制授和敕授。天眷二年(1139)八月,"学士院定撰到文武官给告式,蒙准行下项:请⑦后妃、公主、一品及二品执政官、三品诸京留守元帅、监军、都监、殿前都点检、统牧、统军、招讨、节度使,并制授告庭(内藩镇非会要及带知字者,并敕除),余并敕授给告(四品已

① 杨光辉:《汉唐封爵制度》第 3 版,第 106 页。
② 杨光辉:《汉唐封爵制度》第 3 版,第 109 页。
③ 《资治通鉴》卷 211《唐纪二十六》,北京:中华书局,2013 年,第 6865 页。
④ 邓小军:《杜甫疏救房琯墨制放归鄜州考(下)——兼论唐代的制敕与墨制》,《杜甫研究学刊》2003 年第 2 期,第 13 页。
⑤ 《旧唐书》卷 42《职官志一》,第 1804 页。
⑥ 《宋史》卷 111《礼志十四》,第 2668—2669 页。
⑦ 任文彪点校《大金集礼》此处为"诸"(第 248 页)。

上用命辞）"①。制授在除授等级中属于最高一级，系皇帝之授命②。大定官制又规定，"亲王、公主、王妃、郡县主、王夫人及一品官爵，并制授，余并敕授"③。也就是说，金代制授与敕授以一品官爵为界，亲王、国号王、郡王与国公爵位品级属正从一品，按此规定应是制授。

金代吏部负责封爵制诰，礼部则是相关礼仪实施操作的机构。金朝吏部"郎中掌文武选、流外迁用、官吏差使、行止名簿、封爵制诰。一员掌勋级酬赏、承袭用荫、循迁、致仕、考课、议谥之事。员外郎分判曹务及参议事，所掌与郎中同"④。吏部郎中设二员，从五品，负责的具体事务中包括按照皇帝的旨意草拟封爵诏令等。而封爵的礼仪规范应是由礼部具体操作和执行。礼部设尚书、侍郎、郎中、员外郎各一员，"掌凡礼乐、祭祀、燕享、学校、贡举、仪式、制度、符印、表疏、图书、册命、祥瑞、天文、漏刻、国忌、庙讳、医卜、释道、四方使客、诸国进贡、犒劳张设之事"⑤。其中"册命"，即皇帝册立继承人、后妃以及诸王大臣的礼典之事。然金代现存史籍之中并没有对臣僚封爵册封礼仪的记载，仅《金史》和《大金集礼》中有关于封册山川的相关记载，其中参与长白山封册礼的部门有礼部、太常寺、学士院等机构。长白山在女真人心目中具有独特的地位，被尊崇为神山，大定十二年（1172），"有司言：'长白山在兴王之地，礼合尊崇，议封爵，建庙宇。'十二月，礼部、太常寺、学士院奏奉敕旨封兴国灵应王，即其山北地建庙宇"⑥。《大金集礼》亦载，大定十二年"十二月一日，礼部、太常寺、学士院，检定到爵号名称，及差官相视到建庙地步下项。奏奉敕旨封王，仍以'兴国灵应'为名"⑦。至大定十五年三月二十三日，"奏禀封册、仪物、册祝文并合差使副、选定月日行礼节次、春秋降香等事，从之"⑧。封祀礼仪繁缛，体现了长白山的特殊地位。参与长白山封

---

① 《大金集礼》卷 25《赐敕命》，第 216 页。
② 宋代除授用制词，学士院翰林学士草拟者，如立后妃、封亲王，拜宰相、枢密使、三公、三少，除开府仪同三司、节度使，加检校官，加封爵等，称"制授"。在除授等级中属最高一级，在"敕授"之上。参见龚延明：《宋代官制辞典》（增补本），第 718 页。
③ 《大金集礼》卷 25《赐敕命》，第 216 页。
④ 《金史》卷 55《百官志一》，第 1303 页。
⑤ 《金史》卷 55《百官志一》，第 1317 页。
⑥ 《金史》卷 35《礼志八》，第 875 页。
⑦ 《大金集礼》卷 35《长白山·封册礼》，第 293 页。
⑧ 《大金集礼》卷 35《长白山·封册礼》，第 293—294 页。

册的"有司"部门,也应负责封爵的具体礼仪,不过,金朝应与宋朝一样
虽有"仪"但不"行"。

　　总之,封爵有关的制敕、诏令以及礼仪制度由不同的部门负责运作,
但爵位的授予始终是行使皇权的重要体现,金朝也不例外。如熙宗皇统
年间的田珏之狱,"田以下伏首恶者八人",其罪名即有"以敢为朋党、诳
昧上下、擅行爵赏之权,皆置极刑"①。世宗亦曾对宰臣说:"官爵拟注,虽
由卿辈,予夺之权,当出于朕"②,尤其是王公爵位的封授更是牢牢地掌握
在皇帝手中。

## 第二节　封爵食邑与俸给

　　衣食租税是封爵享有的最重要的经济权益。"衣食租税的方式,是
'分土'与'分民'相结合",也就是有封国食邑,"规定具体的食邑户数而
收取租税"③,这种与封土和租税密切相连的封爵制度与汉魏晋时期的制
度相吻合。迨至唐代,封爵"并无官土。其加实封者,则食其封,分食诸
郡,以租调给"④,"户邑率多虚名,其言食实封者,乃得真户"⑤。唐宋时期
的封爵不再与"封土"和"租税"直接挂钩,实封者也无国邑,只享有相
应的租赋或待遇。金代不同等级的爵位食邑与食实封的数量有明确规
定,同时爵品与俸禄也密切相关。

### 一、食邑与食实封

　　金代封爵"凡食邑:封王者万户,实封一千户。郡王五千户,实封五
百户。国公三千户,实封三百户。郡公二千户,实封二百户。郡侯一千
户,实封一百户。郡伯七百户,县子五百户,县男三百户,皆无实封"⑥。金

---

① 《元好问全集》卷29《忠武任君墓碣铭》,第521页。
② 《金史》卷7《世宗纪中》,第190页。
③ 杨光辉:《汉唐封爵制度》第3版,第67页。
④ (唐)杜佑撰,王文锦等点校:《通典》卷31《职官十三》,第869页。
⑤ (唐)李林甫撰,陈仲夫点校:《唐六典》卷2《尚书吏部》,第37页。
⑥ 《金史》卷55《百官志一》,第1306页。

代国号王、郡王、国公等不同等级虚封的食邑户数,与唐朝封爵食邑制度的规定大体相同[①]。但实际上,唐朝同一爵位的食邑和食实封的数量并不固定,并未按制度执行。唐代规定的食邑数量,并不代表实际的封邑,"食实封者,得真户,分食诸州"[②]。唐代同一爵位的食邑数量也不固定,如同为某郡开国公,有食邑四千户、三千户、二千户、一千五百户不等[③],郡王、国公等爵位亦如此。虚封食邑数量与实封之间也没有必然联系,具有很大的随意性,如天宝十二载(753)"九月己亥朔,陇右节度使、凉国公哥舒翰进封西平郡王,食实封五百户"[④];神龙中,崔日用"封齐国公,食实封二百户"[⑤],而刘幽求因助玄宗灭韦后,被赐爵中山县男,竟然也食实封二百户[⑥]。宋代不以爵位品级来确定食邑,"但以增户数为差,不系爵级。邑过其爵,则并进爵焉,止于郡公"[⑦],"其开国公、侯、伯、子、男皆随食邑:二千户已上封公,一千户已上封侯,七百户已上封伯,五百户以上封子,三百户已上封男。见任、前任宰相食邑、实封共万户"[⑧]。宋代官员的食邑有"一万户、八千户、七千户、六千户、五千户、四千户、三千户、二千户、一千户、七百户、五百户、四百户、三百户、二百户"之分,实封则有"一千户、八百户、五百户、四百户、三百户、二百户、一百户"之别[⑨],亦有"恩加"、"特加"食邑的情况。也就是说,宋代爵位不一定决定食邑数量,反倒是食邑数量决定封爵等级。金代则明确规定了每个爵位等级所享有的食邑与食实封之数量和比例。金代虚封与实封食邑数量多在职衔中得以体现,如建修白马寺舍利塔的唐括乌也的官衔为"金吾卫大将

---

① (唐)李林甫撰,陈仲夫点校:《唐六典》卷2《尚书吏部》,第37页;《旧唐书》卷43《职官志二》,第1821页。

② 《新唐书》卷46《百官志一》,第1189页。

③ 如昭宗时期的太子宾客孔纬,为"上柱国、鲁郡开国公,食邑四千户、食实封二百户"(《旧唐书》卷20上《昭宗纪上》,第753页);"上柱国、赞皇郡开国公、食邑一千五百户李珏""上柱国、晋陵郡开国公、食邑二千户归融"(《旧唐书》卷18下《宣宗纪下》,第631页);"上柱国、岐山郡开国公、食邑三千户窦浣"(《旧唐书》卷19下《僖宗纪下》,第691页)。

④ 《旧唐书》卷9《玄宗纪下》,第227页。

⑤ 《旧唐书》卷99《崔日用传》,第3088页。

⑥ 《旧唐书》卷97《刘幽求传》,第3039页。

⑦ 《宋史》卷170《职官志十》,第4079页。

⑧ 《宋史》卷169《职官志九》,第4061页。

⑨ 《宋史》卷170《职官志十》,第4076页。

军河南尹上护军彭城郡开国侯食邑一千户食实封一百户"①。金代虚封与实封之间较严格地执行十分取一之法,这种制度与唐宋制度不同,是受辽制影响。下面是根据《辽代石刻文编》和《辽代石刻文续编》撷取的辽代封爵食邑与食实封比例关系的实例,列表如下。

表 5.1　辽代封爵食邑举例

| 姓名 | 爵位 | 食邑（户） | 食实封（户） | 出处① |
|------|------|-----------|-------------|-------|
| 耶律宗允 | 鲁王 | 15000 | 1500 | 《耶律宗允墓志》（咸雍三年） |
| 萧孝穆 | 齐国王 | 40000 | 5000 | 《萧德温墓志》（大康元年） |
| 张俭 | 陈王 | 25000 | 2500 | 《张俭墓志》（重熙二十二年） |
| 耶律宗政 | 魏国王 | 18000 | 1800 | 《耶律宗政墓志》（清宁八年） |
| 韩匡嗣 | 燕王 | 加 5000 | 不详 | 《韩匡嗣墓志》（统和三年） |
|  | 秦王 | 10000 | 不详 |  |
| 耶律宗愿 | 饶乐郡王、陈留郡王 | 6500 | 650 | 《圣宗淑仪赠寂善大师墓志》（清宁九年）、《耶律宗愿墓志》（咸雍八年） |
|  | 混同郡王 | 10000 | 不详 |  |
| 萧继远 | 兰陵郡王 | 3000 | 300 | 《萧闛墓志》（咸雍七年） |
| 刘继文 | 彭城郡王 | 8000 | 700 | 《刘继文墓志》（乾亨三年） |
| 张俭 | 鲁国公 | 1000 | 1000 | 《圣宗皇帝哀册》（太平十一年） |
| 耶律俨 | 赵国公 | 6500 | 650 | 《道宗皇帝哀册》（乾统元年） |
| 梁援 | 赵国公 | 10000 | 1000 | 《梁援墓志》（乾统元年） |
| 张琳 | 清河郡开国公 | 2000 | 200 | 《耶律庶几墓志》（清宁五年） |
| 王师儒 | 太原郡开国公 | 2000 | 200 | 《王师儒墓志》（天庆四年） |
|  | 太原县开国侯 | 1000 | 不详 | 《萧袍鲁墓志》（大安六年） |
| 耶律琮 | 漆水郡开国公 | 5000 | 300 | 《耶律琮神道碑》（保宁间） |
| 耶律元佐 | 漆水郡开国公 | 9000 | 900 | 《耶律元佐墓志》（大康九年） |
| 耶律庶几 | 漆水郡开国侯 | 1500 | 150 | 《沈阳无垢净光舍利塔石函记》（重熙十三年） |
|  | 漆水郡开国公 | 5000 | 500 | 《耶律庶几墓志》（清宁五年） |

---

①《金石续编》卷 20《修白马寺舍利塔记》,《辽金元石刻文献全编》第二册,第 801 页。
② 本表墓志出自《辽代石刻文编》和《辽代石刻文续编》,表格中不再一一标出。

续表

| 姓名 | 爵位 | 食邑（户） | 食实封（户） | 出处 |
|---|---|---|---|---|
| 孟初 | 平昌县开国公 | 1000 | 100 | 《比丘尼惠净石函记》（天庆二年） |
| 耶律佶 | 漆水县开国侯 | 1000 | 100 | 《持世经》（大安二年） |
| 韩瑜 | 昌黎郡开国侯 | 1000 | 100 | 《韩瑜墓志》（统和九年） |
| 梁颖 | 安定郡开国侯 | 1000 | 100 | 《韩瑜墓志》（统和九年） |
| 耿延毅 | 钜鹿郡开国伯 | 700 | 无 | 《耿延毅墓志》（开泰九年） |
| 耿知新 | 钜鹿郡开国伯 | 700 | 无 | 《耿知新墓志》（太平七年） |
| 耶律延宁 | 漆水县开国伯 | 700 | 无 | 《耶律延宁墓志》（统和四年） |
| 张思忠 | 清河县开国伯 | 700 | 无 | 《张思忠墓志》（重熙八年） |
| 耶律兴公 | 漆水郡开国子 | 500 | 无 | 《创建静安寺碑铭》（咸雍八年） |
| 王瓒 | 太原郡开国子 | 500 | 无 | 《王瓒墓志》（统和三年） |
| 石瀚 | 武威县开国子 | 500 | 无 | 《尚暐墓志》（寿昌五年） |
| 王寔 | 太原县开国子 | 500 | 无 | 《耶律宗政墓志》（清宁八年） |
| 王鸣凤 | 范阳郡开国男 | 300 | 无 | 《三盆山崇圣院碑记》（应历十年） |
| 韩佚 | 昌黎县开国男 | 300 | 无 | 《韩佚墓志》（统和十五年） |
| 李翊 | 陇西县开国男 | 300 | 无 | 《李翊为考妣建陀罗尼经幢记》（统和十八年） |

　　金代封爵与食邑、实食封的数量之间的比例关系与辽制相比，既有相同之处，亦有不同。最大的相同点是，辽代食邑与实食封的比例多遵从十比一的原则，这对金朝封爵制度产生重要影响。上表中所体现的实例中，也有食邑与食实封的比例不是按照十比一原则，如《耶律加乙里妃墓志》载"开府仪同三司、同政事门下平章事……国公食邑一千户、食实封三百户……姓耶律氏加乙里妃"[1]；萧孝穆封"齐国王、食邑四万户、食实封五千户"[2]。这种情况可能以增加受封者的实封食邑的数量，来彰显或表彰其地位或功绩，在辽代的封爵食邑制度中并不具有普遍性，绝大多数是符合十比一之规律。据李忠芝统计，辽代"受封国号王爵且兼有

---

① 《耶律加乙里妃墓志》，向南：《辽代石刻文编》，第 136 页。
② 《萧德温墓志》，向南：《辽代石刻文编》，第 371 页。

食邑、食实封者共 5 人次,其中 4 人次符合十比一的食实封比例;郡王爵
有 3 人次,2 人次符合十比一的食实封比例;国公爵有 4 人次,4 人次皆
符合十比一的食实封比例;开国郡公、开国县公等有 26 人次,23 人次符
合十比一的食实封比例;侯爵有 28 人次,18 人次符合十比一的食实封
比例"①。可见,辽代封爵食邑与食实封基本是遵循十比一原则进行封授。
金朝食邑与食实封之间则严格遵照十比一原则,目前所见金代官员封爵
食邑与食实封的实例中基本没有破例的情况。

　　辽金两朝从王爵至郡侯爵位均有实封,郡伯以下为虚封,且郡伯以
下的爵位食邑数量也完全相同。从上表可见,墓志中记载的辽代王至郡
侯爵位,享有食实封的待遇,郡伯以下则均没有食实封的记载,均为虚
封。辽代享有食实封的国王、郡王、国公、郡公等,所封食邑数量并不固
定,但郡伯以下虚封食邑的数量则较为统一,郡伯、县伯 700 户,郡子、县
子 500 户,郡男、县男 300 户,金代伯、子、男三个等级爵位的食邑数量与
辽代并无二致。

　　不过,从封爵食邑和食实封的数量来看,金朝较辽朝有所缩减。辽
代同一爵位等级所享有的食邑数量并不统一,如前所述,辽朝封王者食
邑有一万户、两万户,甚至有四万户之封。同为郡公爵封,食邑户数从五
千户到一千五百户不等,如王悦的祖父爵封"太原郡开国公、食邑一千
五百户"②,而爵封清河郡开国公的张让则"食邑三千四百户、实封三百
四十户"③,同为郡公食邑数量相差悬殊。即使封号、爵位完全相同,食邑
户数仍有差异,如萧惟平和萧福延同为兰陵郡开国公,前者"食邑三千
二百户、食实封三百二千户",后者"食邑三千八百户、食实封三百八十
户";封爵同为漆水郡开国公的耶律庶几和耶律琮,前者"食邑五千户、
食实封五百户",后者则"食邑三千户、食实封三百户"④。从目前所发现
的资料看,金代封爵较严格地按照"封王者万户,实封一千户。郡王五千
户,实封五百。国公三千户,实封三百户。郡公二千户,实封二百户。郡

① 李忠芝:《辽代封爵制度研究》,吉林大学博士学位论文,2016 年,第 154 页。
② 《王悦墓志》,向南:《辽代石刻文编》,第 112 页。
③ 《张让墓志》,向南:《辽代石刻文编》,第 551 页。
④ 《耶律庶几墓志》、《耶律琮神道碑》,向南:《辽代石刻文编》,第 295 页,第 56 页。

侯一千户,实封一百户"①的规定来授予食邑。金代每个等级的爵位所享有的食邑户数与食实封数量和比例均整齐划一,从制度运作的层面讲,金代在封爵食邑的管理上较此前各朝更加严格,其制度本身也更加的规范化。

　　金代郡侯以上爵位食实封,但通过何种方式兑现,也就是食邑的来源、分配方式、具体数量等情况,找不到相关的文献记载。唐宋两朝的情况,对了解金代或许有所帮助。唐代享有食邑者是一个庞大的群体,除了有爵位者,公主、功臣、勋戚、宦官等,"自武德至天宝,实封者百余家。自至德二年至大历三年,食实封者二百六十五家,凡食四万四千八百六十户"②,唐初至中后期食实封数量剧增。唐朝前期实行租庸调制度,政府将封户的租调实行三分制,一分入朝廷,其余归封家所有(公主所食邑即全给)③。唐朝后期随着租庸调制度的瓦解,逐渐演变为"受封者于内府给缯布,不得以自食其所封之地,则只同俸赐,不可以言胙土矣"④,所谓食邑形同俸赐,失去了此前封邑的意义。宋代,食实封之制与唐代相似,"官序及格,合封诸县开国男以上者,随有食邑户数,盖比古之小大诸侯得国也。若又及格,则有食实封几百户。旧制,每实封一户,随月俸给二十五文。其加封,则自有格法"⑤,每户以月俸 25 文来体现食实封的待遇。目前关于金代食实封者所享有的具体封物数量虽无法找到资料说明,但从唐宋两朝食实封均可获得一定的经济收益看,金代食实封也不是毫无意义,也应该是通过一定的方式和途径给予受封者相应的经济待遇。

　　唐制"凡食封,皆传于子孙"⑥,金代爵封不世袭,食邑自然也不承袭,所封之地也均为虚封。但金朝末年为应对蒙古军事进攻,往往以辖地为爵号封爵地方武装,如宣宗时期的"九公封建",九公皆有辖地,并有

---

① 《金史》卷 55《百官志一》,第 1223—1124 页。
② (唐)杜佑撰,王文锦等点校:《通典》卷 31《职官十三》,第 869 页。
③ 唐代食实封制度的研究,学界成果较为丰富,一般认为"开元二十年以前,封丁的庸是全入封家而不必上缴朝廷,至唐开元二十年取消了封物三分制,封物全入封家",戴建国认为开元二十年颁布的敕有着特定的含义,"不须一分入官",是指丁庸而言,不包括租调。除公主外,租调依然实行三分制,一分入朝廷(戴建国:《关于唐食封制》,《中国经济史研究》2002 年第 3 期)。
④ (元)马端临:《文献通考》卷 276《封建十七》,北京:中华书局,1986 年,第 2191 页。
⑤ (宋)赵升编,王瑞来点校:《朝野类要》卷 3《食邑》,北京:中华书局,2007 年,第 73 页。
⑥ 《旧唐书》卷 43《职官二》,第 1826 页。

实际的统治权。兴定四年(1220),封王福为沧海公,"以清、沧、观州,盐山、无棣、乐陵、东光、宁津、吴桥、将陵、阜城、蓨县隶焉"①,张甫封高阳公,"以雄、莫、霸州,高阳、信安、文安、大城、保定、静海、宝坻、武清、安次县隶焉"②。九公皆兼宣抚使,"总帅本路兵马,署置官吏,征敛赋税,赏罚号令得以便宜行之"③,实为割据一方诸侯。同时宣宗赐诏称:"乃者边防不守,河朔失宁,卿等自总戎昭,备殚忠力,若能自效,朕复何忧。宜膺茅土之封,复赐忠臣之号。除已画定所管州县外,如能收复邻近州县者,亦听管属。"④ 这里有所谓"茅土之封",封授茅土是天子封建诸侯的重要形式,蔡邕《独断》曰:"天子太社,封诸侯者取其土,苞以白茅授之,以立社其国,故谓之受茅土。"⑤ 即有授土封国之义,是天子封建诸侯的重要仪式。从宣宗赐诏的内容看,所封九公其实是金朝管辖所属州县的官员,但又肩负着收复疆土的任务,并且所收复之地即归其所管辖,所以借用上古封爵授茅土之义,来承认其割据统治的合法性。"九公"虽有封爵之名号,但有别于常规的封爵制度,其"征敛赋税"之权,也与封爵食邑无关。

## 二、俸给

金代封爵除了享有食邑(食实封),还有俸给。《金史·百官志》条对亲王和郡王爵位俸禄有明确记载,具体为:

"正一品:三师……亲王、尚书令,钱粟二百二十贯石,曲米麦各三十五称石,春衣罗三十五匹,秋衣绫三十五匹,春秋绢各一百二十匹,绵六百两。皇统二年,定制,皇兄弟及子封一字王者为亲王,给二品俸,余宗室封一字王者以三品俸给之。天德二年,以三师、宰臣以下有以一官而兼数职者,及有亲王食其禄而复领他事者,前此并给以俸,今宜从一高,其兼职之俸并不重给。至大定二十六年,诏有一官而兼数职,其兼职得罪亦不能免,而无廪给可乎。遂以职务烦简定为分数,给兼职之俸。从

① 《金史》卷118《王福传》,第2717页。
② 《金史》卷118《张甫传》,第2725页。
③ 《金史》卷118《苗道润传》,第2716页。
④ 《金史》卷118《苗润道传》,第2716—2717页。
⑤ 《后汉书》志9《祭祀志下》注引《独断》,第3201页。

一品：左右丞相、都元帅、枢密使、郡王、开府仪同，钱粟二百贯石，曲米麦各三十称石，春秋衣罗绫各三十匹，绢各一百匹，绵五百两。"①

从这则材料可见亲王俸禄在熙宗、海陵朝有所调整。《百官志》中规定的正一品亲王的俸给仅次于三师、三公，与尚书令相同，这应是海陵天德二年以后的情况。早在熙宗天眷二年（1138）就规定"亲王有职事者，除本职俸外，更依亲王例另支俸"②。也就是说，亲王任职事官者可以获得职官和亲王的双重俸禄，至于亲王享有俸禄品级没有明确说。前引《金史·百官志》中明确说"皇统二年，定制"，亲王给二品俸，宗室爵一字王者给三品俸。《大金集礼》对这项令文也有记载："皇统元年，奏定：'依令文，皇兄弟、皇子封一字王，为亲王，并二品俸廉。已下宗室，封一字王，皆非亲王，支三品俸廉。又亲王除本职合请俸廉外，支二品亲王俸，不支廉。'"③两书对亲王、一字王以及两者所享俸给的内容基本一致，但时间不同，分别为皇统二年和皇统元年，《金史》中的另一则材料能证明两者是非。皇统元年（1141），完颜勖撰定熙宗尊号册文，并撰《祖宗实录》凡三卷以进，"上焚香立受之，赏赉有差。制诏左丞勖、平章政事弈职俸外别给二品亲王俸廉。旧制，皇兄弟、皇子为亲王给二品俸，宗室封一字王者给三品俸，勖等别给亲王俸，皆异数也"④。平章政事弈应为宗室，具体封爵不详，从行文表述来看，其与勖一样，也应是一字王。这条材料的时间是皇统元年，而且以"旧制"来陈说关于亲王、一字王俸廉的相关规定时间，可见在此之前这一制度已经实行，不会晚于皇统元年。由此可知，《大金集礼》的时间记载是正确的，为皇统元年，而非《金史·百官志》中所说的皇统二年。熙宗朝亲王俸禄规定的内容可归纳为两点，其一，亲王虽为正一品，但只享受二品俸、廉，其他宗室一字王则以三品俸、廉；其二，亲王任职事官者，除了享有本职的俸、廉外，另支二品亲王俸，但不再支廉，也就是说，亲王任职事可依据"职"与"爵"得到两份俸禄。熙宗时期较严格地实行亲王给二品俸，宗室一字王给三品俸的制度，完颜勖和弈以宗室"一字王"获得了二品亲王俸，实"皆异数"，是

---

① 《金史》卷58《百官志四》，第1427—1428页。
② 《大金集礼》卷9《亲王》，第126页。
③ 《大金集礼》卷9《亲王》，第126页。
④ 《金史》卷66《完颜勖传》，第1659页。

因其特殊功绩,皇帝给予的特殊优赏。

　　海陵天德二年(1150)取消了亲王任职事而兼得俸禄的制度,"职事、王爵止从一高"①,"以三师、宰臣以下有以一官而兼数职者,及有亲王食其禄而复领他事者,前此并给以俸,今宜从一高,其兼职之俸并不重给"。官僚兼职或亲王任职事均不再享有兼俸,就高给俸。此时,亲王享有几品之俸,没有明确交代,从《百官志》内容看,应是正一品,也就是"钱粟二百二十贯石,曲米麦各三十五称石,春衣罗三十五匹,秋衣绫三十五匹,春秋绢各一百二十匹,绵六百两"。大定二十六年(1186),再次调整品官兼职的俸禄规定,"以职务烦简定为分数,给兼职之俸",相当于又恢复了兼俸之制,亲王也应爵与职俸禄兼得。亲王如果外任也会有特殊照顾,给予一定的经济待遇,如大定二十九年(1189)六月,"诏有司,请亲王到任各给钱二十万"②。

　　郡王与左右丞、都元帅、枢密院等职官相同,享有从一品的俸禄。至于国公及以下封爵的俸禄情况,《金史》只字未提,其他金代史料中也未见记载。也可能金代享有俸禄的爵位只及亲王、一字王和郡王,其他爵位经济待遇仅以食邑(食实封)来体现。

　　另外,大定年间对亲王俸禄发放情况作了规定,大定"七年九月十三日,奏沈王俸。奉敕旨:'依隋王分例支,亦候出宫支全俸'"③。这里的"沈王"和"隋王"是世宗子永成和永功,均为亲王,封爵时间为大定七年(1167)④。从这条史料看,并非封爵亲王就能即刻拿到额定的俸禄,应是先支分例,出宫之后,才支取亲王全额俸给。

## 第三节　爵位进升、降削与追复

　　封爵既体现着臣僚的名位礼遇和等级身份,也是彰显皇权的重要举措。金代爵位的升迁与降削的变化与皇权统治需要密切地结合在一起,

① 《大金集礼》卷9《亲王》,第126页。
② 《金史》卷9《章宗纪一》,第230页。
③ 《大金集礼》卷9《亲王》,第126页。
④ 《金史》卷85《永成传》,第2026页;《永功传》,第2022页。

爵位的升与降均出自皇帝的旨意。大定十八年（1178），世宗针对曹王府文学赵承元获罪，而"曹王尝遣人言其才能干敏，故再任之"之事，表示不满，并申明："官爵拟注，虽由卿辈，予夺之权，当出于朕。曹王之言尚从之，假皇太子有所谕，则其从可知矣。此事因卿言始知，其不知者知复几何。且卿等公受请属，可乎？"①世宗直言不讳地表明了官爵予夺、升黜之权应掌握在皇帝手中。金代爵位的升迁、降削与历任皇帝的统治政策密切相关。爵位的进封和升迁是控制和笼络皇亲国戚与文武官员的手段，也是激励臣下为国立功效命的奖赏之策。而爵位的降削更是加强皇权、维护王朝统治的重要措施。封爵的变化有统治者政策调整的需要，也与有爵者自身的功过密切相关。

## 一、爵位的进升

爵位进升，即爵位的提升，是在已有封爵的基础上再加爵封。爵位进升一直是封爵政策的重要内容，体现着皇权对爵位的管理和支配，金代根据统治需要，对爵位进升可分为以下几种情况：

1. 为笼络人心、稳定统治的爵位进封

自熙宗天眷元年确立封爵制度，爵位进升一直是封爵管理政策的重要内容。太祖子宗隽，天眷三年封陈王，次年进封兖国王；宗敏天眷元年封邢王，皇统三年进封曹国王。这既体现了对宗室的礼遇（本人亦有功绩），也是笼络臣僚、维护皇权的手段。尤其是当皇权不够稳定之时，封爵往往成为加恩大臣收取人望的首选。海陵弑君夺位，即位之初，首要之务是稳定统治，强化皇权，为了笼络臣僚，他广封异姓高爵，同时还对前朝已封爵的宗室大臣屡进爵封。如穆宗子勖，熙宗皇统八年（1148）封鲁国王，九年进封汉国王，"海陵篡立，加恩大臣以收人望，封秦汉国王，领三省、监修如故"②。自"太师、领三省事勖以下二十人进爵增职各有差"③。海陵天德、贞元年间封爵非宗室成员占比较大，屡获进封者也不少，如刘彦宗子刘筈，在熙宗时曾屡献安边治国良策，皇统九年（1149）

---

① 《金史》卷7《世宗纪中》，第190页。
② 《金史》卷66《完颜勖传》，第1660页。
③ 《金史》卷5《海陵纪》，第105页。

拜平章政事,封吴国公。《金史·刘筈传》称其"自为宣徽使,以能得悼后意,致位宰相。海陵即位,意颇鄙之"。但天德元年(1149),刘筈还是进封为滕王,次年,又拜尚书右丞相兼中书令,进封郑王。未几,以疾求解政务,授燕京留守,进封曹王①。渤海人高桢和契丹人萧仲恭爵封进封也较为引人注目,前者由熙宗时期的国公爵位,先后进封为河内郡王、莒王、代王,后者则进至越国王,荣升一字国王之列②,充分体现了海陵疏忌宗室,重用异族,"加恩大臣以收人望"之策。

　　章宗即位之初,为了稳固皇权,加大了对皇叔伯诸王的爵位进封。金世宗在位时间最长,子嗣众多,诸子均获王爵之封。章宗以皇孙即位,为了稳固统治,即位后便屡次进封世宗诸子也就是他的叔伯们的爵位,以示恩宠。永中在世宗朝作为皇子先后获封许王、越王、赵王,章宗即位进封汉王,明昌二年(1191)"四月,进封并王";明昌三年(1192),又进封镐王③。永功,世宗时先后有郑王、隋王、曹王之封,章宗即位进封冀王,明昌二年(1191),进封鲁王,承安元年(1196),再进郢王④。章宗时期,其皇兄、皇子王爵之号均以次国之号处之,而永中、永功等皇叔伯们的爵号则位处大国号之列。可见,章宗此时"进封"爵位之目的比较明显,即以高爵来笼络皇叔伯诸位亲王,从而得到他们的支持,以此来稳定统治,巩固皇权。

　　2. 世宗对海陵封爵政策"拨乱反正"的爵位进封

　　世宗即位"下诏暴扬海陵罪恶数十事"⑤,对海陵多加批判。世宗初年调整统治政策的一项重要内容即是对海陵正隆二年(1157)"例降封爵"的政策进行拨乱反正,以此来稳定人心。海陵正隆二年大批的国号王、郡王等不同等级的爵位被降封,其中尤以宗室居多,世宗则在海陵降封爵位的基础上,再次进封他们的爵位⑥。如宗望子京,天德二年(1150)封曹王,正隆二年例封沈国公,世宗即位后进封寿王;宗望另一子文,贞

---

①《金史》卷78《刘筈传》,第1884—1885页。
②参见附表2《海陵天德至正隆元年国号王、郡王、国公封爵表》。
③《金史》卷85《永中传》,第2017—2019页。
④《金史》卷85《永功传》,第2022—2024页。
⑤《金史》卷6《世宗纪上》,第139页。
⑥参见表1.4《世宗时期复、升爵位表》。

元元年（1153）封王，正隆例封郧国公，世宗大定三年再封英王，后又徙封荆王①。再如撒改，"天会十五年，追封燕国王。正隆降封陈国公。大定三年，改赠金源郡王"②。撒改已辞世，其爵位虽为"改赠"，但也是爵位的升进。海陵疏忌宗室，世宗之举则体现了对宗室的礼遇和优待，体现世宗与海陵不同的政治路线，以此有利于获得宗室和臣僚的支持和拥戴。不过，世宗时期爵位的进封是相对于正隆二年降封而言，恢复或进封后的爵位等级无法与熙宗及海陵天德、贞元年间封爵相比③。

　　3. "赏功奖能" 的爵位进封

　　"赏功奖能"是封爵的重要作用，爵位的进封则是其重要的方式和手段。完颜襄，在外任，治有异效，大定二十三年（1183），进拜平章政事，封萧国公；后又"上羁縻属部、镇服大石之策"，进拜右丞相，徙封戴；明昌元年（1190），进枢密使，复拜右丞相，改封任。率众御边，招降胡訑纥叛军、击溃阻䪁之围之后，又拜左丞相，监修国史，封常山郡王；明昌初年契丹叛乱，"廷臣议罢郊祀"，襄力主"大礼不可轻废，请决行之，臣乞于祀前灭贼"，贼破后，郊礼成，进封南阳郡王④。完颜襄爵位的进封是对其功绩的肯定，更具有激励作用，此后在对外击溃阻䪁之围、对内平叛的诸多事宜中表现突出，其爵位最终由国公进封为郡王。再如纥石烈志宁在世宗朝屡次肩负对外征讨的重任，战功显著，其爵位由定国公进封为广平郡王，再进金源郡王⑤。渤海人高桢在熙宗朝先后封爵戴国公、任国公，海陵则以讨平内乱之功，进封河内郡王⑥。而生前有功未及进封，死后加赠，也是对其生前功绩的肯定，对存世的臣僚也具有激励作用。如石家奴，天眷间封兰陵郡王，除东京留守，以病致仕，卒，加赠郧王⑦；兴定元年（1217），申国公仆散端�薨，"赠延安郡王，谥忠正"⑧。

---

①《金史》卷74《宗望传》，第1814—1817页。

②《金史》卷70《撒改传》，第1715页。

③ 参见附表1《熙宗朝国号王、郡王及国公封爵表》，附表2《海陵天德与正隆元年国号王、郡王、国公封爵表》，表1.4《世宗时期复、升爵位表》。

④《金史》卷94《内族襄传》，第2215—2218页。

⑤《金史》卷87《纥石烈志宁传》，第2056页。

⑥《金史》卷84《高桢传》，第2010页。

⑦《金史》卷120《石家奴传》，第2756—2757页。

⑧《金史》卷101《仆散端传》，第2367页。

### 4.彰显皇权的覃恩进封

覃恩是历代在改元、册封、郊祀等重大活动时普遍实行的政策。覃恩多以对臣僚、宗室的加官进爵为主要内容。如时立爱，天会十五年（1137）封爵郑国公，"皇统元年，以受尊号，恩封钜鹿郡王"[①]。大定十一年（1171），纥石烈志宁代宗叙北征，师还，世宗"慰劳良久"，封广平郡王，同年郊祀覃恩，从征护卫，皆有赐，进封克宁金源郡王[②]。章宗即位，皇子从宪"加开府仪同三司，封寿王。承安元年，以郊祀恩进封英"[③]。世宗子永成，"承安改元，以覃恩进封豫"[④]。覃恩进爵，具有彰显皇权、体现皇恩浩荡之意，能使臣僚对皇帝怀有感恩之心，从而更加衷心地效忠于朝廷。

### 二、爵位的降削

爵位的降削与进封一样，均是出于维护皇权和巩固统治的需要。金代爵位的大规模降削是在海陵正隆二年（1157），在例降封爵政策之下，宗亲与异族封王者普遍削爵或降封。世宗时期的削夺爵位主要是针对海陵之皇兄弟以及"助纣为虐"的臣僚。除了政策性降削爵位和皇权更迭时期的爵位变动，正常情况下，个人罪过是爵位降削的主要原因。

#### 1.为加强皇权的降爵或夺爵

熙宗即位后大封宗室，后又降封太宗诸子，这是维护皇权、利用封爵来巩固统治的举措。熙宗天眷元年（1138）确立封爵制度后，开始大规模封爵宗室王爵。其中太宗诸子在天会十五年（1137）和天眷元年相继封爵为王。但天眷二年（1139），相继发生了两起有太宗子参与谋反的事件。是年"七月辛巳，宋国王宗磐、衮国王宗隽谋反，伏诛"；紧接着八月辛亥，又有"行台左丞相挞懒、翼王鹘懒及活离胡土、挞懒子斡带、乌达补谋反，伏诛"[⑤]。宗磐、鹘懒皆为太宗子，他们的谋反活动，不能不引发熙

① 罗平、郑绍宗：《河北新城县北场村金时立爱和时丰墓发掘记》，《考古》1962 年第 12 期。
② 《金史》卷 87《纥石烈志宁传》，第 2056 页。
③ 《金史》卷 93《显宗诸子传》，第 2183 页。
④ 《金史》卷 85《永成传》，第 2027 页。
⑤ 《金史》卷 4《熙宗纪》，第 83 页。

宗的疑惧，于是采取打压措施。同年九月，熙宗下令"降封太宗诸子"①。
诛宗磐、鹘懒后，熙宗还使宗固子京往燕京慰谕宗固，并诏曰："燕京留守
豳王宗固等或谓当绝属籍，朕所不忍。宗固等但不得称皇叔，其母妻封
号从而降者，审依旧典。"②宗固作为太宗次子，宗磐被诛后，即为诸子之
长，"宗固等"即包括太宗诸子，所以这项诏书的内容是针对太宗诸子而
言的。太宗诸子的降封主要是因为宗磐等人的谋反行为威胁到了熙宗
的统治。不过，至熙宗皇统年间，又有复封太宗诸子爵位之举，如皇统二
年（1142），"复封宗雅为代王"③。应该注意的是，天眷二年太宗诸子的爵
位是"降封"，这与"削爵"或"夺爵"并不同义，降封应是爵位的降低，还
有爵位加身，这也体现了熙宗优礼宗室的政策。

　　海陵为加强皇权，对爵位的控制更加严苛，夺爵和降封成为海陵时
期最重要的封爵政策。海陵正隆初年，统治逐步稳固，为加强皇权，正隆
二年（1157）便出台了"例降封爵等第"的令文。这年二月癸卯，"改定
亲王以下封爵等第，命置局追取存亡告身，存者二品以上，死者一品，参
酌削降。公私文书，但有王爵字者，皆立限毁抹，虽坟墓碑志并发而毁
之"④。海陵的这项封爵政策使大量熙宗朝封授的国号王、郡王、国公等不
同等级的爵位，或降或夺⑤，这也是金朝历史上降削爵位最为集中的时
期。对此前文已有阐述，不再赘述。

　　2. "拨乱反正"的爵位降削

　　世宗即位后力矫海陵之策，在恢复被海陵降削的部分爵位同时，也
降削海陵宗亲和同党的封爵，以为人臣之戒。

表5.2　世宗时期降削爵位表

| 人名 | 身份 | 正隆二年前／后封爵 | 世宗时爵位 | 存世 | 出处 |
|---|---|---|---|---|---|
| 萧玉 | 奚人 | 陈国公／正隆六年进封吴国公 | 削爵为奉国上将军 | 是 | 《金史》卷76《萧玉传》 |

---

① 《金史》卷4《熙宗纪》，第83页。
② 《金史》卷76《宗固传》，第1841页
③ 《金史》卷76《宗固传》，第1841页。
④ 《金史》卷5《海陵纪》，第119—120页。
⑤ 参见表1.2《海陵正隆二年国号王、郡王与国公爵位变化表》。

续表

| 人名 | 身份 | 正隆二年前／后封爵 | 世宗时爵位 | 存世 | 出处 |
|---|---|---|---|---|---|
| 徒单恭 | 海陵妻兄 | 梁晋国王／赵国公，再进齐国公 | 降特进、巩国公 | 否 | 《金史》卷120《徒单恭传》 |
| 宗干 | 海陵之父 | 宪古弘道文昭武烈章孝睿明皇帝 | 大定二年去庙号，改谥明肃皇帝，二十二年，去帝号，封辽王 | 否 | 《金史》卷76《宗干传》 |
| 襄 | 海陵弟 | 天德二年追封卫王 | 追降银青光禄大夫 | 否 | |
| 充 | 海陵兄 | 郑王 | 追降仪同三司 | 否 | |
| 充 | 海陵弟 | 王爵 | 追降特进 | 否 | |
| 徒单贞 | 娶宗干女（海陵妹婿） | 王爵／例封沈 | 降削爵号 | 是 | 《金史》卷132《徒单贞传》 |

　　世宗时期被降削爵位的人员都与海陵有密切关系，或为同党，或为宗亲，他们虽都已去世，但仍通过削降封爵的方式加以惩戒。萧玉，因"从萧裕诬宗本罪"得到海陵信用，先后封爵陈国公、吴国公，"世宗即位，降奉国上将军，放归田里，夺所赐家产"[1]。海陵之父宗干，则由追谥的"皇帝"之位降封为王爵。海陵篡立后，宗干被"追谥宪古弘道文昭武烈章孝睿明皇帝，庙号德宗"，大定二年，除去庙号，改谥明肃皇帝。大定二十一年（1181），追贬海陵为庶人，次年，皇太子允恭关于海陵一系的庙号、谥号以及爵位问题，上奏世宗称："追惟熙宗世嫡统绪，海陵无道，弑帝自立，崇正昭穆，削其炀王，俾齿庶人之列。瘗之闲旷，不封不树，既已申大义而明至公矣。海陵追崇其亲，逆配于庙。今海陵既废为庶人，而明肃犹窃帝尊之名，列庙祧之数。海陵大逆，正名定罪，明肃亦当缘坐。是时明肃已殂，不与于乱，臣以谓当削去明肃帝号，止从旧爵。或从太祖诸王有功例，加以官封，明诏中外，俾知大义。"书奏，世宗嘉纳，下尚书省议。于是，封宗干"为皇伯、太师、辽王，谥忠烈，妻子诸孙皆从降"[2]。宗干为太祖庶长子，是金朝功勋卓著的开国之臣，有社稷之功，海陵篡立时，已经过世，因此不宜削夺王爵，在"止从旧爵"和"从太祖诸王有功

―――――――――
[1]《金史》卷76《宗本传》，第1846页。
[2]《金史》卷76《宗干传》，第1853页。

例"封爵之间,选择了后者。因宗干的旧爵,也就是他在熙宗时期的爵封是梁宋国王,两字国王作为海陵正隆二年之前的至尊封爵,此时已经不再封授人臣,因此以大国号之首的辽王封之。海陵的兄弟充、襄和兖,则直接被削夺,降封散官。海陵兄充,皇统年间封淄国公,进封代王,后又追封郑王;其弟襄在天德二年追封卫王,兖在海陵贞元初年追封王爵。大定二十二年(1182)三人分别追降夺爵,追降为仪同三司、银青光禄大夫、特进①。海陵妻兄徒单恭,熙宗天眷二年(1139),封爵为谭国公,海陵篡立后封爵为王,正隆间改封赵国公,再进齐国公,大定间,海陵降为庶人,徒单氏为庶人妻,徒单恭亦降特进、巩国公②。徒单恭为外戚,世宗虽仍封以国公爵位,但由大国号"齐"降封为小国号"巩",以国号的等级来表示其爵位的降等。徒单贞为海陵妹婿,因与海陵俱弑熙宗,封王,正隆二年"例降沈",应是降封为沈国公。因贞之女为世宗皇太子妃,"以世姻籍恩宠",世宗初年,仅降削了夫妇爵号。但"世宗虑久远,终不以私恩曲庇,久之,诏诛贞及其妻与二子慎思、十六,而宥其诸孙"③。徒单贞以皇室姻亲之故,最初只是以降削爵号的方式加以惩戒,但终因其为"皇统逆党"之一被诛。

弑杀卫绍王拥立宣宗的纥石烈执中(胡沙虎)的除名削爵,也具有惩权臣之祸,维护皇权,"拨乱反正"之目的。宣宗即位后,纥石烈执中因拥立之功,拜太师、尚书令、都元帅、监修国史,封泽王,授中都路和鲁忽土世袭猛安。后术虎高琪弑杀纥石烈执中,于是左谏议大夫张行信上封事力陈纥石烈执中弑君擅权之罪:"胡沙虎国之大贼,世所共恶,虽已死而罪名未正,合暴其过恶,宣布中外,除名削爵,缘坐其家,然后为快。"④宣宗乃下诏暴执中过恶,削其官爵。

3. 因罪夺爵

海陵正隆二年(1157),降削爵位和世宗降削海陵宗亲爵封,是金代较大规模的降封爵位事件。在正常情况下,封爵一般升多降少,但因罪夺爵的事件在金朝也有发生。

---

①《金史》卷76《宗干传》,第1854—1856页。
②《金史》卷120《徒单恭传》,第2758—2759页。
③《金史》卷132《徒单贞传》,第2984—2986页。
④《金史》卷132《纥石烈执中传》,第2995—2997页。

"谋反"是威胁皇权的"十恶不赦"之罪,犯有"谋反"罪者,即使宗室亲王也难逃被处死的下场。金熙宗时期曾先后有宋国王宗磐、兖国王宗隽以及挞懒、翼王鹘懒等谋反伏诛事件,代表其身份地位的爵位也全部被削夺。章宗时期又有郑王永蹈以"谋逆"罪、镐王永中子"语涉不道"之罪,被处死夺爵。

在不直接危及皇权统治的情况下,其他罪责可通过"夺爵降官"的方式惩戒。如完颜文为宗望子,大定初,除广宁尹,"召为判大宗正事,封英王"。大定五年(1165),完颜文之弟完颜京"谋不轨"事发后,世宗为了使文"赤心事朕",又"除真定尹,赐以衣带。改大名尹,徙封荆王"①。但文到大名后,"多取猛安谋克良马,或以驽马易之,买民物与价不尽其直。寻常占役弓手四十余人,诡纳税草十六万束。公用阙,取民钱一万九千余贯"②。大定十二年(1172)四月乙丑,"荆王文以赃罪夺王爵,降授德州防御使"③,夺爵降官。

因救援不力阵地失守或临阵惧敌也常被削官贬爵或"减死削爵"。如永锡就因作战不利先后两次被削夺官爵。永锡,一名合周,为宗室,具体出身不详。宣宗贞祐中,"为元帅左监军,失援中都,宣宗削除官爵,杖之八十。已而复用"④。永锡被复用后,以御史大夫权尚书右丞,总兵陕西。其留渑池数日,进及京兆,而蒙古军"已至,合周竟不出兵,遂失潼关",遂再夺爵,免死除名⑤。再如宣宗兴定三年(1219)正月"丁酉,邓州元帅府提控娄室有罪,减死削爵"⑥。因罪削爵、夺爵,爵位具有可以抵罪的功用,这既体现了爵位具有政治特权,也是控制和管理爵位的重要举措。

### 三、追复爵位

"复爵",即因封爵政策或自身获"罪"而被降削爵位后,又得以再次

①《金史》卷74《完颜文传》,第1817页。
②《金史》卷75《完颜文传》,第1817页。
③《金史》卷7《世宗纪中》,第174页。
④《金史》卷114《合周传》,第2658页。
⑤《金史》卷114《合周传》,第2658—2659页。
⑥《金史》卷15《宣宗纪中》,第370页。

封爵。世宗时期"复爵"人数最多,原因是海陵正隆二年例降封爵,被夺爵者众多。如海陵即位后,见太宗诸子势强,与萧裕等诬宗本等人谋反,"太宗子孙死者七十余人"①。《金史》中并没有记载海陵诛杀太宗诸子后是否夺爵,但既然是"谋反"之罪,又是必须剪除的政治势力,诛杀的同时势必削夺王爵。世宗大定二年(1162),太宗诸子又全部得以追封,"追封宗固鲁王、宗雅曹王、宗顺隋王、宗懿郑王、宗美卫王、宗哲韩王、宗本潞王、神土门豳王、斛孛束沈王、斡烈鄂王,胡里改、胡什赍、可喜并赠金吾卫上将军"②。石土门之子思敬,天德年间封爵河内郡王、钜鹿郡王,正隆二年夺王爵,世宗即位后,封爵济国公③。再如被海陵无辜杀戮的太祖子宗敏、宗敏子阿里罕、宗室撒离喝(杲)以及被耨盌温敦思忠构杀的乌林答赞谟等人,在世宗大定年间均得以诏复官爵④。

　　章宗时期"基于急于求治、改变政府部门因循苟且不良作风的考虑"⑤,有为皇统七年(1147)"田觳之狱"(又称"皇统党狱")所涉之人平反之举,诏复田觳党狱所牵连者官爵。章宗即位的当年,即大定二十九年(1189),即有追复田觳等官爵之议,但碍于先朝顾命大臣张汝霖的反对而作罢。张汝霖死后,章宗复诏尚书省称:"据田觳一起人除已叙用外,但未经任用身死,并与复旧官爵。其子孙当时已有官职,以父祖坐党因而削除者,亦与追复。应合追复爵位人等子孙不及荫叙者,亦皆量与恩例。"⑥章宗诏复田觳等人官爵的目的,在于避免因田觳党事所致的"惟务苟且,习以成风"的官僚恶习,以求政治稳定。泰和七年(1207),章宗对诛郑王永蹈、赵王永中,"久,颇悔之"⑦,于是诏复永中、永蹈官爵⑧。同时诏按辰出继郑王永蹈后,诏曰:"朕追惟郑邸,误蹈非彝,薨窆原野,多历岁年,怛然轸怀,有不能已,乃诏追复王爵,备礼改葬。今稽式

---

① 《金史》卷76《宗本传》,第1843页。
② 《金史》卷76《宗本传》,第1844页。
③ 《金史》卷70《思敬传》,第1725—1726页。
④ 《金史》卷69《宗敏传》,第1709页;卷84《杲传》,第2000页;卷84《耨盌温敦思忠传》,第2002—2003页。
⑤ 都兴智:《田珏之狱略论》,《北方文物》1995年第3期。
⑥ 《金史》卷89《田觳传》,第2103页。
⑦ 《金史》卷13《卫绍王纪》,第315—316页。
⑧ 《金史》卷85《永中传》,第2020页。

古典,命汝为郑王后,守其祭祀。"①

卫绍王的爵位几经变化,其即位前为卫王,被弑后降为东海郡侯,后又恢复卫王爵封。至宁元年(1213)八月,卫绍王被权臣胡沙虎等人所弑,九月胡沙虎拥立宣宗即位,并请废卫绍王为庶人,宣宗"诏百官议于朝堂,议者二百余人","胡沙虎固执前议,宣宗不得已,乃降封东海郡侯"②。兴定四年(1220),权臣胡沙虎早已被弑,于是"诏复卫绍王王爵,仍加开府仪同三司"③。卫绍王被降封,是金朝权臣操纵政局的结果。宣宗诏复的爵位虽未明言,应是卫绍王即位前的卫王,同时加最高的散官之号,这其实是为卫绍王"平反",将其视为宗室亲王,而非失道之君。

## 第四节　亲王的管理和控制

亲王是爵位等级的至高点,其身份又是皇室宗亲,对亲王爵位的封授和管理成为历代封爵制度的重要内容。为了加强对诸王的管理,自西汉时起便设置了王府属官,专门负责佐理亲王行政事务与日常生活。西汉高祖分封,初有太傅、内史、中尉、丞相等王府职官④。此后历朝凡有封爵之制,必有与之相应的王府属官,虽繁简各异,但始终是各朝职官制度的一项重要内容。各朝正史的官志部分对王府官署机构的记载或详或略,缺漏亦较为常见。唐统天就通过石刻资料对《辽史·百官志》中只有"寥寥数目"的王府属官做了相应的考补工作⑤。《金史·百官志》对亲王府属官虽有明确记载,但亦有缺漏。金代亲王府属官,除《金史·百官志》所明确记载的属官外,还有王府同提点、府掾、王府教读、王府祗候郎君等。金代亲王府官署机构的设置经历了一个逐步发展演变的过程,其职能由最初"傅导德义"变为"检制王家"。金代王府属官机构设置和职能的演变过程,体现了金代不同时期对亲王管理和控制的不同举措。

---

① 《金史》卷93《卫绍王子传》,第2186页。
② 《金史》卷13《卫绍王纪》,第323页。
③ 《金史》卷16《宣宗纪下》,第385页。
④ 《汉书》卷19《百官公卿表》,第741页。
⑤ 唐统天:《由石刻补考辽代王府与公主邑司的官制》,《北方文物》1987年第4期。

## 一、《金史·百官志》所载亲王府属官补遗

王府属官与中国古代封爵制度相伴而生,金代的王府属官设置亦与其封爵制度相始终。金熙宗皇统二年(1142)"定制,皇兄弟及子封一字王者为亲王,给二品俸"①。《金史·百官志》载:亲王府属官有傅、府尉、本府长史、司马、文学、记室参军,大定二十年(1180),记室参军"不专除,令文学兼之"②。金代亲王府属官系统大体仿唐宋之制,同时对辽制也有参照,亦有自己的特点。金代王府属官设置于何时,史无明确记载,但其针对亲王所设,因此与封爵制度密不可分。金熙宗天眷元年(1138)"定封国制"③,制定了大国(20个)、次国(30个)、小国之号(30个)的封国等第,确立封爵制度,作为辅导和管理诸王的王府官署也应在此后相应设置,但上述《百官志》中的亲王府属官在熙宗时期并未见记载。世宗时期王府属官设置逐步完备,世宗即位当年(1161)就封皇子允恭(显宗)为楚王,置官属④。这一时期王府长史成为亲王府常设属官,如大定三年(1163)十月,"丙寅,以许王府长史移剌天佛留为高丽生日使"⑤;大定二十五年(1185)六月,显宗崩,"世宗以豳王永成为中都留守,来护丧,遣滕王府长史再兴、御院通进阿里剌来保护金源郡王"⑥。记室参军、文学作为王府职官名称,这一时期也屡见于《金史》。而品级高、地位重的傅、府尉则是在章宗即位后设置。明昌二年(1191)二月,"丙午,初设王傅府尉官"⑦。明昌四年(1193)"诸王府增置司马一人"⑧。至此,《金史·百官志》中所记载的亲王府官属名称全部设置完成。但仔细查阅《金史》等史料不难发现,有金一代亲王府属官并不限于《金史·百官志》中的六个官名,就目前所见还有王府同提点、王府掾、王府教读、王府祗候郎君四个属官名称。

王府同提点,见于熙宗朝。皇统三年(1143)"皇子魏王道济遥领中

---

① 《金史》卷 58《百官志四》,第 1428 页。
② 《金史》卷 57《百官志三》,第 1387—1388 页。
③ 《金史》卷 4《熙宗纪》,第 81 页。
④ 《金史》卷 19《世纪补》,第 446 页。
⑤ 《金史》卷 6《世宗纪上》,第 148 页。
⑥ 《金史》卷 19《世纪补》,第 451 页。
⑦ 《金史》卷 9《章宗纪一》,第 238 页。
⑧ 《金史》卷 10《章宗纪二》,第 253 页。

京,以玄素为魏王府同提点"①。《金史·道济传》载道济于皇统三年"命
为中京留守,以直学士阿懒为都提点,张玄素为同提点,左右辅导之。俄
封魏王"②。从这条史料看,道济为中京留守时张玄素即为同提点,不久道
济封魏王,张玄素则成为王府同提点。

王府掾,唐代王府有"掾一人,正六品上"③,金代亲王府亦设。南宋
乾道六年(1170,金世宗大定十年)范成大奉命使金,回朝所上《揽辔录》
对金代官制有详细记载,其中即明确言及"亲王府:属官有长史、府掾、
文学"④。金代有多人担任过府掾一职,如梁襄在大定年间"召为薛王府
掾"⑤;完颜安国在"大定中,为常山簿,转虹县令。会王府新建,选充虞
王府掾"⑥;瑶里孛迭"以军功历海滨令,迁徐王府掾"⑦。

王府教读,宋设王府教授⑧,辽亦有诸王教授⑨,金代王府教读应与
此相类。金代明确记载担任王府教读的有完颜匡(完颜撒速)和仆散讹
可。完颜匡初"事豳王允成,为其府教读",大定十九年(1179),"章宗
年十余岁,显宗命詹事乌林答愿择德行淳谨、才学该通者,使教章宗兄
弟",乌林答愿对曰:"豳王府教读完颜撒速、徐王府教读仆散讹可二人,
可使教皇孙兄弟",显宗言:"典教幼子,须用淳谨者。"⑩章宗被立为皇太
孙后,仍以完颜匡为侍读。王府教读具有"典教"诸王的职责,是教习诸
王文化知识、解惑答疑的辅导老师,因此要德业兼备,由"淳谨者"担任。
作为诸王的老师,王府教读在燕赐各部官僚时,享有与王傅、府尉规格相
同的待遇,"燕赐各部官僚以下……王府教读、王傅府尉等下司吏、外路
通事、省医工调角匠、招讨司移剌各二升"⑪。

王府祗候郎君,辽代亲王国有"王府祗候"⑫,唐宋王府官属中均不

①《金史》卷83《张玄素传》,第1987页。
②《金史》卷80《道济传》,第1912页。
③《旧唐书》卷44《职官志三》,第1914页。
④(宋)范成大:《揽辔录》,赵永春:《奉使辽金行程录》(增订本),第398页。
⑤《金史》卷96《梁襄传》,第2261页。
⑥《金史》卷94《完颜安国传》,第2222页。
⑦《金史》卷94《瑶里孛迭传》,第2223页。
⑧《宋史》卷162《职官志二》,第3826页。
⑨《辽史》卷47《百官志三》,第887页。
⑩《金史》卷98《完颜匡传》,第2293页。
⑪《金史》卷58《百官志四》,第1439页。
⑫《辽史》卷45《百官志一》,第798页。

见记载。王府祗候郎君,亦称"王府郎君",如"大定二十八年,制以阁门祗候、笔砚承奉、奉职、妃护卫、东宫入殿小底、宗室郎君、王府郎君、省郎君,始以选试才能用之,不须体察"①。大定十八年(1178)"以扎里海充赵王府祗候郎君。"②王府祗候郎君是优遇宗室子弟的属官③,是宗室子弟获得出职任官的途径之一。"崇成,本名仆灰,泰州司属司人,昭祖玄孙也。大定十八年收充奉职,改东宫入殿小底,转护卫。二十五年,章宗为原王,充本府祗候郎君。"④崇成由宫中承应人东宫入殿小底,转护卫,后又充原王府祗候郎君。王府祗候郎君的俸禄为"钱粟八贯石,绢二匹,绵二十两",与六部等通事、诰院令史、国史院书写相同⑤。《金史》在记载王府祗候郎君时多将其与宫中承应人相提并论,因此,王府祗候郎君虽不属于宫中承应人,但在身份上应具有承应人的性质,是贵族子弟入仕的门径之一。

王府同提点、王府掾、王府教读、王府祗候郎君四个王府属官主要见于熙宗和世宗时期,章宗即位之初的明昌元年(1190)"府掾"还时有提及,如明昌元年(1190)六月"制定亲王家人有犯,其长史府掾失觉察、故纵罪"⑥。次年,增设傅、府尉等王府职官后,府掾便不见记载。王府属官设置的这种变化,应是自熙宗到章宗时期金代官制逐步发展,官僚系统更加细致严密,从而更有利于皇权统治需要的客观反映。目前学界多认同《金史·百官志》是明昌初年的官制体系⑦,因此《金史·百官志》的王府官属设置反映的也就是章宗时期的官制内容。上述四个王府属官主要设置于熙宗和世宗时期,章宗明昌二年以后应不再设置,而是增设了王府傅、府尉、司马等职官,以此来加强对诸王的管理和控制。

---

① 《金史》卷 54《选举四》,第 1285 页。
② 《金史》卷 132《完颜元宜传》,第 2990 页。
③ 关树东:《金朝宫中承应人初探》,漆侠、王天顺主编:《宋史研究论文集》,银川:宁夏人民出版社,1999 年,第 442 页。
④ 《金史》卷 65《崇成传》,第 1642 页。
⑤ 《金史》卷 58《百官志四》,第 1435 页。
⑥ 《金史》卷 9《章宗纪一》,第 235 页。
⑦ 〔日〕三上次男:《金史研究》(二)《金代政治制度の研究》,第 65 页。

## 二、王府属官对亲王的辅佐和监控

作为辅导和管理亲王府事务的属官肩负着不同的职责,王府属官设置之初,以辅导协助诸王为主,前述主要见于熙宗和世宗时期的王府属官,即王府同提点、府掾、王府教读、王府祗候郎君,从名称上看具有佐助、教习等职能。大定九年(1169),世宗接受完颜思敬的建议:"亲王府官署以文资官拟注,教以女直语言文字。"①亲王府设官置署具有辅佐教习诸王的重要职责,但其本身又具有监督诸王的使命,尤其是章宗即位后防范监督诸王成为王府属官的主要职能。章宗明昌二年以后裁减了此前设置的部分王府属官,增设新的职官,其主要职能由"傅导德义"变为"检制王家"。

《金史·百官志》对亲王府属官的职能,除府尉一职外,交代较为清楚:"傅,正四品,掌师范辅导、参议可否,若亲王在外,亦兼本京节镇同知。府尉,从四品。本府长史,从五品,明昌三年改,掌警严侍从、兼总统本府之事。司马,从六品,同检校门禁、总统府事。文学二人,从七品,掌赞导礼义、资广学问。记室参军,正八品,掌表笺书启之事。大定七年八月始置。二十年,不专除,令文学兼之。"②这段文字对王府属官职能的记载简单明了,但王府长史一职,其言过简,在明昌二年增设傅、府尉之前,长史在王府属官中地位较重,肩负重要的使命和责任,需要加以说明。

其一,劝导诸王,使之为善,并具有直接向皇帝奏事的权力。大定十二年(1172)二月,世宗召诸王府长史谕之曰:"朕选汝等,正欲劝导诸王,使之为善。如诸王所为有所未善,当力陈之,尚或不从,则具某日行某事以奏。若阿意不言,朕惟汝罪。"③大定二十三年(1183),世宗子永功任北京留守,上谓宰臣曰:"朕闻永功到北京为政无良,虽朕子,万一败露,法可废乎。朕已戒敕永功,卿等可谕其长史,俾匡正之。"④王府长史具有匡正诸王不良行为的责任与义务,如劝导不从,则可据实上奏。世宗时期王府长史向皇帝奏事的权力,是其他属官所不具备的。大定初,

---

①《金史》卷70《完颜思敬传》,第1727页。
②《金史》卷57《百官志三》,第1387—1388页
③《金史》卷7《世宗纪中》,第173页。
④《金史》卷85《永功传》,第2023页。

左拾遗兼许王府文学的刘玑奏王府事,世宗责之曰:"汝职掌教道,何预奏事!"因命近侍谕旨永中曰:"卿有长史,而令文学奏事何也?后勿复尔。"① 可见,直接向皇帝陈奏王府诸事,是长史的职责所在,其他属官恪守其职不得越权。

其二,诸王及家人犯过,长史也要受到相应的处罚。大定二十二年(1182)"八月,以赵王永中等四王府冒占官田,罪其各府长史府掾"②。章宗即位,永功除判平阳府事,进封冀王,"永功之官,随引医人沈思存过制限,当解职"。章宗于是将此事的责任归咎于府掾长史,称:"朕知此事,当痛断监奴及治府掾长史管辖府事者罪,仍著于令。"③ 明昌元年(1190)六月,又"制定亲王家人有犯,其长史府掾失觉察、故纵罪"④。明昌二年(1191)正月辛酉,孝懿皇后崩,"吴王永成、隋王永升以闻国丧奔赴失期,罚其俸一月,其长史笞五十"⑤。可见,诸王犯错,长史难逃其责,要受到相应的责罚。

其三,世宗时期诸王府长史还多充当出使邻邦的使者。大定三年(1163)十月"丙寅,以许王府长史移剌天佛留为高丽生日使"⑥;十四年(1174)"二月以刑部尚书梁肃、赵王府长史蒲察讹里剌为详问宋国使"⑦;十七年(1177)"四月戊子,以滕王府长史徒单乌者为横赐高丽使"⑧;二十一年(1181)四月"戊辰,以滕王府长史把德固为横赐夏国使"⑨;二十四年(1184)二月,以虞王府长史永明为高丽起复使⑩。"使者"是本国形象的代表,通常具备较高的学识和典礼知识,以王府长史充当使者,说明他们具备胜任使者的才能。选任具备一定才能和素质的人充当王府长史,才可以起到"劝导诸王,使之为善"的作用。

"劝导诸王,使之为善"无疑是王府长史设置的重要作用,世宗所言

① 《金史》卷97《刘玑传》,第2285页。
② 《金史》卷47《食货志二》,第1124页。
③ 《金史》卷85《永功传》,第2024页。
④ 《金史》卷9《章宗纪一》,第235页。
⑤ 《金史》卷9《章宗纪一》,第237页。
⑥ 《金史》卷6《世宗纪上》,第148页。
⑦ 《金史》卷61《交聘表中》,第1524页。
⑧ 《金史》卷61《交聘表中》,第1528页。
⑨ 《金史》卷8《世宗纪下》,第199页。
⑩ 《金史》卷8《世宗纪下》,第204页。

"诸王所为有所未善,当力陈之。尚或不从,则具某日行某事以奏",可能更多的是防止诸王违法乱纪行为的发生,但从其具有直接向皇帝上奏的权力来看,设置之初便可见其对诸王的监督目的。诸王有过罪其长史,以及诸王及家人有犯,长史、府掾负有失觉察、故纵罪等规定,明确了长史府掾职责所在,更重要的是以此来强化长史府掾对诸王及家人的监辅力度。

明昌二年(1191)二月,章宗设王傅、府尉官,使王府属官职能和性质发生了重大变化。《金史·百官志》载王府傅的职能是"掌师范辅导、参议可否,若亲王在外,亦兼本京节镇同知",府尉只言"从四品",对其职能并无交代。其实,所谓"掌师范辅导、参议可否"并非王傅的核心职能所在,"初置王傅、府尉官,名为官属,实检制之也"①。王傅、府尉成为"苛细"、"举动拘防"诸王之官。明昌四年(1193)诛杀因谋逆得罪的郑王永蹈后,又增置司马一员"检察门户出入"②。元好问在其《如庵诗文序》中也明确言及章宗时期王府属官的职能,"自明昌初镐厉等二王得罪后,诸王皆置傅与司马、府尉、文学,名为王府官属而实监守之。府门启闭有时,王子若孙及外人不得辄出入。出入皆有籍,诃问严甚"③。据此可知,明昌四年以后不仅傅、府尉、司马具有"检制"诸王的职能,其他王府属官也成为"监守"诸王的工具。

表5.3　金代任职王傅人员表

| 王府及府主名 | 府主出身 | 任王傅者 | 任王傅时担任官职 | 任职时间 | 备注 | 出处 |
|---|---|---|---|---|---|---|
| 沂王府(从彝) | 显宗子 | 斡勒忠 | 同签枢密院事,兼沂王傅 | 明昌年间 | 习女直、契丹字 | 《金史》卷97《斡勒忠传》 |
| 蔡王府(从彝) | 显宗子 | 贾益 | 吏部侍郎兼蔡王傅 | 承安年间 | 大定十九年进士 | 《金史》卷90《贾少冲传》 |
| 郓王府(琮) | 显宗子 | 康元弼 | 尚书刑部侍郎,兼郓王傅,迁南京路转运使 | 明昌年间 | 登正隆二年进士第 | 《金史》卷97《康元弼传》 |

---

① 《金史》卷85《永中传》,第2019页。
② 《金史》卷85《永中传》,第2019页。
③ 《元好问全集》卷36《如庵诗文序》,第646—647页。

续表

| 王府及府主名 | 府主出身 | 任王傅者 | 任王傅时担任官职 | 任职时间 | 备注 | 出处 |
|---|---|---|---|---|---|---|
| 霍王府(从彝) | 显宗子 | 王晦 | 户部郎中 | 贞祐初年 | 明昌二年进士 | 《金史》卷121《王晦传》 |
| 翼王府(宣宗) | 显宗子 | 李仲略 | 吏部侍郎,兼翼王傅,俄兼宛王傅 | 承安年间 | 大定十九年词赋进士第 | 《金史》卷96《李仲略传》 |
| 宛王府(永升) | 世宗子 | | | | | |
| 曹王府(永升) | 世宗子 | 李愈 | 曹王傅兼同知定武军节度使事 | 明昌二年 | 业儒术,中正隆五年词赋进士第 | 《金史》卷96《李愈传》 |
| 夔王府(永升) | 世宗子 | 张岩叟 | 迁刑部侍郎,兼夔王傅 | 卫绍王即位 | 大定十九年进士 | 《金史》卷97《张大节传》 |
| 并王府(永中) | 世宗子 | 刘仲洙 | 并王傅兼同知大同府事,寻改平阳,移德州防御使 | 明昌二年 | 大定三年登进士第 | 《金史》卷97《刘仲洙传》 |
| 韩王府(永济) | 世宗子 | 马百禄 | 韩王傅、同知安武军节度事 | 明昌年间 | 登大定三年词赋进士第 | 《金史》卷97《马百禄传》 |
| 潞王府(永德) | 世宗子 | 王维翰 | 迁大理卿,兼潞王傅,同知审官院事 | 章宗末年 | 大定二十八年进士 | 《金史》卷121《王维翰传》 |
| 潞王府(永德) | 世宗子 | 蒲察思忠 | 累迁涿州刺史、吏部郎中,迁潞王傅 | 章宗朝 | 大定二十五年进士 | 《金史》卷104《蒲察思忠传》 |
| 韩王府(永德)① | 世宗子 | 高霖 | 韩王傅、兼翰林直学士 | 大安三年 | 大定二十五年进士 | 《金史》卷104《高霖传》 |
| 兖王府(永成) | 世宗子 | 完颜齐 | 户部员外郎,出为磁州刺史 | 明昌三年 | 历职廉能 | 《金史》卷66《齐传》 |
| 越王府(永功) | 世宗子 | 高竑 | 越王永功判中山,竑以王傅同知府事 | 大安中 | 以荫补官,察廉 | 《金史》卷100《高竑传》 |
| 越王府(永功) | 世宗子 | 温迪罕达 | 大理卿兼越王府 | 兴定二年 | 明昌五年,中第 | 《金史》卷104《温迪罕达传》 |

---

① 大安年间封爵韩王者为何人《金史》无载,据(清)陆增祥编《八琼室金石补正》卷128《韩王请琼公疏》可知,大安三年,封韩王者为世宗子、卫绍王弟永德。详见本书第二章第一节"《金史》封王史料的辨误与补遗"及拙文《〈金史〉封爵史料勘误补遗四则》(《北方文物》2014年第2期)。

续表

| 王府及府主名 | 府主出身 | 任王傅者 | 任王傅时担任官职 | 任职时间 | 备注 | 出处 |
|---|---|---|---|---|---|---|
| 越王（永功） | 世宗子 | 完颜阿里不孙 | 累迁国子祭酒，历越王、濮王傅 | 贞祐初 | 明昌五年进士 | 《金史》卷103《完颜阿里不孙传》 |
| 濮王府（守纯） | 宣宗子 |  |  |  |  |  |
| 濮王府（守纯） | 宣宗子 | 猪粪 | 除濮王傅、兵部侍郎 | 宣宗初年 | 权臣纥石烈执中之子 | 《金史》卷132《纥石烈执中传》 |
| 巩王府 | 卫绍王子 | 移剌福僧 | 巩王傅兼吏部郎中 | 至宁元年 | 以荫补入仕，廉能 | 《金史》卷104《移剌福僧传》 |

※　　※　　※　　※

　　本章主要对封爵管理的相关问题进行探讨。金代爵位授予的具体礼仪程序由于史料记载阙如，不能详明。同以往历代王朝一样，金代的封爵权力由皇帝掌控，吏部和礼部是封爵的主要管理机构。金代封爵食邑与食实封制度受辽制影响，但与此前历代封爵制度相比，制度规定与执行更明确和规范，食邑与食实封较为严格地按照十分之一之比例执行。封爵者不仅有相应的食邑（食实封有实际的经济利益），还有相应的俸禄。金代亲王、郡王的俸禄有明确记载，亲王的俸禄规定屡有变动，关键在于亲王担任具体职务时如何给俸。熙宗时期规定爵、职兼俸，也就是同时享有爵位和职位双重俸禄，海陵时期则规定"从一高"，即就高食俸，世宗时期兼职者给双俸，亲王任职事者也应恢复熙宗时制度，同时享有爵位和职位的俸禄。金代爵位的变化有升、降、削、复四种情况，政局变动、政策调整会影响爵位较大规模的变动，这也是统治者加强皇权、巩固统治的必要措施和手段。正常情况下，因功和获罪是影响臣僚爵位进升或降削的主要因素。金代王府官署机构经历了逐步发展完善的过程，《金史·百官志》所载王府属官是章宗时期的职官设置。金代王府官属名称虽参照唐宋制，但较之简化。金代王府属官职能由最初的"傅导德义"变为"检制王家"，这与金代皇权的不断强化密切相关，王府属官在章宗以后成为皇帝控制诸王的工具。

# 第六章　金代封爵制度与其他
# 政治制度的关系

爵位是身份地位的重要标志之一,封爵具有相应的政治属性,是政治制度的重要内容,其与官制、礼制、封赠制度都有密切的关系。金代爵品与职位相疏离,与散官、勋官多呈对应关系。金代国号王和郡王的舆服、印绶、朝参班序、丧葬等方面的礼仪制度有明确记载,以体现等级关系。金代依据爵位可以封赠祖父母、父母相应的爵位和封号,尤其是在品官命妇的封赠制度中,往往参考爵位品级进行封赠。

## 第一节　封爵与官制 [①]

汉中期以前官与爵合而为一,两者并无明显区别,封爵既具有一定的行政权力,又享有相应的经济利益。汉代以后,官与爵呈逐渐分离之势,名称和品秩自成体系。隋唐以后的封爵制度,官爵再度合一,五品以上品官,往往官爵兼备,但此时的官爵合一,与汉代以前有了本质的区别,封爵并不与具体的行政职能挂钩,爵位只是身份地位的标识和象征。不过,还应该看到,封爵即有品级,爵位本身是官僚体系中的一个重要组成部分。因此中古以后的封爵与职事官虽不发生必然联系,但两者仍有一定的联动性。与职位相比,封爵与散官、勋级的关系更加紧密。

金代爵位的最高等级是国号王,虽然《金史·百官志》没有将国号王列入封爵体系,也没有对国号王品级的记载,但毫无疑问国号王在正从一品的郡王封爵之上。《大金集礼》载:"判宗正英王职从一品,王爵正一品,次国。判府皇子许王职正三品,王爵正一品,大国。"可见,国号

---

① 封爵本身就是官僚制度的内容之一,本节的官制是指狭义的职官制度。

王爵处于正一品之位。金代除了年幼封爵的皇室成员(主要是皇子)外,获得封爵者都担任相应的官职,但爵位与职位并非呈严格的对应关系。本书关于不同时期的封爵统计表中,爵位封授和职官任免情况均有呈现,这里再以《金史》中对有明确记载的郡王所担任职位的前后变化情况进行横向和纵向比对,来考察封爵与职位的关系。

表6.1　金代郡王封爵与任职情况一览表

| 姓名 | 郡王封爵时间及任职 | 前爵及任职 |
|---|---|---|
| 孔彦舟 | 皇统年间,累官工、兵部尚书,河南尹(正三品),封广平郡王 | |
| 昂 | 天眷三年,为平章政事(从一品)。皇统元年,封漆水郡王 | |
| 石家奴 | 天眷间,封兰陵郡王。除东京留守(正三品) | |
| 萧仲恭 | 熙宗初年,以功加银青光禄大夫,迁尚书右丞(正二品);皇统初,封兰陵郡王,授世袭猛安,进拜平章政事(从一品),同监修国史,封济王 | |
| 时立爱 | 皇统元年,恩封钜鹿郡王 | 天会十五年加开府仪同三司、镇东节度使兼中书令,进封郑国公致仕 |
| 活女 | 历京兆尹(正三品),封广平郡王 | |
| 宗秀 | 天德初,昭义军节度使(从三品),广平郡王 | 天德初,承旨,宿国公 |
| 赵兴祥 | 天德初,为绛阳军节度使,召为太子少保(正二品),封广平郡王,改封钜鹿 | |
| 宗贤 | 天德初,改曷懒路兵马都总管,历广宁尹(正三品),封广平郡王。改崇义军节度使,兼领北京宗室事 | |
| 王伯龙 | 天德三年,益都尹(正三品),封广平郡王 | |
| 隈可 | 天德四年,改德昌军节度使(从三品),封广平郡王 | |
| 宗宪 | 天德初为中京留守(正三品)、安武军节度使(从三品),封河内郡王。改太原尹(从三品),进封钜鹿郡王 | |
| 思敬 | 天德初,拜尚书右丞(正二品),罢为真定尹(正三品)。用廉,封河内郡王,徙封钜鹿 | |

| 姓名 | 郡王封爵时间及任职 | 前爵及任职 |
|---|---|---|
| 赤盏晖 | 天德二年,拜尚书右丞(正二品),封河内郡王。岁余,拜平章政事(从一品),封戴王 | |
| 高桢 | 天德初,中京留守(正三品),河内郡王 | |
| 大臭 | 天德三年,拜右丞相(从一品),封神麓郡王 | |
| 张中孚 | 贞元元年,迁尚书左丞(正二品),封南阳郡王 | |
| 耨盌温敦思忠 | 正隆二年,尚书令(正一品),例封广平郡王 | 天德初年,入为尚书右丞,俄进平章政事(从一品),封郜国公,进拜左丞相兼侍中(从一品),封沂国公。贞元二年拜太傅,领三省事,封齐国王 |
| 乌野(勖) | 正隆二年降封 | 皇统间出领行台尚书省事,召拜太保,领三省、领行台如故,封鲁国王;海陵篡立,封秦汉国王,领三省、监修如故 |
| 按答海 | 世宗即位,复判大宗正事,再迁太子太保(正二品),封兰陵郡王。进金源郡王,致仕 | 天眷二年侍卫亲军都指挥使(正三品),封金源郡王,进封谭王,迁同判大宗正事(从一品)。海陵迁中都,进封郓王,改封魏王,除济南尹(从三品)。正隆例,夺王爵,改广宁尹 |
| 张浩 | 大定二年,拜太师(正一品)、尚书令(正一品),封南阳郡王 | |
| 晏 | 世宗即位,拜左丞相(从一品),封广平郡王 | 天德初,封葛王,入拜同判大宗正事(从一品),进封宗王,后又有豫、许、齐等王爵之封;正隆例削王爵 |
| 纥石烈志宁 | 大定九年,拜右丞相(从一品),十一年,封广平郡王,进封金源郡王 | 志宁以临海节度使(从三品),都统右翼军代福寿征契丹,封定国公 |
| 李石 | 大定十年,太尉(正一品)、尚书令(正一品),平原郡王;以太保(正一品)致仕,进封广平郡王 | 御史大夫(从二品),道国公 |

续表

| 姓名 | 郡王封爵时间及任职 | 前爵及任职 |
|---|---|---|
| 徒单克宁 | 明昌元年,太尉(正一品)、尚书令(正一品)、广平郡王;为太傅(正一品),改封金源 | 大定十一年,平章政事(从一品),密国公;十九年,拜右丞相(从一品),封谭国公;二十一年为左丞相,徙封定国公 |
| 襄 | 明昌元年九月,拜左丞相(从一品),监修国史,封常山郡王;郊礼成,进封南阳郡王 | 大定二十三年,进拜平章政事(从一年),封萧国公;进拜右丞相(从一品),徙封戴。明昌元年进枢密使(从一品),复拜右丞相(从一品),改封任 |
| 徒单镒 | 宣宗即位,进拜左丞相(从一品),封广平郡王 | 承安三年,拜平章政事(从一品),封济国公。大安初,加仪同三司(从一品),封濮国公 |
| 完颜承晖 | 贞祐三年,赠开府仪同三司(从一品上)、太尉(正一品)、尚书令(正一品)、广平郡王 | 贞祐初,拜平章政事(从一品中),兼都元帅,封邹国公;宣宗迁汴,进拜右丞相(从一品)兼都元帅(从一品),徙封定国公 |
| 把胡鲁 | 哀宗即位,以有册立功,进拜平章政事(从一品)。正大元年四月,薨。诏加赠右丞相(从一品)、东平郡王 | |

上表中所反映的爵位与职官的关系体现了以下几点内容:

其一,金代爵与职的品级并非完全对应,前者品级高于后者的现象较为普遍,尤其是熙宗、海陵时期这种现象更为突出。世宗以后,郡王、国公爵位与职官同步的情况较为常见,体现了金代封爵制度和官制发展演变的过程。

上表中,郡王担任的职官有尚书令(正一品)、平章政事(从一品)、左丞相(从一品)、右丞相(从一品)、尚书右丞(正二品)、京留守(正三品)、府尹(从三品)、节度使(从三品)、侍卫亲军都指挥使(正三品)等。熙宗时期郡王的任职有东京留守、平章政事、尚书左丞、河南府尹以及侍卫亲军都指挥使等;海陵时期封郡王者多是掌管一方大政的府尹、节度使、京留守,或为中央官右丞相、尚书右丞等。郡王爵位正从一品,熙宗和海陵时期只有大臬在天德三年(1151)拜右丞相,封神麓郡王,爵品与官品品级一致,其他均是爵位高于职位。世宗以后郡王任职有左、右丞相等中央官或尚书令、太傅、太师、太尉、太保等官品较高的荣职。但无论实职还是荣职,均为正从一品的品官。

　　世宗前后郡王爵位与职位对应关系的这种变化,也体现在国号王和国公的任职中。熙宗天眷元年(1138)确立封爵制度后,不仅封授了大批国号王爵,而且以追封的方式封爵已故的宗室勋贵。追封者当然不涉及具体的职官,但存世封爵为王者,则会担任相应的官职。据附表1《熙宗朝国号王、郡王及国公封爵表》可见,封爵国号王者通常有太保、领三省事、尚书令、太师、太傅等正一品的职官。但王爵任同判大宗正事、京留守等低于正一品官职者也大有人在,如宗干子充,"皇统间,封淄国公,为吏部尚书,进封代王,迁同判大宗正事"①。海陵天德、贞元年间的王爵任职情况也与此相类。而这一时期同为正从一品的国公,其任职情况也比较复杂,都点检、会宁牧、判大宗正事、枢密副使、尚书右丞、承旨、太傅、尚书令兼而有之。但到世宗以后郡王、国公与其所任官职之间的品级呈对应关系的情况则较为多见,如明昌元年(1190),"以克宁为太师、尚书令,封淄王"②;卫绍王大安元年(1209),完颜匡"拜尚书令,封申王"③;"宣宗即位,拜执中太师、尚书令、都元帅、监修国史,封泽王"④。封国公者,也见有任职枢密副使、府尹、京留守者,但国公任职平章政事(从一品)则较为普遍⑤,爵位品级与职位品级呈现对应关系。

　　金代爵与职的品级对应关系的变化,体现了金代封爵制度的自身演变过程,也与金代官制发展密切相关。熙宗和海陵正隆二年之前,以王爵作为酬答宗室和功臣的主要爵封,是金代王爵封授数量最多的时期。王爵为正一品,与其相应的职官则屈指可数。同样郡王、国公位处正从一品,与此相对应的职官任用则数量有限,因此爵位的数量远大于官职

---

① 《金史》卷76《宗干传》,第1854页。

② 《金史》卷9《章宗纪一》,第237页。

③ 《金史》卷98《完颜匡传》,第2303页。

④ 《金史》卷132《纥石烈执中传》,第2995页。

⑤ 参见表1.5《世宗时期新授国号王、郡王、国公爵位表》;表1.6《章宗时期国号王、郡王与国公封爵表》;附表3《卫绍王时期国号王与国公封爵表》;附表4《宣宗时期国号王、郡王与国公封爵表》;附表5《哀宗时期国号王、郡王与国公封爵表》。

任用人数,两者不能完全对应。正隆二年之后,国号王不再大规模封授,郡王、国公作为高爵也加以限制,多封授宗室或有大功者,因此爵位和职位呈现对应关系的比例上升。与此同时,为了巩固皇权,对官制和封爵也加以调整和控制,世宗时期国公多任职平章政事即爵与职调整变化的体现。熙宗天眷元年(1138)颁行新官制及换官格,全面实行汉官制的三省六部制度。海陵即位,不断强化皇权,正隆元年(1156)五月,“颁行正隆官制”①,确立了一省制。尚书省成为中央最高权力机关。大定年间尚书令一职向荣职转变,左、右丞相地位提高,为防止左、右丞相权力过重,复置从一品平章政事以分相权②。世宗、章宗时期多人拜平章政事,而此时国王、郡王极少封授,国公成为臣僚的至高爵封,拜从一品的平章政事者,封爵则多为国公,使其官爵兼备,提升其在朝地位。但这并不是说世宗以后爵与职官品级的对应关系成为主导,两者的不对应关系仍较为常见,如大定二年(1162),诏拜移剌成枢密副使(从二品),封任国公,后改北京留守(正三品);大定七年(1167),谋衍改东京留守(正三品),封荣国公;大定二十三年(1183),移剌道罢为咸平尹(从三品),封莘国公。同为国公,但所担任的职官有二品、三品的不同。

　　其二,职位品级虽多低于爵位,但正从一品封爵,所任职位均位在三品以上,且居要职。爵位品级与所任职官品级虽不呈完全对应的关系,但从上表以及本书关于不同时期封爵附表看,封爵国公、郡王、国号王者均居要职,且在三品以上(包括三品)。熙宗即位次年,即天会十四年(1136)三月“壬午,以太保宗翰、太师宗磐、太傅宗干并领三省事”③。领三省事是熙宗初年最高的行政长官,三人中有两人为一字国王,一人为两字国王。身居一字国王之位的宗隽、宗敏亦曾任职太保、领三省事。熙宗时期领三省事一职的品级没有明确记载,作为中央行政首脑,由正一品的一字国王来担任,这其实体现了职与爵的对应关系。封爵一字王任左右副元帅、左右丞相、平章政事、京留守、府尹者比比皆是。左右副元帅、京留守、府尹虽为二品、三品之职,但其军政的重要性不言而喻。

---

① 《金史》卷5《海陵纪》,第119页。
② 程妮娜:《金代政治制度研究》,第126页。
③ 《金史》卷4《熙宗纪》,第79页。

世宗时期诸子均为亲王,其中镐王永中、越王永功、郑王永蹈都曾任大兴府尹一职。大兴府尹兼领本路兵马都总管府事,虽为正三品,但其为中都所在,是金王朝统治的中心,以亲王坐镇,一方面体现了金朝统治者对此地区的重视,另一方面通过亲王爵位之尊,以体现大兴府尹的地位之重。再如上述移剌成、谋衍、移剌道三人封爵为国公,担任的枢密副使、京留守、府尹,或为中央军事官员或为镇守一方的大员,其军政地位的重要性可见一斑。

其三,金代品官往往官爵兼备,两者品级虽未必完全吻合,但职官的升迁也多伴随着爵位的进封,两者具有一定的联动关系。

爵位作为职官的一部分,与官职的品级具有联动性,官职的升迁也会带来爵位的变化。如耨盌温敦思忠,天德初年,入为尚书右丞,俄进平章政事,封鄁国公(小国第十二),进拜左丞相兼侍中,封沂国公(次国第二十七);贞元二年(1154)拜太傅,领三省事,封齐国王①。其职官由平章政事进拜左丞相兼侍中,爵位虽仍为国公,但其封国位次则由小国号进封为次国号,贞元二年又拜太傅、领三省事,成为三省最高的行政长官,其爵位则进封为一字国王。再如世宗临终时的顾命大臣完颜襄,大定二十三年(1183),进拜平章政事,封萧国公(小国第二十八);后进拜右丞相,徙封戴(小国第二十五);明昌元年(1190)进枢密使,复拜右丞相,改封任(小国第二十);明昌元年(1190)九月又拜左丞相,监修国史,封常山郡王,郊礼成,进封南阳郡王②。平章政事与左右丞相虽同为从一品,但他们在名位及经济待遇上有区别,如在俸给上,左右丞相"钱粟二百贯石,曲米麦各三十称石,春秋衣罗绫各三十匹,绢各一百匹,绵五百两",平章政事则是"钱粟一百九十贯石,曲米麦各二十八称石,春罗秋绫各二十五匹,绢各九十五匹,绵四百五十两"③。平章政事的俸给略低于左右丞相。金代又尚左,所以完颜襄的职官从平章政事到右丞相再到左丞相,其职官地位在逐步提升的同时,封爵亦随之进封,先在小国号封国中逐步提升,又进封为郡王爵位。

---

① 《金史》卷84《耨盌温敦思忠传》,第2002页。
② 《金史》卷94《内族襄传》,第2215—2218页。
③ 《金史》卷58《百官俸给》,第1428页。

其四,相对于"职"而言,爵品与荣职、散官、勋官的关系更为密切。

世宗以后封爵郡王者,常任太师、太尉、尚书令,如李石、徒单克宁、完颜承晖、张浩等人。太师为三师之首,太尉为三公之首,均为正一品的荣职。尚书令一职在熙宗时期作为尚书省最高长官而设置,海陵创立一省制初期,尚书令是辅弼君王的倚重大臣[①]。世宗大定年间,以尚书令位高权重,时设时缺,逐渐向荣职转化。章宗以后,尚书令不常设,宣宗贞祐三年(1215),追赠承晖"开府仪同三司、太尉、尚书令、广平郡王"后,尚书令一职不再见记载,成为虚设的官职。所以,世宗之后的尚书令一职与太师、太尉一样,均可视为荣职。

爵位与散官之间的关系更为密切。金代散官:文官九品,阶凡四十有二,自从一品上的开府仪同三司至从九品下将仕佐郎;武散官,凡仕至从二品以上至从一品者,皆用文资,自正三品以下,阶与文资同[②]。《金史》中时常有将散官称为"爵"或"官爵"的情况。如宣宗贞祐四年(1216)七月,陈规上章言"重官赏以劝有功。陛下即位以来,屡沛覃恩以均大庆,不吝官爵以激人心,至有未满一任而并进十级,承应未出职而已带骠骑荣禄者,冗滥之极至于如此"[③]。从文中所提"未满一任而并进十级"以及"骠骑荣禄者"等,无疑指的是文武散官。再如,兴定五年(1221),封建"九公"之一的燕宁与蒙古纲、王庭玉保全东平,以功迁金紫光禄大夫。后燕宁战死,蒙古纲奏:"宁克尽忠孝,虽位居上公,祖考未有封爵,身没之后老稚无所衣食,乞降异恩以励节义之士。"诏赠故祖皋银青荣禄大夫,祖母张氏范阳郡夫人,父希迁金紫光禄大夫,母彭氏、继母许氏、妻霍氏皆为范阳郡夫人,族属五十二人皆廪给之[④]。蒙古纲言燕宁祖考未有封爵,于是诏赠其祖、父正二品散官。金代以官爵或封爵来指称散官,说明散官与爵位都具有赏功奖能的作用,同时也说明两者品阶基本一致。

金代石刻碑铭中对官员职、散官、勋、爵的结衔信息记载较为全面,

---

① 程妮娜:《金代政治制度研究》,第127页。
②《金史》卷55《百官志一》,第1303—1305页。
③《金史》卷109《陈规传》,第2545页。
④《金史》卷118《燕宁传》,第2733页。

其中"散官"、"勋官"与"爵位"的品级多呈对应关系①。再如,金代宗室亲王和国公封爵多加相应的散官,两者也呈对应关系。金代散官的品级没有正一品,从一品上阶的开府仪同三司是散官的最高品阶,亲王作为正一品的爵封,大定"二十五年十二月十三日,敕旨:'诸王特迁开府仪同三司。'"②"章宗封原王,加开府仪同三司。赵王永中及永功兄弟皆加开府仪同三司"③。世宗时期显宗诸子封爵国公,并加封相应的散官崇进(从一品下)。显宗子琼"大定十八年,封道国公。二十六年,加崇进";璹"大定二十二年,封崇国公。二十六年,加崇进"④。章宗即位后,显宗诸子成为皇兄弟,章宗即加其开府仪同三司,封爵亲王。琼,"章宗即位,迁开府仪同三司,封郓王";璹,"章宗即位,迁开府仪同三司,封瀛王";玠,"章宗即位,加开府仪同三司,封温王"⑤。从大定二十五年,"敕旨,诸王特迁开府仪同三司"的令文看,章宗时期继承了这一制度,封爵亲王者,亦加封开府仪同三司这一最高散官阶。

　　总之,金代爵位品级从正从一品至从五品,具有明确的官品等级,其与职位体系虽呈现疏离之态,但也有密切关系。虽然爵位的高低并不一定与官职品级的高下完全对应,但官职的升迁也往往带来爵位的进封,所谓加官进爵,符合金代官制的基本情况。相对于职位品级而言,爵位与散官的对应性更强,从正一品的亲王,至从五品的男爵,其散官与爵位品级基本对应。金代往往是先授官再封爵,爵位品级并不决定官职高下,但爵位作为身份地位的重要标识,职官地位的重要性往往又通过爵位来体现,如上文所述,亲王任大兴府尹,就是例证。也就是说,在以"职"为核心的官僚体系中爵位的地位虽有所下降,但并非可有可无,其仍与职官制度密切联系在一起,在官僚制度的运作中发挥着重要的调节作用。

---

① 参见表 3.3《金代"开国"五等爵封表》。
②《大金集礼》卷 9《亲王》,第 126 页。
③《金史》卷 85《永功传》,第 2023 页。
④《金史》卷 93《显宗诸子传》,第 2182—2183 页。
⑤《金史》卷 93《显宗诸子传》,第 2182—2184 页。

## 第二节　封爵与礼制

礼作为维护等级关系的重要制度,在古代社会具有十分重要的地位和作用。司马光言:"天子之职莫大于礼,礼莫大于分,分莫大于名。何谓礼? 纪纲是也。何谓分? 君、臣是也。何谓名? 公、侯、卿、大夫是也。"[①] 礼可以别上下、明尊卑,使社会等级关系井然有序。因此,历代都重视礼仪制度的建设,"夫有国有家者,礼仪之用尚矣"[②]。"等级性较强的封爵制度,亦需要礼的维护"[③],爵位本身就具有区分高下尊卑的功能,但其实现的途径需要通过具体的礼仪制度来体现。金代通过印绶等级、舆服之制、朝参班位、丧葬之礼等来体现封爵制度中的尊卑等级关系,使封爵与礼制密切联系在一起,成为维护王朝等级秩序的重要措施。

### 一、印绶等级

印绶既是发号施令的凭证,亦是官爵等级高下的重要标志。女真建国之初并无印绶,随着灭辽伐宋诸多战役的胜利,统治区域不断扩大,逐步效法辽宋典章礼仪制度,建立完善印绶制度。天会六年( 1128 ),"始诏给诸司,其前所带印记无问有无新给,悉上送官,敢匿者国有常宪"[④]。此时,印绶制度还没有整齐划一,辽、宋旧印与金朝自制印绶混用。经熙宗、海陵两朝对官制的调整与改革,金朝此前的印绶制度已不能适应官制的实际需要,于是"至正隆元年,以内外官印新旧名及阶品大小不一,有用辽、宋旧印及契丹字者,遂定制,命礼部更铸焉"。具体为"三师、三公、亲王、尚书令并金印,方二寸,重八十两,驼纽。一字王印,方一寸七分半,金镀银,重四十两,镀金三字。诸郡王印,方一寸六分半,金镀银,重三十五两,镀金三字。国公无印。一品印,方一寸六分半,金镀银,重三十五两,镀金三字。二品印,方一寸六分,金镀铜,重二十六两……三

---

① 《资治通鉴》卷 1《周纪一》,第 2 页。

② (梁)沈约:《宋书》卷 14《礼志一》,北京:中华书局,1974 年,第 327 页。

③ 杨光辉:《汉唐封爵制度》第 3 版,第 172 页。

④ 《金史》卷 58《百官志四》,第 1425 页。

品印,方一寸五分半,铜,重二十四两……"①

　　金代封爵只有亲王、一字王和郡王有印绶,国公虽与郡王同为正从一品,但无铸印之权。"大定十九年,奏定:'皇孙、郡王、国公伞盖印信制度,止依见行《仪式》。国公自来不曾铸印,亦无铸印故事,难以给铸。'"②金代印绶的材质根据爵位或官职的高低而有所区别,分为金质、银质镀金、铜质镀金以及铜质四种③。亲王印为驼纽,其他诸王也为驼纽,《大金集礼》载:"三师、三公、亲王、尚书令,并金印,方二寸,金重八十两,驼为纽(余王印纽同)。"④这里"余王"即指非亲王的一字王以及郡王,其印纽也为驼纽。

　　据正隆元年(1156)的官印制度,亲王印绶为金质,一字王、郡王印绶与一品印相同,均为银质镀金。但从目前所发现的百官印实物中却有铜质镀金的"訹王之印"。金毓黻先生早在上世纪二十年代即对这方于清末宣统元年(1909)发现的"訹王之印"进行考证,认为訹同莘,莘王是金初完颜娄室封爵,此印正是完颜娄室追封为莘王的印绶⑤。的确,金代大、次、小三等国号中并无"訹"字,但"訹"通"莘",《诗·大雅·桑

<hr>

① 《金史》卷 58《百官志四》,第 1425 页。
② 《大金集礼》卷 9《宗室》,第 128 页。
③ 任万平:《金代官印制度述论》,《故宫博物院院刊》1998 年第 2 期。
④ 《大金集礼》卷 30《舆服下》,第 264 页。
⑤ 金毓黻《辽东文献征略》卷 4《金訹王印》,吉林永衡印书局,1927 年,第 6—7 页。此后学者基本沿袭金毓黻观点,如黑龙江文物考古工作队《黑龙江古代官印集》,哈尔滨:黑龙江人民出版社,1981 年,第 103 — 105 页;高青山、王晓斌:《从金代的官印考察金代的尺度》,《辽宁大学学报》1986 年第 4 期;景爱:《金代官印集》,北京:文物出版社,1991 年,第 264 页;林秀贞:《金代官印的分期》,《北方文物》1996 年第 3 期;任万平:《金代官印制度述论》,《故宫博物院院刊》1998 年第 2 期;曹锦炎:《古代玺印》,北京:文物出版社,2002 年,第 168 页。张韬在《"訹王之印"为金代完颜娄室追封印质疑——兼评金毓黻关于"訹王之印"的著录与考证》(《社会科学战线》2015 年第 9 期)一文中则提出了不同的观点,指出,"从历史上看,宋、金两代至少曾有 4 人被封为莘王,而就目前我们所见到的资料来看,'訹王之印'的主人未必一定就是完颜娄室,而将'訹王之印'作为'追封印'的理由并不充分"。文中指出除完颜娄室外,宋代神宗之子赵俣、徽宗之子赵植以及金朝耶律怀义也封爵莘王。此说中的宋朝两位宗室封爵莘王应与此印无关。从时间看,赵俣在元符元年(1098)封爵莘王,此后又屡次进封卫、魏、赵,其封爵时间距金朝立国还有百余年,且莘王并不是其最后爵封,此印不可能为赵俣封爵之印;赵植封爵莘王的时间是宣和四年(1122),宋亡后被金军掳至五国城,身为俘虏身家性命尚且不保,其印绶随身携带的可能性不大。从訹王之印的重量、驼纽等外观看,应是金代官印。

柔》有"甡甡其鹿"①,段玉裁注:"其字或作诜诜,或作駪駪,或作侁侁,或作莘莘,皆假借也。"②金代"莘"为小国号第二十九位,所以"诜王"即"莘王"。但此印是否完颜娄室莘王之印呢?金代封莘王者有两人,一是完颜娄室,是金初的开国功臣,天会八年(1130)薨,皇统元年(1141),赠开府仪同三司,追封莘王③;另一位是辽宗室子耶律怀义,海陵即位,封漆水郡王,进封莘王④。金代追封王爵是否铸印无从知晓,从两人封爵时间看,均在海陵正隆元年之前,而"正隆印制颁布之前,一品印及一字王印为铜质镀金"⑤,与此印的材质完全吻合。因此,不一定为宗室完颜娄室追封印,也可能是耶律怀义封爵莘王之印。

大定年间的印绶制度似无变化,仍沿用正隆元年的印绶制度,"大定二年正月二十三日,奏定:'依国王例,用金印,重八十两,驼纽,各知印二人'"⑥,亲王印绶的材质、种类及纽式与正隆例无别。

金朝后期内外交困,爵制紊乱,为了稳定统治,金廷以"九公封建"来拉拢地方武装,更不惜以王爵加封异姓。相应的印章也无制度可循,不仅颁造机构增多、混乱,印章授予也较为随意。如金哀宗天兴初年,金朝遣近侍直长因世英等持诏封山东军阀国安用为兖王,赐号"英烈戡难保节忠臣",赐姓完颜,又"赐金镀银印、驼纽金印、金虎符、世袭千户宣命、敕样、牌样、御画体宣、空头河朔、山东赦文,便宜从事"⑦。金朝赐予国安用的金镀银印和驼纽金印两方官印,前者属于一字王等级,后者只有亲王以及三师、三公、尚书令才有资格使用,可见这一时期印绶制度已滥,不能以常规定制而论。

## 二、舆服之制

金代体现封爵等级的礼仪规定,文献记载多只限定在王公之列,尤

---

① 《毛诗正义》卷18《大雅·桑柔》,(清)阮元校刻:《十三经注疏》,北京:中华书局,1980年,第292页。

② (清)段玉裁撰:《说文解字注》,北京:中华书局,2013年,第276—277页。

③ 《金史》卷72《完颜娄室传》,第1757页。

④ 《金史》卷81《耶律怀义传》,第1941页。

⑤ 任万平:《金代官印制度述论》,《故宫博物院院刊》1998年第2期。

⑥ 《大金集礼》卷9《亲王》,第126页。

⑦ 《金史》卷117《国用安传》,第2704页。

其是亲王,位处爵位的金字塔顶端,礼仪规格最高,其相关礼仪记载亦较
为详细。舆服制度作为身份、地位的重要标识,较为直观地体现了等级
制度。

金代服饰参酌唐宋之制,臣下服饰分为朝服、祭服、公服。"大定十
一年四月五日,奏禀太常寺检讨到唐《车服志》并《宋会要》,该品官公
服,各有绫罗花样,等第不同,今参酌议:三师、三公、亲王、宰相、一品官,
服大独科花罗,直径不过五寸。"① 带制,"皇太子玉带,佩玉双鱼袋。亲
王玉带,佩玉鱼。一品玉带,佩金鱼"②。金世宗时期不同等级的官爵之
间的服饰规格严格遵守上述规定,对不符合礼制的服制进行检讨、修正。
如大定三年(1163)七月九日,"御史台举奏:'依令:皇兄弟、皇子为亲
王。判宗寿王、秘监温王,皆不合佩玉鱼(寿王,皇统时亦于亲王班,佩玉
鱼,银褐领)'"③。"判宗寿王"和"秘监温王"分别指的是宗望子京和宗强
子爽。世宗即位,完颜京入见,复判大宗正事,封寿王④;爽与其弟在世宗
即位于东京时,便率先归附,"东迎车驾,至梁鱼务入见",世宗大悦,即除
殿前马步军都指挥使,封温王,改秘书监⑤。京与爽二人均是太祖孙,与世
宗为堂兄弟的关系,非亲王之列,皇统时的带制是佩玉鱼,属亲王之制,
于是御史台举奏其不合礼仪规范,进行改定。

金代车舆制度仿辽宋之制。《金史·舆服志上》载:"金初得辽之仪
物,既而克宋,于是乎有车辂之制。熙宗幸燕,始用法驾。迨至世宗,制
作乃定,班班乎古矣。考礼文,证国史,以见一代之制度云。"⑥ 金代不同
官爵的车制具有明确规定,"王公以下车制。一品,辕用银螭头,凉棚杆
子、月板并许以银装饰。三品以上,螭头不得施银,凉棚杆子、月板亦听
用银为饰。五品以上,辕狮头"⑦。这里一品、三品以上以及五品以上,包
括了与官品相对应的爵位等级。对于亲王这个特殊群体,其鞍马配饰的
规格则有别于其他官爵,"亲王鞍,涂金银裹,仍鈒以开花。障泥用紫罗,

① 《大金集礼》卷30《舆服下·臣庶车服》,第267页。
② 《金史》卷43《舆服志中》,第1052页。
③ 《大金集礼》卷9《宗室》,第128页。
④ 《金史》卷74《宗望传》,第1814页。
⑤ 《金史》卷69《完颜爽传》,第1705页。
⑥ 《金史》卷43《舆服志上》,第1039—1040页。
⑦ 《金史》卷43《舆服志上》,第1044页。

饰以锦。誓以涂金银装,束用丝结"①。亲王如外任则服"小帽、束带、银鞍、丝鞭"②。

亲王、郡王、国公的出行仪卫均具有一定的规模,亲王的规格最高,气势宏大。《金史·仪卫志下》载:

> 亲王傔从。伞杠依正隆仪制,金镀银浮屠,青表紫里。旧例紫伞。交椅用圈背银裹。金水罐子、厮罗、唾盂。引接十人,皂衫、盘裹、束带、骑马。牵拢官五十人,首领紫罗袄、素幞头,执银裹牙杖,伞子紫罗团答绣芙蓉袄、间金花交脚幞头,余人紫罗四褛绣芙蓉袄、两边黄绢义襕,并用金镀银束带,幞头同。邀喝四人。伞用青表紫里,金镀银浮屠。椅用银裹圈背。水罐、厮罗、唾盂并用银。郡王牵拢官三十人,未出宫者二十人;国公牵拢官二十人,未出宫者十四人。郡王接引六人,国公四人,未出宫者各减半。人从仪物并依一品职事官制。③

郡王、国公的仪仗规模与亲王相比显然逊色不少。

依据大定《仪制》,不同等级的官爵所用伞盖的材质和颜色各不相同,亲王伞金镀银浮屠、青表紫里,郡主伞金花银浮屠,青表紫里,一品官爵伞银浮屠、青表朱里,以上并用罗;二品伞朱红浮屠、青表朱里,三品伞朱红浮屠、青表碧里,四品、五品伞青浮屠、青表碧里,以上并用绢④。从品级上看,亲王、郡王都属于一品官爵,但出行仪仗的伞盖制度却高于一品官爵,这里没有对国公的明确规定,国公应属"一品官爵"之列。

通过服饰、车舆、仪卫、伞盖等具体的礼仪规格将爵位列入相应的等级秩序之中,体现了爵位等级在礼仪制度中的尊卑高下。

### 三、朝参班序

金代诸王朝参班序严格,"诸王谓宗室封王者,古重宗子,宗室皆当

---

① 《金史》卷43《舆服志上》,第1044页。

② 《金史》卷43《舆服志上》,第1045页。

③ 《金史》卷42《仪卫志下》,第1027页。

④ 《大金集礼》卷30《舆服下·臣庶车服》,第267—268页。

尊之,凡行典礼,尤当严正名分,以厉其余"①。金代亲王班序之制经历了一个逐步完善的过程,尤其是世宗时期,亲王在朝参、朝宴等礼仪中"以王爵序班",既严格了等级名分,又体现了其较其他职官优崇的地位。

熙宗天眷二年(1139),"五月十三日,奏定朝参仪式内,亲王、宗室已命官者年十六已上并赴起居,宗室随文武百官班。亲王班退,即引文武百僚以次入,并见谢辞等班列"。朝参仪式中,亲王别为一班,首先入见,然后文武百官才依次入。海陵即位后,朝参仪礼主要以职为序,"天德二年四月二十九日,海陵庶人旨,殿前文武官排次,并以职为序,如亲王、国公及带官宗室未有职事应朝参者,皆入皇亲班,其散官并应任流外职者,并不预朝参。如前殿预朝会使客等筵宴,亦以职为序。亲王、宗室未有职事,宴如后殿预宴者,缘不系公礼,除宰执外,不问散官、职事,止从一高,亲王、国公已有职事者,并别设隅坐"②。海陵时期亲王朝会与熙宗时期的变化是,亲王、国公以及宗室朝会无论有无职事均不与百官同列,如无职事则以皇亲班,如有职事则另设隅座。

世宗大定五年(1165)关于亲王班序的表奏,可见大定年间亲王在朝参中的礼遇地位。

> 大定五年八月十二日,以判宗正英王职从一品,王爵正一品,次国;判府皇子许王职正三品,王爵正一品,大国。每遇朝参,不见如何班次。太常寺检照到官职,王正一品,判大宗正从一品,府尹正三品。缘皇子许王见封大国,英王封次国。及检讨到《唐六典》亲王府注云:隋皇叔、昆弟、皇子为亲王。唐宋《公式令》:若亲王任卑官职事者,仍依王品。见得亲王不合依判宗京尹品秩,只合依大国许王品,序班位在次国英王之上。蒙准呈。

> 大定五年十一月,以太子太保温王职正二品,爵正一品,不见于殿庭朝宴如合排次,及太子看书如合坐位。检讨得《唐六典》:太子三师,太子太师一人,太子太傅一人,太子太保一人。又官制:太子太师、太傅、太保掌护东宫,导以德义;又云:公集并以职为上,若宴若职事,官、爵从一高。看详太子太保温王于殿廷朝宴排次,自有阁

① 《大金集礼》卷8《杂录》,第119页。
② 《大金集礼》卷31《班位表奏·班序》,第271页。

门常行班位。若太子看书,与太傅同到东官,正是公集,依官制,合以职为上,坐位太子太傅下。下礼部准申施行。大定仪制,亲王每遇朝参,并依王爵序班。[①]

上述史料所议的是关于亲王朝参、朝宴班序的问题,其核心是爵品和官品哪一个作为朝参序班的依据,其中包括以下两方面内容:

其一,亲王依据其王爵品级定朝班位次。上则史料中的英王为太祖孙、宗强子爽,许王是世宗子永中。据“《唐六典》亲王府注云,隋皇叔、昆弟、皇子为亲王”,完颜爽是金世宗的堂兄弟,不属于亲王之列,而永中作为皇子,为亲王。从官职的品级上看,完颜爽所任大宗正府事为从一品,位居皇子永中大兴府尹正三品之上。但依“唐宋《公式令》,若亲王任卑官职事者,仍依王品”。所以任正三品的亲王永中的朝参位次,应以正一品的王爵为准,所以有“只合依大国许王品,序班位在次国英王之上”的呈奏。

其二,金代朝宴礼仪“以职为上,若宴若职事官、爵从一高”的规定,无形中使亲王在朝宴排次中高居其他文武百官之上。文中以太子太保温王,爵正一品,职正二品,“不见于殿庭朝宴如合排次”,所以又检讨《唐六典》等前朝礼制,“若宴若职事官、爵从一高”,即温王依据正一品的王爵来排定朝宴位次。这就使享有王爵者在朝宴当中位居臣僚之首。

由此可见,爵位等级在朝参和朝宴的礼仪中具有重要地位。大定年间的朝参礼仪制度中“依王爵序班”、“若宴若职事官、爵从一高”等规定,提高了王爵的身份地位。即使同为王爵,亦要依国号位次,分列前后,体现了爵位高下在礼仪秩序中的地位和作用。

此外,封爵的礼仪秩序还体现在丧葬制度中,如大定初,诏复撒离喝官爵,三年,追封金源郡王,谥庄襄,以郡王品秩官为营葬[②];世宗子永中,章宗即位后,仍为亲王,后以谋逆罪赐死,“敕有司用国公礼收葬永中,平阳府监护,官给葬具,妻子威州安置”[③]。永中因罪被诛,因此,其丧葬规格不能再按照亲王的标准来执行,葬礼依国公之礼。至“泰和七年,诏复永

---

① 《大金集礼》卷31《班位表奏·班序》,第271—272页。
② 《金史》卷84《完颜杲传》,第2000页。
③ 《金史》卷85《永中传》,第2020页。

中王爵,赐谥曰厉。敕石古乃于威州择地,以礼改葬,岁时祭奠"①。按金制"诸葬仪一品官石人四事,石虎、石羊、石柱各二事,二品三品减石人二事,四品五品又减石柱二事"②。永中所葬之威州,有"石人四,石羊、石虎各二"③,与一品官葬仪合。可见不同等级的爵位享有丧葬礼制的规格有所不同,爵品的高下决定着丧葬礼仪的等级。

## 第三节　封爵与封赠制度

封赠制度是中国古代政治制度的一项重要内容,封赠对象包括品官父祖、母妻以及本人。前两项,即封赠先世又是历朝封赠制度的主要内容。金代封赠制度与封爵制度关系密切,尤其是品官命妇的封赠主要依据本人的爵位品级,父祖封赠则主要依据品官本人的职与官,但封赠品官父祖的具体爵位则与本人的封爵紧密相连。

### 一、封爵与品官命妇封赠制度

金代品官母妻封赠制度在《金史·百官志》中有明文记载,"亲王母妻,封一字王者旧封王妃,为正从一品,次室封王夫人。承安二年,敕王妃止封王夫人,次室封孺人。郡王母妻封郡王夫人,国公母妻封国公夫人,郡公母妻封郡公夫人,郡侯母妻封郡君(承安二年更为郡侯夫人),四品文散少中大夫、武散怀远大将军以上母妻封县君(承安二年为郡君),五品文散朝列大夫、武散宣武将军以上母妻封乡君(承安二年为县君)"④。现将其内容列表如下:

---

① 《金史》卷85《永中传》,第2020页。
② (元)潘昂霄:《金石例》卷1,景印文渊阁四库全书本,第1482册,台北:台湾商务印书馆,1986年,第295页。
③ 雍正《井陉县志》卷2《丘墓》载:"魏开府仪同三司镐厉王墓,在县东北五里新庄北。泰和七年二月十一日钦奉诏恩,追复前爵,备礼敕葬。"其后注"有石人四,石羊、石虎各二"。从"镐厉王"、"泰和七年十二月一日钦奉诏恩,诏复官爵"等内容可断定,此为金朝世宗子永中之墓,文中"魏"为"金"之误。
④ 《金史》卷55《百官志一》,第1313页。

| 爵位／散官 | 封赠对象 | 承安二年前封号 | 承安二年封号 |
|---|---|---|---|
| 亲王、封一字王者 | 母妻 | 王妃,次室王夫人 | 王夫人,次室孺人 |
| 郡王 | 母妻 | 郡王夫人 | 郡王夫人 |
| 国公 | 母妻 | 国公夫人 | 国公夫人 |
| 郡公 | 母妻 | 郡公夫人 | 郡公夫人 |
| 郡侯 | 母妻 | 郡君 | 郡侯夫人 |
| 四品文散少中大夫、武散怀远大将军以上 | 母妻 | 县君 | 郡君 |
| 五品文散朝列大夫、武散宣武将军以上 | 母妻 | 乡君 | 县君 |

金代品官命妇封赠制度的具体操作规范,虽已有专文论述[1],但爵位与封赠的关系在这里还需进一步说明。

第一,依据《金史·百官志》可知,五品以上官爵具有封赠母妻的资格,自亲王至郡侯(正从三品)依据爵位封赠母妻,四品、五品则依据的是散官。其实,与四品、五品散官相对应的正从四品的郡伯、正五品的郡子(县子)、从五品的郡男(县男),也是封赠母妻的重要依据。如胡景崧"朝散大夫、上护军、安定郡开国伯、食邑七百户",其妻马氏"封安定郡君"[2]。胡景崧的散官朝散大夫为从五品,爵位郡伯为正从四品,封授给其妻子的封号"郡君"依据的是正从四品的爵位。同样积官"中顺大夫、上骑都尉、清河郡开国伯、食邑七百户"的张君,亦是依据其正从四品郡伯封爵来封赠其妻王氏为"清河郡君"[3]。再如大安三年(1211)的《杨瀛神道碑》载杨瀛的官衔为"金故奉议大夫、签上京、东京路按察司兼劝农安抚事、上骑都尉、弘农县开国子、食邑五百户",其两任妻子,马氏和苏氏均封弘农县君,前者为追封,后者为在世封授。杨瀛的散官为奉议大夫(正六品下),未至五品,并没有封赠资格,所以其妻获得封赠是凭借着杨瀛的正五品县子爵位。可见,从某种程度上说封赠母妻的封号由品官的

---

① 参见赵永春、王姝:《金代品官命妇获封赠途径研究》,《西南大学学报》2014年第2期;王姝:《金代品官命妇封赠制度考》,《首都师范大学学报》2016年第1期;孙建权:《金代外命妇制度的演变》,《文史》2022年第4辑,第161—178页。
② 《金文最》卷93《朝散大夫同知东平府事胡公神道碑》,第1358页。
③ 《金文最》卷98《中顺大夫镇南军节度副使张君墓碑》,第1428—1429页。

爵位而定,爵位在封赠制度中具有不可替代的作用。

　　第二,命妇的封号依从"夫姓"封爵之郡望。金初外命妇制度依从辽制,"郡望是依据外命妇自己的家族姓氏而确定"①,熙宗皇统元年正月"己未,初定命妇封号"②,外命妇制度正式确立后,"郡望一改辽代'从本姓'的传统,改从'夫姓'"③。而"夫姓"郡望即爵位的封号,从这个角度说,母妻的封号由品官爵位的封号而定。

　　金代品官封爵母妻的范围包括妻(还曾包括次室)、母、祖母、曾祖母。根据金代品官父祖封赠制度,官爵五品以上三品以下可封赠一代,相应的可以封赠妻、母。一般情况下,封赠父亲的官爵与品官本人相同,因此,母亲的封号多与妻子相同,因此可以说,妻母封赠的封号取决于品官的爵位和封号。如曹傅,官衔为"大金故通奉大夫、前同知东平府路兵马都总管事、护军、谯国郡开国侯、食邑一千户食实封一百户",其"父以公贵,为朝列大夫;母辛氏,赠谯国郡太夫人",妻王氏"封谯国郡夫人"④。曹傅的封爵为正从四品谯国郡开国侯,其父封赠五品朝散大夫,未言及封爵,其母、妻封赠的等级和封号均与曹傅封爵相对应。曹傅母妻封号的唯一区别是前者加"太"字,这与唐宋封赠制度一致。唐代"其母邑号,皆加太字,各视其夫、子之品"⑤,宋代文武群臣母妻封号也有曾祖母、祖母、母均加"太"字的规定⑥。金代承袭唐宋之制,封赠母辈尊长的封号中均有"太"字。

　　品官祖母、曾祖母封赠等级和封号则取决于其丈夫的官爵。如"累官资善大夫、勋上护军、爵清河郡开国侯、食邑千户实封百户"的张公,"娶同郡齐氏,封清河郡夫人","考某,累赠资善大夫、清河郡侯,妣李氏,清河郡太夫人","大父某,赠正奉大夫、清河郡伯,妣尚氏,追封清河郡太

① 孙勐:《北京出土金代东平县君韩氏墓志考释》,《中国历史文物》2008年第4期,第66页。
② 《金史》卷4《熙宗纪》,第85页。
③ 孙建权:《金代外命妇制度的演变》,《文史》2022年第4辑,第167页。
④ 王晌:《大金故通奉大夫前同知东平府路兵马都总管事护军谯国郡开国侯食邑一千户食实封一百户赐紫金鱼袋曹公神道碑铭》(大定十六年),阎凤梧主编:《全辽金文》,第1403、1404页。
⑤ 《旧唐书》卷43《职官志二》,第1821页。
⑥ 《宋史》卷170《职官志十》,第4084—4085页。

君"①。张公的妻、母、祖母分别封赠为郡夫人、郡太夫人、郡太君。母亲、妻子的封号是依据张公的郡侯爵位而封,其祖母则依据祖父郡伯的正从四品爵位封赠为郡君。再如赵思文,"官通奉大夫、勋某、封天水郡侯、食邑一千户食实封一百户",其先后所娶贾氏、王氏、李氏皆追封天水郡侯夫人。其考"用公贵,超赠通奉大夫、天水郡侯,妣李氏,追封天水郡太夫人","大父讳傑,赠正议大夫、天水郡伯,妣张氏,封天水郡君"②。赵思文的爵位为正从三品的郡侯,其母、妻得赠郡夫人,祖母则据祖父封赠的郡伯,封赠为郡君。历仕海陵、世宗、章宗三朝的张万公,官爵为平章政事、资善大夫、寿国公,俱至正一品,其妻刘氏封赠为寿国夫人,父"累赠崇进、寿国公,妣王氏,寿国太夫人",祖"赠金紫光禄大夫、清河郡公,妣崔氏,清河郡太夫人",曾祖"赠银青荣禄大夫、清河郡侯,妣刘氏,清河郡太夫人"③。张万公爵位至寿国公,妻、母依此封赠为寿国夫人,祖母、曾祖母的封号则依据封赠其祖父、曾祖父的爵位,封赠为郡太夫人。不过,应该看到,虽然祖母、曾祖母的封号依丈夫的官爵封授,但无论是父、祖、曾祖,封赠的官爵均源于其子孙相应的官品和爵位,因此,命妇封赠的等级与封号最终还是取决于品官自身官爵高下。

金代的品官命妇封赠制度是一个动态发展的过程,并非如《金史·百官志》记载的以承安二年为节点的前后两个时期,尤其是其承安二年前后郡君、县君、乡君的封号记载有误④,这里捎带说明。依据《金史·百官志》可知,金代品官命妇封赠制度发生变化的节点是在承安二年,前后发生变化的封号有王妃、郡侯夫人、郡君、县君等。承安二年之前亲王母妻封号为王妃、王夫人(次室),承安二年则改封为王夫人、孺人(次室)。但从史料记载看并非如此,王妃在金朝后期的宣宗、哀宗朝作为封号还屡见使用。如宣宗元光二年十二月"丁亥,上不豫,免朝。戊子,皇太子率百官及王妃、公主入问起居"⑤。哀宗正大元年(1224),守

———————

① 《金文最》卷96《资善大夫吏部尚书张公神道碑铭》,第1405、1402页。
② 《金文最》卷95《通奉大夫吏部尚书赵公神道碑》,第1382、1379页。
③ 《金文最》卷92《平章政事寿国张文贞公神道碑》,第1341—1342、1344页。
④ 参见孙建权:《金代外命妇制度的演变》,《文史》2022年第4辑,第161—178页。在国家后期资助项目结项提交的研究报告中,对《金史·百官志》品官命妇制度记载的错误亦有所阐述,这里不再详论,仅结合孙建权的研究内容,略作说明。
⑤ 《金史》卷16《宣宗纪下》,第399页。

纯进封荆王,封其母真妃庞氏为荆国太妃①。哀宗正大初年,朝廷特封降金的国安用为兖王,"且以彭王妃诰委用安招妙真"②。哀宗天兴元年(1232),权臣崔立发动兵变后,"自称太师、军马都元帅、尚书令、郑王"后,亦"称其妻为王妃"③。后两例王妃之封具有特殊性,但综合前两条例证看,金朝后期王妃封号还在使用。孙建权认为"大安(1209—1211)以后,金代外命妇制度恢复旧制,如命妇号'王妃'恢复使用"④。即认为承安二年王妃作为命妇封号被废止,章宗死后,得以恢复。承安二年之前,正从三品的郡侯,母妻封赠的封号就为郡侯夫人,非郡君,郡侯夫人并非"承安二年改"。如大定十六年的《刘中德墓志铭》记载,刘中德为镇国上将军(从三品下)、开国侯(正从三品),其夫人"进封彭城郡夫人",其父"因公贵,累赠宣武将军。娶史氏,追封彭城郡太夫人"⑤。刘中德之母妻均封赠为郡侯夫人。再如大定二十三年(1183)的《奉国上将军郭公神道碑》记载,奉国上将军(从三品上)郭建,其父"以公贵,赠宣武将军,妣贾氏,赠汾阳郡太□□□□□氏并封汾阳郡夫人",母妻均封赠郡侯夫人。四品官爵母妻封号始终是郡君,未使用过县君,四品官爵的母妻封赠郡君,在承安二年之前即较为常见。大定七年(1167)的《吴前鉴墓志铭》载,吴前鉴的结衔为定远大将军(从四品中)、利涉军节度副使,其"母李氏濮阳郡太君,以公贵也",其妻王氏、薛氏,并封濮阳郡君⑥;卒于明昌元年(1190)的王元德,散官为大中大夫(从四品上),"先娶夫人路氏,继以咸平萧总管之女,俱早逝,偕赠封太原郡君。今夫人马氏,故明威将军、右藏库使马敬锐之次女也,进封太原郡君"⑦,王元德三任妻子,均封赠为郡君。县君在承安二年前后始终是五品官封赠母妻的封号,乡君并未取代县君。卒于天德二年(1150)的韩诇,墓志记载其结衔为"宣威将军、同知威州军州事、上骑都尉、南阳县开国子、食邑五百

① 《金史》卷93《守纯传》,第2189页。
② 《金史》卷117《国用安传》,第2704页。
③ 《金史》卷115《崔立传》,第2669页。
④ 孙建权:《金代外命妇制度的演变》,《文史》2022年第4辑,第175页。
⑤ 刘瑾:《刘中德墓志铭》,刘海文:《宣化出土古代墓志录》,第65—66页。
⑥ 刘仲渊:《吴前鉴墓志铭》,梅宁华主编:《北京辽金史迹图志》(下册),第189—191页。
⑦ 吕贞幹:《大金故大中大夫知南京路提刑使事兼劝农采访事王公墓志铭》,陈学霖著:《金宋史论丛》,香港:香港中文大学出版社,2003年,第183—198页。

户"，妻子封号为南阳县君①；大定十七年（1177）的《石宗璧墓志铭》载石宗璧官衔为"宣武将军、河东路第一将正将兼知大和寨事、上骑都尉、武威县开国子、食邑五百户"，"公娶克石烈氏，封武威县君"②。石宗璧的散官为宣威将军（从五品下），爵武威县开国子（正五品），按《金史·百官志》，承安二年之前，"五品文散朝列大夫、武散宣武将军以上，母妻封乡君"，其妻应封赠乡君，而非县君。大定年间，吕忠敏"阶朝列，始封夫人为东平县君"③。明昌元年（1190）的《刘元德墓志铭》载，刘元德累官至信武将军，勋骑都尉，爵彭城县开国男，食邑三百户，散官和爵位均为从五品，"妣□□氏，后以公恩封彭城县太君"，妻郭氏"以公贵，封彭城县君"④。承安元年（1196）的《显武将军张公墓表铭》更为明确地记载着，张公"三娶皆以公阶五品而封清河县君"⑤。以上实例均说明县君作为五品官爵封赠母妻的封号在承安二年之前普遍使用。承安二年之后，县君依旧是五品官母妻的封号，如吴璋，"卫绍王即位，用大安霈恩，官显武将军、骑都尉、濮阳县男、食邑三百户"，其母、妻封为濮阳县太君、濮阳县君⑥；广威将军（正五品下）、荥阳县男毛君（从五品），其妻封荥阳县君⑦。金代墓志碑刻中五品官封赠母妻为县君的史料不乏记载，不再一一列举。

不过，还应该注意的是，乡君也是五品官母妻的封号，具体实例主要见于章宗泰和后期。如朝散大夫、汾阳县开国男郭济忠，其母李氏追封为"汾阳乡太君"，妻魏氏"封汾阳乡君"⑧。郭济忠从五品的朝散大夫和汾阳县男是其致仕时的官爵，从墓志所载郭济忠的任官履历来看，致仕时间应该是在章宗泰和末年，其母妻的封号为乡君。另外，《金史》中又有泰和七年（1207），"赠故寿州死节军士魏全宣武将军（从五品）、蒙城

① 齐心：《金代韩诩墓志考》，《考古》1984年第8期。
② 北京市文物管理处：《北京市通县金代墓葬发掘简报》，《文物》1977年第11期。
③ 孙勐：《北京出土金代东平县君韩氏墓志考释》，《中国历史文物》2008年第4期。
④ 曹揆：《大金信武将军涿州同知刘公墓志铭》，冯永谦：《金刘元德墓志考——兼考五代刘仁恭一族世系》，《黑龙江文物丛刊》1983年第1期。
⑤ 《金文最》卷87《显武将军张公墓表铭》，第1268页。
⑥ 《金文最》卷104《显武将军吴君阡表》，第1514—1515页。
⑦ 《金文最》卷104《潞州录事毛君墓表》，第1513页。
⑧ 张廷玉：《大金朝散大夫前德州安德县令兼管勾常平仓事骑都尉汾阳县开国男食邑三百户赐紫金鱼袋致仕郭公碑铭并序》，阎凤梧主编：《全辽金文》，第2017—2018页。

令,封其妻乡君"①的记载。而县君封号在同时期仍在使用,如中顺大夫
(正五品)侯大中,两任妻子均封赠县君②。据此,孙建权认为正五品官母
妻封"县君",从五品官母妻封"乡君",新增"乡君"封号,与章宗后期官
僚队伍迅速膨胀密切相关③。此观点可备一说。

### 二、封爵与品官父祖封赠制度

金代品官父祖封赠始于熙宗时期,世宗时期逐步发展,至章宗时期
得以完善。关于品官父祖封赠爵位问题,在本书第四章第二节"推恩封
赠爵位"中已有所阐述,这里再对品官本人的爵位与封赠父祖爵位的等
级和封号关系问题略作说明。

《大金国志·除授》载:"其封赠法……止从其官,不从其职。文臣
则朝列大夫,武臣则宣武将军以上,惟五品官方听封赠。"④也就是说散官
至五品才具有封赠父祖的资格。金章宗泰和元年(1201)"初命文武官
官职俱至三品者许赠其祖"⑤,品官的职与官均作为封赠父祖的重要参
考条件。前述金代品官命妇封赠制度已列举了一些品官父祖的实例,可
见封赠品官父祖包括官、勋、爵。虽然品官的爵位不是封赠父祖的决定
性因素,但仅就爵位而言,封赠父祖爵位的封号即所谓姓氏的"郡望"与
品官本人完全一致,而爵位等级则根据品官的封爵而定。通常而言,封
赠父亲的官爵均与本人相同,祖父与曾祖父的爵位品级则依次降等,即
祖父比父亲降一个等级,曾祖又比祖父降一级。如冯延登"积官资善大
夫(正三品下),勋上护军(正三品),封始平郡侯(正从三品)",其父"后用
君贵,赠资善大夫、始平郡侯"⑥;赵秉文"积官资善大夫,勋上护军(正三
品),爵天水郡侯(正从三品),食邑一千户","祖讳某,用公贵,赠正议大
夫(正四品上)、上轻车都尉(正四品上)、天水郡伯(正从四品)。考讳某,

①《金史》卷12《章宗纪四》,第304页。
②《侯大中墓志》,何新所编著:《新出宋代墓志碑刻辑录·南宋卷》,第3册,北京:文物出版社,
　2020年,第188页。
③ 孙建权:《金代外命妇制度的演变》,《文史》2022年第4辑,第173页。
④《大金国志校证》卷35《除授》,第508页。
⑤《金史》卷11《章宗纪三》,第280页。
⑥《金文最》卷96《国子祭酒权刑部尚书内翰冯公神道碑铭》,第1393—1394页。

赠中奉大夫(从三品下)、上护军(正三品)、天水郡侯(正从三品)"①。再如平章政事寿国公张万公,其父、祖、曾祖封赠的爵位分别为寿国公(正从一品)、清河郡公(正从二品)和清河郡侯(正从三品)②。无论是封赠一代、二代还是三代,父的爵位均与本人同,祖父、曾祖封赠的爵位与品官爵位相比依次降低了一个品级。"推恩之法,近重而远轻"③,金代即遵循这样的原则,对品官先世进行封赠,相对于散官而言,爵位等级的变化更为直接和明显地体现了推恩制度"近重而远轻"的原则。

※　　　※　　　※　　　※

本章主要探讨了金代封爵与官制、礼制、封赠制度的关系。金代封爵等级与职位品级,并非完全对应,多呈疏离之态,爵位的提升也不一定带来职位的升迁。但两者仍不可分割,通常情况下,官职的升迁也往往带来爵位的进封,金代往往是先授官再封爵,所谓加官进爵,符合金代官制的基本情况。金代爵位品级虽然并不决定官职高下,但爵位是身份地位的重要标识,官职地位的重要性往往又通过爵位来体现,两者密不可分。与职相比,爵位与散官、勋官的对应关系更为密切,官员结衔中散官、勋级、爵位、食邑等一应俱全,以示其身份地位。爵位的等级性,通过相应的礼仪制度来实现,因此封爵与礼制紧密相关。金代史料仅有对亲王、郡王、国公一品高爵相关礼仪的记载,其在舆服、印绶、朝参班序、丧礼等方面均体现了爵位的荣宠与尊贵。封爵与封赠制度的关系更为密切,尤其是在品官命妇封赠制度中,封爵所发挥的作用更为重要,在品官的官品、勋级、爵位品级不一致的情况下,一般参考爵位品级封赠品官命妇。品官父祖封赠爵位属于推恩封赠的内容之一,爵位虽不是品官封赠父祖的决定性因素,但封赠品官父祖的爵位封号和等级则与官员自身官爵密不可分。

---

① 《元好问全集》卷 17《闲闲公墓铭》,第 348—350 页
② 《元好问全集》卷 16《平章政事寿国张文贞公神道碑》,第 336 页。
③ 《元史》卷 182《许有壬传》,第 4201 页。

# 第七章　金代封爵制度的特点、
# 　　　　作用及影响

　　金代封爵制度既有对此前历代王朝制度的继承，又有所发展，具有女真民族的制度特色。"明亲亲"与"赏功奖能"是封爵的主要目的，封爵制度的有效实施，具有加强皇权、明确等级关系、维护统治秩序的作用。但章宗以后禁锢诸王的政策，使诸王宗室在金末内忧外患的困境中未能发挥应有的作用，以封爵来"藩屏王室"的功能大大降低。金代封爵制度是中国古代爵制发展史上的重要阶段，并对元朝封爵制度产生了一定的影响。

## 第一节　金代封爵制度的特点

　　熙宗天眷二年(1139)，有司奏《请定官制》札子中称："窃以设官分职、创制立法者，乃帝王之能事……臣等谨按：当唐之治朝，品位爵秩，考核选举，其法号为精密，尚虑拘牵。故远自开元所记，降及辽宋之传，参用讲求，有便于今者，不必泥古，取正于法者，亦无循习。"熙宗答诏曰："朕闻可则循，否则革，事不惮于改为……"①熙宗天眷改制参酌唐与辽宋制度，但并不泥古，本着"可则循，否则革"的精神，进行大刀阔斧的制度改革。熙宗之后的统治者对国家制度均有不同程度的改革和调整，但基本以中国历朝制度为参考，同时又根据本朝自身发展的需要加以变革。封爵制度即金朝诸多制度中的一个缩影，体现了对前朝制度的继承与发展。

---

① (宋)洪浩：《松漠纪闻》，赵永春辑注：《奉使辽金行程录》(增订本)，第328—329页。

## 一、具有多元文化杂糅的制度特点

其一，金代封爵在形式上大体继承了中原王朝传统的王与五等爵的模式，其爵称与爵序又与辽朝一致，但金代爵制在具体的运作过程中又有所发展，具有女真民族特点。

唐制爵分九等，宋代爵有十二等、九等、十等之分，爵称虽略有不同，但都可归于王和五等两大类。金代封爵也分为王与五等爵两大体系，具体爵称则与同样以北方民族立国的辽朝完全相同，有两字国王、一字国王、一字王、郡王、国公、（开国）郡公、（开国）县公、（开国）郡侯、（开国）县侯、（开国）郡伯、（开国）县伯、（开国）郡子、（开国）县子、（开国）郡男、（开国）县男，共十五个爵称。当然，这十五个爵称并非贯穿于金代封爵制度运行过程的始终。辽金两朝封爵形式上的一致，并不意味着两者封爵制度的内容完全相同。金朝在封爵政策的执行过程中，对爵位的控制较辽更加严格，尤其是对国号王爵的控制和管理，更体现了这一特点。金朝前期采用辽朝的"两字国王"和"一字国王"爵称来封爵宗室勋臣，但海陵正隆二年（1157）例降封爵制度后，便不再封授。而辽朝的"两字国王"和"一字国王"封授均集中于中期，此后两种王爵一直是封爵制度的重要内容。辽朝一字国王最早见于穆宗时期，应历九年（959）的《驸马赠卫国王沙姑墓志》载："权惣（下缺）推忠奉国功臣、安国军节度使、邢洺管内观察处置等使、同政事门下平章事、开国公、食邑二千户、食实封二百户、卫国王沙姑。"[1] 墓志有盖，其上刻有"故驸马赠卫国王墓志铭"，爵位为死后追赠。辽朝首位封两字国王的是耶律隆庆，在圣宗朝封授，"开泰初，更王晋国，进王秦晋，追赠皇太弟"[2]。虽然辽道宗于大康五年（1079）十月"壬子，诏惟皇子仍一字王，余并削降"[3]，但这只是辽道宗为加强皇权的暂时之策。大安三年（1087），又进封皇弟阿琏为秦魏国王，不仅恢复了带"国"字的王爵，还以两字国王封爵。天祚帝时期，不仅一字王不限于皇子，而且仍以两字国王和一字国王封爵宗室贵戚。此外，从封爵食邑和食实封比例和数量上看，也体现着金朝对爵位管理的

①《驸马赠卫国王沙姑墓志》，见向南主编：《辽代石刻文编》，第27—28页。
②《辽史》卷64《皇子表》，第1089页。
③《辽史》卷24《道宗纪四》，第322页。

制度化和规范化。辽金两朝的封爵食邑与食实封均按照十分取一的原则授予,但辽朝在具体的执行过程中较为随意,不仅同一爵位食邑数量有别,食邑与食实封之间的比例有违十分之一原则的情况也较为常见①。金朝的封爵食邑制度在执行过程中则更加规范和严格。金代王、公、侯、伯、子、男,每个等级爵位均按照《百官志》规定的数额享有食邑与食实封,很少超出制度规定的范围。这既是封爵制度化的体现,也表明金朝对封爵控制管理的加强。

其二,金代封爵的礼仪制度多以中原礼制为参照。

金朝君臣在讨论礼仪制度时多参酌唐宋典制。世宗大定五年(1165),朝廷讨论王爵朝参、宴飨班序的问题,通过检讨《唐六典》、唐宋《公式令》等来详定金朝制度,最后依据唐宋制度,"大定仪制,亲王每遇朝参,并依王爵序班"②;"大定八年册命仪"中记载皇太子与诸王公朝宴礼仪,引经据典,从《晋书》《宋事实》《宋会要》再到唐《开元礼》以及《通典》中所载相关礼仪均加以参考③。泰和七年(1207),章宗与礼部尚书张行简探讨追复永中、永蹈爵位时,皆援引前朝"故事":"朕念镐、郑二王误干天常,自贻伊戚。藁葬郊野,多历年所,朕甚悼焉。欲追复前爵,备礼改葬,卿可详阅唐贞观追赠隐、巢,并前代故事,密封以闻。"又曰:"欲使石古乃(永中)于威州择地营葬,岁时祭奠,兼命卫王诸子中立一人为郑王后,谨其祭祀。此事既行,理须降诏,卿草诏文大意,一就封进。"张行简则"具汉淮南历王长、楚王英、唐隐太子建成、巢剌王元吉、谯王重福故事为奏,并进诏草,遂施行焉"④。章宗让张行简依据唐朝典制和前代故事来详定永中和永蹈爵位追复问题,张行简依据汉、唐两代故事,草拟成文,并施行之。可见,金代封爵不仅外在形式上依托于中原王朝的爵制内容,在封爵制度的具体实施过程中也始终以中原王朝传统制度为准绳。

其三,金代封爵承袭中原王朝长幼有序、嫡庶有别的原则。

中国历代王朝礼法制度都遵循长幼有序、嫡庶有别,金代的封爵制

---

① 参见表5.1《辽代封爵食邑举例》。
② 《大金集礼》卷31《班位表奏·班序》,第271—272页。
③ 《大金集礼》卷8《皇太子·大定八年册命仪》,第99页。
④ 《金史》卷106《张行简传》,第2470—2471页。

度中也贯穿和遵循着这一原则。金代皇子虽均封爵为亲王,但又以国号位次的高下来区别嫡庶与长幼。如世宗诸子,初封大国号的有昭德皇后所生的赵王㻞翬、越王斜鲁和元妃所生永中。永中得封大国号,是因为他是诸子之长,大定元年(1161)封大国号许(大国第十二),大定七年(1167)又进封越王(大国第九),大定十一年(1171)再进封赵王(大国第八)[1]。另一子永功,虽在大定十一年也获得了大国号最末位的"曹王"之封,但其最初所封国号则是次国号"郑"[2]。其他诸子在世宗时期均未能获封大国之号。再如,章宗诸子,"章宗钦怀皇后生绛王洪裕,资明夫人林氏生荆王洪靖,诸姬生荣王洪熙、英王洪衍、寿王洪辉。元妃李氏生葛王忒邻"[3]。其中只有皇后所生子洪裕,获得大国号"绛王"爵封,其他诸子的爵位均位处次国号之列。

其四,金代封爵沿袭了唐代将封爵与郡望相结合的制度。

金代继承了唐代形成的郡望与封爵相结合的传统,公、侯、伯、子、男爵位前全部冠以某某郡、某某县之号。郡已不是金朝的行政区划,实际上封爵的郡县名号与其本人的实际籍贯多不相干,这样的封爵方式,主要依据的是封爵者的姓氏或民族的所谓"郡望"。对此,第四章第三节"郡望与封爵"已有阐释,不再赘述。

## 二、金朝前期封王的范围广、数量众、爵位高

王爵在封爵体系中地位最高,汉高祖刑白马而誓:"非刘氏而王者,天下共击之"[4],封王成为皇族的特权与专利。此后"非亲不王"甚至"非皇子不王"一度成为封爵原则。唐初"高祖受禅,以天下未定,广封宗室以威天下,皇从弟及侄年始孩童者数十人,皆封为郡王"[5]。唐太宗时期尚书左仆射封德彝曾言:"历观往古,封王者今最为多。两汉以降,唯封帝子及亲兄弟,若宗室疏远者,非有大功……并不得滥封,所以别亲疏也。先朝敦睦九族,一切封王,爵命既隆,多给力役,盖以天下为私,殊非至公

---

[1]《金史》卷85《永中传》,第 2017—2018 页。
[2]《金史》卷85《永功传》,第 2022 页。
[3]《金史》卷93《章宗诸子传》,第 2058 页。
[4]《汉书》卷40《王陵传》,第 2184 页。
[5]《旧唐书》卷60《淮安王神通传》,第 2342 页。

驭物之道。"于是,"宗室率以属疏降爵为郡公,唯有功者数十人封王"[①]。
与汉唐王朝相比,金代前期封王群体范围广、数量多,远支宗室和异姓封
爵国号王、郡王者较为常见。值得注意的是,此前中原王朝封授给具有
朝贡、册封关系的周边民族或政权首领带"国"字的王爵(一字国王、两
字国王),辽金则将其作为本朝官制,加封臣僚,尤其是金朝前期,封授的
规模和数量较为引人注目,体现了金朝爵制特色。

　　熙宗确立封爵制度后,首先是对先祖的追封和对在世宗室的封爵,
景祖一系子孙,无论在世与否,多封爵为国号王,是金朝宗室封爵规模
最大的时期。海陵王前期远支宗室封王者更是屡见不鲜。这一时期,金
代宗室封王的数量和范围都远超此前历代中原王朝。与此同时,金朝前
期异姓王的封爵数量大、爵位高和民族构成的多样化,是金代封爵制度
的重要特点。熙宗在对宗室大行爵封的同时,完颜部人、汉人、契丹人的
王公之封也较为常见。对于身份比较特殊的辽天祚帝耶律延禧和伪齐
刘豫,熙宗也以王爵处之。海陵天德与贞元年间,为加强皇权,加大了对
异姓爵位的封授,这一时期见于记载的国号王有 27 人(见附表 2),其中
普通女真、汉、渤海、契丹等非宗室成员达 16 人,占封王总额的 60%,成
为这一时期封爵政策较为引人注目的现象。金朝是多民族国家,政权的
建设不可能仅依靠本民族的力量来完成,女真统治者不断吸纳汉、渤海、
契丹等民族的优秀人才进入统治集团,他们成为维护王朝统治的重要力
量。金朝前期大量异姓王爵的封授是熙宗和海陵两朝政治制度变革和
皇权巩固的需要,也体现了金朝多民族国家统治的特点。

### 三、宗室封爵"亲亲亦功"

　　"明亲亲之义"和"赏功奖能"始终是封爵的两项重要功能。前者即
所谓"因亲"封爵,主要针对宗室贵戚而言。金以武立国,"原其成功之
速,俗本鸷劲,人多沉雄,兄弟子姓才皆良将"[②]。金政权的奠基者正是这
些身先士卒、冲锋陷阵的女真贵族群体。熙宗即位后"大封宗室",首先
以高爵封授有汗马之功的女真宗室贵族群体,景祖诸孙、太祖子、太宗子

---

[①]《旧唐书》卷 60《淮安王神通传》,第 2342 页。
[②]《金史》卷 44《兵志》,第 1061 页。

等叔伯祖、叔祖辈无论离世还是存世多获得了国号王爵之封,但获得封爵的宗室又以功绩的大小,封授的爵位有高下之别①。也就是说,这一时期的宗室封爵虽有"明亲亲之义",但功绩仍是其中的重要参考因素。即"亲亲亦功"是金代宗室封爵的重要内容和特点,尤其是金前期这种特征更为明显。明人王圻说"金初亲王皆以功封,至后世或以私封者"②。明朝《金小史》的作者杨循吉也说,太祖创业,领兵作战者多为宗室子弟,"旻所用将兵者,皆其宗室子弟为多"③。金初的宗室子弟多是开国功臣,因此,功绩也是其封爵的重要依据。

海陵正隆二年(1157)以后,除皇子、皇兄弟可以凭借"天潢近支"的身份直接封爵为亲王、皇孙可封国公、外戚通过推恩封赠国公以及金末为摆脱困境作为权宜之计的王公之封,在正常情况下,封爵多以功绩为标准④。虽然"功"的大小与衡量标准最终由皇帝而定,但除皇子皇孙、外戚推恩外,无功封爵的情况在金代并不多见。

### 四、金代封爵无袭封之制

爵位袭封是封爵制度的重要内容,唐代以前,中原王朝的封爵多以世袭或降等世袭的方式施惠后世。唐代爵位多不承袭,宗室爵位则有承嫡、降袭的情况,"皇兄弟、皇子皆封国,谓之亲王。亲王之子承嫡者,为嗣王。皇太子诸子为郡王。亲王之子承恩泽者亦封郡王,诸子封郡公。其嗣王、郡王及特封王子孙承袭者,降授国公。诸王、公、侯、伯、子、男若无嫡子及罪、疾,立嫡孙。无嫡孙,以次立嫡子同母弟;无母弟,立庶子。无庶子,立嫡孙同母弟;无母弟,立庶孙。曾、玄已下亦同此。无后者,国除"⑤。亲王之子以降封的方式承袭相应的爵位,"承嫡者为嗣王"降一等,其余"诸子为郡公",降三等;嗣王、郡王特封王子孙如果承袭爵位,降封一等,均降授国公;其他爵位也有立嫡之说。宋代宗室爵位的袭封,

---

① 详见第四章第一节"宗室爵位的封授"。
② (明)王圻:《续文献通考》卷193《封建考》,第2896页。
③ (明)杨循吉:《金小史》卷2,金毓黻:《辽海丛书》影印本(第一册),第17页。
④ 严格来说,即使品官父祖推恩封赠的爵位也与"功"有关,虽然品官父祖本身没有功绩,但其子孙的官品也是因自身为官的功绩获得,其根源还是功绩。
⑤ (唐)李林甫撰,陈仲夫点校:《唐六典》卷2《尚书吏部》,第37—38页。

《宋史·职官志》载："右封爵,皇子、兄弟封国,谓之亲王,亲王之子承嫡者为嗣王,宗室近亲承袭,特旨者封郡王,遇恩及宗室祖宗后承袭及特旨者封国公,余宗室近亲并封郡公。"① 宋代宗室爵位经皇帝"特旨"可以降等承袭。宋代爵位承袭制度在宋仁宗、宋神宗时期有所变革,南宋则大体依神宗之制,总体而言,宋代"除了宗室子弟中极少数封王者的后代能够承袭其爵位外,其他群体中能够传袭先代爵位的主要是周世宗柴荣的后代以及先贤孔子的后代"②。无论如何,宋代还是有爵位传承的情况。辽代亦有袭爵现象,但"辽代并没有正规的袭爵制度,爵位不世袭,只在特定时刻、特殊功绩时特事特办,给予特殊待遇才有袭爵现象的出现"③。金代文献中也有"袭爵"的记载,如"术甲脱鲁灰,上京人,世为北京路部长。其先有开国功,授北京路宋阿答阿猛安,脱鲁灰自幼袭爵"④;"抹撚史扢搭,临潢路人也。其先以功授世袭谋克。史扢搭幼袭爵,守边有劳"⑤。很明显,术甲脱鲁灰和抹撚史扢搭所承袭的爵位是猛安谋克世爵,非汉制爵位。从《金史·宗室表》的记载来看,似乎"皇子封一字王,皇孙则不得承封原爵,只能封为国公、将军"⑥。其实,金代封爵并没有袭封爵位的制度规定,任何等级的爵位只及本人,不能承袭。

由于金代封爵不世袭,宗室中皇太子子、亲王诸子的爵位也无制度规定,因此,导致没有爵封的皇家血亲也大有人在。唐制"皇太子子,为郡王",金代皇太子子只有承嫡者可封为郡王,其余则封爵国公或仅加散官而无封爵。"大定十八年十一月二十三日,敕旨:'皇太子子封金源郡王(唐典故,代宗为玄宗嫡皇孙,年十五,封广平郡王),长男授特进,封温国公,次男封道国公,女封广平郡主(以次诸子例封公。赵王长子授光禄,次子奉国)'"⑦。金世宗子嗣众多,大定二年(1162)即被立为皇太子的允恭(显宗)有子七人,大定十八年(1178),显宗长子,即章宗被封为金源郡王;田氏所生三子则分别在大定十八年、二十二年、二十五年,封

---

① 《宋史》卷169《职官志九》,第4061页。
② 马云龙:《宋代爵位袭封制度研究》,郑州大学硕士学位论文,2015年,"摘要"。
③ 李忠芝:《辽代封爵制度研究》,吉林大学博士学位论文,2016年,第147页。
④ 《金史》卷124《术甲脱鲁灰传》,第2846页。
⑤ 《金史》卷93《抹撚史扢搭传》,第2197页。
⑥ 李治安:《元代分封制度研究》(增订本),第241页。
⑦ 《大金集礼》卷9《宗室》,第128页。

爵为道国公、崇国公、宿国公；刘氏与王氏所生子，在大定年间则不见有爵封。亲王诸子的封爵情况与皇太子之子类似，最高至国公，或无封爵。唐制"亲王之子，承嫡者为嗣王，诸子为郡公"，唐代亲王之子至少有郡公之封。金代亲王子有封爵记载的是越王永功之子福孙和寿孙，两人作为世宗皇孙，大定二十六年"诏赐福孙名璐，寿孙名璹"，"是年，璐加奉国上将军。章宗即位，加银青荣禄大夫，封萧国公"；次年，璹"加奉国上将军。明昌初，加银青荣禄大夫。卫绍王时，加开府仪同三司。贞祐中，封阼国公。正大初，进封密国公"①。世宗时期福孙和寿孙作为皇孙，仅加奉国上将军散官，无封爵。章宗和宣宗朝时期，两人的身份变成了皇帝的堂兄弟，才有了国公之封。

## 第二节　金代封爵制度的作用与局限性

金代封爵的作用主要体现在明确等级关系，稳定社会秩序，同时作为收揽人心的手段，一定程度上维系了君臣关系，对维护金朝统治与皇权的巩固发挥了一定的作用，同时也具有其历史局限性。

### 一、金代封爵制度的作用

中国历代王朝都将封爵作为官僚政治制度的内容，说明其在维护王朝统治方面发挥着不可替代的作用。从封爵的施动者皇帝来说，封爵具有笼络人心、巩固统治的实际作用，而受封者通过爵位亦能获得一定的经济利益和礼遇优待，提升政治地位，这又可以激励臣僚效忠朝廷，最终起到稳固王朝统治秩序的作用。

第一，明确等级关系，稳定社会秩序。

封爵制度发展至隋唐已无列土分封之实，它的功能更多地体现在明确等级关系，以此来别高下、明尊卑。金代爵位与实际的政治权利和经济利益之间也呈疏离之态，但爵位仍为人臣希冀，如世宗曾说："朕观在

---

① 《金史》卷 85《永功传》，第 2024—2025 页。

位之臣,初入仕时,竞求声誉以取爵位。"① 爵位所具有的名位礼遇虽然并不直接与具体的政治、经济利益挂钩,但作为身份地位的重要标识,体现了个人的社会价值,为时人所看重。爵位自身即具有等级性,每个等级又有明确的食邑标准,虽然只有侯爵以上才能享有食实封,但伯、子、男爵的食邑数量的差别也反映着他们之间等级地位的高下。爵位在明确等级关系中的具体表现大致有以下几方面。

其一,以爵位等级明确礼仪尊卑之序。爵位体现着身份地位,封爵的等级秩序,需要礼的维护。不同等级的爵位品级均有与其相应的礼仪规定,礼既可以明确等级地位,亦具有约束的功能,使身处不同等级的群体不能违礼、越礼,从而达到稳定社会秩序的目的。如前揭爵位在服饰、车舆、出行仪仗、朝参班次等方面的礼仪规定,这是爵位明确等级关系的重要内容。《大金集礼》中还详细记载了亲王与百官"邂逅相见"、"在路相逢"、"同途并行"时的礼仪规定,以此来明确亲王的尊崇地位。"邂逅相见,二品以上职事官先揖,亲王答揖。三品以下并回避。在路相逢,三师、三公、尚书令、宰执、枢密使副、判宗、东宫三师,道遇亲王,即于马上相揖,依尊卑分路行。如同途并行,即俱出入,从惟呵喝止,从职事高者。散官一品、职事官二品及爵一品者,道遇亲王,道侧却伞敛马,候过方行。以下并回避。"② 无论是二品以上职事官还是同为一品的三师、三公、散官、封爵,在与亲王"邂逅相见"和"在路相逢"时,都要先行作揖或依尊卑分路行或"道侧却伞敛马,候过方行",给予相应的礼让,三品以下则需要回避。这充分体现了亲王为皇亲国戚,位处爵位的至高点,其在礼仪制度中也体现着至尊的地位。礼仪制度体现着尊卑之序,也规范着各阶层的行为,有礼可依、有法可循,才不至于产生矛盾和冲突,有利于社会稳定。

其二,以爵位彰显家族地位和荣耀。爵位不仅是本人身份地位的体现,同时还具有封赠母妻、封赠父祖的资格,具有荣祖显亲的社会功能。如前所述,在品官命妇封赠制度中爵位发挥着重要作用,受爵者依据官爵封赠母妻的封号与爵位一样也纳入国家的礼仪秩序之中,如在服饰上

---

① 《金史》卷 6《世宗纪上》,第 161 页。
② 《大金集礼》卷 9《亲王》,第 127 页。

"宗室及外戚并一品命妇,衣服听用明金,期亲虽别籍、女子出嫁并同。又五品以上官母、妻,许披霞帔。唯首饰、霞帔、领袖、腰带,许用明金、笼金、间金之类。其衣服止用明银、象金及金条压绣。"[1] 官诰 "公主、王妃与亲王同","郡王夫人、国夫人,红遍地芙蓉花锦褾,金花五色绫十二幅,玳瑁轴"[2]。爵位等级的高下影响着封赠者的礼仪等级,亲王的母妻高居封赠礼仪秩序的至尊地位。也就是说,封爵可以使亲族成员获得相应的荣誉和社会地位。品官父祖官爵的封赠,也具有同样的功能和意义。虽然封赠父祖和母妻未必能够带来多少政治权利和经济利益,但"义莫大于尊祖,仁莫高于显亲"[3] 仍是古代社会普遍认同的价值观念。"士以有子为荣,子以显亲为孝……当有追崇之恩,称其致孝之意"[4]。父祖获得封赠,便可以"尊祖显亲",给祖上以及整个家族带来无限荣耀,光耀家族门楣。由此,品官本人及其家族势必会对朝廷感恩戴德,这又成为激发品官效忠于朝廷的动力,最终起到稳定巩固王朝统治秩序的重要作用。

其三,爵位享有相应的律法特权。"以礼入法"是中国古代法律制度的特点之一,"八议"即其中重要的体现。《唐律疏议》载:"今之'八议',周之'八辟'也。《礼》云:'刑不上大夫。'犯法则在八议,轻重不在刑书也。其应议之人,或分液天潢,或宿侍旒扆,或多才多艺,或立事立功,简在帝心,勋书王府。若犯死罪,议定奏裁,皆须取决宸衷,曹司不敢与夺。此谓重亲贤,敦故旧,尊宾贵,尚功能也",其中"六曰议贵。谓职事官三品以上,散官二品以上及爵一品者","依令:'有执掌者为职事官,无执掌者为散官。'爵,谓国公以上。"[5]《金史·刑志》言:泰和元年十二月,所修律成,凡十有二篇,"实《唐律》也"[6],《泰和律》今已亡佚。"金律承袭唐宋之制亦载有八议制度,只是将'议功'改为'议勋'。同时,金统治者出于政治上的需要,通过诏制对皇亲国戚和达官显贵享有的八议特权

---

① 《金史》卷 43《舆服志中》,第 1049—1050 页。

② 《金史》卷 58《百官志四》,第 1427 页。

③ （宋）王安石撰,李之亮笺注:《王荆公文集笺注》卷 17《枢密院使张昇封赠三代制·祖母》,成都:巴蜀书社,2005 年,第 651 页。

④ （宋）王安石撰,李之亮笺注:《王荆公文集笺注》卷 17《宰相富弼三代制·父》,第 645 页。

⑤ （唐）长孙无忌等撰,刘俊文点校:《唐律疏议》卷一《名例》,北京:中华书局,1983 年,第 16—17 页

⑥ 《金史》卷 45《刑志》,第 1096 页。

进行了限制。"①"八议"还使高官显爵者享有宽减免刑罚的特权。叶潜昭对唐金律比较研究指出,金代"八议"之"七曰议贵。谓职事官三品以上,散官二品以上,以及爵一品者"②。金代"议贵"的爵位是"一品者",也指国公以上爵封,包括国号王、郡王、国公,与唐代相同。他们如触犯法律,各级官府不能依法定罪,需奏报朝廷,朝臣集体审议后,由皇帝裁决。通常情况下,可以官爵抵罪或依官爵品级减免罪罚,体现了古代法律的阶级性和高爵的特权。

总之,金代通过一系列的政治、经济与礼法制度,使受爵者享受到相应的利益和特权,更重要的是通过封爵制度及相关的制度规定,使受爵者能够明确其在国家官僚体系中所处的阶层和位置,恪尽职守,不违规越礼,以达到稳定社会秩序的目的。

第二,笼络人心,加强皇权。

封爵与国家统治的关系在先秦、两汉时期论述颇多,如墨子将爵位看作为政"三本"之一③。《淮南子》中也有:"权势者,人主之车舆;爵禄者,人臣之辔衔也"④之说。金代爵位的政治经济权利虽不能与先秦、两汉时期同日而语,但作为国家政治制度与统治政策的组成部分,封爵对统治者来说,仍是稳定和维护国家统治的必要举措。金朝在太祖、太宗时期,虽无封爵之制,但已经认识到了爵位的重要性。太祖以国公授予由辽入金的左企弓、虞仲文等人,太宗甚至以王爵封授归降的汉人刘彦宗。这一时期封爵制度虽未确立,但王公封爵已成为笼络归降之人的重要手段。熙宗确立封爵制度后,封爵在王朝政治制度的运转中始终发挥着收揽人心、加强皇权和稳定统治的作用。

封爵对熙宗加强皇权和政局稳定起到了重要作用。熙宗即位之初即对女真贵族大封爵赏,以此来笼络人心、稳定政局,同时也是其改革官制的客观需要。熙宗以太祖嫡孙的身份从太宗手中接过皇位,即位之初皇位就面临着威胁。"初,太祖旻有约:兄终弟及,复归其子。及晟

---

① 曾代伟:《金律研究》,台北:中华发展基金管理委员会、五南图书出版公司,1995年,第118页。
② 叶潜昭:《金律之研究》,台北:台湾商务印书馆,1972年,第35页。
③ (清)毕沅校,吴旭民校点:《墨子》卷2《尚贤中》,上海:上海古籍出版社,2014年,第30页。
④ (汉)高诱注:《淮南子》卷9《主术训》,上海:上海书店,1986年,第137页。

病,其长子宗磐自以人主之元子,欲为储嗣。旻之子宗干言,己乃武元长子,当立。宗维言,己于兄弟,年长功高,当继其位。"①太宗子宗磐、太祖子宗干以及功高年长的宗翰是当时最有实力的女真贵族,都觊觎皇位,在储位之争中又都有各自的拥护者和支持者,各不相让,"晟不能决者累日"。最后在穆宗子乌野(勖)的建议下于天会十年(1132)立完颜亶为谙班勃极烈,金初的这场储位之争才宣告结束。熙宗即位后,稳定政局、收罗人心是当务之急,于是首先以至尊爵位来酬赏这些既有战功又有实权的女真贵族。与此同时熙宗开始着手官制改革,首先废除了中央的国论勃极烈制度,地方也逐步建立系统的行政管辖体系。中央集权官僚体制的建立,势必需要收回女真贵族权力,"这必然触及到宗翰集团的既得利益,如果处理不好,极有可能造成国内战乱或国家分裂"②。为了减少改革的阻力,熙宗"以相位易兵柄"③的同时,又以宗翰为"太保、尚书令,领三省事,封晋国王"④,宗磐为"尚书令,封宋国王"⑤,宗干则"拜太傅,与宗翰等并领三省事。天眷二年,进太师,封梁宋王"⑥。以"两字国王"、"一字国王"至尊爵位来封爵女真权贵,笼络人心,稳定政局的目的十分明显。与此同时,熙宗采取大封宗室的封爵政策,死者追封、在世封授,使宗室成员多有爵位加身。契丹、汉、渤海等不同民族的官僚封王、封公的也大有人在。熙宗通过这些封爵举措,使这些女真权贵仍位居人臣的至尊地位,从而缓解了他们失去军政大权的心理失衡,减少了敌对情绪,同时也获得了宗室和异姓的支持,熙宗即位之初的政治局势由此得以稳定,"天眷官制"的相关改革措施也得以顺利推行。

海陵王统治时期,也以封爵作为巩固皇权的重要手段。海陵弑君夺位,即位后为稳固皇权,"加恩大臣以收人望"⑦,其中一项重要措施就是通过封爵来笼络臣僚。海陵通过暴力手段夺取皇位,因此在封爵政策上与熙宗优礼宗室不同,他主要通过大封异姓王爵的方式来巩固皇权。海

① (宋)李心传撰,辛更儒点校:《建炎以来系年要录》卷84,绍兴五年正月,第1425页。
② 程妮娜:《论金代的三省制度》,《社会科学辑刊》1998年第6期。
③ 《大金国志校证》卷9《熙宗孝成皇帝一》,第137页。
④ 《金史》卷74《宗翰传》,第1805页。
⑤ 《金史》卷76《宗磐传》,第1839页。
⑥ 《金史》卷76《宗干传》,第1852—1853页。
⑦ 《金史》卷66《完颜勖传》,第1660页。

陵天德、贞元年间封授异姓王爵在整个金朝历史上是人数最多、爵位等级也较高的时期。但应该看到,海陵朝的异姓王,如大臬、张通古、张浩等人都是当时的治世能臣,对金朝国家建设作出了积极贡献。正隆二年(1157),政局基本稳定后,海陵为强化皇权,全面推行了"例降封爵"的政策,取消了"一字国王"和"两字国王"爵封。海陵王统治时期政局较为稳定,尤其是对金代政治制度的改革卓有成效,以封爵来稳定统治、加强皇权的诸多举措,在其中发挥了一定的作用。

第三,金朝后期以封爵"招降纳叛"和封爵地方武装,来缓解内外困境。

金朝在章宗后期,外部局势日益严峻,卫绍王即位后,北方蒙古日益强劲,金朝疲于应对,同时与南宋也不时有矛盾和摩擦。金朝通过封爵来招抚南宋将领和割据地方的武装势力,在一定程度上缓解了金朝的军事压力。

金章宗泰和五年(1205),宋朝见金朝受北边蒙古不断侵扰,国势见微,于是有北伐之议,不断在宋金边界进行试探性进攻。金朝在进行积极防御和反攻的同时,乘机以王爵招降世守西土有意割据川蜀的宋太尉、昭信军节度使、四川安抚副使吴曦。次年十二月,吴曦纳款于完颜匡,遣使言所以归朝之意。完颜纲以朝命,假太仓使马良显赍诏书、金印,立吴曦为蜀王。于是,吴曦"遣其果州团练使郭澄、提举仙人关使任辛奉表及蜀地图志、吴氏谱牒来上"[1]。泰和七年(1207)二月,"吴曦遣使奉三表来:谢封爵,陈誓言,贺全蜀内附",随后,金廷再"遣同知府事术虎高琪等册吴曦为蜀国王"[2]。可见,蜀王爵封对金朝招降吴曦起到了重要作用。章宗还多次劝勉臣僚和军士,只要能对外奋勇力战,建立功勋,不惜高爵之赏。如泰和六年(1206),诏高琪曰:"汝年尚少,近闻与宋人力战奋勇,朕甚嘉之。今与仲温同行出界,如其成功,高爵厚禄,朕不吝也。"[3]次年,又诏谕陕西军士:"汝等益思体国之忠,奋敌忾之勇,协心毕力,建立功勋,高爵厚禄,朕所不吝。"[4]"高爵厚禄"是激励臣僚将士为国尽忠的重要手段,成为金朝后期挽救统治危机的重要举措。

贞祐二年(1214),宣宗南迁,不久中都失守。次年,宣宗下诏曰:

---

[1]《金史》卷12《章宗纪四》,第303页。
[2]《金史》卷12《章宗纪四》,第304页。
[3]《金史》卷106《术虎高琪传》,第2478页。
[4]《金史》卷98《完颜纲传》,第2311页。

"募随处主帅及军官、义军将校,有能率众复取中都者封王,迁一品阶,授二品职。"①此时河北、山东等地因遭到蒙古的进攻,当地的土豪或地方官吏自发组织的抗蒙武装十分活跃。为了抵制蒙古的进攻,宣宗集议朝臣意见,最后决定封河朔义军为公,以"统众守土",抵御蒙古,收复失地,即所谓"九公封建"。九公各辖若干州县,统辖一方,虽为权宜之计,非金朝封爵体系的常态,但以"公"爵之名封之,并皆赐"宣力忠臣"之号,在抗蒙守土的战争中发挥了一定的作用。他们之中不乏游移于金蒙宋之间的反复无常之人,但为金朝战死沙场,以死报国的也大有人在。如"统岚、管、陳、石、宁化、保德诸州"的晋阳公郭文振②,是当时抗蒙的重要武装力量。郭文振为承安二年(1197)进士,累官辽州刺史,"治辽州,深得众心"③,兴定四年(1220)封晋阳公后屡次上疏奏言利弊。再如,平阳公胡天作,"守平阳凡四年,屡有功"④。上党公张开、东莒公燕宁最后也都战死沙场。所以,"客观地讲,金宣宗'九公封建'的举措一定程度上解决了朝廷兵力不足的矛盾,抗击、减弱和迟滞了蒙古军队的攻势,鼓舞了全国军民的抗蒙斗志,收到了较好的效果"⑤。

金朝除了以封爵招抚割据自保的地方武装势力外,还以王爵招降"红袄军"。金末各地反抗金朝统治的起义不断爆发,其中以山东、河北地区的红袄军影响最大。红袄军也在各方势力间叛服无常,后多有投服宋朝者,被宋称为"忠义军"。金哀宗正大三年(1226),宋人掠寿州,金军失利。金廷准备与宋议和,此时宋"忠义军"夏全自楚州来附,随后"盱眙、楚州,王义深、张惠、范成进相继以城降",于是"诏改楚州为平淮府,以全为金源郡王、平淮府都总管,张惠临淄郡王,义深东平郡王,成进胶西郡王"⑥。"郡王"在金代封爵体系中仅次于国号王爵,地位较高,自章宗以后已不再轻易封授,但金哀宗却毫不吝惜地授予地方割据势力,以高爵招降拉拢的目的显而易见。夏全等人的归附,也增加了金朝的底

---

①《金史》卷14《宣宗纪上》,第339页。

②《金史》卷118《郭文振传》,第2728页。

③《金史》卷118《郭文振传》,第2726页。

④《金史》卷118《胡天作传》,第2730页。

⑤ 都兴智:《论宣宗"九公封建"》,《北方文物》2009年第1期。

⑥《金史》卷114《白华传》,第2646页。

气,于是"和宋议寝"①。次年,楚州又被"红袄军"李全所占据,金廷更是以淮南王爵招降李全。"淮南王"非金朝王爵封号,金朝此举使封爵具有了"封土领民"性质。但李全并没有接受金朝的封爵,理由是"王义深、范成进皆我部曲而受王封,何以处我",终不受诏②。此言,虽是李全不愿投服金朝的借口,但由此可见,王爵的显赫地位仍为时人所看重,在招降纳叛中确实能起到一定作用。

金哀宗天兴初年,金廷又以"开府仪同三司、平章政事、兼都元帅、京东山东等路行尚书省事,特封兖王"③的高官显爵来招降割据山东的国安用。金廷还赐国用安"金镀银印、驼纽金印、金虎符、世袭千户宣命、敕样、牌样、御画体宣、空头河朔、山东赦文、便宜从事",后又复遣使赐以铁券、虎符龙文衣、玉鱼带、弓矢、封赠其母妻诰命,"及郡王宣、世袭宣、大信牌、玉兔鹘带各十,听同盟可赐者赐之"④,后所谓"十郡王"即用安"所赐"。用安封爵之后,"始有入援意"。得知哀宗迁蔡州,"乃遣人以蜡书言迁蔡有六不可"⑤。客观而言,安用所言"迁蔡六不可",对时局的分析不无道理,但最后并未得到金廷的采纳。

总之,封爵制度作为官僚政治的内容之一,在金朝国家政治秩序的运作过程中发挥了一定的积极作用。熙宗时期主要是为了减少改革的阻力和巩固皇权,以高爵加封手握军政大权的女真贵族,以求得他们的支持和缓解失去实权的心理失衡,进而达到稳定统治、巩固皇权的目的。海陵弑君夺位后"疏忌宗室",重用异族,大封异姓国号王、郡王以及国公等高爵,成为其打击异己稳定皇权的重要举措。正隆元年"例降封爵等第"的措施则是其统治稳定后,进一步强化皇权的需要。金朝后期,内外交困"国家兵不强,力不足以有为,财不富,赏不足以周众,独恃官爵以激劝人心"⑥。"自兵兴以来,亟用官爵为赏"⑦,封爵成为笼络人心,缓解外部压力,维护国家统治的较为直接和有效的方法和手段。宋人吴曦的蜀国

---

① 《金史》卷114《白华传》,第2646页。
② 《金史》卷114《白华传》,第2646页。
③ 《金史》卷117《国用安传》,第2704页。
④ 《金史》卷117《国用安传》,第2704—2705页。
⑤ 《金史》卷117《国用安传》,第2705页。
⑥ 《金史》卷100《完颜伯嘉传》,第2347页。
⑦ 《金史》卷101《李英传》,第2370页

王之封、割据山东的国安用兖王之封,以及各地割据武装的所谓"九公封建",无不体现着金朝以封爵作为拉拢各方势力的权宜之策,以期摆脱困境、挽救危亡。金末的封爵政策有失常态,虽有浮滥之弊,也无法挽救金朝亡国之运,但一定程度上缓解了金朝多线作战的压力和困境,具有一定的积极作用。

### 二、金朝封爵制度作用的局限性

封爵作为封建等级制度的重要内容,在维护政权稳定、巩固皇权等方面发挥了重要作用。但"封建皇权是制约封爵社会——政治——经济功能之大小的主要力量"[①],因此封爵必须符合皇权的利益和政权的统治需要,这就必然使封爵制度的作用在很大程度上受到限制和制约。就金朝的封爵制度而言,自章宗时期所采取的对诸王科禁的政策,使宗室诸王沦为被监视的境地,削弱了以封爵"明亲亲之义"的作用。在金末严峻的内外形势下,亲王宗室仍是被猜忌和防范的对象,所谓"宗子维城"之道在金末未能发挥应有之义。

金代王府属官由最初的"傅导德义"变为"检制王家",削弱了封爵的"明亲亲之义"的功能和作用。"明亲亲"、"保社稷"是历代宗室封王的目的所在,正如曹魏宗室曹同所言:"臣闻古之王者,必建同姓以明亲亲,必树异姓以明贤贤","近则有宗盟藩卫之固,远则有仁贤辅弼之助,盛则有与共其治,衰则有与守其土,安则有与享其福,危则有与同其祸。夫然,故能有其国家,保其社稷,历纪长久,本枝百世也"[②]。但王爵又会与皇权存在矛盾,在皇权政治体制下,作为皇家血脉的亲王历来都是帝位的有力竞争者。中国古代当上皇帝的多有由王称帝的经历,据杨光辉统计,从汉到隋的 121 位皇帝中,有封王经历的占据四分之三[③]。自熙宗确立封爵制度,此后金朝诸帝即位之前无不有王爵加身(金世宗在海陵正隆二年例降国公爵位之前也是葛王封爵)。金章宗即位之前爵位的变化最能反映出王爵对继承皇位的重要作用。金制"皇兄弟及子封一字王

---

① 杨光辉:《汉唐封爵制度》第 3 版,第 232 页。
②《三国志》卷 20《魏书·武文世王公传》注引《魏氏春秋》,第 592 页。
③ 杨光辉:《汉唐封爵制度》第 3 版,第 17 页。

者为亲王"①,按规定皇孙并不具备封爵一字王的资格,但金章宗却是金朝历史上唯一一位以皇孙身份封爵一字王的特例。章宗作为世宗之孙,最初封爵为金源郡王,大定二十五年(1185)章宗父显宗病故,同年章宗进封为原王,次年,立为皇太孙②。由此可见,章宗的原王之封,是为其立为皇太孙、继承皇位做准备。王爵可谓是继承皇位的必经爵封,是继承皇位的重要条件。王爵在封爵体系中地位最尊,"夫王位,去天子一阶耳"③,作为皇家直系血脉的亲王是皇权的潜在威胁。熙宗时期就曾发生以冒充亲王之名谋乱,结果亲王本人被处死的事件。时河南卒孙进诈称"皇弟按察大王"谋作乱,此时海陵为相,觊觎皇位,"欲先除熙宗弟胙王常胜,因孙进称皇弟大王,遂指名为胙王以诬构之"④。而熙宗"自太子济安薨后,继嗣未定,深以为念",所以心生疑虑,最终将胙王处死⑤。因此,限制防范亲王权力,往往成为皇权统治的一项重要内容。而金章宗即位后所面临的客观情况,更加剧了其对亲王的疏忌心理。章宗以皇孙的身份继承大统,但世宗子嗣众多,面对具有一定权力和影响的叔伯父诸王,心生疑虑,担心皇权旁落。而显宗诸子,即章宗的诸兄弟,在章宗即位后也皆封爵为亲王,从血统上来说,世宗诸子、显宗诸子同样具有继承皇位的资格。更重要的是章宗本人又子嗣不立,虽有多位皇子,但二三岁或数月辄夭,这就更加重了章宗对诸王的防范心理,因此宗室亲王群体,成为章宗维护皇权重点防范的对象。

章宗即位之初便有了对亲王尤其是世宗诸子的嫌忌之心。明昌二年(1191)正月,孝懿皇后崩,世宗子吴王永成、隋王永升奔丧后期,而永中则"适有寒疾,不能至",此事使章宗大为恼怒,"颇意诸王有轻慢心",遣使责永中:"已近公除,亦不须来。"⑥同年二月丙戌,禫祭,永中始至,待"永中及诸王朝辞,赐遗留物,礼遇虽在,而嫌忌自此始矣"⑦。章宗为稳定统治和巩固皇权,一方面通过屡次进封诸王爵位的方式来提高他们

①《金史》卷58《百官志四》,第1428页。
②《金史》卷9《章宗纪一》,第228页。
③《三国志》卷14《魏书·刘晔传》注引《傅子》,第447页。
④《金史》卷83《张通古传》,第1978页。
⑤《金史》卷83《张通古传》,第1978—1979页。
⑥《金史》卷85《永中传》,第2019页。
⑦《金史》卷85《永中传》,第2019页。

的地位,笼络人心,如永中,世宗时期封授的最高爵位是赵王(大国号第八),章宗即位,进封汉王(大国号第六),明昌三年(1192),进封镐王(大国号第四);永功,世宗时期通过屡次进封为曹王(大国第二十),章宗即位又进封冀王(大国第十三),明昌二年(1191)进封鲁王(大国号第十二),承安元年(1196),再进封郓王(大国号第十一)[①]。世宗其他诸子如永蹈、永成、永升、永济、永德等在章宗时期也均屡次进爵,显宗诸子进封爵位的也大有人在。另一方面则通过诸王出镇、增设属官的方式来强化对诸亲王的管理。章宗朝王傅的府主为世宗子和显宗子,其中世宗子在数量上又占绝对的优势。章宗以"分命诸王出镇,盖欲政事之暇,安便优逸,有以自适耳"[②]为由,将世宗诸子调离京都,到地方任官。永中,大定年间历任大兴尹、枢密使、大宗正事等职,章宗即位后,复判西京留守,明昌三年(1192),判平阳府事;永功,大定十五年(1175),除刑部尚书,十八年(1178),改大兴尹,二十三年(1183),判东京留守,改河间尹,阅月,改北京留守,次年,拜御史大夫,二十五年(1185),复判大宗正事。永功在世宗时屡次调离中央,应是有历练皇子的意图,最终还是在中央任职。章宗即位,永功除判平阳府事[③]。永蹈、永成、永升、永济等世宗诸子也均调离中央,任职地方。明昌二年(1191)又增设王傅、府尉等属官来加强对诸王的监管。

　　章宗设置王傅、府尉官后,针对"苛细"诸王太过的情况,曾多次申明"诸王傅尉多苛细,举动拘防,亦非朕意","尔等或用意太过,凡王门细碎之事无妨公道者,一一干与。赞助之道,岂当如是",但这恰从侧面反映了王府属官的实际职能所在,"名为官属,实检制之也。府尉希望风旨,过为苛细"[④]。他们完全听从皇帝的旨意,时刻监视诸王的一举一动,尤其是身为世宗长子的永中,受到的监督防范更为严密,永中"动有掣制,情思不堪,殊郁郁"[⑤]。明昌四年(1193)郑王永蹈以谋逆被诛后,

① 《金史》卷 85《永功传》,第 2022—2024 页。
② 《金史》卷 9《章宗纪一》,第 244 页。
③ 《金史》卷 85《永中传》,第 2017—2019 页;卷 85《永功传》,2022—2024 页。
④ 《金史》卷 85《永中传》,第 2019 页。
⑤ 《金史》卷 85《永中传》,第 2019 页。

章宗更加强了对诸王监督和控制，令"减诸王弓矢，府尉司其出入"①，更"增置诸王司马一员，检察门户出入，毬猎游宴皆有制限，家人出入皆有禁防"②。次年，"会镐王傅尉奏永中第四子阿离合懑因防禁严密，语涉不道"③，结果永中以"语言得罪"，被"赐死"，其子神徒门、阿离合懑皆弃市。王傅、府尉充当皇帝的耳目，充分发挥了监控诸王的作用。章宗末年在选择皇位继承人的问题上也充分体现了其防范疏忌亲王的心理。"卫王乃永蹈母弟，柔弱鲜智能，故章宗爱之。既无继嗣，而诸叔兄弟多在，章宗皆不肯立，惟欲立卫王"④，最终"柔弱鲜智能"的卫王成为金代的第七位统治者。

　　章宗疏忌宗室，以王府属官检制诸王的政策，为此后的金朝统治者所继承。宣宗"立于贼手"⑤，其皇位是由权臣纥石烈执中弑杀卫绍王拥立而得，得位不正，所以宣宗即位后急于加强皇权，对宗室诸王也多加提防。"宣宗南渡，防忌同宗，亲王皆有门禁"⑥，宣宗还设有"提举镐厉王⑦家属"、"提举卫绍王家属"、"提控巩国公⑧家属"等职官⑨，对卫绍王和镐厉王后代进行监督和控制。"卫绍、镐厉二王家属，皆以兵防护，且设官提控，巡警之严过于狱犴。"⑩"府门启闭有时，王子若孙及外人不得辄出入；出入皆有籍，诃问严甚。"⑪"驯至宣、哀之世，镐厉王子孙禁锢已四十余年，卫绍王子孙亦禁锢二十余年，至大中始释而国亡矣。"⑫直到金哀宗后期，行将亡国之际，镐厉王、卫绍王子孙才"始听自便"。

　　哀宗以宣宗第三子继承皇位，而宣宗第二子濮王守纯也是皇位的有力竞争者。哀宗即位后对其颇有忌讳，"或告守纯谋不轨，下狱推问"⑬。

①《金史》卷73《守贞传》，第1793页。
②《金史》卷85《永中传》，第2019页。
③《金史》卷85《永中传》，第2019页。
④《金史》卷13《卫绍王》，第316页。
⑤（金）刘祁撰，崔文印点校：《归潜志》卷12《辩亡》，第136页。
⑥（金）刘祁撰，崔文印点校：《归潜志》卷1，第4页。
⑦镐厉王即永中。《金史·世宗诸子传》载：泰和七年诏复永中王爵，永中赐谥曰厉（第2020页）。
⑧巩国公为卫绍王子按辰。
⑨《金史》卷57《百官志三》，第1388页。
⑩《金史》卷114《斜卯爱实传》，第2656页。
⑪《元好问全集》卷36《如庵诗文序》，第647页。
⑫（清）赵翼著，王树民校证：《廿二史札记校证》卷28《金初父子兄弟同志》，第658页。
⑬《金史》卷93《守纯传》，第2189页。

宣宗明惠皇后劝导哀宗称："章宗杀伯与叔,享年不永,皇嗣又绝,何为欲效之耶。"① 由是守纯获免,避免了骨肉相残事件的再次发生。这种对宗室诸王的猜忌,一定程度上激化了金朝内部矛盾,削弱了其统治力量,不利于金朝政权的稳定和发展。正如清人顾炎武在《日知录》中论及金朝宗室时所言："哀宗虽亡国之君,而其言有足悲者。章宗防制刻削兄弟,而起祸卒至于此,岂非后王志永鉴哉。"②

金朝封爵制度在运作过程中的局限还体现在严防亲王专兵,在金末国势日蹙的情况下,亲王仍不被信用,未能起到以宗室"藩屏皇室"保社稷的作用。章宗"明昌二年八月,谕有司,自今亲王所领如有军处,令佐贰总押军事"③,这实际上是以"佐贰"削夺亲王掌军之权。明昌四年(1193)又"减诸王弓矢,府尉司其出入"④。而作为皇叔的兖王永成与其王府傅的一段对话,更是意味深长。明昌二年(1191),章宗进封永成为兖王,次年"始议置诸王傅,颇难其选",乃以穆宗曾孙齐为兖王傅。"王将至任郡,猛安迎接,齐峻却之。"兖王对此颇感奇怪,问其缘故,齐曰:"王国藩辅,猛安皆总戎职,于王何利焉,却之以远嫌也",王悦服⑤。"却之以远嫌"一语道破了亲王此时颇受猜忌的处境和地位,也说明了亲王不与兵权的事实。出任地方的诸王不掌兵权,可以防止诸王谋反作乱的可能,但作为与国休戚的宗室亲王在国家危难之际得不到应有的信任,则有损于"安则有与享其福,危则有与同其祸"的封爵目的。

金朝后期国势日蹙,于是有朝臣建议,重用诸王来出镇守土。如上京路牙塔懒猛安人纳坦谋嘉在宣宗议迁都一事上曾谏言:"不可。河南地狭土薄,他日宋、夏交侵,河北非我有矣。当选诸王分镇辽东、河南,中都不可去也。"⑥ 纳坦谋嘉认为应当选任诸王出镇地方,不赞同迁都,宣宗未予采纳。兴定元年(1217),宗室子从坦针对宗室永锡"潼关失守"论罪一事,上疏救之,并以西周分封到汉魏以来的封爵制度为例来论证封

---

① 《金史》卷64《后妃传下》,第1632—1633页。
② (清)顾炎武著,(清)黄汝成集释:《日知录集释》卷9《宗室》,上海:上海古籍出版社,1985年,第738页。
③ 《金史》卷9《章宗纪一》,第239页。
④ 《金史》卷73《守贞传》,第1793页。
⑤ 《金史》卷66《完颜齐传》,第1665页
⑥ 《金史》卷104《纳坦谋嘉传》,第2424页。

爵同姓、依靠同姓宗室来维护国家统治的重要作用。其略曰："窃闻周祚八百,汉享国四百余载,皆以封建亲戚,犬牙相制故也。孤秦、曹魏亡国不永,晋八王相鱼肉,犹历过秦、魏,自古同姓之亲未有不与国存亡者。本朝胡沙虎之难,百僚将士无敢谁何,鄙阳、石古乃奋身拒战,尽节而死。御史大夫永锡才不胜任,而必用之,是朝廷之过也。国之枝叶已无几矣,伏惟陛下审图之。"① 可见,在金人看来封爵同姓宗室仍不失藩屏皇室的重要举措。但金朝后期宗室诸王很少被委以重任,一方面有金末"国之枝叶已无几矣"的客观原因,另一方面与上述所论统治者对诸王的防范有关。兴定元年(1217),金朝的外部局势更加吃紧,温迪罕达上疏论伐宋时曾谏言:"辽东兴王之地,移剌都不能守,走还南京。度今之势,可令濮王守纯行省盖州,驻兵合思罕,以系一方之心。昔祖宗封建诸王,错峙相维,以定大业。今乃委诸疏外,非计也。"② 荆王守纯是否具有行省一方的能力另当别论,但温迪罕达所言"昔祖宗封建诸王,错峙相维,以定大业",说明了金朝立国封爵的重要作用,在国家危难之际重用亲王,以亲王出镇地方,以振军心,并非不是御敌之策。哀宗时期仍不能信任宗室,《金史·宣宗三子传》"赞"曰:"正大间,国势日蹙,本支殆尽,哀宗尚且疏忌骨肉,非明惠之贤,荆王几不能免,岂'宗子维城'之道哉。"③

金代封爵更多地体现在身份地位和名位礼遇上,其爵位的高下与其实际的政治权力大小并不直接相关,这是封爵制度在帝制社会漫长的发展过程中加强皇权的必然要求,是封爵制度适应中古时期官僚政治制度发展的客观需要。这样的好处是使受爵者,尤其是王爵不能形成一股足以与中央分庭抗礼的力量,这对中央集权的巩固、皇权的加强无疑具有积极作用。但应该看到,赋予宗室诸王、国公一定的权力,对于维护国家统治的积极作用,尤其在王朝危难之际,如给予宗室诸王充分的信任和任用,形成磐石之宗,或许能起到使政权基业深广,传国久远的历史作用,即"王者之制,子弟毕封,所以固藩辅而重社稷,古今之通义也"④。总之,在中国古代"家天下"的王朝统治时期,分封宗室以藩屏皇室,是封

---

① 《金史》卷122《从坦传》,第2808—2809页。
② 《金史》卷104《温迪罕达传》,第2419页。
③ 《金史》卷93《宣宗三子传》,第2189页。
④ 《旧唐书》卷150《德宗顺宗诸子传》,第4045页。

爵的最主要目的与作用之一。金朝后期为强化皇权所采取的对诸王的防范与科禁政策,不仅削弱了亲王在国家统治中的地位和作用,在金末强敌压境无人可用之时,仍以强化皇权为目的,对亲王不予信用,这在一定程度上削弱了以封爵的"明亲亲之义"来藩屏皇室、保宗庙社稷的作用。

## 第三节　金代封爵制度对后世的影响

金代封爵制度是中国古代封爵制度发展过程中的重要阶段,其继承了唐、宋、辽等王朝的诸多制度内容,形成了金朝爵制,并对元朝的爵制产生了一定影响。

分封制度一直直接或间接地影响着蒙元国家政治体制,"根植于草原家产分配和黄金氏族共权原则的分封制,是蒙古国家的三项基本制度之一"[1]。蒙元分封制度具有草原分封和汉地封爵相结合的特点,其中的某些制度就受金制影响,主要体现在:

其一,元代王爵中的"一字王"虽不能简单套用辽金"一字王"的概念,但其爵称受金制影响。

《元史·诸王表》云:"元兴,宗室驸马,通称诸王,岁赐之颁,分地之入,所以尽夫展亲之义者,亦优且渥。然初制简朴,位号无称,惟视印章,以为轻重。厥后遂有国邑之名,而赐印之等犹前日也。"[2] 也就是说,元代宗王驸马在岁赐和封土授民之外,王爵等级视印章轻重而定,后赐国邑,但印章之等仍是划分王爵等级的依据。元代王爵名称有秦王、晋王、梁王、济南王、济宁王、安西王、镇西武靖王、燕郡王、句容郡王等,形式上虽与汉地爵称无异,但"王爵主要是以印章等级标志的。它以蒙古旧制为主干,又饰以汉地式的国邑王号"[3],因此,与辽金王爵的名称不能简单套用。不过,元代"一字王"的爵称应该与金制有关。"一字王"是辽金爵称,金制"皇兄弟及子封一字王者为亲王",换言之,金代封一字王者不

① 李治安:《元代分封制度研究》(增订本),第 1 页。
② 《元史》卷 108《诸王表》,第 2735 页。
③ 李治安:《元代分封制度研究》(增订本),第 230 页。

都是亲王。元代的"一字王",爵等第一,指的是金印兽纽王号中的国邑仅一字者①。元代"祖宗之制,非亲王不得加一字之封"②。按照祖制,元朝一字王的范围与金朝不同,元朝一字王非亲王莫属,但并非所有亲王均能获封一字王。元世祖时期,封爵一字王的是忽必烈之嫡子、嫡孙以及袭封一字王的嫡曾孙,可见一字王的地位之尊。不过,元代中后期则打破了"祖宗之制",如太祖次子察合台四世孙秃剌,"武宗即位,第功,封越王,锡金印",当时太傅哈剌哈孙曾以"祖宗之制,非亲王不得加一字之封。秃剌疏属,岂得以一日之功废万世之制"而力争之,武宗不听,仍封秃剌一字王。秃剌之子西安王阿剌忒纳失里,"天历初以推戴功,进封豫王"③。再如,至正二十六年(1366),监察御史圣奴、也先、撒都失里等还为已故丞相脱脱请一字王,言:"设使脱脱不死,安得天下有今日之乱哉!乞封一字王爵,定谥及加功臣之号。""朝廷皆是其言。然以国家多故,未及报而国亡"④。可见,元朝后期一字王已非亲王所独有,成为酬谢功臣之高爵。无论如何,元代的"一字王"爵位之名承袭金制,始终处于封爵等级的至尊地位。金代海陵正隆二年之后的"一字王"与元朝的"一字王"地位相当,都是爵封的最高等级。

其二,金朝王府属官中的官职名称为元朝所继承和沿用。

元代宗王王傅等官的正式设置,是在世祖至元三年(1266)左右,"从王傅府的长贰僚属看,大体是仿金制的"⑤。《元史·百官志五》载:"诸王傅官,宽彻不花太子至齐王位下,凡四十五王,每位下各设王傅、傅尉、司马三员,傅尉,唯宽彻不花、也不干、斡罗温三王有之。自此以下,皆称府尉,别于王傅之下,司马之上。而三员并设,又多寡不同,或少至一员,或多至三员者。齐王则又独设王傅一员。"⑥元代王傅官员额不定,并非一至三人,也有超过三员的,例如安西王、安定王、西宁王的王傅均为四人⑦。仁宗

---

① 李治安:《元代分封制度研究》(增订本),第227页。

② 《元史》卷136《哈剌哈孙传》,第3294页。

③ 《元史》卷117《秃剌传》,第2907页。

④ 《元史》卷138《脱脱传》,第3349页。

⑤ 李治安:《元代分封制度研究》(增订本),第208页。

⑥ 《元史》卷89《百官志五》,第2272页。

⑦ 李治安:《元代分封制度研究》(增订本),第210页。

皇庆元年(1312)规定"制诸王设王傅六员"[1]，王傅员额达到六人。元代设置王傅府的目的与金朝也基本相同，即一方面表示朝廷对诸王、驸马的赞助和监督，同时也是对其政治特权和"王"的身份的确认[2]。

与金代相同，元代王傅通常任用"端方明信，闲习典故"之人，辅政咨询是其重要职能之一。诸王"每事问之，必不使尔为不善也"[3]，以此来匡裨政事。王府府尉，金代创设，元代"别于王傅之下，司马之上"，其地位与金同，是仅次于王傅的王府职官。元代府尉职司，史料无载，金朝亲王府尉"掌警严侍从，兼总统本府之事"，"元府尉沿用其名称建置，或受武略将军之类的武资散官，或佩虎符，其职司似乎应和金大体相近"[4]。

元代王府属官还有司马、记事参军、文学、长史等幕僚官属，也是仿金制而设，执掌也大体相同。

其三，元代爵位同品有正从之分，与金制同，等级与金制同。

封爵为官制的一部分，爵都有相应的品级。辽朝封爵的爵称与等级《辽史·百官志》失载，学界已多有讨论。《金史·百官志》有封爵等级的明确记载，但亲王、一字王爵称却未被列入其中。王爵历来为爵位的最高等级，无疑位列正一品之列，对此《大金集礼》明确说"王爵正一品"[5]。金代"正从一品曰郡王，曰国公"，以下郡公、郡侯、郡伯三个爵位，同一品又有正从之分，这与此前中原王朝的爵位品级明显不同，影响元朝爵制。《元史·百官志》载"爵八等"[6]，其中郡侯、郡伯爵位亦分正从，应是受金制的影响。以下是金元两朝爵位品级对比表：

| 金朝爵位等级 | | 元朝爵位等级 | |
| --- | --- | --- | --- |
| 亲王、一字王 | 正一品 | 王 | 正一品 |
| 郡王、国公 | 正从一品 | 郡王 | 从一品 |
| | | 国公 | 正二品 |
| 郡公 | 正从二品 | 郡公 | 从二品 |

[1]《元史》卷24《仁宗纪一》，第549页。
[2] 叶新民：《弘吉剌部的封建领地制度》，内蒙古大学学报编辑部编印：《内蒙古大学纪念校庆二十五周年学术论文集》，1982年，第82页。
[3]《元史》卷134《也先不花传》，第3257页。
[4] 李治安：《元代分封制度研究》(增订本)，第214—215页。
[5]《大金集礼》卷31《班位表奏·班序》，第272页。
[6]《元史》卷91《百官志七》，第2319页。

续表

| 金朝爵位等级 | | 元朝爵位等级 | |
|---|---|---|---|
| 郡侯 | 正从三品 | 郡侯 | 正三品 |
| | | 郡侯 | 从三品 |
| 郡(县)伯 | 正从四品 | 郡伯 | 正四品 |
| | | 郡伯 | 从四品 |
| 郡(县)子 | 正五品 | 县子 | 正五品 |
| 郡(县)男 | 从五品 | 县男 | 从五品 |

《金史·百官志》未体现的爵位名称有亲王、一字王、县公、县侯、县伯、郡子、郡男，其中县公、县侯出现在金朝封爵制度确立之前的太宗时期使者的官衔中，此后不见记载；封爵制度确立后，伯、子、男爵同时冠以郡县封号，但不影响爵位等级。因此，《百官志》中应补入的爵位等级为正一品的亲王、一字王。元代封爵中王、郡王"时有除拜者，余则止于封赠用之"[①]。元朝爵位名称与金朝相同，爵位的等级与金代稍有出入，但自郡伯以下则完全相同，尤其是郡侯、郡伯两个爵位又有正从之分，与金代爵制具有相同的特点。

※　　※　　※　　※

本章主要阐述了金代封爵制度的特点、作用及其对后世的影响。金朝的封爵制度既有对中原王朝的继承，对辽朝制度也多有学习和模仿，并在此基础上有所发展和创新，形成了具有本朝特色的爵制。金代封爵制度具有明确等级关系、稳定统治秩序以及巩固皇权、维护政权稳定的作用。帝制社会任何的制度设置、运作以及发挥作用等都必须与皇权相统一，符合皇权的利益，封爵制度作为政治制度的内容之一，其本身亦是如此。这就使得封爵制度在运行过程中与皇权存在矛盾和斗争，由此也会使封爵的作用受到不同程度的限制。金代封爵制度作用的局限性，主要体现在始于章宗时期的对诸王的科禁政策，削弱了历代以封爵来"藩屏皇室"保社稷的目的和作用。金代封爵制度中的诸多内容影响后世，如一字王爵位名称、王府官属机构以及爵位品级设置等，为元朝所继承。

---

① 《元史》卷91《百官志七》，第2319页。

# 结　语

　　封爵制度是中国古代王朝所通行的政治制度,其形式和内容各朝虽不尽相同,但在维护和巩固政权统治中均发挥着重要作用。金朝以北方民族立国,其封爵制度既有对唐宋制度的继承,也有对辽朝爵制的部分因袭,同时有所发展和创新,具有与以往朝代不同的内容和特点。本书以文献资料和考古资料为基础,对金代封爵制度作了系统、全面、深入的考察。金代封爵制度分为确立、变革、发展完善与衰微四个阶段。熙宗天眷元年"定封国制"标志着金代封爵制度的确立;海陵正隆二年"例降封爵等第"政策的出台,是金代封爵制度的转折点;世宗即位对海陵正隆二年的封爵政策有所调整,但却多有继承;章宗时期在继承世宗封爵制度基础上,对封国之号有所改定,同时加强了对亲王的管理和控制;金朝后期,封爵制度虽遵循祖制,但迫于内外局势的压力,封爵政策在实行过程中偏离常规,爵制渐滥,并最终与金政权一起亡于蒙古的铁骑之下。在整体把握金代封爵制度发展脉络基础上对封国之号、国号王爵、郡王爵、五等爵等制度的具体内涵和运作进行了系统、深入的考证、分析与解读,得出以下结论和认识:

　　第一,王爵在封爵体系中处于主体地位,位高权重,金代前期的国号王爵分为"一字王"、"一字国王"、"两字国王"三种类型,"一字王"与"一字国王"并非同义,它们之间存在着高下之别。目前学界对辽金的国号王爵类型存在不同的认识,如有人认为"一字王"与"一字国王"同义,封国王,或可省略"国"字。通过梳理考证金代封爵"一字国王"的资料以及辽代相关"一字国王"的记载,认为封王中的"国"字并非可有可无,"一字国王"的地位高于"一字王"。而以双国号封爵的"两字国王"又位处"一字国王"之上,在金代封爵体系中地位最尊。但应该注意的是,以"一字国王"、"两字国王"封爵只是金代前期的制度,海陵正隆二年(1157)"例降封爵等第","亲王止封一字王"的政策出台后,便取消了"一字国王"、"两字国王"的国号王爵类型。这一政策为此后的金朝统治者所继承,海陵正隆二年之后,"一字国王"、"两字国王"封爵不再见于史料记载。

第二,认为《金史·百官志》所记载的郡王封号是大定七年(1167)的制度规定,也就是说,金代郡王封号的名称以大定七年为分界线,前后有所差别。通过查阅《金史》及碑刻资料发现,金代除了《金史·百官志》所记载的十个郡王封号外,还以钜鹿、河内、漆水、兰陵、神麓、天水、胶西、临淄、乐安九个郡号封王。其中,前五个郡号见于大定七年之前,即大定七年之前所使用的郡王封号有金源、广平、南阳、钜鹿、河内、漆水、兰陵、神麓、天水,此后则以《金史·百官志》所记载的十个郡号封王。《金史·百官志》不见记载的胶西、临淄、乐安郡号是金末封授给红袄军首领的爵封,虽是当时迫于形势的权宜之计,但也应视为金代郡王封爵体系中不能忽略的重要内容,反映了金代郡王封爵乃至封爵制度发展、演变的历史过程。

第三,金代五等爵封是其封爵体系中的重要内容,通过大量的碑刻资料对金代五等爵的爵称爵序进行全面梳理,得出有金一代五等爵共有国公、郡公、县公、郡侯、县侯、郡伯、县伯、郡子、县子、郡男、县男十一个爵称。其中县公、县侯见于太宗时期汉、渤海以及契丹使者的官衔当中,此后不见记载。国公位处五等爵封的最高等级,其他五等爵的等级关系,从封爵食邑判断,郡伯与县伯相同,两者位处同一等级。郡子与县子并不因封号中所冠"郡"、"县"之名不同,而有所差别,郡男与县男亦如此。金代国公以下的五等爵之前有带"开国"和不带"开国"之分,认为带"开国"和不带"开国"的五等爵封意义不同,其区别的核心在于"封"与"赠"。封赠父祖的爵位一般不带"开国"二字,官衔中也不体现食邑的数量,而封授的五等爵之前一般都有"开国"字样。另外,对《金史·百官志》所记载的"正从四品曰郡伯(旧曰县伯,承安二年更)"之说进行辨析,认为承安二年之前县伯和郡伯作为五等爵封始终并存,承安二年之后县伯虽较少封授,但也并未取消。

第四,金代爵位的封授以"亲"和"功"为主要标准,宗室封爵主要以"亲"为依据,但金以武立国,宗室勋臣多征战沙场,是金朝的开国功臣,因此,"亲亲亦功"也是金代前期宗室封爵的重要依据。异姓封爵则主要凭"功绩",同时推恩和投诚归附也是异姓封爵的重要内容。在爵位封号的选择上,金代仿效唐朝制度,依据"郡望"的观念来封授相应的爵位封号,体现了金朝对中国古代封爵制度的继承和发展。

第五,金代对封爵的管理既体现了皇权对封爵的控制,也体现了以封爵来明确等级关系的作用。爵制管理包括封爵的机构设置、食邑与俸给、爵位升降以及王府属官的设置等内容。金代封爵食邑与实封户数之间严格执行十分之一的比例,侯爵以上才有实封。金代只有王爵才可依爵享有相应的俸给。封爵管理的最高权力掌握在皇帝手中,爵位的升进与削降是皇权控制封爵制度,加强封爵管理的重要内容。金代中后期对亲王的管理日益严格,王府属官的设置既彰显了亲王的身份地位,同时也具有监督和控制诸王的作用。

第六,封爵制度是政治等级制度的内容之一,封爵是名位和等级的标识,具有相应的政治属性。因此,对封爵与其他政治制度的关系的探讨是深化封爵制度研究的重要内容。金代封爵与官制、礼制、封赠制度都有密切的关系。金代爵位与职位相疏离,但亦有联动关系,与"散官"、"勋级"多呈对应关系。不同的爵位等级在舆服、印绶、朝参班序、丧葬之礼等方面均有所差异,以明确等级关系。金代封爵与具有"光祖耀宗"功能的封赠制度密切联系在一起,成为封赠品官命妇和品官父祖的重要参考。

金代封爵制度吸收了唐辽宋等王朝的制度内容,在封爵政策具体的操作和实施过程中又根据政权统治的需要适时作出调整,具有不同于前朝的内容和特点。在以上对金代封爵制度的全面研究与解读的基础上,还需要就封爵与国家政治制度、国家政局、皇权强弱之间的互动关系及其对社会秩序的正常运作发挥的作用,作出如下几点说明:

第一,金代不同时期的封爵政策体现了金朝政局以及政治制度的发展过程。熙宗朝确立了封爵制度,封爵发挥着"明亲亲之义"与"奖功赏能"的作用。熙宗将"亲"的范围追溯到景祖,通过大封宗室来巩固统治,进而换取宗室贵族对其政治改革和皇位的支持。海陵"弑君夺位",即位后与熙宗拉拢宗室的政策不同,他采取了打击宗室,任用外族的政策。因此,在天德、贞元年间加大了对渤海、契丹以及汉人的封爵,这一时期契丹、渤海、汉人封王封公者居多。正隆元年(1156),海陵为加强皇权,改革中央官制,同时将作为官制重要内容的封爵制度进行了改革。正隆二年(1157),"改定亲王以下封爵等第"[①],"封王者皆降封,异姓或封公或一品、二品阶"[②]。通过这次改革,此前有爵者普遍降封,尤其是宗室王爵大规模降等,甚至夺爵。世宗即位后,虽然恢复或追封了部分被海陵降封或削夺的宗室官爵,但此时金代政治制度已逐步完善,强化对"高爵"的封授与管理成为加强皇权的重要内容,所以世宗时期"高爵"的授予数量较熙宗和海陵两朝明显减少。章宗以后除皇子、皇兄弟外,以国号封王者更是屈指可数。金末随着其统治的日趋衰微,封爵逐步脱离制度轨道,滥封爵赏的情况较为普遍,封爵制度渐趋崩溃,最终与金王朝的统治一起走向终结。

第二,金代封爵政策变化体现了与皇权的强弱互动关系。

封爵是实现皇权统治的一种手段,其最终目的是维护和巩固皇权。但封爵尤其是王爵与皇权统治之间又呈对立之势,所以不同时期王爵的封授反映着皇权统治的强弱。熙宗时期大量封爵宗室和异姓与金初的政治形势紧密联系在一起,是实现金初国家统一与皇权统治的一种必要方式,并在政权统治中发挥了积极作用。海陵朝前期也需要通过封爵来巩固统治,不过海陵采取的是打击宗室,加大对异姓和远支宗室高官显爵之封来稳定统治。但王爵在封爵体系中位次最高、地位最重,其本质是与皇权统治相矛盾的。当政权统治稳定、皇权得以强化之时,也就没有必要再借助封授高爵来巩固和强化自身权威,所以海陵正隆二年出台了"例降封爵等第"的政策。世宗即位后虽对海陵正隆二年例降封爵的政策进行"拨乱反正",但此时金朝的各项政治制度更趋完善,加强皇权日益成为统治者的迫切要求,封爵作为体现皇权以及强化皇权的内容之一,限制高爵尤其是王爵的封授成为必然之策。世宗、章宗时期王爵封授控制日严,国号王爵基本限于皇子、皇兄弟范围之内,异姓封王者寥寥无几。当金朝后期皇权统治受到来自外部强大压力的时候,大封爵赏又成为维护皇权统治的手段。于是金末又以王公之爵加封异姓。纵观整个金代封爵的演变过程,皇权对封爵的支配由最初的主动封授,到后期

---

① 《金史》卷5《海陵纪》,第119页。
② 《金史》卷84《耨盌温敦思忠传》,第2002页。

的被动加封,这既体现了封爵与皇权之间的强弱互动关系,又是金朝整个政治制度与局势发展的生动反映。

第三,金代封爵制度在明确社会等级关系、保证政治体制运转方面仍发挥着重要作用。日本学者西嶋定生认为秦汉帝国的"爵制秩序就是国家秩序。以皇帝为中心,使所有的官吏庶民都参加到这个爵制秩序中来,人人都是作为这一结构的成员而被安排到一定的位置上。这也就是说,这一秩序结构与当时皇帝支配的结构是一致的"[①]。金代封爵维持社会秩序的功能虽不能与秦汉相比,但封爵以及与此相关的制度仍具有强化等级制度的作用。封爵的目的毕竟是将人分成等级,有爵与无爵至少在名位礼遇上存在着区别,为时人所看重。封爵的名分和特权来自于皇权,皇权通过爵位构建牢固的统治基础,获得封爵的臣僚自然会感恩戴德,对朝廷克尽效忠,没有获得爵位者亦会积极建功立业以求早日有爵加身。所以,封爵作为政治制度的重要内容,在国家的政权建设和稳定社会秩序中仍发挥着不可替代的作用。

总之,金代封爵制度的发展演变与金代政治制度的演进和政权的兴亡密切相关,对金代封爵制度的深入研究与解读,不仅有助于推进金代政治制度史的研究,同时也为我们全面客观地审视金朝政权的兴衰提供了新的线索和视角。金代封爵制度在继承中国历代封爵制度的基础上,又增添了本民族特色,形成了金代爵制,并影响后世,是中国古代封爵制度发展史中不可或缺的一环。

---

[①]〔日〕西嶋定生著,武尚清译:《中国古代帝国的形成与结构——二十等爵制研究》,第447页。

# 参考文献

## 一、古籍文献

（汉）司马迁：《史记》，北京：中华书局，1959年。

（汉）班固撰，（唐）颜师古注：《汉书》，北京：中华书局，1962年。

（汉）郑玄注，（唐）孔颖达正义，吕友仁整理：《礼记正义》，上海：上海古籍出版社，2008年。

（晋）陈寿撰，（南朝宋）裴松之注：《三国志》，北京：中华书局，1982年。

（南朝宋）范晔撰，（唐）李贤等注：《后汉书》，北京：中华书局，1965年。

（后晋）刘昫等：《旧唐书》，北京：中华书局，1975年。

（唐）杜佑撰，王文锦等点校：《通典》，北京：中华书局，1988年。

（唐）房玄龄等：《晋书》，北京：中华书局，1974年。

（唐）李林甫等撰，陈仲夫点校：《唐六典》，北京：中华书局，1992年。

（唐）长孙无忌等撰，刘俊文点校：《唐律疏议》，北京：中华书局，1983年。

（宋）欧阳修、宋祁撰：《新唐书》，北京：中华书局，1975年。

（宋）王溥：《唐会要》，北京：中华书局，1955年。

（宋）洪皓等撰，翟立伟等标注：《松漠纪闻》，长春：吉林文史出版社，1986年。

（宋）李心传撰，辛更儒点校：《建炎以来系年要录》，上海：上海古籍出版社，2018年。

（宋）李心传撰，徐规点校：《建炎以来朝野杂记》，北京：中华书局，2000年。

（宋）徐梦莘：《三朝北盟会编》，上海：上海古籍出版社，1987年。

（宋）洪迈撰，孔凡礼点校：《容斋随笔》，北京：中华书局，2005年。

（宋）宇文懋昭撰，崔文印校证：《大金国志校证》，北京：中华书局，1986年。

（宋）熊克著，顾吉辰、郭群一点校：《中兴小纪》，福州：福建人民出版社，1985年。

（宋）乐史撰，王文楚等点校：《太平寰宇记》，北京：中华书局，2007年。

（宋）叶隆礼撰，贾敬颜、林荣贵点校：《契丹国志》，上海：上海古籍出版社，1985年。

（宋）赵升编，王瑞来点校：《朝野类要》，北京：中华书局，2007年。

（宋）范成大撰，孔凡礼点校：《范成大笔记六种》，北京：中华书局，2004年。

（宋）王安石撰，李之亮笺注：《王荆公文集笺注》，成都：巴蜀书社，2005年。

（金）佚名编，金少英校补，李庆善整理：《大金吊伐录校补》，北京：中华书局，2017年。

（金）佚名：《大金集礼》，上海：商务印书馆，1936年。

（金）佚名：《大金集礼》，清光绪二十一年（1895）广雅书局刻本。

任文彪点校：《大金集礼》，杭州：浙江大学出版社，2019年。

（金）元好问：《中州集》，北京：中华书局，1959年。

（金）元好问撰，姚奠中主编，李正民增订：《元好问全集》，太原：三晋出版社，2015年。

（金）元好问撰，赵永源校注：《遗山乐府校注》，南京：凤凰出版社，2006年。

（金）刘祁撰，崔文印点校：《归潜志》，北京：中华书局，1983年。

（金）赵秉文：《闲闲老人滏水文集》，北京：中华书局，1985年。

（元）脱脱等：《辽史》，北京：中华书局，1974年。

（元）脱脱等：《辽史》，北京：中华书局，2016年。

（元）脱脱等：《金史》，北京：中华书局，1975年。

（元）脱脱等：《金史》，北京：中华书局，2020年。

（元）脱脱等：《宋史》，北京：中华书局，1977年。

（元）苏天爵：《元文类》，上海：商务印书馆，1936年。

（元）马端临：《文献通考》，北京：中华书局，1986年。

（元）姚燧：《牧庵集》，上海：商务印书馆，1936年。

（明）宋濂等：《元史》，北京：中华书局，1976年。

（明）王圻：《续文献通考》，北京：现代出版社，1991年。

（明）黄淮、杨士奇：《历代名臣奏议》，上海：上海古籍出版社，2012年。

（明）凌迪知：《万姓统谱》，景印文渊阁四库全书本，台北：台湾商务印书馆，1986年。

（清）阮元校刻：《十三经注疏》，北京：中华书局，1980年。

（清）张金吾：《金文最》，北京：中华书局，1990年。

（清）赵翼撰，王树民校证：《廿二史札记校证》，北京：中华书局，2013年。

（清）黄本骥：《历代职官表》，上海：上海古籍出版社，2005年。

（清）赵翼：《陔余丛考》，上海：商务印书馆，1957年。

（清）毕沅：《续资治通鉴》，北京：中华书局，1957年。

（清）钱大昕：《廿二史考异》，丛书集成初编本，上海：商务印书馆，1937年。

（清）钱大昕：《十驾斋养新录》，上海：上海书店，1983年。

（清）施国祁著，陈晓伟点校：《金史详校》，北京：中华书局，2021年。

（清）孙诒让撰，王文锦、陈玉霞点校：《周礼正义》，北京：中华书局，1987年。

（清）施国祁注，麦朝枢校：《元遗山诗集笺注》，北京：人民文学出版社，1958年。

（清）李有棠撰，崔文印点校：《金史纪事本末》，北京：中华书局，2018年。

（清）顾炎武著，（清）黄汝成集释：《日知录集释》，上海：上海古籍出版社，1985年。

（清）徐松辑，刘琳等校点：《宋会要辑稿》，上海：上海古籍出版社，2014年。

（清）胡聘之：《山右石刻丛编》，清光绪二十七年（1901）刻本。

（清）陆增祥：《八琼室金石补正》，民国十四年（1925）希古楼刻本。

（清）王昶：《金石萃编》，清嘉庆十年（1805）经训堂刻本。

（清）毕沅、阮元：《山左金石志》，清嘉庆二年（1797）小琅嬛仙馆刻本。

（清）沈涛：《常山贞石志》，清道光二十二年（1842）刻本。

（清）武亿：《授堂金石文字续跋》，清道光二十三年（1843）重刊本。

新文丰出版公司编辑部编：《石刻史料新编》第一辑，台北：新文丰出版公司，1982年。

国家图书馆善本金石组编:《辽金元石刻文献全编》,北京:北京图书馆出版社,2003 年。

国家图书馆善本金石组编:《历代石刻史料汇编》,北京:北京图书馆出版社,2000 年。

北京图书馆金石组编:《中国历代石刻拓本汇编》,郑州:中州古籍出版社,1989 年。

罗福颐辑:《满洲金石志》,民国二十六年(1937)石印本。

向南主编:《辽代石刻文编》,石家庄:河北教育出版社,1995 年。

向南、张国庆、李宇峰辑注:《辽代石刻文续编》,沈阳:辽宁人民出版社,2010 年。

王新英编:《金代石刻辑校》,长春:吉林人民出版社,2009 年。

王新英辑校:《全金石刻文辑校》,长春:吉林文史出版社,2012 年。

李澍田主编:《金碑汇释》,长春:吉林文史出版社,1989 年。

赵永春辑注:《奉使辽金行程录》(增订本),北京:商务印书馆,2017 年。

阎凤梧主编:《全辽金文》,太原:山西古籍出版社,2002 年。

薛瑞兆、郭明志:《全金诗》,天津:南开大学出版社,1995 年。

董克昌主编:《大金诏令释注》,哈尔滨:黑龙江人民出版社,1993 年。

## 二、现代著作

### 中文著作

白寿彝总主编,陈振主编:《中国通史》(修订本)第七卷《中古时代·五代辽宋夏金时期》,上海:上海人民出版社,2004 年。

白钢主编,李锡厚、白滨著:《中国政治制度通史》(修订本)第七卷《辽金西夏》,北京:社会科学文献出版社,2011 年。

陈述:《金史拾补五种》,北京:科学出版社,1960 年。

崔文印:《金史人名索引》,北京:中华书局,1980 年。

储考山、何平立、来可泓:《中国政治制度史》,上海:上海三联书店,1993 年。

程妮娜:《金代政治制度研究》,长春:吉林大学出版社,1999 年。

陈戍国:《中国礼制史》(宋辽金夏卷),长沙:湖南教育出版社,2001 年。

陈致平:《中华通史》(第五卷),广州:花城出版社,2003 年。

陈致平：《中华通史》（第六卷），广州：花城出版社，2003 年。

陈学霖：《金宋史论丛》，香港：香港中文大学出版社，2003 年。

蔡美彪：《辽金元史十五讲》，北京：中华书局，2011 年。

陈晓伟：《〈金史〉丛考》，北京：中华书局，2022 年。

都兴智：《辽金史研究》，北京：人民出版社，2004 年。

杜文玉：《五代十国制度研究》，北京：人民出版社，2006 年。

《二十五史补编》编委会：《宋辽金元明六史补编》，北京：北京图书馆出
　　版社，2005 年。

傅斯年：《民族与古代中国史》，石家庄：河北教育出版社，2002 年。

范军、周峰：《金章宗传》，北京：中国广播电视出版社，2003 年。

葛金芳：《宋辽夏金经济研析》，武汉：武汉出版社，1991 年。

葛志毅：《周代分封制度研究》，哈尔滨：黑龙江人民出版社，1992 年。

干志耿、王可宾主编：《辽金史论集》第八辑，长春：吉林文史出版社，
　　1994 年。

龚延明：《中国古代职官科举研究》，北京：中华书局，2006 年。

龚延明：《宋代官制辞典》（增订本），北京：中华书局，2017 年。

甘怀真：《皇权、礼仪与经典诠释：中国古代政治史研究》，上海：华东师
　　范大学出版社，2008 年。

韩国磐：《隋唐五代史论集》，上海：上海三联书店，1979 年。

黑龙江省文物考古工作队：《黑龙江古代官印集》，哈尔滨：黑龙江人民出
　　版社，1981 年。

何俊哲、张达昌、于国石：《金朝史》，北京：中国社会科学出版社，
　　1992 年。

韩国磐：《中国古代法制史研究》，北京：人民出版社，1993 年。

何兹全：《中国古代及中世纪史》，厦门：鹭江出版社，2003 年。

黄惠贤、陈锋：《中国俸禄制度史》，武汉：武汉大学出版社，2005 年。

韩世明、都兴智校注：《〈金史〉之〈食货志〉与〈百官志〉校注》，北京：中
　　国社会科学出版社，2005 年。

韩世明主编：《辽金史论集》第十辑，北京：中国社会科学出版社，2007 年。

金毓黻：《宋辽金史》，台北：乐天出版社，1971 年。

柳春藩：《秦汉封国食邑赐爵制》，沈阳：辽宁人民出版社，1984 年。

吕思勉:《中国制度史》,上海:上海教育出版社,1985 年。

刘肃勇:《金世宗传》,西安:三秦出版社,1987 年。

李桂芝:《辽金简史》,福州:福建人民出版社,1996 年。

李开元:《汉帝国的建立与刘邦集团——军功受益阶层研究》,北京:三联书店,2000 年。

李锡厚:《临潢集》,保定:河北大学出版社,2001 年。

刘海文:《宣化出土古代墓志录》,呼和浩特:远方出版社,2002 年。

李锡厚、白滨:《辽金西夏史》,上海:上海人民出版社,2003 年。

雷炳炎:《清代八旗世爵世职研究》,长沙:中南大学出版社,2006 年。

李治安:《元代分封制度研究》(增订本),北京:中华书局,2007 年。

李昌宪:《宋朝官品令与合班之制复原研究》,上海:上海古籍出版社,2013 年。

李鸣飞:《金元散官制度研究》,兰州:兰州大学出版社,2014 年。

李玉君:《金代宗室研究》,北京:科学出版社,2016 年。

梅宁华主编:《北京辽金史迹图志》(下),北京:北京燕山出版社,2004 年。

苗润博:《〈辽史〉探源》,北京:中华书局,2020 年。

乔伟:《唐律研究》,济南:山东人民出版社,1985 年。

邱树森:《中国历代职官辞典》,南昌:江西教育出版社,1991 年。

漆侠、乔幼梅:《辽夏金经济史》,保定:河北大学出版社,1994 年。

乔幼梅:《宋辽夏金经济史研究》,济南:齐鲁书社,1995 年。

任爽:《唐代礼制研究》,长春:东北师范大学出版社,1999 年。

宋德金等:《辽金西夏史研究》,天津:天津古籍出版社,1997 年。

宋德金:《辽金论稿》,武汉:湖北教育出版社,2005 年。

宋德金:《中国历史·金史》,北京:人民出版社,2006 年。

孙进己、孙泓:《女真民族史》,桂林:广西师范大学出版社,2010 年。

施建雄:《十到十三世纪中国史学发展史》,北京:人民出版社,2010 年。

陶晋生:《女真史论》,台北:食货月刊出版社,1981 年。

陶晋生:《宋辽金元史新编》,台北:台湾稻乡出版社,2003 年。

王亚南:《中国官僚政治研究》,北京:中国社会科学出版社,1981 年。

王可宾:《女真国俗》,长春:吉林大学出版社,1988 年。

王曾瑜:《金朝军制》,保定:河北大学出版社,2004 年。

韦庆远、柏桦:《中国政治制度史》,北京:中国人民大学出版社,2005 年。

王德朋:《金代汉族士人研究》,北京:中国社会科学出版社,2006 年。

王安泰:《再造封建:魏晋南北朝的爵制与政治秩序》,台北:台湾大学出版中心,2013 年。

薛瑞兆:《金代科举》,北京:中国社会科学出版社,2004 年。

许倬云:《西周史》,北京:生活·读书·新知三联书店,1995 年。

叶潜昭:《金律之研究》,台北:商务印书馆,1972 年。

杨树藩:《辽金中央政治制度》,台北:台湾商务印书馆,1978 年。

俞鹿年:《历代官制概略》,哈尔滨:黑龙江人民出版社,1978 年。

杨光辉:《汉唐封爵制度》第 3 版,北京:学苑出版社,2004 年。

杨宽:《中国礼仪制度研究》,上海:华东师范大学出版社,2001 年。

阎步克:《品位与职位:秦汉魏晋南北朝官阶制度研究》,北京:中华书局,2002 年。

阎步克:《从爵本位到官本位:秦汉官僚品位结构研究》,北京:生活·读书·新知三联书店,2009 年。

朱绍侯:《军功爵制试探》,上海:上海人民出版社,1980 年。

张博泉:《金代经济史略》,沈阳:辽宁人民出版社,1981 年。

张博泉:《金史简编》,沈阳:辽宁人民出版社,1984 年。

左言东:《中国古代官制》,杭州:浙江古籍出版社,1985 年。

张博泉等著:《金史论稿》(第一卷),长春:吉林文史出版社,1986 年。

张国刚:《唐代官制》,西安:三秦出版社,1987 年。

张博泉等著:《金史论稿》(第二卷),长春:吉林文史出版社,1992 年。

张岱年、季羡林名誉主编,史仲文、胡晓林主编:《中国全史》(第 11 册),北京:人民出版社,1994 年。

赵绍铭:《中国宋辽金夏政治史》,北京:人民出版社,1994 年。

曾代伟:《金律研究》,台北:五南图书出版有限公司,1995 年。

赵永春:《金宋关系史研究》,长春:吉林教育出版社,1999 年。

周良霄:《皇帝与皇权》,上海:上海古籍出版社,1999 年。

张晋藩主编:《中国法制通史》,北京:法律出版社,1999 年。

中国历史大辞典编纂委员会编纂:《中国历史大辞典》,上海:上海辞书出版社,2000 年。

朱和平：《中国服饰史稿》，郑州：中州古籍出版社，2001 年。

周峰：《完颜亮评传》，北京：民族出版社，2002 年。

赵永春：《辽宋金元史论》，长春：吉林人民出版社，2004 年。

赵永春：《金宋关系史》，北京：人民出版社，2005 年。

张希清、田浩、黄宽重、于建设主编：《10—13 世纪中国文化的碰撞与融
    合》，上海：上海人民出版社，2006 年。

张博泉：《中华一体的历史轨迹》，长春：吉林大学出版社，2017 年。

**译著及外文著作**

〔日〕三上次男：《金史研究》（二）《金代政治制度の研究》，东京：中央公
    论美术出版，1970 年。

中国社会科学院民族研究所历史研究室资料组编译：《民族史译文集》
    第 10 集，中国社会科学院民族研究所，1981 年。

〔日〕三上次男著，金启孮译：《金代女真研究》，哈尔滨：黑龙江人民出版
    社，1984 年。

〔日〕外山军治著，李东源译：《金朝史研究》，牡丹江：黑龙江朝鲜民族出
    版社，1988 年。

〔日〕堀敏一：《中国と古代東アジア世界：中華的世界と諸民族》，东京：
    岩波书店，1993 年。

〔德〕傅海波，〔英〕崔瑞德编，史卫民等译：《剑桥中国辽西夏金元史
    （907—1368 年）》，北京：中国社会科学出版社，1998 年。

〔日〕西嶋定生著，武尚清译：《中国古代帝国的形成与结构——二十等
    爵制研究》，北京：中华书局，2004 年。

## 三、期刊论文

**中文期刊**

北京市文物管理处：《北京市通县金代墓葬发掘简报》，《文物》1977 年第
    11 期。

程妮娜：《论猛安谋克官制中的汉制影响》，《北方文物》1993 年第 2 期。

晁福林：《先秦时期爵制的起源与发展》，《河北学刊》1997 年第 3 期。

陈明光：《曹魏的封爵制度与食封支出》，《西北师大学报》2005 年第 2 期。

曹循：《明代臣僚封爵制度略论》，《西北师大学报》2011 年第 1 期。

陈希丰：《再谈宋爵的等级》，《文史》2016 年第 3 辑。

陈晓伟：《〈金史·宗室表〉再探》，《民族研究》2021 年第 1 期。

董四礼：《试论金天会十年的皇储之争》，《求是学刊》1989 年第 3 期。

董四礼：《金代皇位继承制度试探》，《史学集刊》1995 年第 3 期。

都兴智：《金章宗时期的宗室之祸》，《辽金史论集》第九辑，郑州：中州古
　　籍出版社，1996 年。

杜家骥：《清代的宗室封爵及其等级差别的特殊性》，《满族研究》1997 年
　　第 1 期。

都兴智：《金代官制的几个问题》，《辽宁师范大学学报》1999 年第 4 期。

都兴智：《辽代契丹人姓氏及其相关问题考探》，《社会科学辑刊》2000 年
　　第 5 期。

戴建国：《关于唐食封制》，《中国经济史研究》2002 年第 3 期。

都兴智：《辽代封爵制度试探》，《辽金史论丛——纪念张博泉教授逝世三
　　周年论文集》，长春：吉林人民出版社，2003 年。

杜文玉、王丽梅：《五代十国封爵制度初探》，《陕西师范大学继续教育学
　　报》2003 年第 4 期。

都兴智：《辽代勋爵制度及公主命妇封号等问题研究》，都兴智：《辽金史
　　研究》，北京：人民出版社，2004 年。

都兴智：《论金宣宗"九公封建"》，《北方文物》2009 年第 1 期。

冯永谦：《金刘元德墓志考——兼考五代刘仁恭一族世系》，《黑龙江文物
　　丛刊》1983 年第 1 期。

冯辉：《汉代封国食邑制度的性质》，《求是学刊》1983 年第 6 期。

傅百臣：《金代法制初探》，《史学集刊》1986 年第 4 期。

范军：《金代北京碑刻叙录》，《北京文博》2000 年第 1 期。

范军、周峰：《论金章宗的文治》，《北京文物与考古》第 6 辑，北京：民族
　　出版社，2004 年。

郭成康：《清宗室爵号考》，《满语研究》1985 年第 1 期。

关树东：《金朝宫中承应人初探》，漆侠、王天顺主编：《宋史研究论文集》，
　　银川：宁夏人民出版社，1999 年。

郭桂坤：《〈宋史·职官志〉"爵一十二"试解——兼析宋代〈品官令〉中

的爵位序列》,《中国史研究》2016 年第 3 期。

龚延明:《宋代爵制的名与实——与李昌宪、郭桂坤等学者商榷宋代十二等爵制》,《中国史研究》2019 年第 2 期。

韩国磐:《论柳宗元的封建论》,《厦门大学学报》1961 年第 3 期。

罗平、郑绍宗:《河北新城县北场村金时立爱和时丰墓发掘记》,《考古》1962 年第 12 期。

韩国磐:《唐代的食封制度》,《中国史研究》1982 年第 4 期。

黄正建:《关于唐代封户交纳封物的几个问题》,《中国史研究》1983 年第 4 期。

韩世明:《女真姓氏及姓氏集团研究》,干志耿、王可宾主编:《辽金史论集》第八辑,长春:吉林文史出版社,1994 年。

侯仰军:《中国古代的皇族封王制度》,《齐鲁学刊》1995 年第 1 期。

胡纪平:《唐代封爵贵族的法律特权探析》,《湖北社会科学》2002 年第 7 期。

胡淑慧:《论完颜璟的汉文化成就及汉化政策》,《西南交通大学学报》,2008 年第 3 期。

金宝丽:《从金源郡王看女真族的民族精神》,《黑龙江史志》2005 年第 6 期。

金宝丽:《论"金源郡王"群体的构成及其影响》,《哈尔滨学院学报》2007 年第 5 期。

李治安:《忽必烈削弱宗藩实行中央集权》,《南开学报》1985 年第 3 期。

刘敏:《西汉爵之分类》,《秦汉史论丛》第三辑,西安:陕西人民出版社,1986 年。

刘庆:《金代女真官制的演变道路》,《民族研究》1987 年第 2 期。

刘汉东:《北朝后期别封、别食制度探论》,《郑州大学学报》1988 年第 3 期。

刘京雨:《简论金太宗、熙宗时统治阶级的内部斗争》,《满族研究》1988 年第 2 期。

李旭:《略论辽金礼制汉化问题》,《史学月刊》1992 年第 1 期。

林沄:《完颜忠神道碑再考》,《北方文物》1992 年第 4 期。

刘肃勇:《金代窝鲁欢墓志所记史实考探》,《社会科学辑刊》1996 年第

3 期。

刘丽丽：《略论金源郡忠毅王完颜撒改》，《黑龙江史志》2007 年第 4 期。

李方：《唐西州的封爵制度》，《庆祝宁可先生八十华诞论文集》，北京：中国社会科学出版社，2008 年。

刘浦江：《契丹族的历史记忆——以“青牛白马”说为中心》，氏著：《松漠之间——辽金契丹女真史研究》，北京：中华书局，2008 年。

刘敏：《承袭与变异：秦汉封爵的原则和作用》，《南开学报》2009 年第 3 期。

吕利：《爵本位下的资源配置体系——秦汉帝国初期的土地制度》，《兰州学刊》2010 年第 2 期。

雷炳炎：《明代宗罪的请复及其子女的袭封爵问题》，《西南大学学报》2010 年第 5 期。

马俊民：《唐朝的“实封家”与“封户”》，《天津师大学报》1986 年第 3 期。

穆鸿利：《金源女真姓氏谱及改汉姓之分类与特点》，《满族研究》2005 年第 4 期。

马卫东：《春秋时期五等爵制的存留与破坏》，《史学集刊》2006 年第 4 期。

苗霖霖：《时立爱墓志考释》，《博物馆研究》2012 年第 3 期。

苗润博：《民族记忆抑或家族标识？——漆水郡望探赜》，《中国史研究》2022 年第 2 期。

倪春莉：《晋代封爵制及其与门阀士族地主的关系》，《大同高专学报》1997 年第 1 期。

齐心：《金代韩诮墓志考》，《考古》1984 年第 8 期。

任万平：《金代官印制度述论》，《故宫博物院院刊》1998 年第 2 期。

史金波：《西夏“秦晋国王”考论》，《宁夏社会科学》1987 年第 3 期。

宋德金：《金章宗简论》，《民族研究》1988 年第 4 期。

宋德金：《金源文化的历史地位》，《学理论》2008 年第 6 期。

尚民杰：《唐朝的鱼符与鱼袋》，《文博》1994 年第 5 期。

宋德金：《金代社会与传统中国》，《中央民族大学学报》1995 年第 3 期。

孙健：《宋代“封赠”制度考论》，《中国史研究》2011 年第 2 期。

孙建权:《金代外命妇制度的演变》,《文史》2022 年第 4 辑。

孙红梅:《〈金史·完颜晏传〉封爵史料勘误一则》,《中国史研究》2013 年第 2 期。

孙红梅:《金代郡王封号研究》,《社会科学辑刊》2014 年第 2 期。

孙红梅:《〈金史〉封爵史料勘误补遗四则》,《北方文物》2014 年第 2 期。

孙红梅:《金代封国之号与国号王爵类型》,《史学月刊》2015 年第 5 期。

孙红梅:《金代亲王府属官研究》,《史学集刊》2017 年第 6 期。

孙红梅:《〈金史〉勘误三则》,《北方文物》2019 年第 1 期。

孙红梅:《金代金源郡王封爵研究》,《内蒙古社会科学》2020 年第 2 期。

孙红梅:《金代品官父祖封赠制度探析》,《史学月刊》2020 年第 10 期。

唐统天:《由石刻补考辽代王府与公主邑司的官制》,《北方文物》1987 年第 4 期。

唐统天:《辽代勋级、封爵和食邑制度研究——补〈辽史·百官志〉》,《东北地方史研究》1990 年第 2 期。

陶晋生:《金代的政治结构》,中华书局编辑部编:《"中研院"历史语言研究所集刊论文类编·历史编·宋辽金元卷》(二),北京:中华书局,2009 年。

田禾:《唐代品官命妇封赠制试探》,《社科纵横》(新理论版)2009 年第 2 期。

唐抒阳:《对〈辽史〉中关于王爵封授情况记载的辨析七则》,《内蒙古农业大学学报》2012 年第 2 期。

王世莲:《试论完颜勖》,《北方论丛》1985 年第 6 期。

王可宾:《女真公主述要》,《北方文物》1990 年第 3 期。

王可宾:《释金源文化》,《史学集刊》2001 年第 4 期。

王德厚:《金世宗与女真人的"汉化"》,《黑龙江民族丛刊》1991 年第 4 期。

王曾瑜:《辽朝官员的实职和虚衔初探》,《文史》第 34 辑。

王曾瑜:《金朝后期的军事机构与军区设置》,《河北学刊》1993 年第 5 期。

王大方:《何为"一字王"?》,《内蒙古文物考古》1998 年第 1 期。

王德朋:《金朝前期汉官集团述论》,《史学月刊》2004 年第 9 期。

王曾瑜:《金熙宗"颁行官制"考辨》,姜锡东、李华瑞等主编:《宋史研究论丛》第 6 辑,保定:河北大学出版社,2005 年。

吴恩培:《春秋吴爵位考释》,《江苏社会科学》2010 年第 3 期。

王丽梅、杜文玉:《唐代宦官封爵问题探微——兼补〈二十五史补编:唐宦官封爵表〉》,《江汉论坛》2012 年第 3 期。

王姝:《金代品官命妇封赠制度考》,《首都师范大学学报》2016 年第 1 期。

徐连达:《隋唐的封爵制度》,《合肥教育学院学报》1984 年第 1 期。

徐松巍:《章宗时期金朝中衰原因初探》,《求是学刊》1990 年第 5 期。

吴本祥:《试论完颜宗干的历史作用》,《辽金史论集》第九辑,郑州:中州古籍出版社,1996 年。

辛更儒:《金世宗诋毁海陵帝诸说辨》,《学习与探索》1999 年第 2 期。

邢晓莹、穆笑冰:《金代齐国王完颜晏研究》,《金上京文史论丛》第二集,哈尔滨:哈尔滨出版社,2008 年。

徐芬:《论带"五等"字号的虚封爵——晋宋之际国家官爵制度上的变化之一》,《三峡大学学报》,2009 年第 5 期。

阎守诚:《论唐玄宗对食封制度的改革》,《北京师院学报》1983 年第 3 期。

杨光辉:《官品、封爵与门阀士族》,《杭州大学学报》1990 年第 4 期。

晏子友:《清朝宗室封爵制度初探》,《河北学刊》1991 年第 5 期。

晏子友:《清朝外藩封爵制度》,《社会科学战线》1999 年第 3 期。

杨志玖:《金朝皇位继承问题探讨》,《中国社会历史评论》第三卷,北京:中华书局,2001 年。

杨眉:《秦汉民爵获得途径述略》,《伊利教育学院学报》2004 年第 4 期。

伊葆力:《完颜翰鲁神道碑残石考略》,《哈尔滨学院学报》2005 年第 6 期。

张博泉:《论金完颜亶时期统治阶级内部的矛盾和斗争》,《吉林大学社会科学学报》1978 年第 4 期。

张博泉:《宗翰和金初的派系斗争》,《史学集刊》1982 年第 3 期。

赵克尧:《论唐初的分封》,《学术月刊》1984 年第 1 期。

张博泉:《金完颜希尹碑史事考辨》,《吉林大学社会科学学报》1987 年第

4 期。

张邦炜:《宋代对宗室的防范》,《北京师院学报》1988 年第 1 期。

张立志、王宏刚主编:《东北亚历史与文化——庆祝孙进己先生六十诞辰文集》,沈阳:辽沈书社,1991 年。

张传玺:《从"授民授疆土"到"衣食租税"》,氏著《秦汉问题研究》(增订本),北京:北京大学出版社,1995 年。

周峰:《金朝赐姓考述》,鲍海春、王禹浪主编:《金史研究论丛》,哈尔滨:哈尔滨出版社,1995 年。

朱子彦:《中国历代外戚封爵食禄制度述论》,《史林》1996 年第 4 期。

周峰:《金代的卖官鬻爵》,《黑龙江农垦师专学报》2002 年第 4 期。

张泰湘、仇伟:《阿城金源郡王神道残碑的初步研究》,《黑龙江民族丛刊》2004 年第 4 期。

宗亮、张敏:《蜀汉封爵制度考论》,《中华文化论坛》2008 年第 2 期。

宗亮、张敏:《蜀汉封爵的授予与继承》,《沙洋师范高等专科学校学报》2009 年第 1 期。

张鹤泉:《北魏孝文帝实行散爵制度考》,《史学月刊》2010 年第 6 期。

张鹤泉:《论北魏前期诸王爵位继承制度的特征》,《河北学刊》2010 年第 3 期。

张鹤泉:《北魏后期散爵制度考》,《文史哲》2012 年第 6 期。

张韬:《"诜王之印"为金代完颜娄室追封印质疑——兼评金毓黻关于"诜王之印"的著录与考证》,《社会科学战线》2015 年第 9 期。

## 译文

〔日〕松浦茂著,邢玉林译,邢复礼校:《金代女真氏族的构成》,中国社会科学院民族研究所历史研究室资料组编译:《民族史译文集》第 10 集,中国社会科学院民族研究所,1981 年。

〔日〕野口周一撰,冯继钦译:《元代世祖、成宗时期的王号授予》,《蒙古学资料与情报》1990 年第 3 期。

## 学位论文

杨光辉:《魏晋南北朝的封爵制度》,北京大学博士学位论文,1987 年。

果美侠:《唐代异姓王研究》,首都师范大学硕士学位论文,2003年。

宋立恒:《金代社会等级结构研究》,中央民族大学博士学位论文, 2005年。

袁方:《略论北魏的宗王政策》,郑州大学硕士学位论文,2006年。

顾江龙:《汉唐间的爵位、勋官与散官——品位结构与等级特权视角的研 究》,北京大学博士学位论文,2007年。

宋中楠:《金代前期汉官封爵制度研究》,吉林大学硕士学位论文, 2007年。

魏栋培:《唐代食实封制度探析》,华东政法大学硕士学位论文,2007年。

顾锦春:《明代宗室犯罪》,华东师范大学硕士学位论文,2007年。

钟铮铮:《金代文职朝官的俸禄制度研究》,吉林大学硕士学位论文, 2008年。

刘思怡:《唐代宗室管理制度研究》,陕西师范大学博士学位论文, 2009年。

李浩楠:《金末义军与晚金军事研究》,河北大学博士学位论文,2013年。

唐抒阳:《辽代王号等级研究》,吉林大学硕士学位论文,2013年。

王姝:《金代女性研究》,吉林大学博士学位论文,2014年。

马云龙:《宋代爵位袭封制度研究》,郑州大学硕士学位论文,2015年。

李忠芝:《辽代封爵制度研究》,吉林大学博士学位论文,2016年。

王微:《宋代爵位制度研究》,郑州大学硕士学位论文,2019年。

# 附　表

## 附表 1　熙宗朝国号王、郡王及国公封爵表 [①]

| 人名 | 出身 | 封爵 | 官职 | 时间 | 存世 | 出处 |
|---|---|---|---|---|---|---|
| 阿离合懑 | 景祖子 | 隋国王 | | 熙宗初年 | 否 | 《金史》卷 73《阿离合懑传》 |
| 劾者 [②] | 景祖子 | 王 | | 熙宗初年 | 否 | 《金史》卷 65《始祖以下诸子传》 |
| 劾真保 | 景祖子 | 王 | | 熙宗初年 | 否 | |
| 劾孙 | 景祖子 | 王 | | 天会十四年 | 否 | |
| 谩都诃 | 景祖子 | 王 | | 天会十五年 | 否 | |
| 麻颇 | 景祖子 | 王 | | 天会十五年 | 否 | |
| 撒改 | 劾者子 | 燕国王 | | 天会十五年 | 否 | 《金史》卷 70《撒改传》 |
| 斡鲁 | 劾者子 | 郑国王 | | 皇统五年 | 否 | 《金史》卷 71《斡鲁传》 |
| 蒲家奴 | 劾孙子 | 王 | 司空 | 天会间 | 是 | 《金史》卷 65《劾孙传》 |
| 杲 | 世祖子 | 辽越国王 | | 皇统三年 | 否 | 《金史》卷 76《杲传》 |
| 斡带 | 世祖子 | 魏王 | 追封仪同三司 | 天会十五年 | 否 | 《金史》卷 65《斡带传》 |
| 斡者 | 世祖子 | 鲁王 | | 天会十五年 | 否 | 《金史》卷 65《斡者传》 |

---

① 此表中不包含推恩封赠外戚和品官父祖的爵位，以下各附表均如此。表中有些人物的爵位为死后追封，此时也就无官职可言，对应表格留白（也有个别官爵同时追封，官爵俱列入表中）；有些人物的官职、封爵时间、是否存世等信息，史籍没有明确记载，对应表格也留白。以下附表均据此处理。

② 劾者与劾真保《金史》无传，封爵时间也无明确记载，其王爵之封的推断是根据其出身及其此后的爵位，详见表 4.1《金代宗室封爵人员统计表》。

续表

| 人名 | 出身 | 封爵 | 官职 | 时间 | 存世 | 出处 |
|---|---|---|---|---|---|---|
| 斡赛 | 世祖子 | 卫国王 | | 皇统五年 | 否 | 《金史》卷65《斡赛传》 |
| | | 郑王 | | | | 《金史》卷59《宗室表》 |
| 乌故乃① | 世祖子 | 汉王 | | 熙宗初年 | | 《金史》卷59《宗室表》 |
| 查剌 | 世祖子 | 沂王 | | 熙宗初年 | | 《金史》卷65《始祖以下诸子传》 |
| 阇母 | 世祖子 | 吴国王 | | 熙宗时追封 | 否 | 《金史》卷71《阇母传》 |
| 昂 | 世祖子 | 漆水郡王 | 平章政事 | 皇统元年 | 是② | 《金史》卷65《昂传》 |
| | | 郓王 | 平章政事 | 皇统二年 | | |
| 挞懒（昌） | 穆宗子 | 鲁国王 | 左副元帅 | 天会十五年 | 是 | 《金史》卷77《完颜昌传》 |
| 勖 | 穆宗子 | 鲁国王 | 太保,领三省事 | 皇统八年 | 是 | 《金史》卷66《完颜勖传》 |
| | | 汉国王 | 太师 | 皇统九年 | | |
| 蒲察③ | 穆宗子 | 齐国公 | | | | 《金史》卷59《宗室表》 |
| 蒲里迭 | 穆宗子 | 崇国公 | | | | |
| 耨盌款 | 肃宗子 | 温国公 | | | | |
| 蒲鲁虎 | 肃宗子 | 崇国公 | | | | |
| 宗干 | 太祖子 | 梁宋国王 | 领三省事,太师 | 天眷二年 | 是 | 《金史》卷76《宗干传》 |

---

① 汉王乌故乃见于《金史》卷59《宗室表》,卷65《世祖以下诸子传》仅有"次室仆散氏生汉王乌故乃"一语。

② 完颜昂本传言其郓王是生前封爵,《熙宗纪》则记载为死后追封。本传载:皇统"二年,制诏昂署衔带'皇叔祖'字,封郓王",《熙宗纪》载:皇统二年"十一月甲寅,平章政事漆水郡王昂薨,追封郓王"。《金史·昂传》校勘记:"疑此处记事有倒误。"表中按完颜昂本传,郓王为生前封授。

③ 穆宗子蒲察、蒲里迭,肃宗二子耨盌款和蒲鲁虎,封爵见于《金史·宗室表》,具体事迹不见《金史》记载,封爵时间不详。或许四人在熙宗朝获封王爵,国公是正隆二年例降封爵的爵位。因四人事迹不多,获得王爵之封的时间不能确定,因此,暂将其封爵列于熙宗朝。

| 人名 | 出身 | 封爵 | 官职 | 时间 | 存世 | 出处 |
|---|---|---|---|---|---|---|
| 宗弼 | 太祖子 | 沈王 | 右副元帅 | 天会十五年 | 是 | 《金史》卷5《熙宗纪》，卷77《宗弼传》 |
| | | 越国王 | 都元帅 | 天眷二年 | | |
| | | 梁王 | 都元帅 | 不详 | | |
| 宗隽 | 太祖子 | 陈王 | 尚书左丞相，加开府仪同三司，兼侍中 | 天眷元年 | 是 | 《金史》卷69《太祖诸子传》 |
| | | 兖国王 | 拜太保，领三省事 | 天眷二年 | | |
| 宗敏 | 太祖子 | 邢王 | | 天眷元年 | 是 | 《金史》卷69《宗敏传》 |
| | | 曹国王 | 太保，领三省事，兼左副元帅，领行台尚书省事 | 皇统三年 | | |
| 宗强 | 太祖子 | 纪王 | | 天眷元年 | 是 | 《金史》卷69《太祖诸子传》 |
| | | 卫王 | 燕京留守，太师 | 天眷三年 | | |
| 宗尧 | 太祖子 | 潞王 | | 天会十三年 | 否 | 《金史》卷19《世纪补》 |
| | | 冀国王 | | 皇统六年 | | |
| 宗傑 | 太祖子 | 越王 | | 天眷元年 | 否 | 《金史》卷69《太祖诸子传》 |
| 宗望 | 太祖子 | 魏王 | | 天会十三年 | 否 | 《金史》卷74《宗望传》 |
| | | 许国王，晋国王 | | 皇统三年 | | |
| 乌烈① | 太祖子 | 丰王 | | | | |
| 讹鲁 | 太祖子 | 沈王 | | | | |
| 讹鲁朵 | 太祖子 | 豳王 | | | | 《金史》卷59《宗室表》 |
| 习泥烈 | 太祖子 | 纪王 | | | | |
| 宁吉 | 太祖子 | 息王 | | | | |
| 燕孙 | 太祖子 | 莒王 | | | | |
| 斡忽 | 太祖子 | 邠王 | | | | |

---

① 太祖子乌烈、讹鲁、讹鲁朵、习泥烈、宁吉、燕孙、斡忽7人，均封爵为国号王，但封爵时间不见记载，应在熙宗初年。

续表

| 人名 | 出身 | 封爵 | 官职 | 时间 | 存世 | 出处 |
|---|---|---|---|---|---|---|
| 隈喝 | 太祖子 | 任王 | | | | 《金史》卷 63《后妃传上》 |
| 宗磐 | 太宗子 | 宋国王 | 尚书令 | 熙宗即位 | 是 | 《金史》卷 76《太宗诸子传》 |
| 宗本 | 太宗子 | 原王 | 右丞相兼中书令，进太保，领三省事 | 天眷元年 | 是 | |
| 宗固 | 太宗子 | 幽王 | 燕京留守 | 天会十五年 | 是 | |
| 宗雅 | 太宗子 | 代王 | | 天眷元年 | 是 | |
| 宗伟 | 太宗子 | 虞王 | | 天眷元年 | 是 | |
| 宗英 | 太宗子 | 滕王 | | 天眷元年 | 是 | |
| 宗懿 | 太宗子 | 薛王 | | 天眷元年 | 是 | |
| 斡烈 | 太宗子 | 蔡王 | | 天眷元年 | 是 | |
| 鹘懒 | 太宗子 | 翼王 | | 天眷元年 | 是 | |
| 宗美 | 太宗子 | 丰王 | | 天眷元年 | 是 | |
| 神土门 | 太宗子 | 郓王 | | 天眷元年 | 是 | |
| 斛孛束 | 太宗子 | 霍王 | | 天眷元年 | 是 | |
| 宗哲 | 太宗子 | 毕王 | | 天眷元年 | 是 | |
| 宗顺 | 太宗子 | 徐王 | | 皇统五年 | 否 | |
| 宗翰 | 撒改子 | 晋国王 | 太保、尚书令、领三省事 | 熙宗即位 | 是 | 《金史》卷 74《宗翰传》 |
| | | 周宋国王 | | 天会十四年① | 否 | |
| 宗雄 | 康宗子 | 齐国王 | 太师 | 天眷中 | 否 | 《金史》卷 73《宗雄传》 |
| 雍 | 太祖孙 | 葛王 | 兵部尚书 | 皇统间 | 是 | 《金史》卷 6《世宗纪上》 |

---

① 宗翰本传记载其薨于天会十四年，《熙宗纪》记载时间为天会十五年。周宋国王应为死后当年追封。

| 人名 | 出身 | 封爵 | 官职 | 时间 | 存世 | 出处 |
|---|---|---|---|---|---|---|
| 充 | 太祖孙 | 淄国公、代王 | 吏部尚书，迁同判大宗正事；右丞相 | 皇统间 | 是 | 《金史》卷76《充传》 |
| | | 郑王 | | 皇统九年 | 否 | |
| 亨 | 太祖孙 | 芮王 | 猛安，加银青光禄大夫 | 熙宗时 | 是 | 《金史》卷77《亨传》 |
| 亮 | 太祖孙 | 岐国王 | | 熙宗时 | 是 | 《金史》卷129《张仲轲传》 |
| 奭 | 太祖孙 | 邓王 | 会宁牧，后改上京留守，再改燕京、西京 | 天眷二年 | 是 | 《金史》卷69《太祖诸子传》 |
| 常胜 | 熙宗弟 | 胙王 | 北京留守 | 皇统年间 | 是 | 《金史》卷69《元传》 |
| 按答海 | 康宗孙 | 金源郡王，进封谭王 | 同判大宗正事，别授世袭猛安 | 天眷二年 | 是 | 《金史》卷73《按答海传》 |
| 道济 | 熙宗子 | 魏王 | 中京留守 | 皇统三年 | 是 | 《金史》卷80《熙宗二子传》 |
| 银术可 | 宗室子 | 蜀王 | 保大军节度使，同中书门下平章事，迁中书令 | 天会十三年 | 是 | 《金史》卷72《银术可传》 |
| 阿离补 | 宗室子，系出景祖 | 谭国公 | 行台左丞相，左副元帅 | 皇统三年 | 是 | 《金史》卷80《阿离补传》 |
| 撒离喝（杲） | 安帝六代孙 | 应国公 | 右副元帅 | 皇统三年 | 是 | 《金史》卷84《杲传》 |
| 宗贤 | 习不失孙 | 豳国公 | 平章政事，进拜右丞相，兼中书令；进拜太保、左丞相 | 皇统四年 | 是 | 《金史》卷70《宗贤传》 |
| 欢都 | 完颜部人 | 追赠代国公 | 追赠仪同三司 | 天会十五年 | 否 | 《金史》卷68《欢都传》 |

续表

| 人名 | 出身 | 封爵 | 官职 | 时间 | 存世 | 出处 |
|---|---|---|---|---|---|---|
| 完颜希尹 ① | 欢都子 | 陈王 | 左丞相兼侍中 | 天眷二年 | 是 | 《金史》卷73《完颜希尹传》 |
|  |  | 赠邢国公 | 赠仪同三司 | 皇统三年 | 否 |  |
| 娄室 | 完颜部人 | 莘王 | 赠开府仪同三司 | 皇统元年 | 否 | 《金史》卷72《娄室传》 |
| 蒲察石家奴 | 尚太祖女，世祖外孙 | 兰陵郡王 | 侍中、驸马都尉；东京留守 | 天眷年间 | 是 | 《金史》卷120《石家奴传》 |
|  |  | 郧王 |  | 天眷年间 | 否 |  |
| 蒲察阿虎迭 | 尚海陵姊辽国长公主迪钵 | 葛王 | 礼部、工部尚书，广宁、咸平、临潢尹，武定军节度使 | 皇统五年 | 是 | 《金史》卷120《蒲察阿虎迭传》 |
| 韩企先 | 契丹人韩知古之后 | 楚国公 | 尚书左仆射兼侍中 | 天会七年 | 是 | 《金史》卷78《韩企先传》 |
|  |  | 濮王 | 尚书右丞相 | 皇统元年 |  |  |
| 萧仲恭 | 辽降臣 | 兰陵郡王、济王 | 拜平章政事，同监修国史 | 皇统初年 | 是 | 《金史》卷82《萧仲恭传》 |
|  |  | 曹王 | 尚书右丞相，拜太傅，领三省事 | 皇统年间 |  |  |
| 刘豫 | 伪齐皇帝 | 蜀王 |  | 天会十五年 | 是 | 《金史》卷77《刘豫传》 |
|  |  | 曹王 |  | 皇统二年 |  |  |
| 刘麟 | 伪齐刘豫子 | 梁国公、韩国公 | 兴平军节度使，开府仪同三司 | 齐国建；齐国废 | 是 | 《金史》卷77《刘豫传》 |
| 耶律延禧 | 辽天祚帝 | 海滨王 |  | 天会三年 | 是 | 《金史》卷3《太宗纪》 |
|  |  | 豫王 |  | 皇统元年 | 是 | 《金史》卷4《熙宗纪》 |

---

① 《金史》卷73《完颜希尹传》：天眷三年，完颜希尹被熙宗赐死，皇统三年，上知希尹实无他心，而死非其罪，赠希尹仪同三司、邢国公。

| 人名 | 出身 | 封爵 | 官职 | 时间 | 存世 | 出处 |
|---|---|---|---|---|---|---|
| 赵佶 | 宋徽宗 | 昏德公 | | 天会六年 | 是 | 《金史》卷3《太宗纪》 |
| | | 天水郡王 | | 皇统元年 | 否 | 《金史》卷4《熙宗纪》 |
| 赵桓 | 宋钦宗 | 重昏侯 | | 天会六年 | 是 | 《金史》卷3《太宗纪》 |
| | | 天水郡公 | | 皇统元年 | 是 | 《金史》卷4《熙宗纪》 |
| 韩昉 | 辽降臣 | 郓国公 | 汴京留守 | 皇统六年 | 是 | 《金史》卷125《韩昉传》 |
| 高桢 | 渤海人（辽降臣） | 戴国公；任国公 | 同知燕京留守；西京留守 | 天眷初 | 是 | 《金史》卷84《高桢传》 |
| 时立爱 | 辽降臣 | 陈国公 | 同中书门下平章事 | 天会八年 | 是 | 《金史》卷78《时立爱传》 |
| | | 郑国公 | 开府仪同三司 | 天会十五年 | | |
| | | 钜鹿郡王 | | 皇统元年 | | 罗平、郑绍宗：《河北新城县北场村金时立爱和时丰墓发掘记》，《考古》1962年第12期 |
| 孔彦舟 | 宋降臣 | 广平郡王 | 工、刑部尚书，河南尹 | 皇统年间 | 是 | 《金史》卷79《孔彦舟传》 |
| 刘筈 | 郓王刘彦宗子 | 吴国公 | 平章政事 | 皇统九年 | 是 | 《金史》卷78《刘彦宗传》 |
| 卢彦伦 | 辽降臣 | 郇国公 | 吏部尚书，加特进 | 天眷初 | 是 | 《金史》卷75《卢彦伦传》 |
| 李师夔 | 辽降臣 | 任国公 | 陕西东路转运使 | 熙宗朝（致仕后封爵） | 是 | 《金史》卷75《李师夔传》 |
| 夹谷吾里补 | 女真人 | 芮国公 | 昭武大将军、孛特本部族节度使 | 熙宗朝（致仕后封爵） | 是 | 《金史》卷81《夹谷吾里补传》 |

附表 2　海陵天德至正隆元年国号王、郡王、国公封爵表 ①

| 人名 | 出身 | 熙宗朝封爵 | 海陵朝封爵 | 官职 | 封爵时间 | 存世 | 出处 |
|---|---|---|---|---|---|---|---|
| 元寿 | 海陵子 | | 崇王 | | 天德元年 | 是 | 《金史》卷82《海陵诸子传》 |
| 襄 | 海陵弟 | | 追封卫王 | 赠司徒 | 天德二年 | 否 | 《金史》卷76《襄传》 |
| 兖 | 海陵弟 | | 封王 | | 天德二年 | 是 | 《金史》卷5《海陵纪》 |
| | | | 追进王爵 | | 贞元元年 | 否 | 《金史》卷76《兖传》 |
| 衮 | 海陵弟 | | 封王 | 特进,吏部尚书,判大宗正事 | 天德初年 | 是 | 《金史》卷76《衮传》 |
| 绳果 | 熙宗父 | 景宣皇帝 | 丰王 | | 正隆二年 | 否 | 《金史》卷19《世纪补》 |
| 隈可 | 康宗子 | | 广平郡王 | 德昌军节度使 | 天德四年 | 是 | 《金史》卷66《隈可传》 |
| 昂 | 景祖弟孛黑之孙 | | 沈国公,楚国公 | 太尉,进太保、判大宗正事 | 天德间 | 是 | 《金史》卷84《昂传》 |
| 勖 | 穆宗子 | 鲁国王,汉国王 | 秦汉国王 | 领三省事 | 天德初年 | 是 | 《金史》卷66《完颜勖传》 |
| | | | 周宋国王 | 致仕 | 天德年间 | | |
| 宗秀 | 穆宗孙,勖子 | | 宿国公,广平郡王 | 翰林学士承旨 | 天德初 | 是 | 《金史》卷66《完颜勖传》 |
| 宗雄 | 康宗子 | 汉国王 | 秦晋国王 | 太师 | 天德二年 | 否 | 《金史》卷73《宗雄传》 |
| 阿里罕 | 宗敏子 | | 密国公 | | 天德三年 | 是 | 《金史》卷69《宗敏传》 |
| 撒合辇 | 宗敏子 | | 舒国公,进封王 | | 天德三年 | 是 | 《金史》卷69《宗敏传》 |

① 此表中"熙宗朝封爵"一列中的留白,表示此人熙宗时期没有封爵,以下附表同。另外,《金史》中记载不明确的封爵未列入,如太祖子宗敏,熙宗时封曹国王,海陵即位被弑,天德三年,"海陵追封宗敏为太师,进封爵",不清楚所进封爵等级,暂不计算在内。

| 人名 | 出身 | 熙宗朝封爵 | 海陵朝封爵 | 官职 | 封爵时间 | 存世 | 出处 |
|---|---|---|---|---|---|---|---|
| 和尚 | 海陵弟襄之子 | | 应国公 | | 不详 | 是 | 《金史》卷76《襄传》 |
| 晏 | 景祖孙 | | 葛王、宗①王、豫王、许王、越王 | 同判大宗正事 | 天德年间 | 是 | 《金史》卷73《晏传》 |
| | | | 齐王 | | 贞元初年 | | |
| 按答海 | 宗雄子 | 金源郡王、谭王 | 郓王、魏王 | 济南尹,西京留守 | 贞元年间 | 是 | 《金史》卷73《按答海传》 |
| 京 | 宗望子 | | 曹王 | 判大宗正事,除河间尹 | 天德二年 | 是 | 《金史》卷74《完颜京传》 |
| 文 | 宗望子 | | 王 | 秘书监 | 贞元元年 | 是 | 《金史》卷74《完颜文传》 |
| 雍 | 宗尧子 | 葛王 | 赵王 | 东京留守 | 贞元三年 | 是 | 《金史》卷6《世宗纪上》 |
| 宗宪 | 撒改子 | | 河内郡王 | 中京留守、安武军节度使 | 天德初年 | 是 | 《金史》卷70《宗宪传》 |
| | | | 钜鹿郡王 | 太原尹 | | | |
| 杲（撒离喝） | 安帝六代孙 | 应国公 | 国王 | 河中尹,左副元帅 | 天德年间 | 是 | 《金史》卷84《杲传》 |
| 突合速 | 宗室子 | | 定国公 | 授世袭千户 | 天德年间 | 是 | 《金史》卷80《突合速传》 |
| 宗贤（阿鲁） | 宗室 | | 定国公 | 忠顺军节度使 | 天德年间 | 是 | 《金史》卷66《宗贤传》 |
| | | | 广平郡王 | 曷懒路兵马都总管,历广宁尹;改崇义军节度使,监领北京宗室事 | 天德年间 | 是 | 《金史》卷66《宗贤传》 |

①《金史·完颜晏传》为"宋",应为宗。

| 人名 | 出身 | 熙宗朝封爵 | 海陵朝封爵 | 官职 | 封爵时间 | 存世 | 出处 |
|---|---|---|---|---|---|---|---|
| 秉德 | 宗翰孙 | | 萧王 | 左丞相、兼侍中、左副元帅 | 海陵即位 | 是 | 《金史》卷132《逆臣传》 |
| 乌带 | 系出景祖（与海陵谋弑熙宗） | | 许国王 | 平章政事 | 海陵即位 | 是 | |
| 唐括辩 | 尚熙宗女 | | 王 | 尚书右丞相兼侍中 | 海陵即位 | 是 | |
| 徒单阿里出虎 | 女真人 | | 王 | 太原尹 | 海陵即位 | 是 | |
| 仆散师恭 | 女真人 | | 王 | 太子太师、工部尚书 | 海陵即位 | 是 | |
| 徒单贞 | 娶宗干女（海陵妹婿） | | 封王 | 都点检、太子少保 | 海陵即位 | 是 | |
| 活女 | 完颜部娄室子 | | 广平郡王 | 京兆尹 | 天德年间 | 是 | 《金史》卷72《活女传》 |
| 思敬 | 石土门子 | | 河内郡王，钜鹿郡王 | 真定尹 | 天德初年 | 是 | 《金史》卷70《思敬传》 |
| 大㚟 | 仕辽显贵 | | 神麓郡王 | 尚书右丞相 | 天德二年 | 是 | 《金史》卷80《大㚟传》 |
| | | | 汉国王 | 太傅、领三省事 | 贞元三年 | | |
| | | | 晋国王 | 薨，赠太师 | 贞元三年 | 否 | |
| 萧仲恭 | 辽降臣 | 兰陵郡王、济王、曹王 | 越国王 | 燕京留守 | 天德二年 | 是 | 《金史》卷82《萧仲恭传》 |
| 刘筈 | 彦宗次子 | 吴国公 | 滕王 | | 天德元年 | 是 | 《金史》卷78《刘彦宗传》 |
| | | | 郑王 | 尚书右丞相兼中书令 | 天德二年 | | |
| | | | 曹王 | 以疾求解政务，授燕京留守 | 天德二年 | | |

| 人名 | 出身 | 熙宗朝封爵 | 海陵朝封爵 | 官职 | 封爵时间 | 存世 | 出处 |
|---|---|---|---|---|---|---|---|
| 张通古 | 易州易县人 | | 谭王,改封郓王 | 行台左丞,进拜平章政事 | 天德初 | 是 | 《金史》卷83《张通古传》 |
| | | | 沈王 | 司徒 | 天德初 | | |
| | | | 曹王 | 司徒 | 正隆元年 | | |
| 斜卯阿里 | 女真人有军功 | | 封王 | 致仕,加特进 | 天德初 | 是 | 《金史》卷80《斜卯阿里传》 |
| 完颜希尹 | 欢都之子 | 天眷二年陈王;皇统三年赠邢国公 | 豫国王 | | 天德三年追封 | 否 | 陈相伟校注《完颜希尹神道碑》,《金碑汇释》,第82页 |
| 张浩 | 辽阳渤海人 | | 潞王 | 尚书右丞相兼侍中 | 贞元元年 | 是 | 《金史》卷83《张浩传》 |
| | | | 蜀王 | 左丞相 | | | |
| 徒单恭 | 海陵后徒单氏之父 | 谭国公 | 封王 | 会宁牧 | 海陵篡立 | 是 | 《金史》卷120《徒单恭传》 |
| 蒲察阿虎迭 | 尚海陵姊 | 葛王 | 赠谭王 | | 天德、贞元间 | 否 | 《金史》卷120《蒲察阿虎迭传》 |
| 高桢 | 渤海人（辽降臣） | 戴国公、任国公 | 河内郡王 | | 天德初年 | 是 | 《金史》卷84《高桢传》 |
| | | | 莒王 | 太子太保,行御史大夫 | 贞元年间 | | |
| | | | 代王 | 司空,太子太保,行御史大夫 | 贞元年间 | | |
| 张中孚 | 宋降臣 | | 南阳郡王 | 尚书左丞 | 贞元元年 | 是 | 《金史》卷79《张中孚传》 |
| | | | 宿王 | 济南尹,加开府仪同三司 | 贞元三年 | | |
| | | | 崇王 | 南京留守 | 贞元三年 | | |
| | | | 加赠邓王 | | 贞元年间 | 否 | |

续表

| 人名 | 出身 | 熙宗朝封爵 | 海陵朝封爵 | 官职 | 封爵时间 | 存世 | 出处 |
|------|------|-----------|-----------|------|---------|------|------|
| 赵兴祥 | 辽降臣 | | 广平郡王，钜鹿郡王 | 太子太保 | 天德初 | 是 | 《金史》卷91《赵兴祥传》 |
| 赤盏晖 | 辽降臣 | | 河内郡王 | 尚书右丞 | 天德二年 | 是 | 《金史》卷80《赤盏晖》 |
| | | | 戴王 | 平章政事 | 天德三年 | | |
| 耶律怀义 | 辽宗室子 | | 漆水郡王，莘王；萧王 | 致仕 | 海陵即位 | 是 | 《金史》卷81《耶律怀义传》 |
| 萧玉 | 奚人 | | 陈国公 | 右丞相 | 天德初年 | 是 | 《金史》卷76《萧玉传》 |
| 蔡松年 | 宋降臣 | | 郜国公 | 尚书左丞 | 天德年间 | 是 | 《金史》卷125《蔡松年传》 |
| 王伯龙 | 汉人 | | 广平郡王 | 益都尹 | 天德三年 | 是 | 《金史》卷81《王伯龙传》 |
| 耨盌温敦思忠 | 女真人 | | 郜国公 | 平章政事 | 天德初 | 是 | 《金史》卷84《耨盌温敦思忠传》 |
| | | | 沂国公 | 左丞相兼侍中 | 天德初 | | |
| | | | 齐国王 | 太傅，领三省事 | 贞元二年 | | |
| 耶律安礼① | 系出遥辇氏 | | 谭国公 | 枢密副使 | 正隆元年 | 是 | 《金史》卷83《耶律安礼传》 |
| | | | 郕国公 | 尚书右丞，转左丞 | 正隆元年 | | |
| | | | 温国公 | 南京留守 | 正隆三年 | | |

---

① 耶律安礼三次国公封爵时间《金史》均没有明确记载。《金史·耶律安礼传》载其"改吏部尚书，护大房山诸陵工作，拜枢密副使，封谭国公，迁尚书右丞，进郕国公，转左丞。议降累朝功臣封爵，密谏伐江南，忤海陵意，罢为南京留守，封温国公"。《海陵纪》载，正隆元年正月，"吏部尚书耶律安礼为枢密副使"，六月，"枢密副使耶律安礼为右丞"。由此可知，耶律安礼封谭国公、郕国公的时间实在正隆元年正月和六月。《海陵纪》又载正隆三年十一月，"癸未，尚书左丞耶律安礼罢"，即此时耶律安礼罢尚书左丞之职，担任什么职务没有记载。与《耶律安礼传》相对照，此时应是"罢为南京留守"，这样的话，封温国公的时间应该是正隆三年。这应该是正隆二年例降封爵制度后的再次封爵。

续表

| 人名 | 出身 | 熙宗朝封爵 | 海陵朝封爵 | 官职 | 封爵时间 | 存世 | 出处 |
|---|---|---|---|---|---|---|---|
| 耶律恕 | 辽横帐秦王之族 | | 广平郡王 | 致仕 | 正隆元年 | 是 | 《金史》卷82《耶律恕传》 |
| 左泌 | 左企弓子 | | 戴国公 | 陕西路转运使 | 贞元初 | 是 | 《金史》卷75《左企弓传》 |
| 高彪 | 辰州渤海人 | | 郜国公 | 京兆尹 | 天德中 | 是 | 《金史》卷81《高彪传》 |

附表3　卫绍王时期国号王与国公封爵表

| 人名 | 出身 | 前爵 | 卫绍王朝封爵 | 官职 | 封爵时间 | 存世 | 出处 |
|---|---|---|---|---|---|---|---|
| 永升 | 世宗子 | 宛王 | 夔王 | 定武军节度使 | 卫绍王即位 | 是 | 《金史》卷85《永升传》 |
| 永功 | 世宗子 | 郓王 | 谯王 | 判中山府事 | 大安元年 | 是 | 《金史》卷85《永功传》 |
| | | | 越王 | | 大安二年 | | |
| 从恪① | 卫绍王子② | 无 | 胙王 | | 大安元年 | 是 | 《金史》卷93《卫绍王诸子传》 |
| 完颜匡 | 始祖九世孙 | 定国公 | 申王 | 尚书令 | 大安元年 | 是 | 《金史》卷98《完颜匡传》 |
| 孙即康 | 其先仕辽 | 无 | 崇国公 | 平章政事 | 卫绍王即位 | 是 | 《金史》卷99《孙即康传》 |
| 献可 | 李石子 | 无 | 追封道国公 | | 卫绍王即位 | 否 | 《金史》卷86《李石传》 |
| 徒单镒 | 女真人 | 承安五年封济国公 | 濮国公 | 开府仪同三司 | 大安初 | 是 | 《金史》卷99《徒单镒传》 |
| 徒单公弼 | 尚世宗女息国公主 | 无 | 定国公 | 平章政事 | 至宁初 | 是 | 《金史》卷120《徒单公弼传》 |

① 从恪作为卫绍王皇子，封爵胙王，天兴元年，崔立以从恪为梁王。

② 《金史》卷93《卫绍王诸子传》载："卫绍王六子，大定二十六年，赐名猛安曰琚，按出曰瑄，按辰曰瓛。"章宗泰和七年，"诏按辰出继郑王永蹈后"，"大安元年，封六人为王，从恪胙王，有任王、巩王，余弗传"。六子中有名者四人，任王、巩王没有明确所指，从行文看应是猛安和按出，暂不列入表中。

附表 4　宣宗时期国号王、郡王与国公封爵表①

| 人名 | 出身 | 前爵 | 宣宗朝爵位 | 官职 | 封爵时间 | 存世 | 出处 |
|---|---|---|---|---|---|---|---|
| 守绪（哀宗） | 宣宗子 | | 遂王 | 授秘书监,改枢密使 | 宣宗登极 | 是 | 《金史》卷17《哀宗纪上》 |
| 守纯 | 宣宗子 | | 濮王 | 殿前都点检兼侍卫亲军都指挥使,权都元帅;枢密使;平章政事 | 贞祐元年 | 是 | 《金史》卷93《守纯传》 |
| | | | 英王 | 平章政事 | 兴定三年 | | |
| 璹 | 永功子 | | 胙国公 | 开府仪同三司 | 贞祐中 | 是 | 《金史》卷85《永功传》 |
| 曋② | 永成子 | | 任国公 | | 贞祐中 | 是 | 《金史》卷14《宣宗纪上》 |
| 按辰③ | 卫绍王子 | 王 | 巩国公 | | 不详 | 是 | 《金史》卷14《宣宗纪上》 |
| 徒单镒 | 女真人 | 濮国公 | 广平郡王 | 左丞相 | 宣宗即位 | 是 | 《金史》卷99《徒单镒传》 |
| 纥石烈执中 | 阿踈裔孙 | | 泽王 | 太师、尚书令、都元帅、监修国史 | 宣宗即位 | 是 | 《金史》卷132《纥石烈执中》 |
| 承晖 | 女真人 | | 邹国公 | 平章政事、兼都元帅 | 贞祐元年 | 是 | 《金史》卷101《承晖传》 |
| | | | 定国公 | 右丞相、兼都元帅 | 贞祐二年 | 是 | |
| | | | 广平郡王 | 赠开府仪同三司、太尉、尚书令 | 贞祐三年追赠 | 否 | |
| 抹撚尽忠 | 上京路猛安人 | | 申国公 | 左丞,加崇进 | 贞祐二年 | 是 | 《金史》卷101《抹撚尽忠传》 |

---

① 此表未将后期的封建诸公列入表内。诸公虽以"公"爵名之,但与常规封爵有别,已在第一章第五节有所阐述。

② 《金史》卷59《宗室表》:永成子曋,未载其封爵。《金史》卷14《宣宗纪上》:贞祐四年,二月"壬子,任国公曋薨,辍朝"。"曋"应即永成子,其封爵时间并无确切记载,从宣宗即位封世宗诸孙爵位的情况分析,封爵时间应在宣宗贞祐初年。

③ 卫绍王子按辰巩固公封爵时间不详,《金史·永中传》载章宗泰和七年,"以卫王永济子按辰为永蹈后",卫绍王大安元年,封子六人为王,按辰当时的爵位是王爵,具体国号无载。《金史·宣宗纪上》有"命司属令和尚等护治巩国公按辰第","按辰寻以不法,谪博州防御使",因此判断其巩国公封爵可能是宣宗时期降封。

| 人名 | 出身 | 前爵 | 宣宗朝爵位 | 官职 | 封爵时间 | 存世 | 出处 |
|---|---|---|---|---|---|---|---|
| 从厚① | 不详 | | 芮国公 | | 不详 | 不详 | 《金史》卷14《宣宗纪上》 |
| 完颜弼 | 盖州猛安人 | | 密国公 | 宣抚使 | 贞祐四年 | 是 | 《金史》卷102《完颜弼传》 |
| 仆散端 | 中都路火鲁虎必剌猛安人 | | 赠延安郡王 | | 兴定元年追赠 | 否 | 《金史》卷101《仆散端传》 |
| 胥鼎 | 尚书右丞胥持国之子 | | 莘国公 | 平章政事 | 兴定元年 | 是 | 《金史》卷108《胥鼎传》 |
| | | | 温国公 | 致仕 | 兴定四年 | | |
| 完颜阿里不孙 | 曷懒路泰申必剌猛安 | | 芮国公 | | 兴定年间追赠 | 否 | 《金史》卷103《完颜阿里不孙传》 |
| 高汝砺 | 大定十九年进士 | | 寿国公 | 尚书右丞相、兼修国史 | 兴定四年 | 是 | 《金史》卷107《高汝砺传》 |

附表5 哀宗时期国号王、郡王与国公封爵表②

| 人名 | 出身 | 前爵 | 哀宗时期封爵 | 官职 | 封爵时间 | 存世 | 出处 |
|---|---|---|---|---|---|---|---|
| 守纯 | 宣宗子 | 濮王,英王 | 荆王 | 罢平章事,判睦亲府 | 正大元年 | 是 | 《金史》卷93《守纯传》 |
| 讹可 | 守纯长子 | | 萧国公 | | 哀宗初年 | 是 | 《金史》卷93《守纯传》 |
| | | | 曹王 | | 天兴元年 | | |
| 某 | 守纯第二子 | | 戴王 | | 不详 | 是 | 《金史》卷93《守纯传》 |

---

① 《金史》卷14《宣宗纪上》:贞祐三年四月"壬子,芮国公从厚薨"。从厚在《金史》中的记载仅此一条,因其薨于贞祐年间,所以暂将其列入宣宗朝封爵。

② 金哀宗天兴年间封爵所谓"十郡王",目前所及文献只见有王德全为乐安郡王,其他九郡王的信息不详,因此未在表中体现。

| 人名 | 出身 | 前爵 | 哀宗时期封爵 | 官职 | 封爵时间 | 存世 | 出处 |
|---|---|---|---|---|---|---|---|
| 㜐德 | 守纯第三子 | | 巩王 | | 不详 | 是 | 《金史》卷 93《守纯传》 |
| 寿孙 | 永功子 | 胙国公 | 密国公 | 开府仪同三司 | 正大初 | 是 | 《金史》卷 85《永功传》 |
| 国用安 | 红袄军 | | 兖王 | 开府仪同三司、平章政事、兼都元帅、京东山东等路行尚书省事 | 天兴元年 | 是 | 《金史》卷 117《国用安传》 |
| 把胡鲁 | 不详其初起 | | 薨，加赠东平郡王 | 赠右丞相 | 正大元年 | 否 | 《金史》卷 108《把胡鲁传》 |
| 胥鼎 | 尚书右丞胥持国之子 | 莘国公，温国公 | 英国公 | 平章政事 | 正大二年 | 是 | 《金史》卷 108《胥鼎传》 |
| 完颜合达 | 女真人 | | 芮国公 | 平章政事 | 正大四年 | 是 | 《金史》卷 112《完颜合达传》 |
| 夏全 | 宋"忠义军" | | 金源郡王 | 平淮府都总管 | 正大三年 | 是 | 《金史》卷 114《白华传》 |
| 范成进 | 宋"忠义军" | | 胶西郡王 | 元帅 | 正大三年 | 是 | 《金史》卷 114《白华传》 |
| 王义深 | 宋"忠义军" | | 东平郡王 | 元帅 | 正大三年 | 是 | 《金史》卷 114《白华传》 |
| 张惠 | 宋"忠义军" | | 临淄郡王 | 提控步军，郑州防御使 | 正大三年 | 是 | 《金史》卷 114《白华传》 |
| 王德全 | 割据势力 | | 乐安郡王 | 徐州总帅 | 正大三年 | 是 | 《金文最》卷 96《通奉大夫钧州刺史行尚书省参议张君神道碑铭》 |
| 完颜赛不 | 始祖弟保活里之后 | | 寿国公 | 右丞相、枢密使，兼左副元帅 | 天兴元年 | 是 | 《金史》卷 113《完颜赛不传》 |
| 侯挚 | 明昌二年进士 | | 萧国公 | | 天兴元年 | 是 | 《金史》卷 108《侯挚传》 |

# 后　记

本书是在博士论文《金代汉制封爵研究》的基础上修改完成。2017年我以博士论文为基础申报并获批国家社科基金后期资助项目,经过几番修改,以《金代封爵制度研究》作为最终结项成果。如今,拙稿得以付梓,借此向给予我帮助的师友表达感谢。

2010年,我有幸再回吉林大学,继续跟随恩师赵永春教授攻读博士学位。刚入学不久,赵师就将"金代封爵制度研究"的选题布置给我。我在摸索查找资料的过程中,总感觉资料不足和自己能力有限,对于完成一篇博士论文没有十足的把握。赵师笑着说:"再看看资料,写着写着就够了。"在赵师的鼓励下,我最终决定以中国传统爵制,即"汉制封爵"作为博士论文选题。如今看来,以此为选题是非常正确的。在论文写作过程中付出的努力和汗水自不用说,恩师的信任则是我不断前行的动力。赵师学术视野高远,为人谦虚低调,性格温和,对学生总是给予褒奖和鼓励。感谢赵师在论文写作过程中对我的悉心指导、鼓励和信任!正是有了老师的鼓励和肯定,我才有了"自信",克服了焦虑,经过四年的努力,顺利完成了博士论文的写作。除了学业上的指导和鼓励,赵师在工作和生活中也给予我诸多帮助,如今虽已毕业多年,但每当有学习和工作上的问题,我都会第一时间找老师"商量",老师成为我"倾诉"的主要对象,能够成为赵师的学生是我的幸运。

感谢吉林大学程妮娜教授、杨军教授和宋卿教授多年来的传道、授业与解惑。在论文开题和修改过程中更是得到几位老师的悉心指导,使论文得以不断完善。老师们严谨的治学态度和深厚的学术造诣,令人敬仰,是我终身学习的榜样和目标。感谢在吉林大学工作的同窗孙久龙和王万志,读书期间他们给予我很多无私帮助。感谢李浩楠老师时常提供学术信息和研究资料。感谢姜雨、姜锦湖、王雨鸣三位同学在书稿修订过程中帮助我核对史料。

感谢中华书局学术著作出版中心主任罗华彤先生在本书出版事宜中的沟通与帮助。在本书出版过程中还得到程妮娜老师、陈晓伟老师、范恩实老师的关心和帮助,在此,致以谢意!

一路走来,得到诸多师友的鼓励与帮助,借此一并深表谢忱!

最后,感谢我的家人,感谢父母和公婆对我们生活和工作的帮助与支持,特别要感谢我的爱人温荣刚,二十年的相知相伴,他始终是我坚实的后盾,感谢一直以来对我的包容、理解与支持。

由于自身的学识和能力有限,书中难免会有不足和纰漏,敬请诸贤批评指正。在教学和科研都要兼顾的高校工作了近二十年,我深刻体会到为学问之路需要的付出与坚持,我将尽我所能继续前行!

孙红梅

2023 年 6 月于锦州